Das Oberappellationsgericht der vier freien Städte Deutschlands (1820–1879) und seine Richterpersönlichkeiten

Rechtshistorische Reihe

Band 330

Peter Lang
Frankfurt am Main · Berlin · Bern · Bruxelles · New York · Oxford · Wien

Katalin Polgar

Das Oberappellationsgericht der vier freien Städte Deutschlands (1820 – 1879) und seine Richterpersönlichkeiten

Peter Lang
Europäischer Verlag der Wissenschaften

Bibliografische Information der Deutschen Nationalbibliothek
Die Deutsche Nationalbibliothek verzeichnet diese Publikation in der Deutschen Nationalbibliografie; detaillierte bibliografische Daten sind im Internet über <http://www.d-nb.de> abrufbar.

Zugl.: Kiel, Univ., Diss., 2006

Diese Arbeit wurde von
Herrn Prof. Dr. Werner Schubert
zur Aufnahme in diese Reihe empfohlen.

D 8
ISSN 0344-290X
ISBN 3-631-55602-0

www.peterlang.de

Meinen lieben Eltern

„... Was gewesen kehrt nicht wieder.
Aber ging es leuchtend nieder,
leuchtet's lange noch zurück."

(Karl August Förster)[1]

1 Förster, Erinnerung und Hoffnung, Gedichte, Bd. 1, S. 60.

Vorwort

Die vorliegende Arbeit wurde von der Rechtswissenschaftlichen Fakultät der Christian-Albrechts-Universität zu Kiel im Sommersemester 2005 als Dissertation angenommen.

Ich danke meinem verstorbenen Doktorvater Prof. Dr. Jörn Eckert, der die Anregung zu dem Thema gegeben hat, für die fachkundige Betreuung der Dissertation und die Unterstützung bei der Anfertigung der Arbeit. Da es ihm leider aufgrund seiner schweren Erkrankung nicht mehr möglich war, das Erstgutachten abzuschließen, richte ich meinen Dank an Prof. Dr. Rudolf Meyer-Pritzl für die Übernahme dieser Aufgabe, seine freundliche Zusprache und die besonders zügige Begutachtung der Arbeit.

In diesem Zusammenhang möchte ich mich auch bei Herrn Prof. Dr. Werner Schubert für die schnelle Anfertigung des Zweitgutachtens und die hilfreichen Anregungen bedanken.

In angenehmer Erinnerung wird mir die stets freundliche und geduldige Hilfsbereitschaft der Mitarbeiterinnen und Mitarbeiter des Archivs der Hansestadt Lübeck und der Staatsarchive Bremen und Hamburg bleiben. Insbesondere möchte ich mich bei der Dr.-Carl-Böse-Stiftung in Lübeck für die großzügige Unterstützung bei der Drucklegung meiner Dissertation bedanken.

Mein Dank gilt ferner Frau Dr. Margot Sewing, die mich immer wieder zusätzlich motivieren konnte und mir ein großes Vorbild an Lebenswillen und Lebenskraft ist.

In anstrengenden Phasen haben mir zudem mein Bruder Johannes Polgar, mein Freund Carsten Storf und mein Freundeskreis stets hilfreich zur Seite gestanden.

Meine Eltern Janos und Dorothea Polgar haben die Fertigstellung der Arbeit durch ihre rückhaltlose Unterstützung in vielen Bereichen maßgeblich gefördert und mich im Verlauf meiner gesamten Ausbildung in liebevoller Weise unterstützt. Ganz besonders ihnen gilt mein tiefer Dank.

Kiel, im Mai 2006 Katalin Polgar

Inhaltsverzeichnis

A. Einleitung

Das Oberappellationsgericht der vier freien Städte Deutschlands war von 1820 bis 1879 als dritte Instanz für die freien Städte Lübeck, Hamburg, Bremen und Frankfurt zuständig. Es war der letzte der aufgrund des Art. 12 der Deutschen Bundesakte errichteten obersten Gerichtshöfe im Reich. Seine Bekanntheit resultierte vor allem aus den hervorragenden Richtersprüchen und der daraufhin erfolgten Wahl zur Austrägalinstanz des Deutschen Bundes.

Der Schwerpunkt dieser Arbeit soll nicht nur auf der Gründung des Gerichts, seiner Organisation und Tätigkeit selbst liegen; es sollen vielmehr auch die dort tätig gewesenen Persönlichkeiten und deren Einfluss auf die Erfolgsgeschichte der obersten Instanz in die Betrachtung einbezogen werden. Dabei gilt es, die Beweggründe der jeweiligen Personen, einem Ruf an das Gericht zu folgen oder es auch wieder zu verlassen, zu untersuchen. Es geht darum, einen Blick hinter die Kulissen des Erfolgs zu werfen und zu ergründen, inwiefern die am Gericht tätigen Personen und die Verbindungen zwischen ihnen zum Ansehen des Gerichts beitrugen.

Dabei ist zunächst zu bemerken, dass die Entstehungsgeschichte des Oberappellationsgerichts schon mehrfach bearbeitet wurde.[2] Die Darstellung erfolgt daher unter Bezugnahme auf die bereits bestehenden Arbeiten sowie unter Berücksichtigung bisher nicht bearbeiteter Quellen. Dabei lässt sich zwischen der Zeit vor der napoleonischen Besatzung der Städte einerseits und der Wiederaufnahme der Verhandlungen nach dem Ende der Besatzung andererseits differenzieren. Anschließend beschäftigt sich die Arbeit mit der Gerichtsverfassung. Im Zusammenhang mit der Organisation des Gerichts werden die Auswahlkriterien für die Einstellung von Mitgliedern und Angehörigen behandelt, bevor auf die einzelnen Senate eingegangen wird. Dabei stehen der Direktorialsenat und die Visitationskommission im Vordergrund, welche unabhängig voneinander die Aufsicht über das Gericht ausübten. Hinsichtlich der Zuständigkeitsbereiche wich die sachliche und örtliche Zuständigkeit in den einzelnen Städten voneinander ab, die in den jeweiligen Gerichtsordnungen festgelegt waren.

Nachdem der Aufbau und das Verfahren vorgestellt wurde, folgt anschließend eine eingehende Darstellung der Funktion des Oberappellationsgerichts als Aus-

2 Von Bippen (1891), Hagedorn (1920), Griesebach (1920), Görtz (1931), Wogatzky (1939) und Kusserow (1964), siehe Literaturverzeichnis.

trägal- und Kompromissinstanz. Dabei werden insbesondere die einzelnen hier gegebenen Verfahrensarten erläutert, bevor auf die weitere Entwicklung, das Ausscheiden der Stadt Frankfurt sowie die damit verbundenen Änderungen, und schließlich auf die Auflösung des Gerichts eingegangen wird.

In dem darauf folgenden letzten großen Abschnitt wird ein weiterer Schwerpunkt in dieser Arbeit gesetzt, indem die einzelnen, den Charakter des Gerichts prägenden Persönlichkeiten näher untersucht werden. Dabei wird zu Beginn jeder Darstellung ein Überblick des Lebenslaufs gegeben, bevor auf die jeweilige Bedeutung der Person für das Oberappellationsgericht eingegangen wird. Dies ist vor allem deshalb von Bedeutung, weil die Verbindungen zwischen den einzelnen Personen teilweise sogar bis in ihre Studien- oder Schulzeit zurückreichten.

Hierbei liegt das Augenmerk zunächst auf Johann Smidt, der sich hartnäckig für die Gründung des Gerichts eingesetzt hat, bevor die drei Gerichtspräsidenten Georg Arnold Heise, Carl Georg von Wächter und Johann Friedrich Kierulff im Einzelnen dargestellt werden. Die wichtigste Rolle für die Entwicklung des Oberappellationsgerichts spielte dabei Heise. Aber nicht alleine die Gerichtspräsidenten waren für den Erfolg verantwortlich, sondern die Hauptarbeitslast hatten vor allem auch die Gerichtsräte zu tragen.

Die vier mit der Eröffnung des Gerichts eingestellten Räte Johann Friedrich Hach, Burkhard Wilhelm Pfeiffer, Gottfried Samuel Müller und Friedrich Cropp leisteten zusammen mit dem Präsidenten gerade in der Zeit nach der Gründung durch hervorragende juristische Arbeit den Hauptbeitrag zu dem Ansehen des Gerichts. Anschließend folgt eine nähere Untersuchung der noch während der Amtszeit Heises berufenen Gerichtsräte, um die im Ergebnis für das Gericht so erfolgreichen und wegweisenden Verbindungen untereinander zu verdeutlichen.

Die nach der Präsidentschaft Heises eingestellten Gerichtsmitglieder werden im Einzelnen nicht mehr sehr ausführlich beleuchtet. Mittlerweile waren durch Heise die Kriterien für die Personalauswahl weitestgehend festgelegt, so dass sich keine großen personellen Besonderheiten mehr ergaben. Es lässt sich aber allgemein eine Tendenz zur Einstellung von Juristen mit praktischer Erfahrung feststellen. So konnte sichergestellt werden, dass das Gericht auch in Zukunft hervorragende Arbeit leisten würde.

Die Untersuchung stützt sich in erster Linie auf die entsprechenden Unterlagen und Quellen aus dem Staatsarchiv der Hansestadt Lübeck, wo der größte Teil der Akten, insbesondere hinsichtlich der Entstehung des Oberappellationsgerichts und der an ihm tätigen Personen lagert. Die aus den Staatsarchiven der Hansestädte Bremen und Hamburg bearbeiteten Quellen füllen größtenteils die Lücken der in Lübeck nicht vorhandenen Materialien.

Mit der Errichtung des Oberappellationsgerichts war den Städten auf überregionaler Ebene etwas gelungen, was ihnen intern immer noch schwer fiel, nämlich die Schaffung eines von der Regierung getrennten und mit unabhängigen Richtern besetzten sowie mit einer für den damaligen Stand der Rechtsentwicklung auf dem Gebiet des Gerichtsverfassungsrechts fortschrittlichen Gerichtsverfassung ausgestatteten Gerichts. Man hatte zwangsläufig der allgemeinen Entwicklung in Deutschland vorgreifen müssen. So galt für das Gericht beispielsweise die sachliche und persönliche Unabhängigkeit der Berufsrichter.

Das Oberappellationsgericht der vier freien Städte Deutschlands wurde von Windscheid als „wohl erster deutscher Gerichtshof" bezeichnet, Jhering bezeichnete es als „den gelehrten Gerichtshof Deutschlands" und Savigny beschrieb es als „ein Muster der Rechtspflege". Ob man diesen Äußerungen zustimmen kann, wird sich erst am Ende dieser Arbeit feststellen lassen.

B. Gründung des Lübecker Oberappellationsgerichts

Der Gründung des Oberappellationsgerichts der vier freien Städte Deutschlands ging eine lange Zeit mühsamer Verhandlungen zwischen den Städten voraus, welche immer wieder unterbrochen und neu aufgenommen werden mussten. Es bestand zwar ein grundsätzliches Einverständnis darüber, die Unabhängigkeit der Rechtspflege im Interesse der Hansestädte zu erhalten. Wie dies jedoch im Einzelnen erreicht werden sollte, war unter den beteiligten Parteien höchst umstritten. Das lag vor allem daran, dass sich ein gemeinsames Gericht nur schwer in die Verfassungen der einzelnen Städte einfügen ließ und generell eine fremdartige Einrichtung war, der viele Vertreter und Bewohner der Städte lange skeptisch gegenüber standen.

Hinzu kam die mit der Errichtung einer dritten, obersten Instanz einhergehende Beschneidung der Kompetenzen der städtischen Senate, auf die diese mit deutlichem Widerstand gegen die Gründung des Gerichts reagierten. Um die Notwendigkeit der Errichtung des Gerichts zu verstehen, sollen zunächst die zeitlich vor der Gründung des Oberappellationsgerichts liegenden Verhältnisse betrachtet werden.

I. Die Gerichtsorganisation vor der Gründung des Oberappellationsgerichts und die ersten Verhandlungen

Durch den Reichsdeputationshauptschluss am 25. Februar 1803 wurden in Regensburg 41 Reichsstände mediatisiert, also unter einen Landesherren gestellt. Reichsunmittelbar blieben nach § 27 Reichsdeputationshauptschluss nur Augsburg, Nürnberg, Frankfurt, Bremen, Hamburg und Lübeck.[3] Das Schicksal der Mediatisierung ereilte 1815 auch Augsburg und Nürnberg, so dass schließlich nur noch vier reichsunmittelbare Städte existierten, denen volle Souveränität innerhalb des Heiligen Römischen Reiches Deutscher Nation garantiert war. Dies waren Lübeck, Hamburg, Bremen und Frankfurt.

Die reichsstädtischen Gerichte unterstanden dem Reichskammergericht zu Wetzlar und dem dazu in Konkurrenz stehenden Reichshofrat in Wien als höch-

3 *Klug*, Geschichte Lübecks, 1. Abt., S. 1; *Schröder/Künßberg*, Deutsche Rechtsgeschichte, S. 981; *Zeumer*, Nr. 183, S. 509.

sten Appellationsinstanzen in Zivilsachen. Dies galt allerdings nur dann, wenn für eine Stadt kein „privilegium de non appellando" bestand. Ein „privilegium de non appellando" bedeutete, dass die Entscheidungen der territorialen Gerichte inappellabel waren.[4] Insbesondere Hamburg bestand auf seinem Privilegium in Handelssachen. Der Weg an die obersten Gerichte entsprach nach Ansicht der Kaufmannsstadt nicht ihrem Bedürfnis nach rascher Klärung der jeweiligen Rechtslage. So hatte beispielsweise Johann Michael Gries schon Ende des 18. Jahrhunderts den ehrbaren Kaufleuten vorgeschlagen, diese obersten Gerichte aus den genannten Gründen nicht anzurufen.

In dem Prozessverfahren der gemeinrechtlichen Zeit war außerdem das Institut der Aktenversendung von nicht unerheblicher Bedeutung. Hier hatten die Gerichte in einem anhängigen Verfahren die Möglichkeit, sich mit der Bitte um Entscheidung an ein durch Rechtskenntnisse oder einschlägige Erfahrungen besonders ausgewiesenes Spruchkollegium zu wenden. Dazu wurden in der Regel ein Schöffenstuhl, ein Hofgericht oder die Rechtsfakultät einer Universität ausgewählt.[5] Das ausgewählte Spruchkollegium kam dann zu einer Entscheidung, die vor dem jeweiligen Gericht als Urteil verkündet wurde und mit Hilfe von Rechtsmitteln anfechtbar war. Meistens waren es die Rechtsfakultäten, die von den Gerichten im Wege der Aktenversendung um Rat angerufen wurden. Auch für das Oberappellationsgericht der vier freien Städte sollte die Möglichkeit der Aktenversendung später noch eine besondere Bedeutung erlangen.[6]

1. Erste Beratungen

Bereits vor der am 6. August 1806 erfolgten Auflösung des Heiligen Römischen Reiches Deutscher Nation, als sich bei der Schlacht von Austerlitz am 2. Dezember 1805 ein Sieg Napoleons schon abzeichnete, beschäftigte man sich vor allem in Bremen mit der Einrichtung eines gemeinsamen obersten hansestädtischen Tribunals. Das Heilige Römische Reich Deutscher Nation hatte nach dem Reichsdeputationshauptschluss praktisch aufgehört zu existieren. Die Reichszersplitterung war nicht mehr aufzuhalten und man suchte nach einem adäquaten Ersatz für den Fall einer Aufhebung der Reichsgerichte und die dadurch möglicherweise entstehende Lücke.

Daher wurde schon bald in Bremen eine Senatskommission eingesetzt, deren Aufgabe es war, die Situation mit Hamburg und Lübeck zu beraten. Man be-

4 *Köbler*, S. 455.
5 *Eisenhardt*, Rdnr. 389.
6 Siehe dazu unten, C.II.3.c.

fürchtete, durch eine bevorstehende Niederlage Deutschlands den Schutz der Reichsgerichtsbarkeit zu verlieren und stattdessen von der Rechtsprechung eines ausländischen obersten Gerichts abhängig zu werden.[7] Initiator dieser Bestrebungen war vor allem der Bremer Bürgermeister Smidt, der durch die politische Entwicklung beunruhigt war. Der Bericht der ersten Kommission vom 24. Januar 1806 beginnt mit den Worten „Nach der ewig denkwürdigen Schlacht in den Gefilden von Austerlitz und dem bald darauf abgeschlossenen Preßburger Frieden mehrten sich im Anfange dieses Jahres fast mit jedem Posttage die Nachrichten von wichtigen Veränderungen in unserem Vaterlande".[8] Durch die Errichtung eines gemeinsamen Gerichts sollte letztlich auch die im § 23 des Reichsdeputationshauptschlusses[9] bestimmte Selbstständigkeit der Hansestädte noch weiter gefestigt werden.

Erst ein halbes Jahr später, am 13. Juni 1806, legte die Bremer Kommission unter Vorsitz von Syndicus Schöne dem Senat einen Bericht vor, der im Wesentlichen zwei Vorschläge bezüglich der Errichtung eines gemeinsamen städtischen obersten Gerichts enthielt.[10] Diese wurden auch in dem kommissarischen Bericht „was im Falle der Reichsgerichte zu tun sey"[11] an die anderen beiden Hansestädte übersandt.

Die erste Möglichkeit sah „so schnell wie möglich" die Errichtung eines für sich bestehenden, gemeinschaftlichen hansestädtischen Tribunals vor, wie es in seinen wesentlichen Zügen allerdings erst vierzehn Jahre später auch tatsächlich entstand.[12] Den Sitz sollte dieses Tribunal „in keiner der drei Städte, sondern etwa in dem minder geräuschvollen, minder kostbaren, den Städten Lübeck und Hamburg gemeinschaftlich gehörigen (...) Städtchen Bergedorf"[13] haben. Bergedorf wurde vor allem deshalb vorgeschlagen, um jeglichen Einfluss der Parteien oder Regierungen der Städte auf das Gericht auszuschließen. Das Gericht sollte mit fünf Räten besetzt werden und es wurden schon sehr konkrete Vorschläge hinsichtlich der Wahl und Besoldung der Räte, der Anstellungsverhältnisse der Beamten und einer Prozessordnung angeführt.[14] Dieser Plan wurde als sehr fortschrittlich empfunden, denn in den Hansestädten lag die rechtsprechende Gewalt bisher in den Händen der Senate, dessen Einfluss dadurch erheblich geschmälert werden würde.

---

7 *von Bippen*, Geschichte der Stadt Bremen, S. 329.
8 Ratsarchiv Qq.10.B.II.16.1.
9 *Zeumer*, Nr. 183, S. 509.
10 Ratsarchiv Qq.10.B.II.16.2.
11 Ratsarchiv Qq.10.B.II.16.2.
12 Ratsarchiv Qq.10.B.II.16.2.
13 Ratsarchiv Qq.10.B.II.16.2.; *Hagedorn*, S. 10; *von Bippen*, S. 27; *Krause*, S. 364.
14 Ratsarchiv Qq.10.B.II.16.2.

Aus diesem Grund empfand man den zweiten Vorschlag als vorzugswürdig, denn er knüpfte eher an die schon bestehenden Verhältnisse an. Die Kommission regte nämlich an, aus der Mitte eines jeden Senats einer Stadt fünf rechtsgelehrte Mitglieder als einen ständigen Ausschuss einzusetzen, der dann für die anderen beiden Senate ein Oberappellationsgericht bilden sollte.[15] Es sollte weiterhin jeder Stadt als Partei freistehen, an welchen Senat sie appellieren wollte. Mit diesem Vorschlag wurden Verhältnisse geschaffen, die dem damals geltenden Rechtszustand ähnelten. Auch bislang stand es den Parteien offen, entweder an das Reichskammergericht oder an den Reichshofrat zu appellieren. Schließlich sprach der Aspekt der Kostenersparnis für den zweiten Vorschlag und man hoffte insgeheim weiterhin darauf, dass vom Reich ein Surrogat für die Reichsgerichte geschaffen würde.

Die Resonanz der Städte Lübeck und Hamburg war mehr als kläglich. Während Lübeck die Stadt Bremen vertröstete und meinte, man solle doch abwarten, wie andere von einer möglichen Auflösung der Reichsgerichte betroffenen Städte mit der Situation umgehen würden, ließ Hamburg überhaupt nichts verlauten.[16] Der Bremer Senator Smidt wollte nicht abwarten, was andere Städte machen würden oder ob vom Reich selbst Ersatz geschaffen werde. Er wollte vielmehr versuchen, mit einer Vollmacht der drei Städte direkt in Paris eine Erlaubnis für die Einrichtung eines Gerichts zu erwirken. Lübeck und Hamburg dagegen befürchteten, dass durch ein solches vorzeitiges Handeln zu viel Aufmerksamkeit der Großmächte auf die Hansestädte gelenkt werde.

Dann geschah politisch genau das, was Smidt befürchtet hatte. Die sechzehn süddeutschen Fürsten beschlossen in der Rheinbundakte („Acte de la Confédération du Rhin") vom 12. Juli 1806 ihre Vereinigung als „États confédérés du Rhin" und den Austritt aus dem Deutschen Reich, welches damit aufgelöst war.[17] Kaiser Franz II. sah sich gezwungen, die Regierung des Reiches aufzugeben und am 12. August desselben Jahres wurde in Regensburg das vom 6. August datierte Aktenstück[18] verlesen, durch das der Kaiser seine Kaiserwürde niederlegte. Das Reichskammergericht in Wetzlar musste schon mit der Eingliederung der Stadt Wetzlar in den Rheinbund seine Tätigkeit einstellen, und der Reichshofrat in Wien fiel durch die Erklärung des Kaisers ebenfalls fort. Am 18. August teilten Lübeck und Bremen den jeweils anderen Städten mit, dass sie sich nach der Auflösung des Reiches statt mit dem Titel „Kaiserlich Freie und des Heiligen Römischen Reiches Stadt" als „Freie und Hansestadt" bezeichnen würden.[19] Dem

15 Ratsarchiv Qq.10.B.II.16.1.; *Wogatzky*, S. 25; *Görtz*, S. 284; *Krause*, S. 365.
16 *von Bippen*, S. 28; *Hagedorn*, S. 11.
17 *Schröder/Künßberg*, Deutsche Rechtsgeschichte, S. 982; *Zeumer*, Nr. 214, S. 532.
18 *Zeumer*, Nr. 217, S. 538.
19 *Krabbenhöft*, S. 23; *Wohlwill*, Neuere Geschichte, S. 324.

folgte zwei Tage später auch Hamburg.[20] Die Hansestädte befanden sich plötzlich wie die anderen Glieder des Reiches im Besitz ihrer vollen Souveränität.

Noch am selben Tag sprach Lübeck an die beiden anderen Städte eine Einladung mit der Absicht einer gemeinsamen Konferenz aus. Von Hamburg erging unabhängig davon ebenfalls eine solche Einladung.[21] Man einigte sich auf eine „Hanseatische Konferenz“ am 5. September in Lübeck mit den Zielen, die alten Verbindungen neu zu festigen und die Möglichkeiten einer Bewahrung der Unabhängigkeit, Neutralität und Handelsfreiheit zu diskutieren.[22] Dabei wurde während der Verhandlungen vor allem auf die Bedeutung der Städte für den Handel und die Notwendigkeit der Bewahrung ihrer Neutralität hingewiesen.

So trafen sich für Bremen der Senator Smidt, für Hamburg der Syndicus Doormann und für Lübeck der Syndicus Curtius.[23] Nun fanden die Ideen des Bremer Bürgermeisters hinsichtlich eines Ersatzes für ein oberstes Gericht doch noch Gehör. Die Kommission diskutierte neben den als Beratungsgrundlage dienenden Vorschlägen Bremens auch noch andere Möglichkeiten wie beispielsweise den von Lübeck angeregten Gedanken, statt einer Appellationsinstanz die bisher provisorisch praktizierte Aktenversendung an die Juristenfakultäten zu verstärken. Hamburg machte den Vorschlag, statt der Einführung einer dritten, eine neue unterste Instanz zu errichten. Dadurch wäre der Senat als Obergericht dritte Instanz geworden.[24] Die Beratungen dauerten bis zum 15. Oktober 1806. Schließlich wurde die zweite Bremer Möglichkeit eines gemeinsamen Obertribunals im Abschlussgutachten der Deputierten des Hansetags ins Auge gefasst.[25] Mit der Unterzeichnung des Gutachtens hofften Curtius, Smidt und Doormann, dass dieses den Weg in eine positive Zukunft für die Städte bereiten würde.

Bevor sich die drei Städte allerdings auf eine der Möglichkeiten einigen konnten, wurde am 14. Oktober 1806 die Doppelschlacht von Jena und Auerstedt geschlagen. Sie setzte den Verhandlungen durch die politischen Umwandlungen ein Ende. Drei Wochen später befand sich Lübeck in der Gewalt Napoleons und dieses Schicksal ereilte bald darauf am 19. und 20. November auch die Städte Hamburg und Bremen.[26]

---

20 *Wohlwill*, Neuere Geschichte, S. 318.

21 *von Bippen*, Geschichte der Stadt Bremen, S. 330.

22 *Graßmann*, S. 530; *Hundt*, S. 10; *von Bippen*, Geschichte der Stadt Bremen, S. 330; *Wohlwill*, Neuere Geschichte, S. 326 f.

23 *von Bippen*, Geschichte der Stadt Bremen, S. 331; *Schulze-Smidt*, S. 130.

24 *Wogatzky*, S. 25.

25 *von Bippen*, S. 32; *ders.* Geschichte der Stadt Bremen, S. 333; *Hagedorn*, S. 12-14; *Wohlwill*, Neuere Geschichte, S. 328; *Schulze-Smidt*, S. 130.

26 *Kretzschmar*, Geschichte Lübecks, S. 96; *von Bippen*, Geschichte der Stadt Bremen, S. 333.

Nach der Einverleibung der Hansestädte in das französische Kaiserreich im Januar 1811 begannen die Franzosen sogleich, die jahrhundertealte Staats- und Verfassungsordnung neu zu gestalten. Die Verfassungen der Hansestädte blieben zwar in ihren Grundstrukturen scheinbar unverändert, tatsächlich wurden jedoch tiefgreifende Änderungen vorgenommen.

Große Einwirkungen auf das hansestädtische Gerichtswesen fanden zunächst noch nicht statt. Durch Beschluss der Regierungskommission für die vereinigten Departements vom 12. Februar 1811 über die vorübergehende Organisation der Justiz blieben die Gerichte der ersten Instanz vorerst noch provisorisch in ihrer bisherigen Besetzung bestehen.[27] Allerdings musste nun im Namen des Kaisers Recht gesprochen werden. Die Obergerichte fungierten als Obertribunale. Sie waren weiterhin mit den Mitgliedern der Senate besetzt, denen allerdings ein kaiserlicher Kommissar beigeordnet war.[28] Appellationen von den Obertribunalen waren durch Aktenversendung an ein anderes hansestädtisches Obertribunal möglich, wodurch die zweistufige Gerichtsbarkeit eingeführt wurde.[29]

Erst im Verlauf der im Juli 1811 von der französischen Regierung angeordneten Umbildungen wurde in den Hansestädten die Justiz von der Verwaltung getrennt. Die Verwaltung ordnete sich nun bis in die untersten Verwaltungszweige nach dem Vorbild der französischen Departementverwaltung. Dieses System nahm teilweise schon die liberalen Vorstellungen der zweiten Hälfte des 19. Jahrhunderts vorweg. Abgesehen von dieser fortschrittlichen Entwicklung wurden auch auf anderen Gebieten Verbesserungen vorgenommen, wie beispielsweise bei dem Bau besserer Heerstraßen oder der Einrichtung einer gesundheitspolizeilichen Fürsorge.[30] Insgesamt vollzog sich allerdings ein Traditionsbruch, der vor allem an der Trennung von Justiz und Verwaltung und dem Aufbau einer neuen Gerichtsorganisation erkennbar war.[31] Die prozessualen Einrichtungen wurden im Rahmen des endgültigen Ausbaus der französischen Verwaltungs- und Justizorganisation durch hauptberufliche Beamte abgelöst.

---

27 „arreté relatif á l'adiministration provisoire de la justice dans les trois Départements réunis, veröffentlicht im „Bulletin des arretés de la Commission du Gouvernement", S. 5-9 ; *Schubert*, S. 155.

28 *Funk*, S. 62; *Schubert*, S. 155.

29 *Schubert*, S. 155.

30 *von Bippen*, S. 34.

31 *Graßmann*, S. 543.

Am 4. Juli 1811 war ein kaiserliches Organisationsdekret ergangen, welches den Aufbau der Gerichte in den hanseatischen Departements betraf.[32] Es bestimmte in seiner ersten Abteilung die Auflösung der bis dahin noch bestehenden Gerichte und ordnete in der zweiten Abteilung den neuen Gerichtsaufbau an.[33]

An die Stelle der vielen erstinstanzlichen Gerichte traten wenige Tribunale unterster Instanz, die im Wesentlichen als Vergleichsbehörden für zivilrechtliche Streitigkeiten fungierten. In jeder Hansestadt wurde neben Friedensgerichten in allen Kantonshauptstädten ein Tribunal erster Instanz vorgesehen. Statt der Obergerichte wurde nach der im Januar 1811 erfolgten Einverleibung der Städte in das Kaiserreich am 20. August in Hamburg ein kaiserlicher Appellationsgerichtshof (Cour Impériale) errichtet.[34] Dieses Gericht bildete die Appellationsinstanz für die Hanseatischen Departements und entschied unter anderem in der Anklagekammer in Kriminalsachen anhand der von den Tribunalen erster Instanz eingereichten Untersuchungsakten über die Zuständigkeiten eines Gerichts erster Instanz. Mit der Einsetzung dieses obersten Gerichtshofes traten trotz des Widerstands der Städte die französischen Gesetzbücher in Kraft und die Obergerichte der Hansestädte beendeten ihre Tätigkeit.[35]

Die Pläne für ein hanseatisches Oberappellationsgericht waren damit zunächst nicht zu realisieren. Nur im Herbst 1809 war dieser Gedanke kurz wieder aufgekeimt, als auf Befehl Napoleons Reinhard und Bourienne in Hamburg mit den hanseatischen Deputierten über den Eintritt der Hansestädte in den Rheinbund verhandelt hatten.[36] Für die Hansestädte waren die Senatoren Smidt und Vollmers aus Bremen, Senator Overbeck und Syndicus Curtius aus Lübeck und Syndicus Doormann aus Hamburg vertreten. Nach Nr. 17 des Konzepts des französischen Gesandten Reinhard sollten eine Appellationsinstanz und ein hanseatischer Kassationshof aus auswärtigen Juristen gebildet werden. Dies war überhaupt nicht im Sinne der Städte. Es wurde eingewendet, dass ein Kassationshof in einem „so kleinen Staatenverein keine ausreichende Beschäftigung finden und allzugroße Ausgaben erfordern würde".[37] Die Städte konnten in den Verhandlungen zu ihrem Bedauern jedoch lediglich erreichen, dass neben der Errichtung des

32 Dritter Teil des Decrets «condernant l'organisation générale des départemens hanséatiques », Art. 45-157, *Schubert*, S. 159.

33 *Wedekind*, S. 167 ff.

34 *Wohlwill*, Justizwesen in Hamburg, S. 341; *Klug*, Geschichte Lübecks, 1. Abt., S. 56; *Wogatzky*, S. 22; *Funk*, S. 63; *Schubert*, S. 159.

35 Es handelte sich dabei um den Code Napoléon, Code de commerce, Code d'instruction criminelle, Code de procédure civile und Code pénal; *Klug*, Geschichte Lübecks, 1. Abt., S. 57; *Wohlwill*, Neuere Geschichte, S. 365, 378.

36 *Wohlwill*, Napoleon und die Hansestädte, S. 76; *Hagedorn*, S. 15; *Wogatzky*, S. 26.

37 *Wohlwill*, Napoleon und die Hansestädte, S. 84.

Kassationshofes in Hamburg eine Appellation an den Senat einer der beiden anderen Städte möglich sein sollte.[38] Dieser Kassationshof wurde auch tatsächlich über einen Zeitraum von zwei Jahren, wenn auch nur in wenigen Fällen, tätig.[39] Bis dahin praktizierte man statt einer Revision die Aktenversendung von einer Hansestadt an die Senate der beiden anderen als Appellationsinstanz (die Sachen aus Hamburg sollten an das Obergericht in Lübeck, die Sachen aus Lübeck an das Obergericht in Bremen und die Sachen aus Bremen an das Obergericht in Hamburg zur Entscheidung übersendet werden).[40]

Diese Einrichtungen hatten jedoch nicht lange Bestand. Nach der Befreiung von den Franzosen kehrten die Städte wieder zu ihren alten Gerichtsverfassungen zurück[41] und beseitigten somit auch die Trennung von Justiz und Verwaltung. Grund dafür war, dass die französischen Gerichte unter anderem durch den Bruch mit dem Gewohnheitsrecht den Unmut der Bevölkerung auf sich gezogen hatten. Die Franzosen kehrten zwar im März 1813 nochmals für kurze Zeit zurück, jedoch erfolgte am 5. Dezember die endgültige Befreiung der Stadt Lübeck von der französischen Herrschaft durch den Einmarsch schwedischer Truppen unter ihrem Kronprinzen Bernadotte.[42] So wurde am 6. Dezember 1813 verkündet: „Lübeck nimmt seine ursprüngliche Benennung einer freien Hansestadt wieder an; die Fahne der Civilisation und des Handels weht aufs Neue von ihren Mauern."[43]

3. Gerichtsorganisation vor der Zeit des OAG

Eine völlig unveränderte Rückkehr zu den alten Verhältnissen erwies sich indessen als unvorteilhaft. Man vereinfachte daher teilweise den Gerichtsaufbau, vor allem in den unteren Instanzen. In Lübeck übernahm der Senat wieder die vollständige Kontrolle über die Verwaltung und die Rechtspflege.[44] Durch Verordnung vom 16. Februar 1814 setzte der Senat fest, dass alle vor dem 20. August 1811 gültigen Gesetze, Rechte und rechtlichen Gewohnheiten wieder in Kraft ge-

---

38 *Wogatzky*, S. 26.

39 *Görtz*, S. 587.

40 *Schubert*, S. 159.

41 in Hamburg durch Rat und Bürgerbeschluss vom 27. Mai 1814, *Anderson*, Band 1, Nr. 6, S. 8; in Bremen durch Verordnung vom 13. August 1814, Ratsarchiv Qq.10.C.2.b.

42 *Kretzschmar*, Geschichte Lübecks, S. 97; *Hoffmann*, Band II, S. 148 f.

43 *Klug*, Geschichte Lübecks, 2. Abt., S. 127.

44 „Proklamation, die provisorische Wiedervereinigung des vormaligen Senats betreffend, vom 19. März 1813", Sammlung der Lübeckischen Verordnungen und Bekanntmachungen, 1. Band, 1813/1814, Nr. 1, S, 1; *Hoffmann*, Band II, S. 154.

setzt werden sollten.[45] Am 28. Mai 1814 wurde in der „Verordnung betreffend das Gerichtswesen“[46] die neue Fassung des Justiz- und Verwaltungswesens der Hansestadt bekannt gegeben.

Die Gerichte der ersten Instanz wurden aus dem Nieder- und Stadtgericht, dem Landgericht, der Wette und dem Militärgericht zusammengesetzt.[47] Das Niedergericht bestand aus zwei Ratsherren als Prätoren, von denen einer Jurist sein musste, sechs rechtsgelehrten Prokuratoren und einem rechtsgelehrten Aktuar sowie dessen Vertreter. Es war für alle privatrechtlichen Streitfälle, ausgenommen der Gewerbesachen innerhalb der Stadttore, zuständig. Für das Gebiet vor den Toren und für das Landgebiet wurde parallel zum Nieder- und Stadtgericht das Landgericht für Strafsachen eingerichtet. Dieses war sachlich sowohl zwischen Gästen, als auch zwischen Einheimischen, mit Ausnahme der Streitigkeiten über Gewerbebefugnisse, welche der Wette zugeordnet wurden, das Gericht erster Instanz in Zivilsachen. Es übernahm die Aufgaben der vor der napoleonischen Besatzung tätig gewesenen städtischen Gerichte der Kämmerei, des Marstalls, der Vogtei und der kleineren Offizien der Patrimonialgerichte. In Strafsachen war es im selben Umfang für das Land zuständig wie das Niedergericht für die Stadt.[48]

Die Wette war zunächst Gewerbe- und Wohlfahrtspolizeibehörde, wurde aber 1820 zum erstinstanzlichen Gericht für die Entscheidung gewerblicher Streitigkeiten in der Stadt innerhalb der Landwehr und in Travemünde bestellt.[49]

Im Gericht zweiter Instanz entschied der Rat als Obergericht, an welches ebenfalls von der unteren Instanz appelliert werden konnte, wenn nicht die für bestimmte Fälle gegebene Möglichkeit der Aktenversendung beantragt wurde.[50] Das Obergericht setzte sich aus dem rechtsgelehrten Bürgermeister als Präsidenten, den beiden Syndici und vier Ratsherren, von denen zwei Juristen sein mussten, zusammen. Neu war, dass das Gericht nicht mehr aus dem gesamten Gremium des Rats bestand und dass die Richter der ersten Instanz dem Obergericht

---

45 „Bekanntmachung über den Wiedereintritt der in hiesiger Stadt und deren Gebiet vor dem 20. August 1811 gültigen Gesetze, Rechte und Gewohnheiten, vom 16. Februar 1814“, Sammlung der Lübeckischen Verordnungen und Bekanntmachungen, 1. Band, 1813/1814, Nr. 52, S. 64.

46 „Bekanntmachung, die Verordnung über das Gerichtswesen betreffend“, Sammlung der Lübeckischen Verordnungen und Bekanntmachungen, 1. Band, 1813/1814, Nr. 67, S. 121.

47 *Demler*, S. 594; *Hoffmann*, Band II, S. 154.

48 „Verordnung über das Gerichtswesen“, Sammlung der Lübeckischen Verordnungen und Bekanntmachungen, 1. Band, 1813/1814, Nr. 63, S. 85 ff.; *Funk*, S. 67; *Schwartz*, S. 547; *Hiemsch*, S. 76.

49 *Hohnsbein*, S. 115.

50 *Kretzschmar*, Geschichte Lübecks, S. 100; *Hohnsbein*, S. 115.

nicht mehr angehören durften. Gegen Erkenntnisse des Obergerichts selbst waren die Rechtsmittel der Revision und Kontrarevision verbunden mit der Aktenversendung als dritte Instanz gegeben.[51]

In Hamburg behielt man im Gegensatz zu Lübeck und Bremen die zahlreichen unteren Gerichtsinstanzen bei. Im Wesentlichen wurden durch die neue Gerichtsordnung von 1815 nur die frühere Besetzung der einzelnen Gerichte und die alten Zuständigkeitsbereiche geändert.[52] Die unterste Instanz wurde hier durch zwei Prätoren (sog. Dieleninstanz), die Patronen, das Kapitulargericht und das Handelsgericht gebildet.[53] Gericht zweiter Instanz war ebenfalls das Obergericht, welches in Supplikation gegen Erkenntnisse der Patronen, der Prätoren und des Kapitulargerichts sowie der Appellationen gegen Entscheidungen des Handels- und Niedergerichts entschied. Es war allerdings nur noch eingeschränkt neben dem Senat als erste Instanz tätig, nämlich in Kriminalsachen und in Angelegenheiten der freiwilligen Gerichtsbarkeit.[54] Auch in Hamburg waren gegen Erkenntnisse des Obergerichts die Rechtsmittel der Aktenversendung oder der Revision gegeben. Insgesamt erfüllte hier die Justiz durch die weiterbestehende Trennung von der Verwaltung schon Forderungen, welche in Lübeck und Bremen erst 1848 durchgesetzt werden konnten.

Die Stadt Bremen hatte sich am 1. September 1814 eine eigene Gerichtsordnung gegeben, die aber wie in Lübeck nicht zu grundlegenden Neuerungen führte.[55] Das Gesetz regelte nur den ordentlichen Prozess. Das Verfahren in einfacheren, geringerwertigen Sachen wurde nicht näher erörtert und offenbar den Gerichten frei überlassen.[56] Insgesamt hielt der Senat trotz liberaler Bestrebungen von Mitgliedern der Bürgerschaft an den Grundlagen der alten Ratsverfassung von 1751 fest, so dass die absolute Regierungsgewalt des Senats erhalten blieb. Jedoch kam es auch wie in Lübeck zu einer Zusammenfassung der vielfältigen untersten Gerichte.[57] Die erstinstanzlichen Gerichte wurden durch das Unter-Zivil-Gericht, das Unter-Kriminal- und Polizei-Gericht, Inspektoren und die Morgen-Sprachs-Herren zusammengesetzt.[58]

---

51 *Demler*, S. 594; *Funk*, S. 72; *Greb*, S. 11.

52 Verordnung wegen veränderter Organisation der Justizbehörden und Gerichte vom 29. Dezember 1815, *Anderson*, Band 2, S. 270 ff.

53 *Kusserow*, S. 50; *Schwartz*, S. 547.

54 Verordnung wegen veränderter Organisation der Justizbehörden und Gerichte vom 29. Dezember 1815, Art. 30; *Anderson*, Band 2, S. 285.

55 Zu den Verhandlungen siehe Ratsarchiv Qq.10.C.3.c.; die Gerichtsordnung der freien Hansestadt Bremen von 1814 findet sich in Ratsarchiv Qq.10.C.3.b.1.

56 *Schwartz*, S. 548.

57 Bremer Gerichtsordnung von 1814, §§ 13 und 15.

58 Bremer Gerichtsordnung von 1814, §§ 13 ff.

Auch hier war wiederum das Obergericht die zuständige Appellationsinstanz der Untergerichte.[59] Es war im Unterschied zu Lübeck und Hamburg aber weiterhin als erstinstanzliches Gericht des gesamten Senats tätig.[60] Das Obergericht setzte sich aus dem Bürgermeister und sechs Ratsherren zusammen. Gegen seine Erkenntnisse konnte mittels der Revision vorgegangen werden. Dann wurde die Streitigkeit entweder durch dasselbe Gericht ohne Mitwirkung des früheren Referenten oder durch Aktenversendung entschieden.[61] Dies galt allerdings nicht für Urteile des Obergerichts in Strafsachen, gegen die kein Rechtsmittel offen stand.[62]

Zu der Gründung des gemeinsamen Oberappellationsgerichts ist an dieser Stelle zu bemerken, dass sich die späteren Verhandlungen der Hansestädte gerade aufgrund des in vielen Punkten nicht übereinstimmenden Gerichtsaufbaus, wie beispielsweise der Unterschiede zwischen den Obergerichten, als besonders schwierig erwiesen.

Allgemein kann festgehalten werden, dass die Gerichtsgewalt des Rates in allen Städten im Wesentlichen immer noch erhalten war und sich eine Trennung von Justiz und Verwaltung, mit Ausnahme von Hamburg, noch nicht durchgesetzt hatte. Damit waren die französischen Einflüsse während der Besatzungszeit auf das Gerichtswesen nahezu spurlos an den Hansestädten vorbeigegangen.

II. Die Gründungsverhandlungen der vier freien Städte

Nach der französischen Fremdherrschaft waren die Errichtung der neuen Gerichtsordnungen von 1814 bzw. 1815 und die Neuordnung der Gerichte in den einzelnen Städten nicht die einzigen Themen, mit denen sich die Städte beschäftigten. Für die Hansestädte wurde erneut die Frage nach der Schaffung einer gemeinsamen höchsten Gerichtsinstanz bedeutsam.

1. Wiederaufnahme der Verhandlungen nach der Besatzungszeit

Die Initiative für die Aufnahme der Beratungen ging wiederum von dem Bremer Senator Smidt aus. Er versuchte erneut, Hamburg und Lübeck von der Notwen-

59 Bremer Gerichtsordnung von 1814, §§ 10 ff.
60 Bremer Gerichtsordnung von 1814, § 10.
61 Bremer Gerichtsordnung von 1814, §§ 502 ff., 515, 529.
62 *Hiemsch*, S. 72.

digkeit eines gemeinsamen obersten Gerichtshofes zu überzeugen.[63] Im Gegensatz zu den ersten Beratungen von 1806 sprachen nun mehrere und überzeugendere Gründe für die Errichtung eines gemeinsamen Gerichts.

Zum einen lag den Senatoren daran, die in den Gerichtsordnungen vorgesehene Möglichkeit der Aktenversendung an die Juristenfakultäten einzuschränken, da sie befürchteten, dass diesen die unterschiedlichen und eigenständigen Stadtrechte nicht geläufig genug waren.[64] Zum anderen ging es darum, auch in der Justiz die Selbstständigkeit der Städte zu bewahren. Als generelle Vertreter der Interessen der Hansestädte waren aus Lübeck Senator Hach, aus Bremen Senator Smidt und aus Hamburg Syndicus Gries bestellt worden. Senator Hach erhielt von Preußen am 11. März 1814 und von Österreich am 14. Mai 1814 eine Erklärung über die Anerkennung der Wiederherstellung der Souveränität der Hansestädte.[65] Dabei konnte er auf die Vorarbeiten des Senators Smidt zurückgreifen, der bereits von Preußen am 14. Dezember eine Garantieerklärung für alle Hansestädte und am 8. Januar 1814 für Bremen allein von Österreich und Russland erhalten hatte.[66]

Schon bei Gesprächen auf der Reise ins Hauptquartier der Alliierten in Paris mit Staatsmännern der Alliierten wie beispielsweise Stein und Wilhelm von Humboldt, welche bedeutenden Einfluss auf die Neuordnung der deutschen Angelegenheiten hatten, erfuhr der Bremer Gesandte Smidt, dass mit einer Wiederherstellung der Reichsgerichte als letzter und höchster Instanz oder der Errichtung eines ähnlichen Instituts nicht zu rechnen sei. Möglicherweise sollte die Einrichtung einer juristischen Oberinstanz den deutschen Einzelstaaten selbst überlassen werden. Dabei sollten diejenigen Staaten, die nicht die dafür erforderliche Einwohnerzahl aufweisen konnten, sich entweder mit anderen kleineren Staaten zusammenschließen oder sich an die oberste Instanz eines größeren Nachbarstaates anschließen.[67] Hier kam für die Hansestädte das schon bestehende Oberappellationsgericht in Celle in Frage.

Smidt versuchte sofort, die Staatsmänner von der Notwendigkeit zu überzeugen, den Hansestädten die Kompetenz zuzusprechen, sich ein eigenes Obergericht zu geben, falls kein neues Reichsgericht eingesetzt werde.[68] Die Argumen-

---

63 Eine detaillierte Übersicht der Senats- und Bürgerschaftsverhandlungen, sowie zahlreiche Briefe insbesondere von Smidt finden sich in Ratsarchiv Qq.10.G.1.

64 *Krause*, S. 365.

65 Hachsches Familienarchiv, V.Vol. B, Fasc. 4, No. 3a, Concepte der Briefe von Hach aus Wien 1814/15 an den Senat bzw. den Syndicus Dr. Curtius.

66 *von Bippen*, Johann Smidt, S. 125 ff.; *ders.* Geschichte der Stadt Bremen, S. 402; *Kretzschmar*, Hach, S. 27.

67 *Hagedorn*, S. 16; *Krause*, S. 366; *Greb*, S. 12; *von Bippen*, Johann Smidt, S. 142 f.

68 *von Bippen*, Johann Smidt, S. 142 f.; *Wogatzky*, S. 26.

tation Smidts überzeugte und es wurde ihm nahegelegt, dass Vorschläge der Hansestädte zur Errichtung eines gemeinschaftlichen, mit Richtern aus ihrer Mitte zu besetzenden Appellationsgerichts vielleicht Gehör finden würden, wenn sie in einem ausgearbeiteten und in die Einzelheiten gehenden Konzept vorgelegt würden. Aus diesem Grund galt es nun für die Hansestädte, sich zügig über ihren Standpunkt klar und einig zu werden. Es war nämlich zu erwarten, dass die Errichtung höchster Gerichtsinstanzen mit Sicherheit auf dem im Oktober 1814 stattfindenden Wiener Kongress beraten würde.

Nach seiner Rückkehr trat Smidt daher sofort mit Lübeck und Hamburg in Kontakt und informierte sie über die Pläne der Staatsmänner. Ende Juli drängte er darauf, sich wegen des nahenden Wiener Kongresses über die Punkte, welche die Hansestädte gemeinsam betrafen, zu einigen. In einem von ihm veranlassten Brief an die Hansestädte Hamburg und Lübeck vom 26. Juli 1814 ging man auf das Abschlussgutachten der Deputierten des Hansetags vom 15. Oktober 1806 als Grundlage ein und sprach sich nun für den Vorschlag aus, ein gemeinsames und ständiges Oberappellationsgericht zu errichten.[69] Gegen die Bedenken der Senate, es könne ihrem Ansehen schaden, wenn gegen ihre Rechtssprüche an ein ihnen übergeordnetes Gericht appelliert werde, brachte die Stadt Bremen vor, dass die Senate selbst nach dem vorher vom Gericht erstellten Gutachten ein Urteil verkünden könnten.[70] Außerdem sollten die Mitglieder des Gerichts den Titel „Syndicus hanseaticus" führen. Das unter der gemeinsamen Verwaltung von Hamburg und Lübeck stehende Städtchen Bergedorf als Sitz des Oberappellationsgerichts sollte wie schon im Abschlussgutachten festgelegt, beibehalten werden.

Auch Lübeck und Hamburg wünschten eine Verständigung über die auf dem Wiener Kongress einzunehmende Haltung. Man war sich einig, dass eine Unterordnung der Städte unter ein fremdes Gericht und der damit verbundene Verlust der Selbstständigkeit unbedingt abgewendet werden müsse.[71] Die beiden Städte hielten allerdings die Pläne einer künftigen Ordnung Deutschlands noch für viel zu unklar. Sie hielten es daher für wenig ratsam, schon jetzt in intensive Beratungen über die Errichtung eines gemeinsamen obersten Gerichts einzutreten. Während Lübeck der Meinung war, dass man in Wien unverbindlich auf der Grundla-

69 ASA Interna, 1/1, No. 1, Schreiben Bremens an Lübeck vom 26. Juli 1814; ebenso Senatsakten Cl.VII. Lit.Ma No.10 Vol.2a Fasc.1 Vol.1 II No. 1a.

70 ASA Interna, 1/1, No. 1, Schreiben Bremens an Lübeck vom 26. Juli 1814; ebenso Senatsakten Cl.VII. Lit.Ma No.10 Vol.2a Fasc.1 Vol.1 II No. 1a.

71 *Hohnsbein*, S. 152.

ge des Abschlussgutachtens von 1806 weiterverhandeln könne[72], ließ sich in Hamburg das Gutachten in den Akten zunächst nicht einmal auffinden.[73] Grundsätzlich setzte sich Hamburg in seinem Antwortschreiben an den Bremer Senat vom 29. August 1814 für die 1806 vorgeschlagene zweite Möglichkeit, nämlich die wechselseitige Appellation an die Senate der anderen Städte als oberste Instanz, ein.[74] Es wurde weiterhin gegen die Errichtung eines gemeinsamen Gerichts vorgetragen, dass ein solches für die Stadt aufgrund ihrer umfangreichen Appellationsprivilegien vor allem in Handelssachen nicht sinnvoll sei.[75] Insbesondere stand man hier im Anschluss an eine Schrift des Senators Abendroth einem solchen Gericht feindlich gegenüber.[76]

Mittlerweile bekundete auch die Freie Stadt Frankfurt ihr Interesse, sich als viertes Glied dem Plan eines gemeinsamen hanseatischen Oberappellationsgerichts anzuschließen, da sie sich nun ebenfalls um eine dritte oberste Instanz sorgen musste. Dies war seit dem Wegfall der beiden obersten Reichsgerichte zunächst nicht der Fall gewesen, da die Stadt nach der napoleonischen Besatzung dem zu dieser Zeit das Großherzogtum Frankfurt beherrschenden Staat des Fürstprimas von Dalberg zugeordnet worden war. Durch Übereinkunft vom 19. Februar 1810 mit Napoleon waren auch hier einige Veränderungen in der Rechtsordnung vorgenommen worden. Es erfolgte wie in Lübeck die durchgängige Trennung von Justiz und Verwaltung. Außerdem ersetzte das Oberappellationsgericht Aschaffenburg die Stelle der höchsten Reichsgerichte. Weiterhin wurden der richterliche Stand unabhängig und die Gleichheit aller Untertanen vor dem Gesetz anerkannt.[77]

Aufgrund der Einführung des „Code Napoléon" am 1. Januar 1811 erfolgte wie auch in den Hansestädten eine neue Organisation der Gerichte und des gesamten gerichtlichen Verfahrens. Diese Umstrukturierungen wurden in der Gerichtsordnung vom 5. Oktober 1811 in 127 Artikeln sowie in einer neuen Prozessordnung vom 7. Dezember 1811 in 567 Artikeln verankert. Die Regelungen traten am 1. Januar 1813 in Kraft. Der neue Gerichtsaufbau unter Aufsicht des

72 ASA Interna, 1/1, No. 3, Antwortschreiben Lübecks vom 11. August 1814, mit Anlagen; Ratsarchiv Qq.10.G.1.b.No.2, Schreiben Lübecks an Bremen vom 20. August 1814.

73 ASA Interna, 1/1, No. 5, Antwortschreiben Hamburgs vom 29. August 1814; Senatsakten Cl.VII. Lit.Ma No.10 Vol.2a Fasc.1 Vol.1 II No.1 a.

74 ASA Interna, 1/1, No. 5, Antwortschreiben Hamburgs vom 19. August 1814; Senatsakten Cl.VII. Lit.Ma No.10 Vol.2a Fasc.1 Vol.1 II No.1 a.

75 ASA Interna, 1/1, No. 5, Antwortschreiben Hamburgs vom 19. August 1814; Senatsakten Cl.VII. Lit.Ma No.10 Vol.2a Fasc.1 Vol.1 II No.1 a; *von Bippen*, S. 36; *Hagedorn*, S. 17.

76 *Abendroth*, Wünsche bei Hamburgs Wiedergeburt im Jahre 1814.

77 *Bender*, S. 6.

Justizministers war im Ergebnis so festgelegt, dass auch in Frankfurt ein Kassationshof, als welcher der Staatsrat fungierte, eingerichtet wurde.[78] Außerdem errichtete man einen mit einem Präsidenten, sechs Richtern und zwei Sekretären besetzten Appellationshof und ein mit einem Direktor und fünf Räten besetztes Gericht erster Instanz.[79] Auf diese Weise wurde das Verfahren vereinfacht und vielfach verkürzt. Auf die Aktenversendung an die Juristenfakultäten wurde vollständig verzichtet. Auch nachdem die Stadt Frankfurt zum Ende des Jahres 1813 mit ihrem reichsstädtischen Gebiet in ihre alte Munizipalverfassung zurückgeführt und das französische Recht mit einigen Ausnahmen aufgehoben worden war, bestand diese Gerichtsorganisation in ihren Grundsätzen weiter fort. Erst 1815 ersetzte man sie durch eine neue provisorische Gerichtsordnung, an deren Stelle wiederum die vom 19. Juli 1816 eingeführte definitive Gerichtsordnung trat.[80]

Mit dem Ersuchen Frankfurts im Jahre 1814, sich an einem gemeinsamen Oberappellationsgericht zu beteiligen, ergaben sich erneute Schwierigkeiten, welche die Beratungen zwischen den Städten weiter verkomplizierten. Aus diesen Gründen war ein über das Abschlussgutachten von 1806 hinausreichender Fortschritt nicht erkennbar. Die Situation war somit für die Vertreter der Interessen der Hansestädte, die Senatoren Smidt aus Bremen und Hach aus Lübeck, auf dem Wiener Kongress alles andere als einfach. Immerhin gelang den beiden Deputierten mittels ihres diplomatischen Geschicks, die Pläne eines Oberappellationsgerichts der freien Städte auf der Ebene des Kongresses zumindest am Leben zu erhalten.[81] Die Deputierten standen mit ihren Heimatstädten in ständigem Briefkontakt, um auf diesem Wege über alle Neuigkeiten aus den Verhandlungen zwischen den Städten über der Errichtung eines gemeinsamen obersten Gerichts auf dem Laufenden zu sein.[82]

Die auf dem Wiener Kongress präsentierten Lösungsvorschläge waren vielgestaltig. So sah ein von Preußen am 13. September 1814 vorgelegter so genannter „Kreiseinteilungs-Entwurf" grundsätzlich die Errichtung eines Bundesgerichts in Frankfurt vor.[83] Diesem sollten die Entscheidung über Streitigkeiten zwischen Bundesgliedern und der Schutz der durch die Bundesverfassung gesicherten Rechte der „Bundesunterthanen" sowie Fälle der Justizverweigerung anvertraut werden. Streitigkeiten zwischen Landständen und Landesherren über die von Bundes wegen in jedem Mitgliedstaat einzuführende oder aufrechtzuerhaltende

78 *Schubert*, S. 545.
79 *Bender*, S. 6.
80 *Bender*, S. 6.
81 ASA Interna, 1/1, No. 15, Dekret des Senats der Stadt Lübeck vom 14. Januar 1815.
82 Beispielsweise: ASA Interna, 1/1, No. 17, Schreiben an Hach vom 17. Februar 1815.
83 *Scheuner*, S. 22; *Huber*, Deutsche Verfassungsgeschichte, S. 529.

ständische Verfassung sollten vor die höchsten Gerichte der Kreisobersten gebracht werden, von denen dann der Rekurs an die Bundesversammlung gegeben sein sollte.[84] Dieser Plan scheiterte jedoch an der fehlenden Zustimmung der süddeutschen Beteiligten. Diese hielten die Bundeskompetenzen für zu weitreichend. Sie waren sich auch bewusst, welche Schranken für die einzelstaatliche Macht von den Gerichten des Reiches ausgegangen waren. Stattdessen wurde schließlich der österreichische Verfassungsentwurf vom Dezember 1814 angenommen. Dieser sah weder ein Bundesgericht noch Regelungen hinsichtlich einer gemeinsamen Gerichtsverfassung vor. Die Streitigkeiten zwischen Bundesgliedern sollten nunmehr in dem aus Vertretern der Mitgliedstaaten zusammengesetzten Bundesrat gelöst werden.[85] Dieses ständige Streben nach einer Staatsgerichtsbarkeit des übergeordneten Bundes macht deutlich, wie sehr sich diese Struktur des alten Reiches erhalten hatte und auch noch lange Zeit als notwendiger Teil der Friedenswahrung im Bund angesehen wurde.

2. Auf dem Wiener Kongress

Im Jahre 1815 kam es in Wien zur Gründung des Deutschen Bundes als eines Staatenbundes souverän beherrschter Einzelstaaten. Seine Verfassung setzte sich im Wesentlichen aus der Deutschen Bundesakte vom 8. Juni 1815 und der Wiener Schlussakte vom 15. Mai 1820 zusammen.[86] Basierend auf diesen Vorschriften wurde der Bundesversammlung, neu bezeichnet als „Bundestag“ und nun das höchste, föderativ organisierte Organ des Bundes, die Zuständigkeit zur Friedenswahrung in allen gliedstaatlichen, in gewissem Umfang auch in innergliedstaatlichen Konflikten übertragen. Der Bund hatte zwar im Ergebnis kein gemeinsames Bundesgericht, war aber durchaus mit einer eigenen Gerichtsbarkeit ausgestattet. So lag die Entscheidung darüber, ob Verfassungen, Gesetze und Einrichtungen der einzelnen deutschen Mitgliedstaaten sich im Einklang mit den Bundesgesetzen befanden, beim Deutschen Bund.[87] Ebenso bestanden Austrägalinstanzen[88] für die Entscheidungen von Streitigkeiten der Bundesmitglieder un-

84 *Hagedorn*, S. 18; *von Bippen*, S. 36; *Kern*, Geschichte, S. 67; *Björner*, S. 21; *Huber*, Deutsche Verfassungsgeschichte, Band 1, S. 529 f.

85 *Eichhorn*, S. 11 ff.; *Björner*, S. 21.

86 *Schröder/Künßberg*, Deutsche Rechtsgeschichte, S. 988.

87 Art. 31 Wiener Schlussakte vom 15.5.1820, *Zeumer*, Nr. 218, S. 548; *Huber*, Dokumente, Band 1, Nr. 30, S. 85; *Klüber*, Quellen, S. 206; *Kern*, Geschichte, S. 67; *Altmann*, 1. Teil, S. 79.

88 Siehe dazu näheres unten, C.III.1.

tereinander bei der Bundesversammlung.[89] Daneben bestand die Möglichkeit des einzelnen Bürgers, im Falle einer Justizverweigerung in einem Bundesstaat die Bundesversammlung anzurufen.[90]

In Art. 12 der Deutschen Bundesakte wurde eine abschließende Regelung über die Errichtung letztinstanzlicher Gerichte für die Bundesstaaten getroffen.[91] Grundsätzlich sollte nur solchen Mitgliedern des Bundes eine eigene dritte Instanz zustehen, die 300.000 Einwohner oder bei 150.000 Einwohnern bereits ein oberstes Gericht hatten. Der Inhalt des Art. 12 der Deutschen Bundesakte hatte sich schon in Art. 8 des Verfassungsentwurfs Österreichs vom 23. Mai 1815 abgezeichnet. Auf dieser Grundlage wurden in sämtlichen, diese Voraussetzungen erfüllenden Bundesstaaten drittinstanzliche Gerichte errichtet. Diese erhielten Bezeichnungen wie Obertribunal, Oberhofgericht oder Oberappellationsgericht.[92] Im Ergebnis erreichte der Deutsche Bund durch Art. 12 eine den Grundsätzen des modernen Rechtsstaates entsprechende einheitliche Gestaltung der deutschen Gerichtsverfassung.[93]

Die Hansestädte hatten jedoch weder eine dritte Instanz noch die erforderliche Einwohnerzahl von 300.000. Sie verfügten nur über ca. 170.000 Einwohner. Selbst mit Frankfurt kam man lediglich auf eine Zahl von etwa 210.000.[94] Damit liefen die Städte Gefahr, zum Anschluss an ein höchstes Gericht eines anderen Bundesstaates gezwungen zu sein. Als sich dies abzeichnete, begann Anfang 1815 ein reger Briefwechsel zwischen den Städten, um eine Lösung zu finden. Man sprach sich im Ergebnis zumindest grundsätzlich für ein gemeinsames Gericht aus.[95] Auf Antrag des Bremer Senator Smidt, der von dem Lübecker Senators Hach unterstützt wurde, räumte der Wiener Kongress noch am 30. Mai 1815, nur wenige Tage vor der endgültigen Festsetzung der Bundesakte, den vier freien Städten aufgrund ihrer speziellen Bedeutung für den Handel, unabhängig von ihrer Einwohnerzahl, das Recht ein, ein gemeinsames oberstes Gericht zu bilden.[96]

---

89 Art. 11 Deutsche Bundesakte vom 8.6.1815, *Zeumer*, Nr. 218, S. 542; *Huber*, Dokumente, Band 1, Nr. 29, S. 78; *Klüber*, Quellen, S. 161 f.; *Altmann*, 1. Teil, S. 13. Art. 18-24 Wiener Schlussakte vom 15.5.1820, *Zeumer*, Nr. 219, S. 547; *Huber*, Dokumente, Band 1, Nr. 30, S. 83 f.; *Klüber*, Quellen, S. 201 ff.; *Altmann*, 1. Teil, S. 77 f.

90 Art. 29 Wiener Schlussakte vom 15.5.1820, *Zeumer*, Nr. 219, S. 545 ff; *Huber*, Dokumente, Band 1, Nr. 30, S. 85; *Klüber*, Quellen, S. 205 f.; *Altmann*, 1. Teil, S. 79.

91 *Huber*, Dokumente, Band 1, Nr. 29, S. 78; *Klüber*, Quellen, S. 105; *Zeumer*, Nr. 218, S. 543; *von Struve*, 2. Teil, § 85; *Altmann*, 1. Teil, S. 12.

92 *Huber*, Deutsche Verfassungsgeschichte, Band 1, S. 618.

93 *Huber*, Deutsche Verfassungsgeschichte, Band 1, S. 618.

94 *Wogatzky*, S. 27.

95 ASA Interna, 1/1 No. 18 ff., Korrespondenz der Senate; Senatsakten Cl.VII. Lit.Ma No.10 Vol.2a Fasc.1 Vol.1 II No.1 a.

96 *Klüber*, Akten Wiener Kongress, 2. Band, S. 417 (422), Protokoll der 4. Konferenz.

Daraufhin wurde Art. 12 der Bundesakte folgender Absatz hinzugefügt: „Den vier freyen Städten steht das Recht zu, sich unter einander über die Errichtung eines gemeinsamen obersten Gerichts zu vereinigen.“[97] Weiterhin wurde bestimmt, dass „bei den solcher gestalt errichteten gemeinschaftlichen obersten Gerichten jeder der Parteien gestattet seyn“ soll, „auf die Verschickung der Akten auf eine deutsche Fakultät oder an einen Schöppenstuhl zur Abfassung des Endurteils anzutragen“.[98]

Insbesondere dieser Zusatz rückte später in den Mittelpunkt intensiver Debatten unter den Städten. Er war die Ursache dafür, dass sich die Gründungsverhandlungen so sehr in die Länge zogen. Das Lübecker Oberappellationsgericht kam daher erst als letzter der deutschen obersten Gerichthöfe zustande. Dennoch wurden die Hansestädte durch diese Regelung davor bewahrt, einen Teil ihrer selbstständigen Justizrechte an ein Gericht eines benachbarten Staates zu verlieren.

3. Die Bemühungen um ein gemeinsames Oberappellationsgericht

Es zeigte sich schnell, dass sich die Hoffnung, man könne aufgrund der Bestimmungen der Bundesakte die Einrichtung eines gemeinsamen obersten Gerichts zügig vorantreiben, nicht erfüllte, obwohl sich die Städte Bremen, Lübeck und Frankfurt für eine sofortige Umsetzung der in Art. 12 der Bundesakte enthaltenen Bestimmungen einsetzten.

a) Der Kampf um Hamburgs Zustimmung

Zunächst kamen auf Einladung Smidts die Abgeordneten der Senate der Städte am 4. Januar 1816 zu näheren Beratungen in der Wohnung Hachs in Frankfurt zusammen.[99] Es erschienen Hach für Lübeck, Danz für Frankfurt, Smidt für Bremen und Gries für Hamburg.[100] Gries wies darauf hin, dass in Hamburg kein großes Interesse an dem Plan eines gemeinsamen obersten Gerichts bestehe. Ge-

97 Art. 12 Deutsche Bundesakte, *Zeumer*, Nr. 218, S. 543; *Huber*, Dokumente, Band 1, Nr. 29, S. 78; *Klüber*, Quellen, S. 105; *von Struve*, 2. Teil, § 85; *Altmann*, 1. Teil, S. 12; *Kern*, Geschichte, S. 67.

98 Art. 12 Deutsche Bundesakte, *Zeumer*, Nr. 218, S. 543; *Huber*, Dokumente, Band 1, Nr. 29, S. 78; *Klüber*, Quellen, S. 105; *Altmann*, 1. Teil, S. 12.

99 ASA Interna, 1/2, No. 1-4: Auszüge aus einem Berichts Hachs aus Frankfurt vom 6. Januar 1816; Berichte und Auszüge der Verhandlungen der Deputierten in Frankfurt finden sich insbesondere in Ratsarchiv Qq.10.G.1.b.No.3.

100 *Hagedorn*, S. 21, *von Bippen*, S. 37; *Kretzschmar*, Hach, S. 67.

genstand der Beratungen waren die Gerichtsorganisation auf der Grundlage des Abschlussgutachtens von 1806, der Sitz des Gerichts sowie dessen Besetzung, Kompetenzen und prozessuale Stellung.[101]

Schnell zeigten sich erste Probleme. So war nach der Bremer Gerichtsordnung anders als in Lübeck und Hamburg das Obergericht in wichtigen Sachen als erste Instanz tätig. Durch die Errichtung eines gemeinsamen obersten Gerichts wäre dieses für derartige Sachen die zweite Instanz geworden, obwohl es nach dem Wortlaut der Bundesakte als dritte Instanz fungieren sollte. Da Bremen aber größtes Interesse an einem gemeinsamen Gericht bekundete, hoffte man, die Stadt werde diese Probleme durch eine Änderung ihrer Gerichtsordnung aus der Welt schaffen.[102] Zum Erstaunen Lübecks lehnte Bremen dieses jedoch ab. Aus diesem Grund schlug Senator Hach vor, zwischen das Obergericht als erster Instanz und das Oberappellationsgericht eine Zwischenrevisionsinstanz zu schalten, um die Funktionen des Bremer Obergerichts in erster Instanz weiter beibehalten zu können.[103] In der Zwischenrevisionsinstanz sollte das Obergericht Entscheidungen, die es bereits in erster Instanz getroffen hatte, bestätigen. Diese formalistische Lösung wurde später in der Gerichtsordnung von 1820 umgesetzt, wodurch auch in Bremen ein Weg an das Oberappellationsgericht als dritte Instanz eröffnet war.

Es stellte sich erneut das verfassungsrechtliche Problem, dass ein selbstständiger oberster Gerichtshof über den bisher selbstständigen Senaten stehen und deren Rechtsprechung kontrollieren würde. Als höchstes Gericht wäre das Oberappellationsgericht ebenfalls für Streitigkeiten zwischen dem Senat und der Bürgerschaft zuständig gewesen, worin ersterer eine Einmischung in die inneren Angelegenheiten der Städte sah. Dieser Gefahr meinten Bremen, Lübeck und Frankfurt durch entsprechende Änderungen in der Gerichtsordnung entgegen wirken zu können. Außerdem war eine solche Situation auch schon zu Zeiten der Reichsgerichte gegeben und daher keineswegs neu.

Ende Januar 1816 wurde Hamburg von Bremen ermahnt, die Errichtung eines gemeinsamen Gerichts sei eine Frage der Ehre der freien Städte. Allein auf ihr eigenes Drängen sei die Ausnahmeregelung dem Art. 12 der Bundesakte überhaupt hinzugefügt worden.[104] Hamburg antwortete hierauf nicht. Im Mai forderte

---

101 Berichts Smidts vom 4. Januar 1816 über die Themen welche bei der vorläufigen Konferenz zur Sprache gekommen sind; Ratsarchiv Qq.10.G.1.b.No.3.

102 Bericht Smidts über die Beratungen, Ratsarchiv Qq.10.G.1.b.No.3; Senatsverhandlungen über dessen Errichtung und Organisation.

103 Schreiben Hachs vom 19. Februar 1816, Ratsarchiv Qq.10.G.1.b.No.3; *Krause*, S. 379.

104 ASA Interna, 1/2, No. 8, Brief Bremens an Lübeck vom 26. Januar 1816, mit Anlage; Ratsarchiv Qq.10.G.1.b.No.3.

der Lübecker Syndicus Curtius Hamburg erneut auf, sich zu äußern.[105] Hamburg spielte auf Zeit, indem in mehreren Briefen die Frage der Zuständigkeit in der Stadt erörtert wurde.[106] Schließlich erklärte man sich wieder ablehnend. Man hielt eine Appellation an einen der Senate der anderen Städte nach dem Vorbild der zweiten Möglichkeit des Entwurfs der Bremer Kommission von 1806 für ausreichend. Außerdem plante Hamburg ein Gesetz, das eine Appellation gegen zwei gleichlautende Urteile ausschließen sollte. Dieses hätte einem gemeinsamen Oberappellationsgericht einen großen Teil seiner Aufgaben entzogen.[107] Damit ignorierte Hamburg Art. 12 der Deutschen Bundesakte zunächst vollständig. Währenddessen setzten die drei anderen Städte ihre Beratungen in dieser Sache fort.[108]

Die schleppenden Verhandlungen der Städte blieben außerhalb ihrer Grenzen nicht unbeachtet. Im September 1816 verfasste ein Professor Martin im „Rheinischen Merkur" einen an die Städte gerichteten Aufsatz mit dem Titel „Eine Erinnerung und Bitte an die vier freien Städte". Darin forderte er die Städte auf, Art. 12 der Bundesakte umzusetzen. In die gleiche Richtung argumentierte der österreichische Präsidialgesandte Graf Buol-Schauenstein bei der Eröffnung der zweiten Sitzung der Bundesversammlung am 11. November 1816.[109] Der Bundestag sah es als seine Pflicht an, die Vollziehung des Art. 12 zu überwachen. Es hatte sich auch bereits der Hamburger Kaufmann Samuel Heinrich Hallersleben, der einen Ehescheidungsprozess führte, über das Fehlen einer dritten Instanz beim Bundestag beschwert, weil er sich hierdurch in seinen Rechten beeinträchtigt fühlte.[110] Smidt nahm dies zum Anlass, die maßgeblichen Mitglieder des Bundestags davon zu überzeugen, Hamburg unter Druck zu setzen. Gegenüber der Stadt selbst deutete er an, dass man in Bremen und Lübeck die Möglichkeit in Betracht ziehe, sich einem anderen obersten Gerichtshof in Deutschland anzu-

---

105 Senatsakten Cl.VII. Lit.Ma No.10 Vol.2a Fasc.1 Vol.1 II No.1 a, Schreiben vom 26. Mai 1816.

106 ASA Interna, 1/2, No. 17, Auszug eines Briefs von Syndicus von Siehen aus Hamburg vom 29. Mai 1816, No.18, Schreiben Hamburgs vom 6. Juni 1816; Senatsakten Cl.VII. Lit.Ma No.10 Vol.2a Fasc.1 Vol.1 II No.1 a.

107 Schreiben Smidts aus Frankfurt vom 19. Juni 1816, Ratsarchiv Qq.10.G.1.b.No.3.

108 ASA Interna, 1/2, No. 23, Protokoll der Konferenz der zum Bundestage ernannten Bevollmächtigten der freien Städte vom 11. Juni 1816, No. 29, Bericht der Kommission, die Verhandlungen hinsichtlich des Gerichts betreffend, vom 7. September 1816.

109 Protokolle des Bundestags 1816, 2. Sitzung, S. 38, § 7.

110 Protokolle des Bundestags 1816, 5. Sitzung, S. 68, § 23; S. 84, Nr. 16; diese Beschwerde wurde zwar als unerheblich abgewiesen, aber später wiederholt erhoben; Protokolle der Bundesversammlung 1817, 39. Sitzung, S. 557, § 258 und S. 559, Nr. 65.

schließen, falls es zu keiner Einigung über ein gemeinsames Oberappellationsgericht komme.[111]

Schließlich gab Hamburg nach mehrfachem Drängen der anderen Städte[112] in einem Schreiben vom 4. Dezember 1816 eine umfassende Stellungnahme ab. Der Senat betonte, dass er die Auffassung der anderen Städte hinsichtlich des Art. 12 der Bundesakte nicht teile. Die Erklärung stellte alle von Smidt erzielten Erfolge in Frage und erregte dementsprechend großes Aufsehen.[113]

Schon die Einleitung „Eine durch Missdeutung des Art. 12 der Bundesakte aufgeregte Erwartung einiger scheint die Errichtung eines besonderen Oberappellationstribunals mit einer Art Ungeduld zu wünschen“[114] war eine deutliche Anspielung auf den Bremer Syndicus Smidt. Der Senat erklärte, das geplante Gericht werde wegen Hamburgs Appellationsprivilegien, die auch nach dem Wegfall der Reichsgerichte weiterhin in Kraft seien, nur einen sehr kleinen Wirkungskreis haben. Aufgrund der Neuregelung des hamburgischen Gerichtsverfahrens sei ein solches Gericht entbehrlich. Die Zuständigkeit des Tribunals werde weiter durch den Zusatz der Bundesakte, welcher den Parteien die Aktenversendung freistelle, eingeengt. Damit beschränke sich die Tätigkeit eines Oberappellationsgerichts allenfalls auf diejenige eines „Aktenverschickungsbüros“. Das Gericht sei aus diesem Grund überflüssig.[115] Dem Art. 12 der Bundesakte werde man auch dann gerecht, wenn man die Aktenverschickung an deutsche Rechtsfakultäten generell als dritte Instanz einführe, da zwar ein Recht, nicht aber eine Pflicht zur Errichtung eines gemeinsamen Gerichtshofes bestehe.[116] Das Rechtsmittel der Aktenversendung sei das bekannteste und leichteste, da es den Staat

---

111 *Görtz*, S. 588.

112 Vgl. dazu beispielsweise: Schreiben Smidts an Frankfurt vom 29. September 1816, mit dem Rat, Hamburg wegen des Appellationsgerichts nochmals anzutreiben, oder Schreiben Grönings mit einer erneuten Erinnerung vom 29. November 1816; Ratsarchiv Qq.10.G.1.b.No.3.

113 ASA Interna, 1/2, No. 35, Erklärung Hamburgs an die übrigen Städte vom 4. Dezember 1816; ebenso Ratsarchiv Qq.10.G.1.b.No.3 und Senatsakten Cl.VII. Lit.Ma No.10 Vol.2a Fasc.1 Vol.1 II No.1 a, hier findet sich weiterhin der gesamte Schriftwechsel zwischen den Städte hinsichtlich des Oberappellationsgerichts bis zum Juni/Juli 1817.

114 ASA Interna, 1/2, No. 35, Erklärung Hamburgs an die übrigen Städte vom 4. Dezember 1816; ebenso Ratsarchiv Qq.10.G.1.b.No.3; Senatsakten Cl.VII. Lit.Ma No.10 Vol.2a Fasc.1 Vol.1 II No.1 a.

115 ASA Interna, 1/2, No. 35, Erklärung Hamburgs an die übrigen Städte vom 4. Dezember 1816; ebenso Ratsarchiv Qq.10.G.1.b.No.3; Senatsakten Cl.VII. Lit.Ma No.10 Vol.2a Fasc.1 Vol.1 II No.1 a.

116 ASA Interna, 1/2, No. 35, Erklärung Hamburgs an die übrigen Städte vom 4. Dezember 1816; ebenso Ratsarchiv Qq.10.G.1.b.No.3; Senatsakten Cl.VII. Lit.Ma No.10 Vol.2a Fasc.1 Vol.1 II No.1 a.

gar nichts koste und für die Parteien weit billiger sei als eine Appellation.[117] Eine Oberinstanz, die als Aktenversendungsbüro fungiere, sei für die Städte nur wenig ehrenvoll. Das Ansehen der Ratsstühle und der Staatshoheit werde dadurch gefährdet. Die Gerichtsmitglieder, welche nicht nur einer einzelnen Stadt, sondern allen vier Städten unterworfen seien, wären der Staatshoheit „entrückt“ und für die Exekution der jeweiligen Stadt unerreichbar.[118] Diese Position mache es den Richtern möglich, Gesetze nach ihrem Verständnis zu weit auszulegen oder die inneren exekutiven Gewalten zu missbrauchen. Sie könnten sogar durch „Urteilssprüche die Gesetze selbst (...) untergraben“.[119] Dem Hamburger Senat ging es also im Ergebnis um einen drohenden Machtverlust. Er fürchtete, die absolute Justizhoheit zu verlieren, und eine Einschränkung seiner Gesetzgebungskompetenz. Zudem fürchtete der Senat eine Einmischung eines obersten Gerichts nicht nur in die inneren, sondern auch in die äußeren Regierungssachen und in die Finanzverwaltung.[120]

Dieses Schreiben löste verständlicherweise großes Aufsehen in den drei anderen Städten aus. In Lübeck beharrte man darauf, dass Art. 12 eindeutig und nicht anders zu verstehen sei, als dass den vier freien Städten die Befugnis eingeräumt werde, sich selbst ein höchstes Gericht zu geben.[121] Dies begründete Hach in seinem Antwortschreiben vor allem mit der Entstehungsgeschichte des Art. 12, an der er ja selbst maßgeblich beteiligt gewesen war.

Ähnlich äußerte sich Bremen. In einem Schreiben vom 11. Januar 1817 wurde betont, dass in der Stellungnahme Hamburgs zwar alle Argumente gegen ein gemeinsames Gericht aufgeführt seien, diese allerdings keineswegs zuträfen.[122] Der Senat wies weiter darauf hin, dass der Zusatz in Art. 12 der Bundesakte ein Zeichen für die enge Zusammengehörigkeit der vier Städte bedeute und es einen besonderen Vorzug für sie darstelle, ihr eigenes oberstes Gericht errichten zu dürfen. In einem Punkt gab Bremen dem Senat Hamburgs allerdings doch Recht.

---

117 ASA Interna, 1/2, No. 35, Erklärung Hamburgs an die übrigen Städte vom 4. Dezember 1816; ebenso Ratsarchiv Qq.10.G.1.b.No.3.; Senatsakten Cl.VII. Lit.Ma No.10 Vol.2a Fasc.1 Vol.1 II No.1 a.

118 ASA Interna, 1/2, No. 35, Erklärung Hamburgs an die übrigen Städte vom 4. Dezember 1816; ebenso Ratsarchiv Qq.10.G.1.b.No.3; Senatsakten Cl.VII. Lit.Ma No.10 Vol.2a Fasc.1 Vol.1 II No.1 a.

119 ASA Interna, 1/2, No. 35, Erklärung Hamburgs an die übrigen Städte vom 4. Dezember 1816; ebenso Ratsarchiv Qq.10.G.1.b.No.3.; Senatsakten Cl.VII. Lit.Ma No.10 Vol.2a Fasc.1 Vol.1 II No.1 a; *von Bippen*, S. 39; *Hagedorn*, S. 25/26.

120 *Bertram*, S. 38 ff.

121 ASA Interna, 1/2, No. 45, Bericht Hachs an den Hamburger Senat vom 24. Dezember 1816; Senatsakten Cl.VII. Lit.Ma No.10 Vol.2a Fasc.1 Vol.1 II No.1 a.

122 ASA Interna, 1/2, No. 48, Schreiben Bremens an Hamburg vom 11. Januar 1817; ebenso Ratsarchiv Qq.10.G.1.b.No.3.

Man sah in dem Zusatz des Art. 12 über die Aktenversendung ebenfalls einen Nachteil für ein künftiges Oberappellationsgericht und hoffte, die Abgeordneten des Bundestages von einer Beseitigung oder Abänderung dieser Passage überzeugen zu können.[123]

Nach der Meinung des Frankfurter Senats sei Art. 12 der Bundesakte so klar formuliert, dass eine Auslegung erst gar nicht in Frage komme. Die obersten Gerichte seien eine Bundesanstalt, zu deren Anordnung jedes Mitglied des Bundes verpflichtet sei und auf welche jeder Bürger ein Recht habe. Der Zusatz in Art. 12 zu den vier Städten könne nur als ehrenvolles Vorrecht verstanden werden. Denn dadurch würden die Einmischung dritter Staaten in ihre Verwaltung abgewehrt sowie die Unabhängigkeit und Selbstständigkeit der Städte weiter gestärkt. Der Frankfurter Senat fürchtete lediglich, dass die Errichtung des höchsten Gerichts der Stadt in einer der weit entfernten Hansestädte für den Frankfurter Handelsstand bei Prozessen von Nachteil sein könne.[124]

Aus diesem Grund erwog man den Vorschlag, sich mit den drei anderen freien Städten dem Oberappellationsgericht Jena anzuschließen.[125] Dort war man sofort einverstanden, doch wurden in Frankfurt keine weiteren Schritte unternommen. Man wollte zunächst abwarten, wie die anderen Städte, insbesondere Hamburg, in dieser Sache reagierten.[126]

Trotz der scharfen Erwiderungen der anderen Städte lehnte Hamburg beharrlich ein gemeinsames Gericht ab. Am 17. Januar 1817 meldete Lübeck den anderen Städten, der Senat habe den Beschluss gefasst, nun die in Art. 12 der Bundesakte gegebene Option unter der Voraussetzung des Sitzes des Gerichts in Lübeck wahrzunehmen.[127] Daraufhin erklärte Hamburg in einem Schreiben vom 17. Februar 1817 nochmals, dass der Senat die Option der Aktenverschickung nutzen und als oberste Instanz einrichten wolle.[128] Allerdings waren die Meinungen der mit der Angelegenheit betrauten Kommission durchaus gespalten. So sprachen sich die Oberalten grundsätzlich für ein gemeinsames Oberappellationsgericht aus und sowohl der Vertreter Hamburgs in Frankfurt, Syndicus Gries, als auch

---

123 *Hagedorn*, S. 29.

124 *Krause*, S. 374.

125 Es hatte sogar ein Briefwechsel zwischen einem Mitglied des gesetzgebenden Körpers und Goethe stattgefunden, in dessen Verlauf sich Goethe über den Anschluss der freien Städte an das Oberappellationsgericht Jena positiv äußerte.

126 Bericht Smidts in Ratsarchiv Qq.10.G.1.b.No.3.

127 ASA Interna, 1/2, No.51a, Bericht Lübecks an die drei anderen Städte vom 17. Januar 1817; ebenso Ratsarchiv Qq.10.G.1.b.No.3.

128 ASA Interna, 1/2, No. 53, Schreiben Hamburgs an Lübeck vom 17. Februar 1817; ebenso an Bremen, Ratsarchiv Qq.10.G.1.b.No.9.7; Senatsakten Cl.VII. Lit.Ma No.10 Vol.2a Fasc.1 Vol.1 II No.1 a.

der Bürgermeister Umfinck und der Syndicus Doormann teilten diese Ansicht.[129] Die ablehnende Haltung behielt jedoch im Senat weiterhin die Oberhand, so dass sich Doormann schließlich gezwungen sah, das Referat in dieser Sache niederzulegen. Dieses wurde anschließend von Schulte übernommen.[130]

In einem weiteren Schreiben vom 19. März 1817 an Hamburg verwarf Bremen noch einmal die Hamburger Auslegung des betreffenden Artikels der Bundesakte. Der Senat betonte, die alten Appellationsprivilegien seien mit dem Wegfall der Reichsgerichte ebenfalls gegenstandslos geworden.[131] Nach dem klaren Wortlaut des Art. 12 könne die Aktenversendung nur an ein bereits eingerichtetes Oberappellationsgericht beantragt werden. Auch Lübeck antwortete am 7. Juni 1817 auf das Schreiben Hamburgs in ähnlicher Weise. Hinsichtlich eines gemeinsamen obersten Gerichtshofes dürfe nicht länger gezögert werden.[132]

Zugleich wandte sich Bremen mit der Anfrage an Lübeck und Frankfurt, ob man bereit sei, auch ohne Hamburg ein gemeinsames oberstes Gericht zu gründen oder ob man sich einem anderen obersten Gericht anschließen solle. Frankfurt erklärte, man wünsche sich nichts mehr, als in Gemeinschaft mit den Schwesterstädten zu handeln. Darin lag zugleich eine Abkehr von dem Plan, sich dem Gericht in Jena anzuschließen.[133] So bemerkte der Frankfurter Bürgermeister Metzler gegenüber Smidt, man gebe einem eigenen Gericht gegenüber dem fürstlichen den Vorzug und beabsichtige nicht, sich von den Schwesterstädten zu trennen.

Schließlich musste der Hamburger Senat einlenken. Dies geschah jedoch keineswegs aus besserer Überzeugung, sondern unter dem zunehmenden Druck der Bürgerschaft, deren Meinung sich zu Gunsten eines gemeinschaftlichen Gerichts gewendet hatte. Hinzu kam der Einfluss verschiedener Veröffentlichungen. So hatte beispielsweise der Bremer Senator Diedrich Meier im Mai 1817 anonym eine Broschüre mit dem Titel „Ein Wort über Aktenversendung an deutsche Fakultäten oder Schöppenstühle" veröffentlicht.[134] In dieser fasste er die Nachteile der Aktenversendung gegenüber den Sprüchen eines obersten Gerichtshofes zu-

---

129 *Hagedorn*, S. 32.

130 *Wogatzky*, S. 28; später wurde im Senat das Referat wieder von Doormann übernommen, nachdem man im Rat- und Bürgerkonvent am 17. Juli 1817 durch Abstimmung den Vorschlag des Senats ablehnte und sich für die Errichtung eines gemeinschaftlichen Oberappellationsgerichts aussprach.

131 ASA Interna, 1/2, No. 58, Schreiben Bremens an Hamburg vom 19. März 1817; ebenso Ratsarchiv Qq.10.G.1.b.No.9.9; Senatsakten Cl.VII. Lit.Ma No.10 Vol.2a Fasc.1 Vol.1 II No.1 a.

132 ASA Interna, 1/2, No. 69, Schreiben Lübecks an Hamburg vom 7. Juli 1817.

133 ASA Interna, 1/2, No. 62, Auszüge aus den Protokollen des Großen Rats im April 1817.

134 Ratsarchiv Qq.10.G.1.a.No.1.

sammen. Er betonte, eine einheitliche Rechtsprechung sei im Wege der Versendung der Akten an verschiedene Fakultäten praktisch nicht möglich. Anfang Juli 1817 wurde eine Gegenschrift eines hamburgischen Bürgers mit dem Titel „Einige Bemerkungen veranlasst durch das Bremische Wort“[135] veröffentlicht. Diese stellte die Position des Hamburger Senats dar und warnte gleichzeitig unter Berufung auf Hamburgs altbewährte Verfassung seine Mitbürger davor, sich auf ein gemeinsames Oberappellationsgericht einzulassen. Dies rief Unbehagen bei den Anhängern eines obersten Gerichts hervor, da die Schrift unmittelbar vor der Verhandlung dieser Sache in der Bürgerschaft erschien.[136] Eine dritte öffentliche Stellungnahme gab unter der Überschrift „Gründliche Erörterung der Frage: Ist die Aktenversendung als dritte oberste Gerichtsinstanz der hamburgischen Verfassung angemessen?“[137] ebenfalls im Wesentlichen die Begründungen der Vorlage des Hamburger Senats für die Bürgerschaft wieder.

Die Hamburger Veröffentlichungen riefen eine Reihe von öffentlichen Erwiderungen hervor. Diese waren zum Teil von August Heise und seinem Bruder Georg Arnold Heise verfasst worden, erschienen aber anonym. Sie wurden von Ernst Spangenberg, einem späteren Oberappellationsrat in Celle, in einer weiteren Schrift mit dem Titel „Ist die Errichtung eines gemeinschaftlichen Appellationsgerichts für die vier freien Städte nothwendig, nützlich und räthlich?“ veröffentlicht. Man beantwortete die im Titel der Schrift aufgeworfene Frage positiv. Auch die Schrift „Gedanken über die Errichtung eines gemeinschaftlichen Appellationsgerichts für die vier freien Städte“ eines Hamburger Bürgers sprach sich leidenschaftlich für ein gemeinsames Gericht aus.

Doch nicht allein der Widerstand der Hamburger Bürgerschaft veranlasste die Hansestadt zu einem Einlenken. Der Hamburger Kaufmann Samuel Heinrich Hallersleben, welcher schon Ende 1816 im Rahmen seines Ehescheidungsprozesses Beschwerde beim Bundestag eingelegt und das Fehlen einer dritten Instanz beanstandet hatte, rief ein weiteres Mal die Vermittlung der Bundesversammlung wegen der Konstituierung des Oberappellationsgerichts der vier freien Städte an.[138] Dies veranlasste die Stadt Bremen und insbesondere Smidt zu lebhaften Klagen über die Haltung Hamburgs in dieser Sache.[139] Die einzelnen Gründe

135 Senatsakten Cl.VII. Lit.Ma No.10 Vol.2a Fasc.1 Vol.1 I No.2; man vermutete Senator Bartels als den Verfasser.

136 *Hagedorn*, S. 35.

137 Senatsakten Cl.VII. Lit.Ma No.10 Vol.2a Fasc.1 Vol.1 I No.2; Verfasser Senator Schulte.

138 Senatsakten Cl.VII. Lit.Ma No.10 Vol.2a Fasc.1 Vol.1 I No.5, Sammlung der von Hallersleben beim Hamburger Senat eingereichten Beschwerden.

139 ASA Interna, 1/2, No. 66, Schreiben Bremens an Lübeck und Frankfurt vom 14. Mai 1817; ebenso Ratsarchiv Qq.10.G.1.b.No.3.

Hamburgs gegen ein gemeinsames Gericht wurden dargelegt. Gerade die Argumentation, eine Aktenversendung könne nur bei einem obersten Gericht beantragt werden, überzeugte die Bundesversammlung von der Notwendigkeit der Errichtung eines solchen.

Die Bundesversammlung diskutierte nämlich gerade über die noch nicht geklärte Frage der Einrichtung einer Austrägalinstanz nach Art. 11 der Bundesakte für Streitigkeiten unter den Mitgliedern des Bundes. Es wurde beschlossen, diese Aufgabe den obersten Gerichten der Bundesstaaten zu übertragen.[140] Im Ergebnis hieß es schließlich: „Da nach dem Art. 12 der Bundesakte alle Staaten des Bundes künftig ein eigenes oder gemeinschaftliches oberstes Gericht haben müssen, so kann auch jedes Bundesglied erkoren werden, welches ein eigenes oder auch nur ein gemeinschaftliches Gericht dritter Instanz hat."[141] Aus diesem Grund vertrat die Bundesversammlung in ihrer Stellungnahme gegenüber den Städten die Auffassung, das Unterlassen der Einrichtung des Gerichts berühre auch die Interessen der anderen Bundesstaaten. Dies schmälere die in der Bundesakte vorgesehenen möglichen Austrägalinstanzen.[142] Daher solle die Aktenversendung als dritte Instanz nicht genügen.[143]

Glücklicherweise hatten außer den vier Städten auch Mecklenburg, Anhalt und Schwartenburg sowie Hohenzollern und Lichtenstein noch kein oberstes Gericht eingeführt. Die Städte mussten jetzt damit rechnen, in kürzester Zeit aufgefordert zu werden, eine dritte Instanz einzurichten, um Art. 12 gerecht zu werden.

Am 9. Juli 1817 richtete Bremen an Hamburg ein letztes Ultimatum. Bremen wollte in Frankfurt vortragen, dass bis zum 1. Januar 1818 entweder ein gemeinsames Gericht die Arbeit aufnehmen werde oder sich die Städte gemeinsam einem anderen Gericht anschließen würden.[144] Die Hansestadt Bremen wollte sich umgehend mit Lübeck und Frankfurt wegen näherer Verhandlungen um das gemeinsame Gericht in Verbindung setzen. Die entscheidende Wendung ergab sich auf dem Hamburger Rat- und Bürgerkonvent am 17. Juli 1817.[145] Hier setzte man sich konsequent für die Errichtung eines gemeinschaftlichen Oberappellationsgerichts ein. Der Senat der Stadt willigte unter dem Druck der Bundesversammlung und der Bürgerschaft ein, mit den anderen Städten zu verhandeln. Schließlich teilte man der Schwesterstadt am 6. September 1817 mit, dass man,

---

140 Protokolle der Bundesversammlung 1817, 26. Sitzung, § 152, S. 283.

141 Protokolle der Bundesversammlung 1817, 38. Sitzung, § 271, S. 539.

142 *von Bippen*, S. 18.

143 *von Bippen*, S. 42.

144 ASA Interna, I/2, No. 72, Schreiben Bremens an Lübeck vom 9. Juli 1817, mit Anlage; ebenso Ratsarchiv Qq.10.G.1.b.No.4.

145 Rat- und Bürgerbeschluss vom 17. Juli 1817, *Anderson*, Band 4, S.71ff; *Kusserow*, S. 58.

„da nunmehr auch unsere Bürgerschaft ihre Vorliebe für ein gemeinsames vierstädtisches Gericht dritter Instanz erklärt hat", mit dem Plan einverstanden sei.[146] Wenngleich man einen Katalog von Vorbehalten wegen der Kompetenzen des Gerichts hinzufügte, nahm man doch nicht mehr auf Appellationsprivilegien Bezug.

Diese Entscheidung wurde in Lübeck und Bremen mit Freude und Erleichterung zur Kenntnis genommen. Man erklärte dort, dass das gemeinsame Gericht dazu beitragen werde, das „glückliche Band, das seit Jahrhunderten die Hansestädte vereinigte, immer fester und inniger zu knüpfen".[147]

b) Die Beratungen vom Oktober 1817 bis zur Eröffnung des Gerichts

Auf Einladung Hamburgs[148] fanden sich im Oktober 1817 aus Lübeck der Syndicus Gütschow, aus Bremen der Senator Meier sowie der Hamburger Syndicus Doormann und der Senator Schlüter zu Beratungen in der Hansestadt ein.[149] Lediglich Frankfurt schickte auch nach mehrmaliger Aufforderung Hamburgs und Smidts keinen Vertreter, da der Widerstand der Frankfurter Bürgerschaft gegen einen Hanseatischen Gerichtshof[150] immer noch nicht vollends überwunden war.[151] Dies geschah erst einige Zeit später nach einer erneuten Anfrage des Bundestages aufgrund der wiederholten Beschwerden Hallerslebens nach der Sitzung vom 12. Oktober 1818.[152] Schließlich trat der Senator und Syndicus Freiherr von Malapert-Neufville, allerdings erst zum Ende der Beratungen, als Vertreter der Stadt Frankfurt auf.

Die Verhandlungen selbst fanden vom 20. Oktober bis zum 17. Dezember 1817 statt und standen unter dem Zeichen gegenseitiger Nachgiebigkeit und

---

146 ASA Interna, 1/2, No. 76, Schreiben Hamburgs an die freien Städte vom 6. September 1817; ebenso Ratsarchiv Qq.10.G.1.b.No.4.

147 *Hagedorn*, S. 38.

148 ASA Interna, 1/2, No. 86, Schreiben Hamburgs an die freien Städte vom 27. September 1817.

149 Direktorial Archiv I.A.1. No.1, Protokoll I vom 20. Oktober 1817; ASA Interna, 2/1, No. 95, Schreiben Hamburgs an Lübeck vom 8. Oktober 1817, No. 98, Schreiben Bremens an Lübeck vom 14. Oktober 1817; der allgemeine Schriftwechsel unter den Städten von Juli bis Oktober 1817 findet sich in Ratsarchiv Qq.10.G.1.b.No.4.; Protokolle und Korrespondenzen hinsichtlich der Konferenz finden sich in Ratsarchiv Qq.10.G.1.f.

150 Siehe oben, B. II.3.a).

151 ASA Interna 2/1, No. 103, Schreiben Frankfurts an Lübeck vom 14. Oktober 1817; ebenso Ratsarchiv Qq.10.G.1.b.No.4.

152 Protokolle der Bundesversammlung 1818, 51. Sitzung, S. 549, § 242.

Kompromissbereitschaft.[153] Man einigte sich in dieser Zeit über die Organisation und die Kompetenzen des Gerichts, Zulässigkeitsfragen und vor allem über den Inhalt der zu erlassenden Oberappellationsgerichtsordnung. Es herrschte allgemeine Übereinstimmung über eine unbeschränkte Zuständigkeit des Gerichts in letztinstanzlichen Streitigkeiten. Das Gericht sollte über seinen Zuständigkeitsbereich hinaus nicht die Möglichkeit haben, auf Regierungssachen Einfluss zu nehmen. Es wurde weiterhin der Grundsatz aufgestellt, dass nichts an das Oberappellationsgericht gelangen könne, was nicht schon bei einem der Obergerichte der Städte anhängig gewesen sei.[154]

Das Gericht sollte grundsätzlich den Senaten der Städte untergeordnet sein. Die individuellen Gerichtsverfassungen sollten auch gegenüber dem Oberappellationsgericht gelten. Es war den Beteiligten bewusst, dass dadurch das Problem der unterschiedlichen Gerichtsverfassungen innerhalb der Städte nicht gelöst wurde. Aufgrund der gegensätzlichen Interessen wurde somit auf eine einheitliche Zuständigkeitsregelung für das Gericht verzichtet. Auf diesem Wege blieb den einzelnen Städten ihre Selbstständigkeit hinsichtlich ihres Gerichtswesens erhalten. Bei den Beratungen des Prozess- und Geschäftsgangs stützten sich die Deputierten auf die schon vorliegenden Ergebnisse ihrer Verhandlungen vom Januar 1816 in Frankfurt. Es war auch wenig sinnvoll, sich an Gerichtsordnungen anderer Länder zu orientieren, da die Städte in den entscheidenden Punkten, an denen eine für alle einheitliche Regelung ratsam gewesen wäre, an ihren verfahrensrechtlichen Besonderheiten vehement festhielten.[155] Die widerstreitenden Interessen zeigten sich allerdings nicht nur in diesen Bereichen. Sie traten vielmehr immer dann auf, wenn Korrekturen in städtischen Einrichtungen zu befürchten waren.

Im Ergebnis wurde eine provisorische Gerichtsordnung mit vielen Sondernormen für die einzelnen Städte beschlossen. Einheitliche Regelungen wurden nur dort festgesetzt, wo ohnehin vergleichbare Verhältnisse bestanden oder es um Fragen des allgemeinen Prozessrechts ging.[156] Man einigte sich in den Beratun-

---

153 Direktorial Archiv I.A.1. No. 1, Protokolle der Verhandlungen vom 20.10.-28.11.1817; ebenso ASA Interna, 2/3; Ratsarchiv Qq.10.G.1.b.No.9.82-102; Der Schriftwechsel zwischen den Städten und Senatsverhandlungen vom 22. Oktober 1817 bis 16. Juni 1819 finden sich in Ratsarchiv Qq.10.G.1.b.No.5.

154 Direktorial Archiv I.A.1. No.1, Protokoll II vom 21. Oktober 1817; No. 3, Schlussbericht der Abgeordneten vom 17. Dezember 1817; ebenso ASA Interna, 2/1, No. 105; Ratsarchiv Qq.10.G.1.b.No.9.83.

155 Zur Orientierung waren die Oberappellationsgerichtsordnung Celle oder die Oberappellationsgerichtsordnung des Herzogtums Sachsen vorhanden.

156 Direktorial Archiv I.A.1. No.4, Entwurf zur Organisation; „Bekanntmachung, betreffend die provisorische Gerichtsordnung für das gemeinschaftliche Oberappellationsgericht der vier freien Städte Deutschlands, Lübeck, Frankfurt, Bremen und

gen über die Bestimmungen für das Gericht nur auf die nötigsten Grundzüge. Man wollte verhindern, sich schon vor der Gründung des Gerichts durch bindende Vorschriften für die Zukunft in der Handlungsfähigkeit einzuschränken. In allen Bereichen wurde vielmehr die Möglichkeit offengehalten, die Ansichten der zukünftigen Mitglieder für eine zweckmäßige Gestaltung des Gerichts mit einzubeziehen.[157] Aus diesem Grund beharrten die Deputierten darauf, die die Gerichtsorganisation und das Verfahren betreffenden Bestimmungen zunächst nur als provisorische Vorschriften festzulegen. Die provisorische Gerichtsordnung sollte für drei Jahre gelten. Anschließend wurde eine endgültige Gerichtsordnung in Aussicht gestellt, die auf in dieser Zeit gesammelten Erfahrungen des Oberappellationsgerichts und der Obergerichte der Städte aufbauen sollte.

Zum Sitz des Gerichts wurde die Stadt Lübeck bestimmt.[158] Bremen hatte sich aufgrund seiner geographischen Lage mit Hamburg und Lübeck im Norden und Frankfurt im Süden ebenfalls sehr dafür interessiert. Frankfurt argumentierte mit der örtlichen Nähe zur Bundesversammlung und Hamburg hob seine Größe und Bedeutung für den Handel hervor. In Hamburg wurde man sich jedoch schnell bewusst, als Sitz des Gerichts aufgrund des jahrelangen Widerstandes gegen die Errichtung nicht in Betracht zu kommen.[159] Daher setzte sich Hamburgs Bürgermeister Umfinck für die Stadt Lübeck ein. Er begründete dies damit, Lübeck habe als die kleinste der freien Städte einen Anspruch darauf, den höchsten Gerichtshof zu beherbergen. Während der Verhandlungen erhielten die Städte und Smidt in Frankfurt regelmäßig Abschriften der Protokolle. Diese wurden allgemein zur Kenntnis genommen und regten teilweise zu Verbesserungsvorschlägen an.[160]

Erschwerend kam schließlich dazu, dass Frankfurt an den Beratungen nicht beteiligt war. Die Stadt kündigte die Teilnahme des Senators und Syndicus Freiherr von Malapert-Neufville erst an, als die Verhandlungen praktisch schon beendet waren.[161] Aus diesem Grund war bereits zu Beginn der Verhandlungen beschlossen worden, Frankfurt die einzelnen Protokolle zur Verfügung zu stellen. Der Frankfurter Senat teilte zwar die Ansichten der Deputierten, es gab jedoch

---

Hamburg, vom 5. Juli 1820“, Sammlung Lübeckischen Verordnungen und Bekanntmachungen, 3. Band, Nr. 37, S. 144.

157 *Hagedorn*, S. 41.

158 Direktorial Archiv I.A.1. No.1, Protokoll VII vom 28. Oktober 1817; ebenso ASA Interna, 2/1, No. 112; Ratsarchiv Qq.10.G.1.b.No.9.

159 *Görtz*, S. 588; *Hundt*, S. 88.

160 Beispiel dazu: ASA Interna, 2/1, No. 111, Auszug eines Briefs von Smidt aus Frankfurt vom 29. Oktober 1817.

161 Direktorial Archiv I.A.1. No. 1, Protokoll XX vom 28. November 1817; ASA Interna, 2/1, No. 139, No. 135, Schreiben Frankfurts an Hamburg vom 20. November 1817; Ratsarchiv Qq.10.G.1.b.No.5., Anzeige Frankfurts vom 26. November 1817.

Schwierigkeiten mit dem gesetzgebenden Körper. Dieser beharrte immer noch darauf, den Sitz des Gerichts in Frankfurt einzurichten. Es sollte auch die Voraussetzung der Einstimmigkeit aller vier Städte bei Entscheidungen über Änderungen der äußeren und inneren Einrichtungen des Gerichts beibehalten werden. Darüber hinaus wurde gefordert, den die Aktenversendung betreffenden Zusatz in der Bundesakte nicht zu verändern. Über den Verlauf dieser innerstädtischen Diskussionen sendete Smidt regelmäßig Berichte aus Frankfurt an die in Hamburg versammelten Deputierten.[162]

Zum Abschluss der Verhandlungen wurde ein erneutes Zusammentreffen der Deputierten der vier freien Städte vereinbart. Dann sollte die in diesen Verhandlungen erarbeitete provisorische Gerichtsordnung beschlossen und ein Vertrag über das gemeinschaftliche Oberappellationsgericht unterzeichnet werden.[163] Die Ergebnisse der Kommission wurden von den Städten erleichtert zur Kenntnis genommen. Smidt, der sich immer noch in Frankfurt aufhielt, berichtete, dass sich sowohl Syndicus Danz, als auch der Syndicus Büchner „auf das vortheilhafteste darüber gegen mich geäußert und hinzugefügt, sie wüssten wenig oder gar nichts daran auszusetzen".[164] Nur aus Bremen kamen noch einige Änderungswünsche.[165]

Lübeck und Bremen erklärten schließlich Anfang Juni 1818, die Verhandlungen über den Entwurf der provisorischen Gerichtsordnung mit der Bürgerschaft seien beendet und man sei zum Abschluss eines endgültigen Vertrages bereit.[166] Hamburg und Frankfurt zögerten dagegen immer noch. Während aus Hamburg schon kurze Zeit später die Nachricht kam, es stehe den Plänen hinsichtlich des Oberappellationsgerichts nichts mehr entgegen[167], drängten die Frankfurter Advokaten weiter auf die Errichtung des Gerichts in ihrer Stadt.[168] Im Juli brach schließlich der Widerstand und Lübeck wurde als Sitz des Gerichts akzeptiert.[169]

Noch während der Verhandlungen meldete sich der Bundestag zu Wort. Ein Bremer Bürger hatte das Fehlen einer dritten Instanz bemängelt. Auch der Ham-

---

162 Beispiel dazu: ASA Interna, 2/1, No. 123 und No. 124, Auszüge aus Briefe Smidts vom 16. und 18. November 1817.

163 ASA Interna, 3/1, No. 1, Schlussbericht der Kommission vom 13. Januar 1818.

164 ASA Interna, 3/1, No. 9, Auszug aus einem Brief Smidts aus Frankfurt vom 13. Januar 1818.

165 ASA Interna, 3/1, No. 11, Schreiben Bremens vom 11. Februar 1818.

166 ASA Interna, 3/1, No. 16, Mitteilung Bremens an Lübeck, Frankfurt und Hamburg vom 3. Juni 1818; ebenso Ratsarchiv Qq.10.G.1.b.No.5.

167 ASA Interna, 3/1, No. 24, Schreiben Hamburgs vom 29. Juni 1818.

168 ASA Interna, 3/1, No. 15 und No. 23, Auszüge aus Briefen Smidts aus Frankfurt vom 2. und 20. Juni 1818.

169 ASA Interna, 3/1, No. 26, Auszug aus einem Brief Smidts aus Frankfurt vom 18. Juli 1818.

burger Kaufmann Samuel Heinrich Hallersleben, der sich schon aus diesem Grund mehrfach an den Bundestag gewendet hatte[170], wurde im August wiederum vorstellig.[171] Die Beschwerde wurde am 12. Oktober 1818 als „injurös und grundlos“ abgewiesen.[172] Der Bundestag nahm dieses Thema jedoch zum Anlass, eine erneute Anfrage nach der Errichtung ihres obersten Gerichts an die vier Städte zu stellen.[173] Hallersleben war in den Augen des Bundestages und der vier Städte ein Querulant. Der Bundestag hatte beschlossen, auf seine Beschwerden nicht mehr einzugehen. Dennoch leistete Hallersleben durch sein Handeln einen entscheidenden Beitrag zum Vorantreiben der Errichtung des gemeinsamen obersten Tribunals der vier freien Städte.

Smidt versuchte, die Verzögerungen mit den unterschiedlichen Verfassungen der Städte zu entschuldigen. Zur gleichen Zeit konnte der Frankfurter Senat die unter dem Druck der Anfrage des Bundestages stehende Opposition gegen die Errichtung des Oberappellationsgerichts überwinden. Mitte November wurde von Frankfurt die Bereitschaft zum Abschluss eines endgültigen Vertrages signalisiert.[174] Der Senator und Syndicus Freiherr von Malapert-Neufville wurde zum Vertreter Frankfurts bei zukünftigen Verhandlungen ernannt.

In Hamburg richtete der Senat endlich seinen Antrag auf Zustimmung zu dem Gericht an die Bürgerschaft. Diese erteilte am 17. Dezember 1818 „mit Wohlwollen“ ihre Genehmigung und überwies die schon vorliegende provisorische Gerichtsordnung zur näheren Prüfung an eine Kommission.[175] Im Mai 1819 wurden die provisorische Gerichtsordnung und eine Appellationsordnung von Hamburg verfassungsrechtlich genehmigt.[176] Damit zeigte die Stadt ihre Bereitschaft zur Errichtung des Gerichts an.

Die Kommissare der städtischen Senate traten erst am 15. Juni 1819 in Hamburg zu neuen Verhandlungen zusammen, um die letzten Differenzpunkte zu beraten.[177] Für Lübeck kam der Syndicus Dr. Curtius in Vertretung für den Senator

---

170 Siehe oben, B.II.3.a).

171 ASA Interna, 3/1, No. 27, Auszug aus einem Brief Smidts aus Frankfurt vom 14. August 1818; Senatsakten Cl.VII. Lit.Ma No.10 Vol.2a Fasc.1 Vol.1 I No.5.

172 Protokolle der Bundesversammlung 1818, 51. Sitzung, S. 549, § 242.

173 Protokolle der Bundesversammlung 1818, 51. Sitzung, S. 549, § 242.

174 ASA Interna, 3/1, No. 36, Schreiben Frankfurts an Lübeck vom 17. November 1818.

175 Senatsakten Cl.VII. Lit.Ma No.10 Vol.2a Fasc.1 Vol.1 II No.2 a.

176 ASA Interna, 3/1, No. 59, Schreiben Hamburgs an Lübeck vom 11. Mai 1819.

177 Direktorial Archiv I.A.2, Beratungen 1819 über die Errichtung nach Grundlage des Entwurfs vom 17. Dezember 1817; allgemeine Briefwechsel und Berichte aus dem Zeitraum vom 12. Juni 1819 bis zum 29. November 1820 finden sich in Ratsarchiv Qq.10.G.1.b.No.6.; Briefe des Deputierten Meier über die Verhandlungen finden sich in Ratsarchiv Qq.10.G.1.g.2.

Gütschow, der gerade in Frankfurt war.[178] Für Frankfurt erschien der Syndicus Freiherr von Malapert-Neufville, für Bremen der Senator Meier[179] und für Hamburg der Senator Dr. Schlüter. Als Ziel der Verhandlungen wurde der Abschluss eines Vertrages zwischen den Städten festgelegt. Darin sollte die Errichtung und Unterhaltung des Oberappellationsgerichts geregelt werden. Dies war in dem Schlussbericht der Beratungskommission vom 17. Dezember 1817 bestimmt worden. Nachdem die Deputierten die entsprechenden Vollmachten der Senate vorgelegt hatten, konnten die Beratungen am 15. Juni 1819 aufgenommen werden.[180] Sie dauerten bis zum 28. Juli 1819.[181]

Wesentliche Streitpunkte waren die Besoldung der Mitglieder des Gerichts und die Änderung der provisorischen Gerichtsordnung in Bezug auf die Anzahl der Räte. Diese wurde auf Drängen Frankfurts und Hamburgs von vier auf sechs erhöht. Man hoffte dadurch innerhalb des Deutschen Bundes zu höherem Ansehen zu kommen und in Folge dessen öfter zur Austrägalinstanz gewählt zu werden.[182] Bei den persönlichen Anforderungen der zu besetzenden Stellen lehnte man sich an den Entwurf einer Ordnung für das Oberappellationsgericht zu Wolfenbüttel an.[183] Danach konnte nur zum Präsidenten oder zum Rat ernannt werden, wer Rechtsgelehrter, von christlicher Religion und deutscher Abstammung war und das dreißigste Lebensjahr vollendet hatte.[184] Die zukünftigen Räte oder der Präsident mussten sich vor dem Amtsantritt aus ihrem persönlichen Untertanenverhältnis und allen anderen dienstlichen Verpflichtung lösen. Auf Vorschlag des Syndicus Malapert-Neufville hatte jeder einzustellende Rat eine Prüfung abzulegen.[185] Nach der Ableistung des Treueeids erhielten sie das Bürgerrecht in allen vier Städten. Lübeck wurde als Sitz des Gerichts erneut bestätigt.[186]

Zu der provisorischen Gerichtsordnung gab es zahlreiche Änderungsanträge. Diese kamen vor allem von dem Frankfurter Deputierten Senator und Syndicus Freiherr von Malapert-Neufville. Die Rechtsverhältnisse der Stadt hatten bei den

---

178 ASA Interna, 3/1, No. 61, Anzeige der Stadt Lübeck vom 12. Mai 1819.

179 ASA Interna, 3/1, No. 71, Anzeige der Stadt Bremen vom 4. Juli 1819; ebenso Ratsarchiv Qq.10.G.1.b.No.6.

180 Direktorial Archiv I.A.2., No. 1-4, Vollmachten der Deputierten der Städte.

181 Direktorial Archiv I.A.2., No. 5, Protokolle I-XXIII vom 15. Juni-28. Juli; ebenso ASA Interna, 4/4.

182 ASA Interna, 3/2, No. 41, Bekanntmachung vom 19. Juli 1819; Ratsarchiv Qq.10.G.5.a.1., Auszug aus dem Protokoll der 2. Sitzung.

183 ASA Interna, 3/2, No. 13, Protokoll III vom 18. Juni 1819.

184 *Wogatzky*, S. 29.

185 Ratsarchiv Qq.10.G.5.a.1., Auszug aus dem Protokoll der 7. Sitzung.

186 Direktorial Archiv I.A.2., No. 5, Protokoll II vom 16. Juni 1819; I.D.No. 1, Art. 1 der Übereinkunft der Städte vom 30. Juli 1819; ASA Interna, 3/2, No. 8, Protokoll II.

Beratungen über die provisorische Gerichtsordnung von Oktober bis Dezember 1817 aufgrund der fehlenden Teilnahme eines Vertreters der Stadt nicht berücksichtigt werden können. Man einigte sich schließlich und die Deputierten Curtius, Malapert-Neufville, Meier und Schlüter unterzeichneten am 30. Juli 1819 die „Übereinkunft der vier freyen Städte Deutschlands wegen Errichtung und Unterhaltung eines gemeinschaftlichen Oberappellationsgerichts". Die provisorische Gerichtsordnung wurde am 5. Juli 1820 fertig gestellt.[187] Sie sollte für drei Jahre gelten. Die Ratifizierung des Vertrages erfolgte am 31. August 1819 in Bremen, am 13. September in Hamburg und am 13. Oktober in Lübeck.[188] In dem Schlussbericht der Kommission wurde der Zeitpunkt der Eröffnung des Gerichts für Ostern 1820 in Aussicht gestellt.[189]

Nur in Frankfurt gab es erneut Verzögerungen, da sich die gesetzgebende Körperschaft wiederholt gegen eine Errichtung des Oberappellationsgerichts stellte.[190] Malapert vermutete, dass dafür die Frankfurter Advokaten verantwortlich waren[191], die den Verlust von Einwirkungsmöglichkeiten befürchteten. Dies ist heute nicht mehr zu belegen. Aufgrund des Widerstandes wurde eine Publikationsordnung erlassen, welche die Kompetenzen des Oberappellationsgerichts beschränkte. Für Frankfurter Rechtssachen dritter Instanz wurde alternativ zur Appellation das Rechtsmittel der Revision durch Aktenversendung an die Fakultäten zugelassen. Dadurch wurde der Zuständigkeitsbereich des Gerichts wesentlich eingeschränkt.

187 Gesamtinventar, A 1 No. 4, Übereinkunft wegen Errichtung und Unterhaltung des Gerichts vom 30. Juli 1819; ebenso Direktorial Archiv I.A.3., No. 1; ASA Interna, 4/1, No. 53, 5/1, No. 58; Ratsarchiv Qq.10.G.1.a.No.2. und Qq.10.G.1.g.1. „Bekanntmachung, betreffend die provisorische Gerichtsordnung für das gemeinschaftliche Oberappellationsgericht der vier freien Städte Deutschlands, Lübeck, Frankfurt, Bremen und Hamburg" vom 5. Juli 1820, Sammlung der Lübeckischen Verordnungen und Bekanntmachungen, 3. Band, Nr. 37, S. 144 ff.; Ratsarchiv Qq.10.G.2.a; *Funk*, S. 72; *Westphalen*, S. 309.

188 Direktorial Archiv I.A.3., No. 1., Abschrift der Übereinkunft vom 30. Juli 1819; ASA Interna, 5/1, No. 1, Ratifizierungsurkunde für Bremen, No. 9 für Hamburg, 5/2 für Lübeck; Anzeige des Bremer Senats vom 31. August 1819, Ratsarchiv Qq.10.G.1.b.No.6; Senatsakten Cl.VII. Lit.Ma No.10 Vol.2a Fasc.1 Vol.1 I No.1., Anzeige des Senats.

189 ASA Interna, 3/2, No. 51, Bekanntmachung vom 29. Juli 1819.

190 Beispiel dafür ist ein Beitrag in der Frankfurter Zeitung „Zeitschwingen" vom 2. Oktober 1819, ASA Interna, 5/1, No. 6a.

191 *von Bippen*, S. 45; *Kusserow*, S. 60.

Die Ratifizierung des Vertrages und der provisorischen Gerichtsordnung in Frankfurt wurde am 8. Februar 1820 bekannt gegeben.[192] Den anderen städtischen Senaten wurde die Frankfurter Publikationsordnung zur Kenntnisnahme vorgelegt. Um eine termingerechte Eröffnung des Oberappellationsgerichts zu ermöglichen, ergriff die Stadt Lübeck die Initiative. Die provisorische Gerichtsordnung sollte nach der Übereinkunft der Städte und nach § 58 dieser Gerichtsordnung für drei Jahre gelten. Anschließend sollte eine definitive Oberappellationsgerichtsordnung verabschiedet werden. Die Geltung der provisorischen Gerichtsordnung wurde 1823 auf ein Jahr bis zum 31. Dezember 1824[193] und dann bis auf weiteres verlängert.[194] Die definitive Gerichtsordnung für das Oberappellationsgericht der vier freien Städte vom 13. August 1831 trat erst mit dem 1. Oktober 1831 in Kraft.[195]

Außer dem Vertragsabschluss und der Gerichtsordnung wurden in den Verhandlungen vom Sommer 1819 noch einige Einzelheiten besprochen. Es ging dabei um die Beschaffenheit des Gerichtssiegels und die Möglichkeiten bei der Besetzung der Präsidentenstelle. In dem Siegel sollten die Wappen der vier Städte zusammengestellt werden. Das Wappen der Stadt, die gerade das Direktorium führte, wurde nach oben gestellt.[196] Das Direktorium des Gerichts sollte zwischen den Städten jährlich wechseln und Lübeck äußerte den Wunsch, mit dieser Aufgabe beginnen zu dürfen.[197]

---

192 Direktorial Archiv I.A.3., No. 1., Abschrift der Übereinkunft vom 30. Juli 1819; ASA Interna, 5/1, No. 26, Bekanntmachung Frankfurts nebst Ratifizierungsurkunde vom 8. Februar 1820; ebenso Ratsarchiv Qq.10.G.1.b.No.6.

193 „Bekanntmachung, die Erstreckung der gesetzlichen Kraft der provisorischen Oberappellationsgerichtsordnung bis zum Ende des Jahres 1824 betreffend vom 29. Oktober 1823", Sammlung der Lübeckischen Verordnungen und Bekanntmachungen, 4. Band, Nr. 10, S. 48; Ratsarchiv Qq.10.G.2.a.3., Obrigkeitliche Bekanntmachung vom 30. Oktober 1823.

194 „Bekanntmachung, die einstweilige Fortdauer der gesetzlichen Kraft der provisorischen Oberappellationsgerichtsordnung betreffend, 29. Dezember 1824", Sammlung der Lübeckischen Verordnungen und Bekanntmachungen, 4. Band, Nr. 20, S. 76; Ratsarchiv Qq.10.G.2.a.3., Obrigkeitliche Bekanntmachung; *Westphalen*, S. 309.

195 „Bekanntmachung, betreffend die Gerichtsordnung für das gemeinschaftliche Oberappellationsgericht der vier freien Städte Deutschlands, nebst der Stempel- und Gebühren Taxe und der Prokuratorenordnung vom 13. August 1831", Sammlung der lübeckischen Verordnungen und Bekanntmachungen, 6. Band, Nr. 17, S. 55 ff.; ASA Interna, 65, Monatliche Bekanntmachungen 1831, Nr. 8; Senatsakten Cl.VII. Lit.Ma No.10 Vol.2a Fasc.1 Vol.2 Invol.15, Verhandlungen zur definitiven Gerichtsordnung; *Blume*, Gerichtsordnung, S. 1ff.; *Westphalen*, S. 309.

196 Abbildungen dazu siehe ASA Interna, 4/1, sowie handgemalte Vorschläge für das Gerichtssiegel von 1822 in ASA Interna, 8/7.

197 *Wogatzky*, S. 29.

Nach eingehenden Beratungen herrschte Übereinstimmung darüber, die Stelle des Präsidenten mit einer auswärtigen Person zu besetzen, die einen ausgezeichneten Ruf als Rechtslehrer und Geschäftsmann hatte. Neben Professor Georg Arnold Heise, der zu dieser Zeit als Oberjustizrat in Hannover tätig war, wurden die Professoren Martin aus Jena, Savigny und Grollmann in Betracht gezogen.[198] Man einigte sich auf Heise als die am besten geeignete Person für die Präsidentenstelle.[199]

Aufgrund der nach Vertragsschluss eingetretenen und vor allem durch die Stadt Frankfurt verursachten Verzögerungen konnte der Eröffnungstermin des Gerichts nicht mehr eingehalten werden. Zeitgleich mit den Problemen in Frankfurt hatte der Hamburger Kaufmann Hallersleben einen erneuten Beschwerdebrief an den Senat der Stadt Lübeck gerichtet. Darin forderte er ein weiteres Mal eindringlich die Errichtung einer dritten Instanz.[200] Aus diesem Grund ergriff Lübeck jetzt wiederholt die Initiative für die zügige Errichtung des Oberappellationsgerichts.

Unter der Führung Lübecks legte man sich nach den Schlussberatungen von März bis zum September 1820 auf Georg Arnold Heise als ersten Präsidenten fest.[201] Am 11. April wurde ihm von den Senaten mitgeteilt, dass man sich auf seine Berufung als Präsident für das Oberappellationsgericht geeinigt habe. Heise zögerte mit einer Zusage, da er dem mit ihm aus der Heidelberger Zeit befreundeten Professor Martin aus Jena nicht im Weg stehen wollte.[202] Dieser war nämlich noch vor Heise von den Städten als möglicher Präsident in Betracht gezogen worden. Außerdem erschien ihm die Besoldung seiner zukünftigen Kollegen im Rat als zu gering. Erst nachdem Professor Martin ihm die Versicherung gab, dieses Amt nicht antreten zu wollen, sagte Heise am 20. Juli 1820 endgültig zu.[203]

---

198 Direktorial Archiv I.A.2., No. 5, Protokoll VI vom 22. Juni 1819; ASA Interna, 4/4, Protokoll VI; hinsichtlich des Vorschlags von Martin, siehe Bericht Smidts aus Frankfurt vom 24. März 1816, Ratsarchiv Qq.10.G.1.b.No.3.

199 ASA Interna, 42/1, Vertrauliche Verhandlungen 1818/19.

200 ASA Interna, 5/1, No. 15, Schreiben Hallerslebens an den Lübecker Senat vom 23. November 1819; Senatsakten Cl.VII. Lit.Ma No.10 Vol.2a Fasc.1 Vol.1 I No.5.

201 Direktorial Archiv I.A.3., No. 3-6, Korrespondenz der Senate März/April 1820; ASA Interna, 42/2, Umlaufschreiben des Lübeckischen Senats vom 8. April 1820; *von Bippen*, Johann Smidt, S. 225; Senatsakten Cl.VII. Lit.Ma No.10 Vol.2a Fasc.1 Vol.1 II No.4 a.

202 Siehe unten, E.II.1.b).

203 Direktorial Archiv I.A.3., No. 27, Schreiben Heises vom 20. Juli 1820; auch schon vorher hatte Heise gegenüber Curtius inoffiziell diesem Amt zugesagt, Ratsarchiv Qq.10.G.1.b.No.8.27, Brief von Curtius an Senator Meier in Bremen vom 29. Mai 1820.

Er wurde von den vier Städten offiziell ernannt[204] und konnte Ende September seine Entlassung aus dem hannoverschen Staatsdienst mitteilen.

Bald darauf folgte die Wahl der Räte und des Sekretärs. Für Lübeck trat der schon bei den Vorverhandlungen in Wien und Frankfurt tätig gewesene Senator Dr. Hach auf eigenen Wunsch in das Gericht ein. Für Frankfurt wurden der Oberjustizrat Roscher aus Hannover und der Professor Duttlinger aus Freiburg zu Räten gewählt. Von Bremen wurde der bisherige kurfürstlich-hessische Oberappellationsrat Dr. Pfeiffer aus Kassel eingesetzt. Hamburg wählte den herzoglich-oldenburgischen Oberappellationsrat Dr. Müller und den Hofrat und Professor Cropp.[205] Roscher und Duttlinger lehnten jedoch die Berufung ab und eine neue Ernennung konnte aus Frankfurt nicht mehr rechtzeitig erfolgen.[206] Daher blieben die Frankfurter Ratsstellen zunächst unbesetzt. Zum Sekretär ernannten die Räte im Losverfahren den Advokaten Dr. Pauli aus Lübeck.[207]

Der Senat stellte dem Gericht das Haus Schlüsselbuden Nr. 221 in Lübecks Stadtmitte zur Verfügung.[208] Im Mai 1824 siedelte das Gericht in das Haus der ehemaligen Junkerkompanie in der Königsstraße um, wo es bis zu seiner Auflösung seinen Sitz hatte.[209] In der oberen Etage lagen nach vorne gerichtet die Kanzlei und das Arbeitszimmer des Sekretärs; im hinteren Flügel befanden sich das Sitzungszimmer und die Bibliothek des Gerichts. Die Gerichtsräte hatten keine eigenen Räumlichkeiten und selbst für den Präsidenten Heise war kein spezielles Arbeitszimmer eingerichtet. Diese wurden erst mit einem letzten großen

---

204 Direktorial Archiv I.A.4., No. 2, Anlage 13 G, Beglaubigte Abschrift des Ernennungsdekrets Heises.

205 Direktorial Archiv I.A.4., No. 2, Anlage 13 H bis L, Beglaubigte Abschriften der Ernennungsdekrete von Hach, Müller, Pfeiffer und Cropp; Ratsarchiv Qq.10.G.1.b.No.8.30, Schreiben von Malapert-Neufville vom 21. Juni 1820 an Senator Müller mit Kenntnisnahme und Einverständnis der Wahl Pfeiffers; Ratsarchiv Qq.10.G.1.b.No.8.31, Schreiben Hamburgs an Bremen vom 30. Juni 1820 unter Mitteilung der Wahl von Cropp und Müller; Ratsarchiv Qq.10.G.5.c.2., zu der Wahl der Personen Roscher und Duttlinger; Senatsakten Cl.VII. Lit.Ma No.10 Vol.2a Fasc.1 Vol.1 II No.4 c.

206 ASA Interna, 45/4, Mitteilung Frankfurts an Lübeck vom 25. November 1820; Ratsarchiv Qq.10.G.5.c.2.; *von Bippen*, S. 46; *Hagedorn*, S. 47.

207 Direktorial Archiv I.A.4. No. 2, Anlage 13 M, Beglaubigte Abschrift des Ernennungsdekrets von Pauli.

208 *Eschenburg*, S. 597; *von Bippen*, Mitteilungen, S. 227.

209 Gesamtinventar, A 241 No. 1, Schreiben Lübecks vom 28. November 1822, Bedenken äußernd, No. 4, Anzeige des Umzugs in das Gerichtsgebäude vom 26.März 1824; *Eschenburg*, S. 597; *Griesebach*, S. 4; *Hagedorn*, S. 47; *Greb*, S. 26; *von Bippen*, Mitteilungen, S. 227; *Hoffmann*, Band II, S. 154.

Umbau im Jahre 1865 geschaffen.[210] Das Gebäude des Oberappellationsgerichts war abgesehen von dem Mangel an Räumlichkeiten das wohl vornehmste und das seinen Zwecken am meisten entsprechende unter den Lübecker Gerichtshäusern.

Die vier Städte setzten eine so genannte Einsetzungskommission ein, die sich vom 27. Oktober bis 20. November zu den letzten Sitzungen zusammenfand. Hier leitete man unter Mitwirkung Heises die letzten für die Eröffnung des Gerichts noch notwendigen Schritte ein.[211] Die Kommission bestand aus dem Syndicus Curtius für Lübeck[212], dem Syndicus von Malapert-Neufville für Frankfurt[213], dem Senator Meier für Bremen[214] und dem Senator Schlüter für Hamburg[215]. In der ersten Sitzung vom 27. Oktober 1820 wurden die Feierlichkeiten bei der Einsetzung des Gerichts, der Tag der Eröffnung, welcher auf den 13. November festgelegt wurde[216] und die Eidesentwürfe der Gerichtsmitglieder besprochen.[217] Man verhandelte die Auslegung einzelner Paragraphen der provisorischen Gerichtsordnung, die Gehälter der Mitglieder und Angehörigen des Gerichts sowie das bei der Aktenversendung zu berücksichtende Verfahren. Es wurden das Gerichtssiegel, die Vertretung in Krankheitsfällen, die Zulassung der Advokaten, die Ordnung bei Abstimmungen, die Behandlung eiliger Sachen in den Gerichtsferien und das Vorgehen bei mangelhafter Besetzung des Gerichts diskutiert.[218] Zu diesen Punkten fertigte die Kommission entsprechende Gutachten an.[219] Die Einsetzungskommission beendete am 20. November 1820 mit einem Schlussbericht ihre Beratungen und überließ das Gericht nun endgültig sich

---

210 Direktorial Archiv I.D.No. 7, Bericht des Gerichts an den Direktorialsenats betr. die baulichen Einrichtungen zur Ausführung des öffentlichen und mündlichen Verfahrens in Strafsachen; *Eschenburg*, S. 598.

211 ASA Interna, 6/3, Protokolle der 19 Sitzungen der Einsetzungskommission; ebenso Hachsches Familienarchiv, V., Vol. C, Fasc.2, No. 1.; Senatsakten Cl.VII. Lit.Ma No.10 Vol.2a Fasc.1 Vol.1 II No.4 g; Ratsarchiv Qq.10.G.1.h.1. und 2., hier finden sich auch Briefe Meiers über die Konferenzen.

212 ASA Interna, 6/4, No. 1, Einsetzungsurkunde der Stadt Lübeck für Curtius.

213 ASA Interna, 6/4, No. 4, Einsetzungsurkunde der Stadt Frankfurt für Malapert-Neufville.

214 ASA Interna, 6/4, No. 2, Einsetzungsurkunde der Stadt Bremen für Meier.

215 ASA Interna, 6/4, No. 5, Einsetzungsurkunde der Stadt Hamburg für Schlüter.

216 ASA Interna, 5/1, No. 74, Bekanntmachung des Termins vom 1. November 1820.

217 ASA Interna, 6/3, Protokoll der ersten Sitzung vom 27. Oktober 1820; Senatsakten Cl.VII. Lit.Ma No.10 Vol.2a Fasc.1 Vol.1 II No.4 g.

218 Direktorial Archiv I.A.4 No. 2, Anlagen 10-12,14-36; Senatsakten Cl.VII. Lit.Ma No.10 Vol.2a Fasc.1 Vol.1 II No.4 g; *Greb*, S. 26. Beratungen hinsichtlich der Aktenversendung: Gesamtinventar, A 329 No. 2.-4.

219 Die einzelnen Gutachten sind zu finden in ASA Interna, 6/4.

selbst.[220] Die fünf zukünftigen Räte des Gerichts waren aus ihren bisherigen Verpflichtungen entlassen worden.[221] Sie trafen Anfang November in Lübeck ein, um an den Festlichkeiten zu der Gerichtseröffnung teilzunehmen und ihre Aufgaben zu übernehmen.

Für die Eröffnungsfeier am 13. November 1820, einem sonnigen und heiteren Herbsttag,[222] war im oberen Stockwerk des Gerichtsgebäudes ein Saal hergerichtet worden. Hier hatten sich die Mitglieder des Senats, die wortführenden Ältesten der bürgerlichen Kollegien und andere herausragende Persönlichkeiten Lübecks versammelt. Nachdem auch alle auswärtigen Gäste schließlich eingetroffen waren[223], betraten um 12 Uhr die Kommissare mit den Mitgliedern des Gerichts den Saal.[224] Von den Senaten der übrigen Städte waren unter anderem der Syndicus von Malapert-Neufville aus Frankfurt, der Senator Meier aus Bremen und der Senator Schlüter aus Hamburg vertreten.[225] Die neuen Mitglieder Heise, Hach, Cropp, Pfeiffer, Müller und der Sekretär Pauli leisteten ihren Treueeid gegenüber den vier freien Städten und den Senaten.[226] Anschließend wurde das Oberappellationsgericht von Syndicus Curtius in seinem Amt als Einführungskommissar des Senats von Lübeck als dem derzeitigen Direktorialsenat

---

220 ASA Interna, 6/6, Schlussbericht vom 20. November 1820; Senatsakten Cl.VII. Lit.Ma No.10 Vol.2a Fasc.1 Vol.1 II No.4 g.

221 Direktorial Archiv I.A.4.No. 2, Anlage 13, A bis E; Entlassungsurkunden des Präsidenten Heise, sowie der Räte Hach, Müller, Pfeiffer und Cropp; Ratsarchiv Qq.10.G.5.a.5., Anzeige an die Einsetzungskommission mit Abschriften der Entlassungsurkunden.

222 „Bekanntmachung, betreffend die provisorische Gerichtsordnung für das gemeinschaftliche Oberappellationsgericht vom 5. Juli 1820", Sammlung der Lübeckischen Verordnungen und Bekanntmachungen, 3. Band, Nr. 37, S. 144ff; „Bekanntmachung des Tages der Eröffnung des gemeinschaftlichen Oberappellationsgerichts der vier freien Städte Deutschlands", Sammlung der Lübeckischen Verordnungen und Bekanntmachungen, 3. Band 3, Nr. 41, S. 239; Obrigkeitliche Bekanntmachung des Bremer Senats, Ratsarchiv Qq.10.G.1.b.No.6; *von Bippen*, Mitteilungen, S. 227; ein Bericht über die Einsetzungsfeierlichkeiten findet sich bei *Anderson*, Band 6, S. 378 ff.

223 Vor allem Smidt ließ es sich nehmen, an der Eröffnung teilzunehmen, nachdem er über 14 Jahre für dieses Projekt gekämpft hatte.

224 Gesamtinventar, A 1 No. 8; Direktorial Archiv I.A.4., No. 3, Anlage B, Protokoll der Eröffnungsfeier vom 13. November 1820; Bremer Zeitung vom 17. November 1820, Ratsarchiv Qq.10.G.1.b.No.6.

225 Gesamtinventar, A 1 No. 8; Direktorial Archiv I.A.4., No. 3, Anlage B, Protokoll der Eröffnungsfeier vom 13. November 1820; ASA Interna, 5/1, No. 78, Verzeichnis der Eingeladenen; *von Bippen*, Mitteilungen, S. 227.

226 Gesamtinventar, A 1 No. 8; Direktorial Archiv I.A.4., No. 3, Anlage B, Protokoll der Eröffnungsfeier; Bremer Zeitung vom 17. November 1820, Ratsarchiv Qq.10.G.1.b.No.6.

nach einer feierlichen Rede für „recht und gesetzesmäßig eingesetzt" und damit für eröffnet erklärt.[227]

Präsident Heise ging in seiner anschließenden Antrittsrede auf den wichtigen Unterschied zwischen der Errichtung eines obersten Gerichtshofes und jeder anderen Staatsbehörde ein. Er schilderte die Probleme, mit denen das neue Gericht zu kämpfen haben werde. Es sei zu erwarten, dass dem neuen Institut viele Vorurteile und viel Misstrauen entgegen gebracht werde.[228] Heise schilderte mit „liebenswürdiger Bescheidenheit" seine Gründe, sich der Aufgabe als Präsident des neuen Gerichtshofes zu stellen, wobei er betonte, dass er sich dabei auf die Unterstützung der Senate und der Bürgerschaften verlasse.[229] Der neue Präsident beendete seine Ansprache mit der Aufforderung, das neue Gericht nicht als ein durch fremde Gewalt aufgedrungenes, den Verfassungen der Städte fremdartiges und störendes und daher in seinem Wirkungskreise möglichst zu beschränkendes Institut zu betrachten.[230] Es müsse vielmehr als ein von den Städten aus freier Wahl und Überzeugung geschaffenes Werk mit Liebe und Zuneigung angesehen werden.[231] Nach den Feierlichkeiten im neuen Gerichtsgebäude versammelten sich Mitglieder, Angehörige und Gäste zu einem gemeinsamen Essen. Hier wurde fröhlich und wiederholt auf das Gedeihen des neuen Gerichtshofes und das Wohlergehen der freien Städte angestoßen.

Der Bundesversammlung wurde in der Sitzung vom 7. Dezember 1820 durch den Gesandten der freien Städte in Frankfurt, Syndicus Gries, die Einsetzung des Oberappellationsgerichts der vier freien Städte Deutschlands mitgeteilt.[232]

---

227 Gesamtinventar, A 1 No. 1, 6, 8, Anordnung der Feierlichkeiten, Ableistung des Eides der Mitglieder; Direktorial Archiv I.A.4. No. 3, Anlage B, Protokoll der Eröffnungsfeier; Bremer Zeitung vom 17. November 1820, Ratsarchiv Qq.10.G.1.b.No.6; *von Bippen*, Mitteilungen, S. 227.

228 ASA Interna, 6/3, Wöchentliche gemeinnützige Nachrichten von und für Hamburg vom 17. November 1820; Bremer Zeitung vom 17. November 1820, Ratsarchiv Qq.10.G.1.b.No.6.

229 ASA Interna, 6/3, Wöchentliche gemeinnützige Nachrichten von und für Hamburg vom 17. November 1820; Bremer Zeitung vom 17. November 1820, Ratsarchiv Qq.10.G.1.b.No.6.

230 ASA Interna, 6/3, Wöchentliche gemeinnützige Nachrichten von und für Hamburg vom 17. November 1820; Bremer Zeitung vom 17. November 1820, Ratsarchiv Qq.10.G.1.b.No.6.

231 ASA Interna, 6/3, Wöchentliche gemeinnützige Nachrichten von und für Hamburg vom 17. November 1820; Bremer Zeitung vom 17. November 1820, Ratsarchiv Qq.10.G.1.b.No.6.

232 Protokolle der Bundesversammlung 1820, 35. Sitzung, S. 649, § 201.

C. Die Gerichtsverfassung

Die Verfassung des Gerichts war in der provisorischen Gerichtsordnung für das gemeinschaftliche Oberappellationsgericht der vier freien Städte Lübeck, Frankfurt, Bremen und Hamburg vom 5. Juli 1820 festgelegt.[233] Die definitive Gerichtsordnung wurde erst am 13. August 1831 beschlossen.[234] Damit war es den Städten auf überregionaler Ebene gelungen, ein von der Regierung getrenntes Gericht mit beamteten, unabhängigen Richtern und einer fortschrittlichen Gerichtsverfassung zu errichten. Hierbei war man gezwungen gewesen, die Verfassung der dritten Instanz nach neuen Prinzipien zu gestalten. Die Justizreformen der einzelnen Städte konnten nämlich nicht einfach auf das neue Gericht übertragen werden. Daher musste der allgemeinen Entwicklung in Deutschland vorgegriffen werden, indem man für das Oberappellationsgericht fortschrittliche Grundsätze wie die sachliche und persönliche Unabhängigkeit der Berufsrichter festlegte.

I. Änderungen der bisherigen Gerichtsverfassungen der Hansestädte nach der Gründung des Oberappellationsgerichts und die Abgrenzung der Zuständigkeitsbereiche

Die Gerichtsordnung für das Oberappellationsgericht konnte die besonderen Verhältnisse in den vier Städten nicht im Einzelnen berücksichtigen. Es lag der Gedanke nahe, das Gericht in Zivilsachen und Strafsachen für alle Städte einheitlich als Berufungsinstanz zu bestimmen. Die Senate waren jedoch aufgrund ihrer föderalistischen Grundüberzeugung nicht bereit, ihre Gerichtsverfassungen mit den jeweiligen Besonderheiten und Privilegien für eine allgemein übereinstimmende Gerichtsordnung aufzugeben.[235]

Man wollte statt dessen die Justizhoheit der Senate so weit wie möglich nach den alten Appellationsprivilegien in ihrem bisherigen Rahmen belassen. Die Se-

---

233 Siehe oben B.II.3.b); Ratsarchiv Qq.10.G.2.a.1.

234 „Bekanntmachung, betreffend die Gerichtsordnung für das gemeinschaftliche Oberappellationsgericht der vier freien Städte Deutschlands (...), 13. August 1831", Sammlung der Lübeckischen Verordnungen und Bekanntmachungen, 6. Band, Nr. 17, S. 57 ff; *Blume*, Gerichtsordnung, S. 1 ff.

235 *Krause*, S. 376.

nate waren insoweit nicht bereit, die Kontrolle über die Rechtsprechung vollständig aus der Hand zu geben. Es war grundsätzlich nicht möglich, direkt von den Obergerichten an das Oberappellationsgericht zu appellieren und damit die Senate zu umgehen.[236]

Aus diesen Gründen wurden in der Gerichtsordnung nur allgemeine Richtlinien über die Kompetenzen des Gerichts aufgestellt. Somit konnten in den Städten eine Reihe von Gesetzen erlassen werden, um Regelungslücken durch eigene Normen auszufüllen. Das Oberappellationsgericht musste sich den differierenden Gerichtsverfassungen der Städte unterordnen. Problematisch war dabei die Abgrenzung der Zuständigkeitsbereiche des Gerichts. Die Senate der Hansestädte und der Stadt Frankfurt sahen sich aus diesen Gründen veranlasst, ihre bisherigen Gerichtsverfassungen entsprechend der neuen obersten Instanz abzuändern. In Lübeck wurde am 5. Juli 1820 eine „Bekanntmachung betreffend den Nachtrag zu der Verordnung über das Gerichtswesen vom 4. May 1814 in besonderer Beziehung auf die provisorische Ordnung des gemeinschaftlichen Ober-Appellationsgerichts der freien Städte Deutschlands" erlassen, um die besonderen Bestimmungen der Stadt mit der provisorischen Gerichtsordnung in Einklang zu bringen.[237] Die Umarbeitung der Nachtragsverordnung zu einer definitiven Gerichtsordnung für die Stadt Lübeck erfolgte erst am 13. August 1831. Dabei wurde die sachliche Kompetenz der unteren Gerichte beschränkt, um die Zuständigkeit des Oberappellationsgerichts in Zivil- und Kriminalsachen zu erweitern.

In Frankfurt erging am 8. Februar 1820 aus den gleichen Gründen eine nur wenige Artikel umfassende Einsetzungs- und Appellabilitäts-Verordnung. Aufgrund der in Frankfurt alternativ zur Appellation zugelassenen Möglichkeit der Aktenversendung wurde am 13. Dezember 1836 ein Gesetz zu den sich daraus ergebenden Besonderheiten erlassen.

In Hamburg wurde am 7. Juli 1820 eine Appellabilitäts-Verordnung erlassen.[238] Aufgrund der Publikation der provisorischen Gerichtsordnung erging im Juli 1820 eine besondere Verordnung über die Gerichtsverfassung des Amtes Bergedorf. In dieser wurden die mit der Errichtung des Oberappellationsgerichts einhergehenden Veränderungen für die gemeinsame Verwaltung des Amtes durch Lübeck und Hamburg verankert.[239] Die Verordnung stimmte inhaltlich im We-

---

236 *Hohnsbein*, S. 154.

237 Sammlung der Lübeckischen Verordnungen und Bekanntmachungen, 3. Band, Nr. 38, S. 185 f.; *Schwartz*, S. 570.

238 Appellabilitäts-Verordnung für Hamburg, *Anderson*, Band 6, Nr. 102, S. 289 ff.

239 „Verordnung in Beziehung auf die Gerichtsverfassung des Amtes Bergedorf und zwar in besonderer Berücksichtigung der aus dem Einflusse der künftigen dritten und letzten Instanz, nämlich des gemeinschaftlichen Oberappellationsgerichts der

sentlichen mit dem Nachtrag Lübecks zu der Verordnung über das Gerichtswesen vom 4. Mai 1814 überein.[240]

Nur für Bremen war es nicht erforderlich gewesen, neue Gesetze für die an das Oberappellationsgericht zu gelangenden Rechtssachen zu erarbeiten. Das lag daran, dass sich die Hansestadt als einzige der drei großen Hansestädte schon 1751 eine vollständige Gerichtsordnung gegeben hatte. Diese bedurfte aufgrund ihrer Revision von 1814 nur geringer Umarbeitungen, um den neuen Verhältnissen von 1820 zu entsprechen.[241] Bremens neue Gerichtsordnung trat mit dem Tag der Einsetzung des Oberappellationsgerichts in Kraft.[242]

Die Änderungen der Gerichtsordnungen bezweckten im Ergebnis eine Abgrenzung und Einschränkung der Kompetenzen des Oberappellationsgerichts. Die Senate hielten daran fest, dass Beschwerden in Verwaltungsangelegenheiten nicht zum Gegenstand einer Revision gemacht werden konnten. Sie sollten vielmehr in ihrem Zuständigkeitsbereich gehalten werden, um selbst entscheiden zu können. Somit wurde ein Eingreifen des obersten Gerichts in die Senatsverwaltung verhindert. Der daraus resultierende Vorteil für das Justizwesen war, wenn auch erst in Anfängen, eine Trennung der reinen Verwaltungsangelegenheiten von der Justiztätigkeit der Stadtgerichte.[243] Diese Entwicklung der Trennung von Justiz und Verwaltung lässt sich am Beispiel der Stadt Lübeck veranschaulichen. Hier bestimmte der Senat, dass nur privatrechtliche Streitigkeiten vor das oberste Gericht gelangen sollten. Widersprüche und Beschwerden über Verfassungsgegenstände, Gesetzgebung, Regierung und vor allem Verwaltungsstreitigkeiten sollten von vornherein innerhalb der Stadtgrenzen verbleiben. Auch die Gerichtsordnungen der Städte Bremen und Hamburg beinhalteten bereits einige Regelungen, die auf die Trennung von Justiz- und Verwaltungsangelegenheiten hinwiesen.[244]

---

vier freien Städte sich ergebenden Veränderungen“, Sammlung der Lübeckischen Verordnungen und Bekanntmachungen, 3. Band, Anhang I, Nr. 2, S. 287.

240 Verordnung in Beziehung auf die Gerichtsverfassung des Amtes Bergedorf (...) vom Juli 1820, *Anderson*, Band 6, Nr. 107, S. 306ff; *Blume*, Gerichtsordnung, S. 169.

241 *Blume*, Gerichtsordnung, S. 145 ff.; Bremer Gerichtsordnung vom 1820, § 604 ff., Ratsarchiv Qq.10.C.4.a.

242 Bremen: Obrigkeitliche Verordnungen vom 9. November 1820, Ratsarchiv Qq.10.C.4.a.

243 *Krause*, S. 377.

244 Bremen: §§ 1-7 der neuen Gerichtsordnung von 1820, Ratsarchiv Qq.10.C.4.a.; Hamburg: Hamburgische Appellabilitätsverordnung vom 7. Juli 1820, *Anderson*, Band 6, Nr. 102.

In den einzelnen Zulässigkeitsvoraussetzungen für ein Tätigwerden des Oberappellationsgerichts fanden sich nur wenige Gemeinsamkeiten.[245] Jede Stadt versuchte die Besonderheiten ihrer Gerichtsverfassung beizubehalten. Aus diesem Grund konnte eine für alle Städte übereinstimmende Zuständigkeitsregelung für das Oberappellationsgericht und die damit verbundenen Änderungen der einzelnen Stadtgerichtsordnungen nicht erreicht werden.

Eine Appellation in Zivilsachen richtete sich in den Städten Lübeck, Hamburg und Bremen nach dem jeweiligen Streitwert. In Hamburg war die Appellation nur möglich, wenn die Entscheidung des Obergerichts von dem Beschluss der ersten Instanz abwich. In den Appellationsordnungen aller Städte war die Möglichkeit gegeben, sich bei Formfehlern oder sonstigen Mängeln der unteren Instanzen mit Hilfe der Nichtigkeitsbeschwerde an das Oberappellationsgericht zu wenden.[246]

Bei der Appellation in Strafsachen war in Lübeck und Bremen festgelegt, dass Beschlüsse, die nach den Verwaltungsbehörden einen „polizeilichen Charakter“ hatten, nur bei den Senaten selbst angefochten werden konnten.[247] Gegen alle anderen Strafurteile stand den Parteien der Weg zum Oberappellationsgericht offen. Der Hamburger Senat ließ eine Appellation an das oberste Gericht nur bei Hochverratsdelikten zu. Nach den Gerichtsordnungen aller Städte wurden die Angelegenheiten der freiwilligen Gerichtsbarkeit in letzter Instanz von den Senaten entschieden. Sie blieben somit in diesen Streitigkeiten weiterhin die oberste Justizbehörde.

II. Die Besetzung, Zuständigkeit und das Verfahren des Oberappellationsgerichts

Mit der provisorischen Gerichtsordnung vom 5. Juli 1820[248] erhielt das Oberappellationsgericht eine für diese Zeit hervorragende Verfassung. In den gemeinschaftlichen Beratungen vom 20. Oktober bis zum 17. Dezember 1817 waren die Grundstrukturen der Gerichtsordnung klar gegliedert und in prägnanter und deutlicher Sprache festgelegt worden. Trotzdem bedurften einige Paragraphen der

245 Einzelheiten zu den Zuständigkeitsbereichen des Oberappellationsgerichts werden unter C.II.3.b) dargestellt.

246 *Krause*, S. 380.

247 § 25 der Nachtragsverordnung, „Bekanntmachung, betreffend den Nachtrag zu der Verordnung über das Gerichtswesen vom 4. Mai 1814, in besonderer Beziehung auf die provisorische Ordnung des gemeinschaftliche Oberappellationsgerichts der vier freien Städte Deutschlands, vom 5. Juli 1820“, Sammlung der Lübeckischen Verordnungen und Bekanntmachungen, 3. Band, Nr.38, S. 185 ff.

248 Siehe oben, B.II.3.b).

näheren Auslegung. Diese wurde zu Beginn der Tätigkeit des Oberappellationsgerichts vorgenommen.[249] Wie schon erwähnt sollte die provisorische Gerichtsordnung ursprünglich nach drei Jahren durch eine definitive Oberappellationsgerichtsordnung ersetzt werden.[250]

Es vergingen jedoch aufgrund der guten Praktikabilität der provisorischen Gerichtsordnung mehr als zehn Jahre bis zum Inkrafttreten der definitiven Gerichtsordnung vom 13. August 1831.[251] In diese wurden die bisherigen Bestimmungen der provisorischen Gerichtsordnung fast unverändert übernommen. Es waren lediglich einige sprachliche Verbesserungen erforderlich. Die provisorische -wie später auch die definitive- Gerichtsordnung gliederte sich in vier Abschnitte. Der erste Abschnitt behandelte in den §§ 1-13 die Verfassung und innere Errichtung des Oberappellationsgerichts. Im zweiten Abschnitt waren in den §§ 14-18 die Kompetenzen und im dritten Abschnitt in den §§ 19-56 der Prozess- und Geschäftsgang des Gerichts geregelt. Der letzte Teil umfasste schließlich in den §§ 57-62 die Prozessregelungen für das Kriminalverfahren.

1. Besetzung

Die Besetzung des Oberappellationsgerichts war in den §§ 2-4 der provisorischen Gerichtsordnung von 1820 bzw. in den §§ 1-33 der definitiven Gerichtsordnung vom 13. August 1831[252] geregelt. Es war mit sieben auf Lebenszeit ernannten Berufsrichtern[253], dem Präsidenten und sechs Räten, besetzt. Zu den Angehörigen des Gerichts gehörten ein rechtsgelehrter Sekretär, zwei Kanzleibeamte und zwei Gerichtsboten. Die Ernennung des Gerichtspersonals wurde nach der unter den vier Städten getroffenen Übereinkunft und unter Berücksichtigung diverser Anstellungsvoraussetzungen vorgenommen. Es wurde zwischen Mitgliedern und Angehörigen des Gerichts unterschieden. Als Mitglieder wurden der Präsident und die Räte bezeichnet. Sie hatten Sitz und Stimme im Gericht inne und wirkten bei den Entscheidungen entsprechend mit. Alle anderen am Oberappellationsge-

249 ASA Interna, 8/5, Anordnung einer Interpretation einiger Stellen der provisorischen Gerichtsordnung 1820-1822.

250 § 58 der provisorischen Oberappellationsgerichtsordnung (im Folgenden wird Oberappellationsgerichtsordnung mit OAGO abgekürzt).

251 Siehe oben, B.II.3.b).

252 „Bekanntmachung, betreffend die Gerichtsordnung für das gemeinschaftliche Oberappellationsgericht der vier freien Städte Deutschlands (...), 13. August 1831", Sammlung der Lübeckischen Verordnungen und Bekanntmachungen, 6. Band, Nr. 17, S. 57 ff; *Blume*, Gerichtsordnung, S. 1 ff.

253 Der Titel eines Richters lautete: Die zum höchst preislichen Ober-Appellationsgericht der vier Freien Städte ernannten Präsidenten und Räte.

richt beschäftigten Personen wie der Sekretär, zwei Kanzlisten und zwei Gerichtsboten wurden als Angehörige bezeichnet. Dazu gehörten im weiteren Sinne auch die Prokuratoren.

Ein für das Rats-, Präsidenten-, oder Sekretärsamt in Frage kommender Bewerber durfte kein Staatsamt innehaben und von früher erhaltenen Dienst- oder Ehrentiteln keinen Gebrauch mehr machen. Es wurde eine völlige Unabhängigkeit von Staatsinstitutionen vorausgesetzt. Advokaturgeschäfte mussten eingestellt, Nebenämter durften nicht mehr betrieben und Rechtsgutachten und Vollmachten nicht mehr erteilt werden.[254] Der Richter durfte Kuratelen nur noch für nahe verwandte Personen annehmen.[255] Die Kanzlisten und die Gerichtsboten erhielten nach Bestimmung der Einsetzungskommission außer ihrem Gehalt noch Sporteln[256]. Der Präsident, die Räte und der Sekretär waren von direkten, auf der Person oder dem Vermögen ruhenden Steuern befreit. Eine Erbschaftsteuer auf ihren Nachlass entfiel ebenfalls.[257]

Bei der Einstellung des Personals wurden hervorragende Rechtslehrer und bedeutende Praktiker bevorzugt. Diese Zusammenführung von Wissenschaftlern und Praktikern hatte auf die Entscheidungen und somit auch auf die Entwicklung des Gerichtshofes sehr positiven Einfluss.

a) Räte und Präsidenten als Mitglieder des Gerichts

Zum Rat oder Präsidenten konnte nur berufen werden, wer Rechtsgelehrter, deutscher Staatsbürger, von rechtschaffendem und unbescholtenem Lebenswandel sowie von christlicher Religion war.[258] Die Person musste das Mindestalter von 30 Jahren erfüllen und durfte nicht mit anderen Räten oder dem Präsidenten verwandt sein.[259]

Diese Voraussetzungen wurden streng eingehalten und führten teilweise zu Schwierigkeiten bei der Einstellung neuer Gerichtsmitglieder. Als beispielsweise an der deutschen Staatsbürgerschaft eines Kandidaten für die Neubesetzung einer Ratsstelle gezweifelt wurde, erwiesen sich die strengen Einstellungsregeln als

254 *Funk*, S. 75.

255 §§ 11, 12 der definitiven OAGO; *Krause*, S. 383.

256 Eine dem beteiligten Amtsträger zufließende Verwaltungsgebühr.

257 *Funk*, S. 74.

258 Dieses Erfordernis entfiel sei dem Jahre 1864; „Bekanntmachung, eine Änderung des § 8 und einen Zusatz zu § 56 der Oberapellationsgerichtsordnung betreffend, vom 2. Januar 1864“, Sammlung der lübeckischen Verordnungen und Bekanntmachungen, 31. Band 31, Nr. 1, S. 1.

259 § 4 der provisorischen OAGO; diese Voraussetzungen wurden erstmals festgelegt im Protokoll VIII vom 29. Oktober 1817, Direktorial Archiv I.A.1., No. 1.

hinderlich. Der Bremer Senator Dunze äußerte sich nach einem Brief Heises, mit dem er einen vertraulichen Schriftverkehr pflegte, über dieses Problem: „Übrigens war es nur halb im Scherze, wenn ich ihm als Deutscher questionem status gemacht habe. Dieses im Ernste zu thun, oder diesen Punkt gegen Andere auch nur zu berühren, ist uns nicht eingefallen, obgleich ich doch rathen möchte, bei einer Revision der Oberappellationsgerichtsordnung die Qualification der deutschen Geburt wegzulassen, da diese Bestimmung uns gar wohl in einzelnen Fällen in große Verlegenheit setzen könnte. Wie, wenn ein best Qualificirter in Danzig, Königsberg, Mitau, Rügen, Copenhagen, Straßburg, Zürich, Bern, Basel oder gar in Nordamerika von deutschen Eltern geboren wäre! Und cui bono dient jene Bestimmung: einen Stock-Franzosen oder Engländer werden wir ja doch nicht wählen! (...)".[260]

Der zukünftige Präsident musste als zusätzliche Einstellungsvoraussetzung in einem deutschen Justizkollegium zweiter oder höherer Instanz oder in einem Spruchkollegium Sitz und Stimme gehabt haben. Jeder anzustellende Rat wurde durch das Oberappellationsgericht geprüft und musste eine Proberelation anfertigen. Anschließend leitete das Gericht einen gutachterlichen Bericht und die Proberelation an den zuständigen Senat zur endgültigen Entscheidung weiter.[261] War die in Frage kommende Person bereits drei Jahre in einem deutschen Justiz- oder Spruchkollegium zweiter oder höherer Instanz tätig gewesen, entfiel die Prüfung, nicht aber die Relation.[262] Bei der Erstbesetzung der Ratsstellen bedurfte es jedoch weder der Prüfung noch der Proberelation.[263]

Der Präsident des Gerichtshofes wurde von den Senaten aller vier Städte gemeinschaftlich gewählt. Der Direktorialsenat musste innerhalb von vier Wochen nach dem Freiwerden der Präsidentenstelle einige angemessene Vorschläge für die Neubesetzung machen. Anschließend erklärten die anderen Senate, welche der Personen sie für tauglich hielten. Nach den jeweiligen Stellungnahmen erfolgte eine endgültige Einigung durch schriftliche Mitteilungen. Kam es zu keiner Übereinstimmung, fiel die Entscheidung durch das Los.[264] Die ersten vier Räte wurden von je einer Stadt ernannt. Der fünfte und sechste Rat wurde abwechselnd von Bremen und Frankfurt bzw. Hamburg und Lübeck berufen.[265] Vor einer Einstellung wurde die betreffende Person den anderen Senaten schriftlich vorgestellt.

260 *von Bippen*, Mitteilungen, S. 270.
261 Erstmals festgelegt im Protokoll VIII vom 29. Oktober 1817, Direktorial Archiv I.A.1., No. 1.
262 *Funk*, S. 73.
263 § 4 der provisorischen OAGO.
264 *Westphalen*, S. 312.
265 *Funk*, S. 73; *Westphalen*, S. 311; *von Bippen*, Mitteilungen, S. 237.

Das übrige Gerichtspersonal außer dem Sekretär wählte das Oberappellationsgericht selbst kraft beständigen Auftrags durch die vier Senate.[266] Mit der Ableistung des Amtseids erhielten der Präsident und die Räte, deren Ehefrauen und Kinder das Bürgerrecht in allen vier Städten.[267] Erreichte einer ihrer Söhne die Volljährigkeit, musste er sich für das Bürgerrecht einer Stadt entscheiden.[268] Das Amt des Präsidenten konnte nur „durch Urteil und Recht" aufgehoben werden.[269] Ein solcher Fall ist jedoch niemals vorgekommen.

b) Sekretär, Kanzlisten und Prokuratoren als Angehörige des Gerichts

Aufgrund der absoluten Neutralität des Sekretärs wurde dieser wechselweise von einem der Senate bestimmt. Er musste mindestens 25 Jahre alt, Rechtsgelehrter und Bürger einer der vier Städte sein. Außerdem wurde die christliche Religion und die deutsche Staatsbürgerschaft vorausgesetzt.[270] Neben einem rechtschaffenden und unbescholtenen Lebenswandel war die Leistung einer angemessenen Kaution vorgeschrieben. Wenn es von den Senaten verlangt wurde, musste eine besondere Prüfung abgeleistet werden.[271] Der Sekretär unterschied sich von den Gerichtsmitgliedern lediglich dadurch, dass er bei seiner Ernennung nicht das Bürgerrecht aller Städte erwarb und sein Einkommen Schwankungen unterworfen war. Das Amt des Sekretärs konnte ebenfalls nur durch „Urteil und Recht" aufgehoben werden.

Für Kanzlisten und Gerichtsboten gab es keine besonderen Ernennungsvoraussetzungen. Sie unterstanden der Dienstaufsicht des Gerichtspräsidenten. Von den zwei Kanzlisten musste lediglich der ältere für den Fall der Vertretung des Sekretärs Rechtsgelehrter sein und die übrigen Voraussetzungen des Sekretärsamtes erfüllen.[272] Seit 1864 führte der erste Kanzlist den Titel „Registrator" und sein Mindestalter wurde auf das vollendete 22. Lebensjahr herabgesetzt.[273]

Bei dem Oberappellationsgericht waren zunächst acht, später nach der endgültigen Oberappellationsordnung von 1831, nur noch sechs in Lübeck wohnende Prokuratoren angestellt. Sie waren „zur Einreichung der Partheischriften, und

---

266 §§ 2,3 der definitiven OAGO.

267 § 14 der definitiven OAGO; *Griesebach*, S. 2; *Wogatzky*, S. 29.

268 § 14 der definitiven OAGO.

269 § 15 der definitiven OAGO; *Wogatzky*, S. 29; *Greb*, S. 77.

270 Direktorial Archiv I.A.4., No. 4-7, Korrespondenz der Senate vom Dezember 1820/Januar 1821.

271 § 4 der provisorischen OAGO; *Funk*, S. 74; *Westphalen*, S. 312.

272 *Wogatzky*, S. 29; *Griesebach*, S. 2; *Funk*, S. 74; *Westphalen*, S. 313.

273 „Bekanntmachung, eine Änderung des § 8 und einen Zusatz zu § 56 der Oberappellationsgerichtsordnung betreffend vom 2. Januar 1864", Sammlung der Lübeckischen Verordnungen und Bekanntmachungen, 31. Band, Nr. 1, S. 1.

zur Empfangnahme der Decrete und Urtheile“[274] befugt und unterstanden nach Maßgabe der Prokuratorenordnung der Aufsicht durch das Gericht.[275] Als Sachführer waren sämtliche in den vier freien Städten Deutschlands tätige Advokaten zur Vertretung der Parteien befugt.[276]

2. Das Verhältnis des Oberappellationsgerichts zu den Senaten

Bei der Betrachtung der jahrelangen Verhandlungen um die Errichtung des gemeinschaftlichen Oberappellationsgerichts fällt auf, dass gerade in Hamburg und Bremen die Stellung des Gerichts zu den einzelnen Senaten ein Hauptstreitpunkt gewesen ist. Bisher war der Senat in jeder Stadt oder zumindest ein Ausschuss des Senats als Richter in der zweiten Instanz tätig. Bis zur Gründung des Oberappellationsgerichts bildete der Senat das oberste Rechtsprechungsorgan.[277] Ihm war bis zur Verfassungsänderung von 1851 die Rechtsprechung in allen lübeckischen Gerichten, wie dem Niedergericht und dem Obergericht, vorbehalten.[278]

Während der Gründungsverhandlungen waren vor allem die Bedenken geäußert worden, ein gemeinsamer Gerichtshof könne sich eine den Senaten übergeordnete Stellung anmaßen, um dann als „vorgesetzte Behörde“ zu fungieren.[279] Aus diesem Grund war in der provisorischen Gerichtsordnung der Rang des Gerichts unmittelbar nach dem Senat jeder Stadt oder nach der Kommission, durch welche die Gesamtheit der Senate vertreten wurde, festgelegt.[280] So konnte es keinen Einfluss auf die Verwaltungsbelange der Senate nehmen. Trotz ihrer übergeordneten Stellung hatten die Senate der Städte nahezu keine Befugnisse gegenüber dem Oberappellationsgericht. Es war ihnen nicht möglich, dem Gericht oder dessen einzelnen Mitgliedern Befehle, Weisungen oder sonstige Instruktionen zu erteilen.[281] Grundsätzlich hatte das Gericht nur Senatsweisungen in Bezug auf den inneren Geschäftsbetrieb zu erfüllen. Auf diese Beschränkung

274 § 9 der provisorischen OAGO.

275 „Bekanntmachung, betreffend die Prokuratoren bei dem gemeinschaftlichen Oberappellationsgericht der vier Freien Städte Deutschlands, vom 6. Dezember 1820“, Sammlung der Lübeckischen Verordnungen und Bekanntmachungen, 3. Band, Nr. 43, S. 246.

276 *Griesebach*, S. 3; *Hohnsbein*, S. 158.

277 *Bollmann*, S. 79.

278 *Krabbenhöft*, S. 24.

279 Siehe oben, B.II.3.

280 § 13 der definitiven OAGO; *Griesebach*, S. 2; *Krause*, S. 383; *Wogatzky*, S. 29.

281 § 12 der provisorischen OAGO; *Wogatzky*, S. 29; *Kusserow*, S. 66.

war schon während der Beratungen von 1817 besonders Wert gelegt worden.[282] Es war jedoch fraglich, ob diese Bestimmung auch die Kompetenz der einzelnen Städte betraf, von sich aus die Gerichtsordnung zu ändern.

Im Jahre 1862 versuchte Hamburg für die Städte eine Änderungsbefugnis für die Gerichtsordnung des Oberappellationsgerichts zu erwirken. Der Versuch scheiterte jedoch an dem geschlossenen Widerstand der anderen Städte. Ihrer Meinung nach entsprach eine solche Regelung nicht der Stellung eines gemeinsamen höchsten Gerichts.[283]

Der einzelne Senat konnte nach § 29 der definitiven Oberappellationsgerichtsordnung in Sachen der Zivil- und Strafgesetzgebung ein Gutachten des Oberappellationsgerichts anfordern. Wollte er jedoch in einer bestimmten Sache gegenüber dem Gericht tätig werden, musste zunächst der Direktorialsenat zwischengeschaltet werden. Dieser forderte die anderen Senate zu einer Stellungnahme auf. Erst wenn von allen eine Auflage oder Weisung für nötig gehalten wurde, erfolgte diese durch den Direktorialsenat an das Oberappellationsgericht.

Das Gericht hatte Weisungen der Senate ohne ein vorheriges Tätigwerden des Direktorialsenats nur hinsichtlich des inneren Geschäftsbetriebes zu befolgen.[284] Dabei ging es um spezielle Verwaltungssachen wie etwa dem Umgang mit Personalsachen, die Dienstaufsicht oder die Bearbeitung von Angelegenheiten bezüglich der Gerichtskosten. Ferner konnten die Senate die Abnahme der Prüfung von Rechtsgelehrten, die als Advokaten aufgenommen werden wollten, auf das Gericht übertragen.[285] Diese Vorgehensweise wurde für Lübeck durch Bekanntmachung vom 27. September 1826[286], für Bremen durch Senatsbeschluss vom 30. Mai 1821[287] und für Hamburg erst im Jahre 1870[288] festgelegt.

Im Bereich der sachlichen Zuständigkeit entschied das Gericht über den Fortbestand der obergerichtlichen Erkenntnisse mittels Aufhebung, Zurückverweisung, eigener Sachentscheidung oder Bestätigung. Das Oberappellationsgericht war hier von den Senaten unabhängig und war aus diesem Grund eine als den Senaten übergeordnete Instanz zu betrachten. Stellte das Oberappellationsgericht während der Verhandlungen Mängel im Prozessgang oder in der Justizverwaltung der einzelnen Städte fest, war es verpflichtet, diese dem betreffenden Senat der Stadt anzuzeigen und gutachterlich Verbesserungsmöglichkeiten vorzuschla-

282 Die Beratungen zu diesem Punkt finden sich im Protokoll XII vom 4. November 1817, Direktorial Archiv, I.A.1., No. 1; No. 3, Schlussbericht der Abgeordneten.
283 Direktorial Archiv, I.B.20, Antrag des Senats zu Hamburg.
284 *Görtz*, S. 590.
285 § 29 der provisorischen OAGO.
286 *Blume*, Gerichtsordnung, S. 134.
287 *Blume*, Gerichtsordnung, S. 150.
288 *Griesebach*, S. 3.

gen.[289] Im Übrigen galt der Grundsatz, dass das Oberappellationsgericht selbst dann an die Gesetzgebung der Senate gebunden war, wenn diese fehlerhaft zustande gekommen war.[290] § 31 der definitiven Gerichtsordnung regelte den Erlass von „Gemeinen Bescheiden". Diese Befugnis stand früher nur den Senaten zu. Die Bescheide galten gegenüber den Parteien als allgemein gültige Vorschriften. Aus diesem Grund bedurfte es für die Rechtsverbindlichkeit eines „Gemeinen Bescheids" der Zustimmung des Direktorialsenats.

Somit war dem Oberappellationsgericht die Möglichkeit gegeben, Lücken in der Gerichtsordnung zu schließen. Es konnte entscheiden, welche Fristen vor Gericht als Notfristen galten oder welches Präjudiz eine Partei bei der Nichterfüllung von Auflagen zu erwarten hatte.[291] Auf diesem Wege konnte das Gericht wie sonst kein anderes schöpferisch tätig werden.

Insgesamt kann nach näherer Betrachtung festgestellt werden, dass das Oberappellationsgericht als höchstrichterliche Entscheidungsinstanz in seiner sachlichen Zuständigkeit den Senaten von Anfang an übergeordnet war. Es unterstand ihnen allerdings soweit diese in legislativer oder exekutiver Funktion tätig wurden.

a) Aufsicht über das Oberappellationsgericht durch den Direktorialsenat

Die Aufsicht über das Oberappellationsgericht wurde durch den jährlich zum Ferienanfang des Gerichts wechselnden, so genannten Direktorialsenat ausgeübt. Diese Aufgabe übernahm jeweils einer der vier Senate in Vertretung der anderen.[292] Der Direktorialsenat war das verfassungsgemäße Organ in allen Angelegenheiten des Oberappellationsgerichts gegenüber den Senaten der Städte als den Trägern des Gerichts. Man war hier dem Vorbild der Herzoglich-Sächsischen Oberappellationsgerichtsordnung von 1816 gefolgt.[293] Die Aufsicht des Direktorialsenats erstreckte sich auf den Geschäftsgang und auf die öffentlichen Verhältnisse des Gerichts. So musste das Gericht in allen eigenen Angelegenheiten wie beispielsweise in Personal-, Disziplinar- oder Gerichtsunterhaltungssachen dem

---

289 § 12 der provisorischen OAGO; § 30 der definitiven OAGO.

290 *Bruhn*, Bd. 2, S. 134 (136) Feldmann contra Finanzdepartement, OAG Urteil vom 20.10.1834; S. 238 (241) Ad. Chr. Koosen contra Decems-Departement, OAG Urteil vom 16.10.1837.

291 „Gemeine Bescheide" wurden vom OAG am 5. Dezember 1820, am 27. Juni 1821 und am 6. März 1845 erlassen; *Anderson*, Band 6, S. 384ff.; *Kusserow*, S. 66; *Görtz*, S. 589.

292 §§ 11ff. der provisorischen OAGO; §§ 26ff. der definitiven OAGO; *Wogatzky*, S. 29; *Hiemsch*, S. 84; *Frühauf*, S. 106; *Westphalen*, S. 310.

293 Direktorial Archiv I.A.1., No. 1, Protokoll XII vom 4. November 1817.

Direktorialsenat Bericht erstatten. Dieser erließ dann im Namen aller anderen Städte die erforderlichen Bescheide.[294] Der Direktorialsenat sorgte für die Aufrechterhaltung der bestehenden Einrichtungen und verfügte alle dazu erforderlichen Maßnahmen. Um dem Gericht gegenüber tätig werden zu können, war ein Beschluss aller vier Senate erforderlich.

Auf diese Weise war der Direktorialsenat sowohl mit Aufsichtsfunktionen, als auch mit Mitwirkungsfunktionen ausgestattet. Nachdem das erste Direktorium der Stadt Lübeck übertragen worden war[295], ging es 1822 auf Frankfurt[296], 1823 auf Bremen[297] und 1824 auf Hamburg[298] über. Diese Reihenfolge wurde bis zur Auflösung des Gerichts beibehalten.

b) Aufsicht über das Gericht durch die Visitationskommission

Eine weiteres Kontrollorgan gegenüber dem Gericht neben dem Direktorialsenat bildete eine Kommission der vier Senate, die regelmäßig alle fünf Jahre eine Visitation durchzuführen hatte. Dabei führte der Abgeordnete des Direktorialsenats den Vorsitz.[299] Die Senate durften in bestimmten Fällen auch außerordentliche Visitationen anordnen.[300] Diese Möglichkeit der Aufsicht über das Gericht wurde bereits bei den Beratungen zu der provisorischen Gerichtsordnung vorgesehen.[301] Während die Visitationen bis 1860 noch relativ regelmäßig durchgeführt wurden, stellte man sie ab diesem Zeitpunkt mangels Notwendigkeit vollständig ein.[302]

---

294 § 11 II 1 der provisorischen OAGO, § 27 S. 1 der definitiven OAGO; *Blume*, Gerichtsordnung, S. 18; *Frühauf*, S. 107; *Kusserow*, S. 65; Direktorial Archiv I.A.1., No. 1, Protokoll XII vom 4. November 1817, Beratungen zu diesem Thema; No. 3, Schlussbericht der Abgeordneten.

295 Gesamtinventar, A 1 No. 8; Protokoll der Einsetzung, ASA Interna, 37/1; Senatsakten Cl.VII Lit.Ma No.10 Vol.2a Fasc.1 Vol.2 Invol.9.

296 Direktorial Archiv I.E.1.; Senatsakten Cl.VII Lit.Ma No.10 Vol.2a Fasc.1 Vol.2 Invol.9.; Gesamtinventar, A 84 No. 1., Übergang des Direktoriums von Lübeck auf Frankfurt, Schreiben vom 20. Juli 1822.

297 Direktorial Archiv I.E.2.; Senatsakten Cl.VII Lit.Ma No.10 Vol.2a Fasc.1 Vol.2 Invol.9.; Gesamtinventar, A 84 No. 2., Übergang des Direktoriums von Frankfurt auf Bremen, Schreiben vom 21. Juli 1823.

298 Direktorial Archiv I.E.3.; Senatsakten Cl.VII Lit.Ma No.10 Vol.2a Fasc.1 Vol.2 Invol.9.; Gesamtinventar, A 84 No. 4., Übergang des Direktoriums von Bremen auf Hamburg, Schreiben vom 26. Juli 1824.

299 § 33 der definitiven OAGO.

300 § 13 der provisorischen OAGO.

301 Direktorial Archiv I.A.1., No. 1, Protokoll XII vom 4. November 1817.

302 Die Visitationen erfolgten in den Jahren 1824, Direktorial Archiv V.A.; Gesamtinventar, A 85; ASA Interna, 10-14; Ratsarchiv Qq.10.G.16.; 1830, Direktorial Archiv V.B.; Gesamtinventar, A 86; ASA Interna, 15-17; 64, Monatliche Bekanntma-

Die Möglichkeit der Visitation wurde erstmals 1824 wahrgenommen und das dort angewendete Verfahren bei allen darauf folgenden Prüfungen beibehalten.[303] Bei der ersten Visitation wurden die Bereiche festgelegt, auf die sich die Überprüfung beziehen sollte. Es wurden der Geschäftsgang, insbesondere die Sitzungsprotokolle, die Relationen und Korrelationen der Gerichtsmitglieder, die Urteile mit ihren Entscheidungsgründen und die noch unerledigten Sachen überprüft.[304] Die Untersuchung bezog sich sowohl auf die Bibliothek, als auch auf das Kanzlei-, Registratur-, Archiv-, Stempel- und Rechnungswesen. Dabei war der Präsident des Oberappellationsgerichts stets anwesend und durfte bei Bedarf Erklärungen zu einzelnen Punkten abgeben.[305]

Am Ende jeder Visitation erstattete die Kommission allen vier Senaten einen schriftlichen Bericht. Daraufhin erging ein Direktorialreskript mit einer Auflistung der Beanstandungen an das Gericht. Bemerkenswert ist, dass die Senate meistens eine offizielle Stellungnahme abgaben, in der sie gegenüber dem Gericht nur Lob und Anerkennung aussprachen. Dem Präsidenten persönlich wurde jedoch ein vertrauliches Schreiben übermittelt, in dem auf die eigentlichen Mängel vorsichtig hingewiesen wurde.[306] Dies zeigt, dass der Ruf des Gerichts mit allen Mitteln geschützt wurde.

Im Ergebnis zeigten alle Visitationsberichte keine nennenswerten Beanstandungen an der materiellen Arbeit des Gerichts. Es wurde vielmehr die Gründlich-

---

chungen 1830, No. 5; Ratsarchiv Qq.10.G.17.a.; Senatsakten Cl.VII. Lit.Ma No.10 Vol.2a Fasc.1 Vol.2 Invol.38; 1836, Direktorial Archiv V.C.; Gesamtinventar, A 87; ASA Interna, 18, 19; 66, Monatliche Bekanntmachungen 1836, No. 8; Ratsarchiv Qq.10.G.17.b.; Senatsakten Cl.VII. Lit.Ma No.10 Vol.2a Fasc.1 Vol.2 Invol.47. 1841, Direktorial Archiv V.D.; Gesamtinventar, A 88; ASA Interna, 20; Ratsarchiv Qq.10.G.17.c.; Senatsakten Cl.VII. Lit.Ma No.10 Vol.2a Fasc.1 Vol.2 Invol.52. 1847, Direktorial Archiv V.E.; Gesamtinventar, A 89; ASA Interna, 21-23; Ratsarchiv Qq.10.G.17.d.; Senatsakten Cl.VII. Lit.Ma No.10 Vol.2a Fasc.1 Vol.2 Invol.67. 1854, Direktorial Archiv V.F.; Gesamtinventar, A 91; ASA Interna, 24, 25; Ratsarchiv Qq.10.G.17.e.; Senatsakten Cl.VII. Lit.Ma No.10 Vol.2a Fasc.1 Vol.2 Invol.87. und 1860, Direktorial Archiv V.G.; Gesamtinventar, A 93; ASA Interna, 26-28; Ratsarchiv Qq.10.G.17.f.; Senatsakten Cl.VII. Lit.Ma No.10 Vol.2a Fasc.1 Vol.2 Invol.120. Direktorial Archiv V.H., Korrespondenz der Senate über die Aussetzung der abzuhaltenden Visitation; ebenso ASA Interna, 28/4; Senatsakten Cl.VII. Lit.Ma No.10 Vol.2a Fasc.1 Vol.2 Invol.126;Gesamtinventar, A 93 No. 24, Direktorialreskript des Direktorialsenats zu Bremen vom 3. März 1873.

303 *Blume*, Gerichtsordnung, S. 21, Anmerkung f; ASA Interna, 63, Monatliche Bekanntmachungen 1824, Nr. 6.

304 Direktorial Archiv I.B.4., No. 1, Protokoll I vom 1. Juni 1824.

305 Direktorial Archiv I.B.4., No. 1, Protokoll II vom 3. Juni 1824.

306 Zum Beispiel nach der ersten Visitation im Jahre 1824: Direktorial Archiv V.A.3., No. 5, Direktorial Reskript an das Oberappellationsgericht vom 9.Februar.1825.

keit und Sorgfalt des Gerichts bei der Erledigung seiner Aufgaben positiv hervorgehoben und mit Bewunderung zur Kenntnis genommen.[307]

3. Die Zuständigkeitsbereiche des Gerichts

Man könnte vermuten, dass das Oberappellationsgericht für bestimmte Rechtssachen aller Städte einheitlich zuständig war. Wie oben schon dargestellt[308] war jedoch keine Stadt dazu bereit, ihre eigene Gerichtsverfassung zugunsten einer übereinstimmenden Zuständigkeitsordnung abzuändern. Daher blieb die Justizhoheit der einzelnen Städte bestehen. Das Gericht wurde somit nur in dem Rahmen tätig, den die Senate für angemessen hielten. Dabei hatte sich das Oberappellationsgericht immer wieder mit dem Problem auseinander zu setzen, dass den einzelnen Gerichtsordnungen je nach Interessenlage der Städte noch eine ganze Reihe von Ausnahmeregelungen angefügt waren. Viele der Zuständigkeitsnormen konnten unterschiedlich ausgelegt werden. In einigen Städten waren die Erinnerungen an ihre alten Appellationsprivilegien wieder wach geworden.[309] Dies zeigten einige Regelungen in den Gerichtsverfassungen.

Der Gerichtshof hatte nach § 29 provisorische Gerichtsordnung bei seinen Entscheidungen die in den freien Städten geltenden Partikulargesetze und rechtlichen Gewohnheiten anzuwenden. War ein Rückgriff auf diese nicht möglich, war das in den Städten rezipierte gemeine Recht mit den in der jeweiligen Stadt vor Auflösung der ehemaligen Reichsverfassung aufgenommenen Rechtssätzen zu berücksichtigen.

a) Die örtliche Zuständigkeit des Oberappellationsgerichts

Sowohl in der provisorischen, als auch in der definitiven Gerichtsordnung des Oberappellationsgerichts fanden sich keine Regelungen über die örtliche Zuständigkeit des Gerichts. Dies war aber nicht weiter problematisch, da sich aus dem Sinn und Zweck der Errichtung des Gerichts eine Zuständigkeit für die Staatsge-

---

307 Direktorial Archiv V.B.2., No. 2; ASA Interna, 16/5, Abschlussbericht vom 12. Juni 1830; Direktorial Archiv V.C.2., No. 2, Abschlussbericht vom 24. Oktober 1836; Direktorial Archiv V.D.2., No. 2; ASA Interna, 20/3, Abschlussbericht vom 2. Oktober 1841; Direktorial Archiv V.E.2., No. 2, Abschlussbericht vom 8. Oktober 1847; Direktorial Archiv V.F.2., No. 2, Abschlussbericht vom 29. September 1854; Direktorial Archiv V.G.2., No. 2, ASA Interna, 27/2,3, Abschlussbericht vom 7. Juni 1860.

308 Siehe oben unter C.I.

309 *Hiemsch*, S. 84.

biete der vier freien Städte Lübeck, Hamburg, Bremen und Frankfurt sowie für das Amt Bergedorf ergab. Das Amt Bergedorf[310] war seit 1420 den Städten Lübeck und Hamburg gemeinsam zugeordnet und wurde von ihnen verwaltet. Aus diesem Grund mussten alle Bergedorf betreffenden Verordnungen und Gesetze von Hamburg und Lübeck gemeinsam erlassen werden. Dies führte wiederum zu einer Reihe von Sondernormen für die sachliche und örtliche Zuständigkeit des Oberappellationsgerichts für dieses Amt. Der Anteil Lübecks ging 1868 schließlich auf Hamburg über.[311]

Durch ihren Anschluss an Preußen 1866 schied die Stadt Frankfurt aus der Gemeinschaft der vier freien Städte aus. Seitdem entfiel die örtliche Zuständigkeit des Gerichts für Frankfurt.[312] Durch die Tätigkeit des Oberappellationsgerichts als Austrägalinstanz und die Zuständigkeit bei bestimmten Sachen des Norddeutschen Bundes und später des Deutschen Reiches ergab sich eine Ausdehnung des örtlichen Tätigkeitsbereiches.[313] Diese hatte aber im Ergebnis keine praktische Bedeutung.[314]

b) Die sachliche Zuständigkeit des Oberappellationsgerichts

Die Kompetenzen des Gerichts in Zivilsachen erstreckten sich auf alle privatrechtlichen Streitigkeiten sowie Kriminal-, Austrägal- und Kompromisssachen, die nach den Gerichtsordnungen der einzelnen Städte zur Appellation zugelassen waren.[315] Dabei waren die Kompromisssachen nicht ausdrücklich erwähnt. Eine Zuständigkeit für diese ergab sich aber nach allgemeiner Ansicht aus einer analogen Anwendung der Bestimmungen für das Austrägalverfahren.[316]

Für alle Städte fielen gleichermaßen unabhängig von einer bestimmten Appellationssumme die Nichtigkeitsbeschwerde[317] gegen Erkenntnisse der Obergerichte und einfache Beschwerden[318] gegen Richter wegen verzögerter oder ver-

---

310 Das Amt Bergedorf bestand aus Bergedorf, den Vierlanden und Geesthacht.

311 „Bekanntmachung, betreffend den zwischen den Senaten der freien und Hansestädten Lübeck und Hamburg wegen des Amtes und Städtchens Bergedorf abgeschlossenen Vertrag vom 16. Oktober 1867", Sammlung der Lübeckischen Verordnungen und Bekanntmachungen, 34. Band, Nr. 46, S. 352 ff.

312 Zum Ausscheiden Frankfurts siehe unten, D.II.

313 Näher dazu unten, D.III.

314 *Kern*, Geschichte, S. 87.

315 *Blume*, Gerichtsordnung S. 22, Anmerkung a; §§ 14 ff. der provisorischen OAGO; §§ 43 ff. der definitiven OAGO.

316 *Blume*, Gerichtsordnung, § 48, Anmerkung b; zum Austrägalverfahren siehe unten C.III.1.

317 § 16 der provisorischen OAGO.

318 Simplices querelae, § 17 der provisorischen OAGO.

weigerter Justiz in den Zuständigkeitsbereich des Gerichts.[319] Dies war von den ehemaligen Reichsgerichten übernommen worden. Die Beschränkungen, die von den einzelnen Städten für die Appellation eingeführt worden waren, fanden hier keine Anwendung.

Eine Nichtigkeitsbeschwerde war bei schweren Verfahrensfehlern zulässig. Solche lagen bei einem wesentlichen Mangel einer Gerichtsperson oder einer Person einer streitenden Partei, bei Verletzung einer geltenden Vorschrift oder bei der Versäumung einer wesentlichen prozessualen Vorschrift vor.[320] Es handelte sich insbesondere um Fälle der Unzuständigkeit des Gerichts, der Verletzung eines Anspruchs auf rechtliches Gehör, der Verweigerung des Rechtes auf Aktenversendung oder um Fälle, in denen einer Partei die Möglichkeit entzogen wurde, bei der Eidesleistung des Gegners anwesend zu sein.[321] Die Nichtigkeitsbeschwerde war gegenüber der Appellation nicht subsidiär, obwohl die angefochtene Entscheidung nicht materiell überprüft wurde.[322] Die Parteien in der Stadt Frankfurt konnten sich in Fällen der Beschwerde wegen verweigerter oder verzögerter Justiz wahlweise auch unmittelbar an ihren Senat wenden.[323] Das Oberappellationsgericht der vier freien Städte bearbeitete bis zu seiner Auflösung insgesamt 28 Nichtigkeitsbeschwerden.[324]

In Strafsachen konnte gegen alle Entscheidungen der Obergerichte in erster Instanz das Rechtsmittel der „weiteren Verteidigung" eingelegt werden. In dem Berufungsverfahren wurde der Tatbestand rechtlich nicht nochmal überprüft, da das Oberappellationsgericht keine Tatsachen-, sondern nur Rechtsinstanz war.[325] Eine Appellation war nur im jeweiligen Rahmen der Gerichtsverfassungen der einzelnen Städte möglich.[326] Aus der Weigerung der Städte, besondere Bestimmungen ihrer Gerichtsverfassungen nicht zugunsten einer einheitlichen Zuständigkeitsregelung für das Oberappellationsgericht abändern zu wollen, ergaben sich oft Zuständigkeitsprobleme. Diese mussten dann im Wege der Auslegung und in Form von Sonderregelungen gelöst werden.[327]

---

319 *Funk*, S. 76; *Krause*, S. 386; *Hohnsbein*, S. 159.

320 § 41 der definitiven OAGO.

321 *Bruhn*, Bd.1, S. 215 (229) Jürgensen contra Körner, OAG Urteil vom 9. Dezember 1825.

322 *Blume*, Gerichtsordnung, Anmerkung d zu § 41 der definitiven OAGO.

323 § 45 der definitiven OAGO.

324 Direktorial Archiv VII, Nichtigkeitsbeschwerden.

325 § 56 der provisorischen OAGO: es findet kein Verfahren statt; *Krause*, S. 389.

326 Die Beratungen zu diesem Punkt finden sich in Direktorial Archiv I.A.1., No.1 Protokoll Nr. IV vom 24. Oktober 1817.

327 Hinweise auf die Regelungen der einzelnen Städte finden sich in den §§ 14 ff., 38 ff., 50 ff. der provisorischen OAGO, sowie in den §§ 34 ff., 40, 114 der definitiven OAGO.

Nachdem man sich für diese Lösung einmal entschieden hatte, war eine einheitliche Zuständigkeitsregelung für das Oberappellationsgericht nicht mehr zu erwarten. Die Kompetenz des Gerichts, Mängel in den Gerichtsverfassungen der einzelnen Städte anzuzeigen und Verbesserungen vorzuschlagen, führte ebenfalls nicht zu einer Entwirrung der unterschiedlichen Zuständigkeiten.[328] Es blieb schließlich bei dem Grundsatz, dass das Oberappellationsgericht „als letzte Instanz für alle bürgerlichen Rechtsstreitigkeiten und Kriminalsachen, insofern solche nach der besonderen Verfassung jeder dieser Städte von deren Obergerichten dorthin gelangen“ können, zuständig sein sollte.[329] Damit wurde der Gedanke einer einheitlichen Gerichtsordnung für alle Städte zugunsten ihrer Eigenständigkeit fallen gelassen. Die verschiedenen Regelungen hatten zur Folge, dass das Gericht bei jedem einzelnen Fall erneut bestimmen musste, ob seine sachliche Zuständigkeit gegeben war.

Das Rechtsmittel der Aktenversendung war im Gegensatz zu den Zivilsachen bei den Strafsachen nicht gegeben.[330] Gegen Verfügungen, die nur „auf Instruierung und Leitung des Criminal-Processes“ gerichtet waren, schloss die Gerichtsordnung eine Berufung aus.[331] Alle Streitigkeiten in Gesetzgebungs-, Polizei-, Regierungs-, Kameral- und Administrationssachen sowie alle öffentlichen Sachen fielen ebenfalls nicht in den Zuständigkeitsbereich des Oberappellationsgerichts. Sie blieben den Senaten vorbehalten, denn diese fürchteten anderenfalls den Verlust ihrer Kompetenzen.[332] Die Senate versuchten dadurch auch, eine Einmischung des Gerichts in die inneren Angelegenheiten der Städte zu verhindern. Grundsätzlich war es nicht erlaubt, Rückschlüsse von den Zuständigkeitsbereichen der ehemaligen Reichsgerichte auf die Kompetenzen des Oberappellationsgerichts zu ziehen.[333]

Im Laufe seiner Tätigkeit erwarb das Oberappellationsgericht die Kompetenz zur Entscheidung in Meinungsverschiedenheiten zwischen Senat und Bürgerschaft über die Auslegung der Verfassung und von Gesetzen.[334]

---

328 Die Beratungen zu diesem Punkt finden sich in Direktorial Archiv I.A.1., No. 1, Protokoll III vom 23. Oktober 1817.

329 Festlegung dieses Grundsatzes in Direktorial Archiv I.A.1., No. 1, Protokoll VII vom 28. Oktober 1817.

330 § 44 der provisorischen OAGO.

331 *Blume*, Gerichtsordnung, § 25 Ziffer 3 der Nachtragsverordnung vom 5. Juli 1820, S. 133; *Hohnsbein*, S. 159.

332 *Wogatzky*, S. 32; *Kusserow*, S. 71.

333 *Blume*, Gerichtsordnung, S. 22, Anmerkung a.

334 Hierauf wird im Einzelnen noch später eingegangen, siehe unten, C.II.4.d).

aa) Die Zuständigkeit des Oberappellationsgerichts in Zivilsachen

Eine Oberappellation an das gemeinsame oberste Gericht war aufgrund der unterschiedlichen Gerichtsordnungen der Städte an verschiedene Voraussetzungen geknüpft. Das Gericht entschied in erster Linie die Appellation gegen Erkenntnisse der städtischen Obergerichte.[335] Problematisch war, dass die Appellation der Städte Bremen, Hamburg und Lübeck zwar an Streitwerte gebunden war, allerdings in den Städten selbst verschiedene Währungen gängig waren. Ein in Bremen geltender Reichstaler entsprach drei Hamburgischen oder drei Lübischen Mark. Hamburg selbst hatte zwei Valutaarten, die Banco- und die Courant-Valuta. Eine Mark Banco entsprach 1 1/4 Mark Courant. Dabei war ein Taler Banco mit drei Hamburger oder drei Lübischen Mark gleichzustellen.

Die meisten Zivilsachen, die das Oberappellationsgericht zu bearbeiten hatte, kamen aus dem Bereich des Handels-, See- oder Wechselrechts. Hier lag der Schwerpunkt der Rechtsprechung mit richtungsweisenden Entscheidungen. Das Gericht setzte bundesweit neue Maßstäbe, denn diese Rechtsgebiete waren durch das preußische Obergericht und das Oberappellationsgericht Celle bisher nicht ausreichend behandelt worden.[336] Rechtsgelehrte wie Heinrich Thöl und Levin Goldschmidt entnahmen den Entscheidungen wichtige Anregungen und nutzten sie als Basis für ihre Lehrbücher.[337] Thöl betonte beispielsweise, sein Lehrbuch des Handelsrechts gebe größtenteils die Rechtsgrundsätze wieder, die in den Entscheidungen des Oberappellationsgerichts der vier freien Städte entwickelt worden waren. In seinem Vorwort zu der 1857 veröffentlichten Entscheidungssammlung des Oberappellationsgerichts teilte Thöl mit, er habe die Entscheidungen schon vor 21 Jahren gesammelt und bearbeitet.[338] Ihm sei aber erst viel später die Bedeutung der Sammlung bewusst geworden und daraufhin der Entschluss zur Veröffentlichung gekommen.[339]

Das Gericht nahm mit seiner Rechtsprechung erheblichen Einfluss auf die Vorbereitungen für ein gemeinsames Handelsgesetzbuch für den Deutschen Bund und war auf diesem Wege durchaus rechtsbildend.[340] Es war daher eine große

---

335 § 14 der provisorischen OAGO; § 34 der definitiven OAGO; Festlegung dieses Punktes in Direktorial Archiv I.A.1., No. 1, Protokoll II vom 21. Oktober 1817.

336 *Döhring*, S. 31; *Görtz*, S. 591.

337 *Döhring*, S. 31; *Görtz*, S. 591; *Thöl*, Handelsrecht, 1. Band, Vorwort; *Goldschmidt*, Handbuch des Handelsrechts, 1. Band; *Krause*, S. 394; *Fehling*, S. 122.

338 *Thöl*, Ausgewählte Entscheidungsgründe, Vorwort.

339 *Thöl*, Ausgewählte Entscheidungsgründe, Vorwort.

340 *Görtz*, S. 591; *Lorenzen-Schmidt*, Erster Band, S. 12; *Krause*, S. 294; *Stintzing-Landsberg*, Abt. 3, Halbband 2, S. 90.

Enttäuschung für das Gericht, nicht wie im Norddeutschen Bund diskutiert, zum obersten Handelsgericht des Deutschen Bundes bestimmt zu werden.[341]

(1) Lübeck

In Lübeck wurde eine Verordnung erlassen, nach der das Oberappellationsgericht in Zivilsachen als dritte Instanz in Entscheidungen gegen Erkenntnisse der Obergerichte zuständig war.

Zulässigkeitsvoraussetzung war eine Appellationssumme von mindestens 1000 Lübischen Mark, 50 Lübischen Mark jährliche Einkünfte bei wiederkehrenden Leistungen oder das Vorliegen von Gegenständen, die keiner bestimmten Schätzung unterlagen.[342] Eine Zuständigkeit des Oberappellationsgerichts in Angelegenheiten der Verwaltung, der freiwilligen Gerichtsbarkeit und der Wette- und Polizeisachen wurde ausgeschlossen.[343]

Diese Grundsätze waren auch für das Amt Bergedorf von Bedeutung, da die hier geltenden gesetzlichen Regelungen im Wesentlichen mit denen der Stadt Lübeck übereinstimmten.[344] Das Oberappellationsgericht verankerte durch seine Rechtsprechung auch für Bergedorf die Geltung des Hamburger Grundsatzes, dass ein weiteres Rechtsmittel bei konformen Urteilen zweier Instanzen nicht gegeben war.

(2) Bremen

In der Bremer Gerichtsordnung von 1820 war festgelegt, dass eine Appellation an das gemeinsame oberste Gericht in Zivilsachen gegen Erkenntnisse des Obergerichts in erster und zweiter Instanz nur bei einer Appellationssumme von über 300 Reichstalern zulässig war.[345] Wie in Lübeck galt dies für alle Streitigkeiten,

---

341 Das Bundesoberhandelsgericht wurde 1869 als gemeinsamer oberster Gerichtshof des Norddeutschen Bundes mit Sitz in Leipzig eingerichtet. Dabei waren die handelsrechtlichen Prozesse, die bei dem Oberappellationsgericht anhängig gemacht wurden an das Bundesoberhandelsgericht zur Entscheidung abzugeben. Das Bundesoberhandelsgericht war der Vorgänger des 1879 gegründeten Reichsgerichts.

342 § 14 der Nachtragsverordnung, „Bekanntmachung, betreffend den Nachtrag zu der Verordnung über das Gerichtswesen vom 4. Mai 1814 in besonderer Beziehung auf die provisorische Ordnung des gemeinschaftlichen Oberappellationsgericht der vier Freien Städte Deutschlands vom 5. Juli 1820", Sammlung der Lübeckischen Verordnungen und Bekanntmachungen, 3. Band, Nr. 38, S. 185 ff.

343 *Krause*, S. 386.

344 Verordnung für Bergedorf von 1820.

345 § 607 Bremer Gerichtsordnung von 1820; *Hauff*, S. 232.

deren Gegenstände einer Schätzung in Geldwert nicht unterworfen waren.[346] Falls der Wert des Streitgegenstandes nicht genau bestimmt werden konnte, hatte das Gericht in mehreren Fällen entschieden, eine Appellation in einem solchen Falle jedenfalls nicht zu versagen.[347]

Im Gegensatz zu den anderen Städten, in denen die Obergerichte in Zivilsachen immer nur in zweiter Instanz entschieden, galt in Bremen eine Besonderheit. Das Bremer Obergericht war auch für Zivilsachen eines bestimmten Streitwertes in erster Instanz zuständig.[348] Aus diesem Grund wurde auf Anraten des Senators Hach 1820 mit der neuen Bremer Gerichtsordnung eine Revisionsinstanz, bestehend aus Richtern des Bremer Obergerichts, gebildet. Diese entschied über Rechtsmittel gegen erstinstanzliche Erkenntnisse des Obergerichts.[349] Damit konnte das Oberappellationsgericht auch für Bremen als dritte Instanz tätig werden. Eine Appellation gegen Urteile der Revisionsinstanz wurde möglich.

In Bremen wurde 1845 ein eigenes Handelsgericht eingerichtet.[350] Dadurch wurde die Appellation an das Oberappellationsgericht beschränkt. Diese war vom Handelsgericht aus nur noch möglich, wenn das Obergericht ein Urteil des Handelsgerichts abänderte oder aufhob. Außerdem musste die Beschwerdesumme 1000 Reichstaler übersteigen. Unterhalb dieser Summe war nur eine Revision bei der Zwischenrevisionsinstanz des Obergerichts möglich.[351]

(3) Hamburg

In Hamburger Zivilsachen war eine Appellation nur bei einem Streitwert über 500 Mark Banco oder 625 Mark Courant oder bei wiederkehrenden Leistungen, die einen jährlichen Betrag von mindestens 25 Mark Banko erreichten, zulässig.[352] Grundsätzlich war die Möglichkeit der Appellation nur gegeben, wenn die Entscheidung des Obergerichts von der Entscheidung des Untergerichts abwich. Es mussten also sowohl die erste, als auch die zweite Instanz in der Sache bereits

---

346 § 14 der Nachtragsverordnung, „Bekanntmachung, betreffend den Nachtrag zu der Verordnung über das Gerichtswesen vom 4. Mai 1814 in besonderer Beziehung auf die provisorische Ordnung des gemeinschaftlichen Oberappellationsgericht der vier Freien Städte Deutschlands vom 5. Juli 1820“, Sammlung der Lübeckischen Verordnungen und Bekanntmachungen, 3. Band, Nr. 38, S. 185 ff.

347 *Blume*, Gerichtsordnung, S. 147, Anmerkung d.

348 Siehe oben, B.II.3.a).

349 Siehe oben, B.II.3.a).

350 *Hiemsch*, S. 101.

351 *Greb*, S. 94.

352 § 5 der Hamburger Appellabilitätsverordnung vom 7. Juli 1820, *Anderson*, Band 6, Nr. 102, S. 291; *Westphalen*, S. 305 ff.

entschieden haben.[353] Damit war für Hamburg ein weiteres Rechtsmittel bei konformen Urteilen zweier Instanzen nicht gegeben.[354]

Außerdem wurde in Hamburg eine Differenzierung zwischen Appellations- und Supplikationssachen vorgenommen. Supplikationssachen waren durch Rechtsmittel an das Hamburger Obergericht gebrachte Erkenntnisse der Prätoren, Patrone und Landesherren. Hier musste die Beschwerdesumme einen Betrag von 60 Mark Courant erreichen, damit die Appellation an das Oberappellationsgericht zulässig war. Die alten kaiserlichen Appellationsprivilegien fanden wie auch in Bremen keine weitere Berücksichtigung mehr.[355]

(4) Frankfurt

Das Oberappellationsgericht war grundsätzlich für die Entscheidung über die Appellation gegen zweitinstanzliche Erkenntnisse des Frankfurter Appellationsgerichts zuständig.[356] Für Frankfurter Rechtssachen galt dennoch eine besondere Vorgehensweise.[357] Die Parteien hatten alternativ zu der Appellation die Möglichkeit der Revision mittels der Aktenversendung an die Juristenfakultäten.[358] Dadurch war der Wirkungskreis des Gerichts beschränkt worden. Die Parteien konnten selbst entscheiden, im Rahmen einer Revision ihre Akten an eine Juristenfakultät zu versenden oder an das Oberappellationsgericht zu appellieren.[359]

Es konnte vorkommen, dass sich im Falle eines appellationsgerichtlichen Erkenntnisses beide Parteien beschwert fühlten und die eine Partei sich daraufhin an das Oberappellationsgericht wendete, während die andere Revision durch Aktenversendung einlegte. Betrug der Streitwert 1.500 Gulden oder mehr, wurde der Appellation der Vorzug gewährt. Die Revision der anderen Partei wurde als Appellation angesehen. Erreichte man diesen Streitwert nicht, wurde die Revi-

353 § 4 der Hamburger Appellabilitätsverordnung vom 7. Juli 1820; *Anderson*, Band 6, Nr. 102, S. 291; *Hauff*, S. 237.

354 § 4 der Hamburger Appellabilitätsverordnung vom 7. Juli 1820; *Anderson*, Band 6, Nr. 102, S. 291.

355 Das Oberappellationsgericht hat in einer Lübecker Rechtssache allerdings die Appellationsprivilegien von Maximilian I., Karl V. und Rudolf II. analog angewendet; vgl. Erkenntnis des Oberappellationsgerichts vom 28. März 1826 in Sachen Knauer & Prieß gegen Drümmer; *Bruhn*, Bd.1, S. 185 (186) Knauer&Prieß contra Drümmer.

356 Art. 2 f. der Frankfurter Appellabilitätsverordnung vom 8. Februar 1820; *Bender*, S. 242.

357 Siehe oben, B.II.3.b).

358 *Hauff*, S. 235; *Bender*, S. 243.

359 Art. 3 der Einsetzungs- und Appellationsverordnung von 1820.

sion vorgezogen und die Appellation der anderen Partei als Revision gewertet.[360] War der Streitwert nicht eindeutig bestimmbar, wurde dem Oberappellationsgericht der Vorzug gegeben und die Revision als Appellation ausgelegt. Darüberhinaus war die Appellation in Frankfurt nicht an eine Appellationssumme gebunden.[361]

bb) Die Zuständigkeit des Oberappellationsgerichts in Strafsachen bis 1865

Eine Zuständigkeit des Oberappellationsgerichts in Strafsachen war ursprünglich nicht vorgesehen.[362] Nachdem man sich doch dazu entschlossen hatte, wurde zumindest eine „reformatio in peius" durch das Oberappellationsgericht verboten.[363] Eine Verschärfung der obergerichtlichen Entscheidungen war damit unzulässig. Man gab den Städten zusätzlich das Recht, die Wirksamkeit strafrechtlicher Aussprüche des obersten Gerichts von einer Bestätigung des Senats abhängig zu machen.[364] Ein Endurteil des Oberappellationsgerichts konnte auf Bestätigung des obergerichtlichen Erkenntnisses, auf Milderung der vom Obergericht verhängten Strafe oder auf Freispruch lauten. Schließlich behielten sich die Senate der Städte das Gnadenrecht vor. Dessen Ausübung konnte von dem Gericht besonders empfohlen werden.[365]

Es blieb wie auch bei den Zivilsachen den Bestimmungen der einzelnen Städte überlassen, ob und in welchen Fällen eine Berufung notwendig und zulässig war. Dies galt auch für die Frage, ob und in welchen Fällen ein Erkenntnis des Oberappellationsgerichts zur Bestätigung oder Milderung dem Senat der Stadt vorgelegt werden musste.[366] Aus diesem Grund waren wie bei den Zivilsachen die Gerichtsordnungen der Städte nicht einheitlich. Jede Stadt hatte in Bezug auf die Zuständigkeit des Oberappellationsgerichts in Strafsachen ihre eigenen Besonderheiten. Das Gericht musste eine unübersichtliche Masse von Bestimmungen über verschiedene Zuständigkeiten oder Fristen und von abweichen-

---

360 Art. 4 der Einsetzungs- und Appellationsverordnung von 1820, Bekanntmachung vom 23. August 1831 für den Fall, dass eine Partei Revision und Appellation eingelegt hatte; *Bender*, S. 243.

361 *Blume*, Gerichtsordnung, Anmerkung h zu Art. 4 der Frankfurter Appellabilitätsverordnung, S. 139.

362 Direktorial Archiv I.A.1., No. 1, Protokoll IV vom 14. Oktober 1817.

363 *Blume*, Gerichtsordnung, Anmerkung h, S. 98; ein genauer Zeitpunkt ergibt sich aus den Quellen nicht.

364 *Hohnsbein*, S. 155.

365 Festlegung dieses Punktes in Direktorial Archiv I.A.1., No. 1, Protokoll IV vom 24. Oktober 1817; § 15 III der provisorischen OAGO; § 39 der definitiven OAGO.

366 Festlegung dieses Punktes in Direktorial Archiv I.A.1., No. 1, Protokoll IV vom 24. Oktober 1817; § 15 II der provisorischen OAGO; § 39 der definitiven OAGO.

den Verfahrensbestimmungen bewältigen, da in erster Linie das jeweilige Partikularrecht anzuwenden war.[367] Die Unübersichtlichkeit der Zuständigkeitsvorschriften ließ das Gericht immer wieder nach einer Gelegenheit suchen, auf die Gesetzgebung der Städte mit dem Ziel einer möglichst einheitlichen Regelung Einfluss zu nehmen.[368]

Wie in den Zivilsachen war eine erstinstanzliche Zuständigkeit des Oberappellationsgerichts nicht gegeben. Eine Ausnahme bildeten die Hoch- und Landesverratssachen des Norddeutschen Bundes und später des Deutschen Reiches.[369] Im Allgemeinen hatte das Gericht alle erstinstanzlichen Erkenntnisse der Obergerichte, gegen die das Rechtsmittel der „weiteren Verteidigung" eingelegt wurde, zu entscheiden.[370] Es war somit die zweite und letzte Instanz für Strafsachen. Eine Berufung gegen Verfügungen, die „nur auf Instruierung und Leitung des Criminal-Processes" gerichtet waren, schloss die Gerichtsordnung grundsätzlich aus.[371]

Die Beschränkung der Zuständigkeit des Oberappellationsgerichts auf die Entscheidung über das Rechtsmittel der „weiteren Verteidigung" wurde später aufgehoben und die Kompetenzen des Gerichts in Strafsachen erweitert. So wurde 1833 gegen den Widerstand der Senate neben dem Rechtsmittel der „weiteren Verteidigung" die Nichtigkeitsbeschwerde bei dem Oberappellationsgericht gegen Verfügungen und Erkenntnisse der Obergerichte zugelassen.[372] Diese konnte wie auch in Zivilsachen nicht mit materiellen Fehlern des angefochtenen Erkenntnisses begründet werden. Schließlich wurde die Nichtigkeitsbeschwerde gegen ein Erkenntnis in einer Strafsache des hamburgischen Obergerichts zumindest formell zugelassen. Damit war letztlich genau das eingetreten, was die Se-

---

367 §§ 15, 29 der provisorischen OAGO.

368 *Greb*, S. 103.

369 Siehe unten, D III.3.; Art. 75 der Verfassung des Deutschen Reiches.

370 § 15der provisorischen OAGO; § 37 der definitiven OAGO; Frankfurter Gesetz vom 13. Dezember 1820, II Ziffer 1 i.V.m. Art. 2 der Frankfurter Appellabilitätsverordnung von 1820; Bremer Gerichtsverordnung von 1820, § 606; § 22 der Nachtragsverordnung, „Bekanntmachung, betreffend den Nachtrag zu der Verordnung über das Gerichtswesen vom 4. Mai 1814 in besonderer Beziehung auf die provisorische Ordnung des gemeinschaftlichen Oberappellationsgericht der vier Freien Städte Deutschlands vom 5. Juli 1820", Sammlung der Lübeckischen Verordnungen und Bekanntmachungen, 3. Band, Nr. 38, S. 185 ff.

371 § 25 Ziffer 3 der Nachtragsverordnung, „Bekanntmachung, betreffend den Nachtrag zu der Verordnung über das Gerichtswesen vom 4. Mai 1814 in besonderer Beziehung auf die provisorische Ordnung des gemeinschaftlichen Oberappellationsgericht der vier Freien Städte Deutschlands vom 5. Juli 1820", Sammlung der Lübekkischen Verordnungen und Bekanntmachungen, 3. Band, Nr. 38, S. 185 ff.

372 *Wogatzky*, S. 32.

nate bei der Errichtung des gemeinsamen Gerichts gefürchtet hatten: man war eine dem Oberappellationsgericht nachgeordnete Instanz geworden.[373]

(1) Lübeck

Die Untergerichte in Lübeck durften nur eine Geldbuße bis zu 100 Talern, Gefängnis oder Zuchthaus bis zu sechs Monaten, Ausstellung an das Halseisen oder Züchtigung bis zu zwölf Schlägen verhängen.[374] Gleichzeitig wurde die erstinstanzliche Strafgewalt in schweren Kriminalsachen auf das Obergericht übertragen.[375] Dieses entschied als zweite und letzte Instanz über die Berufung gegen Erkenntnisse der Untergerichte und als erste Instanz in solchen Sachen, die aufgrund des Strafrahmens nicht mehr in den Zuständigkeitsbereich der Untergerichte fielen. Die Berufung in Strafsachen an das Oberappellationsgericht war nur gegen erstinstanzliche Urteile des Obergerichts zulässig. Diese Regelungen über die Appellation in Strafsachen galten für die Städte Frankfurt und Bremen entsprechend. Für die unteren Gerichte und für das Obergericht waren die Änderungen nicht von großer Bedeutung, da diese Gerichte immer noch mit den Mitgliedern des Rates der jeweiligen Stadt besetzt waren.

Wurde in Lübeck das Rechtsmittel der „notwendigen Verteidigung" eingelegt, gelangten die Akten von Amts wegen an das Oberappellationsgericht. Dieses entschied die Sache in zweiter und letzter Instanz. Eine „notwendige Verteidigung" war gegen Erkenntnisse des Obergerichts auf Tod, auf eine mindestens zehnjährige Freiheitsstrafe oder auf eine geringere Gefängnisstrafe mit harter Leibesstrafe möglich.[376] Allerdings wurde der hier verankerte Rechtsschutz dadurch wieder abgeschwächt, dass die Urteile des Oberappellationsge-

---

373 *Wogatzky*, S. 32; *Kusserow*, S. 77.

374 § 19 der Nachtragsverordnung, „Bekanntmachung, betreffend den Nachtrag zu der Verordnung über das Gerichtswesen vom 4. Mai 1814 in besonderer Beziehung auf die provisorische Ordnung des gemeinschaftlichen Oberappellationsgericht der vier Freien Städte Deutschlands vom 5. Juli 1820", Sammlung der Lübeckischen Verordnungen und Bekanntmachungen, 3. Band, Nr. 38, S. 185 ff.

375 § 21 der Nachtragsverordnung, „Bekanntmachung, betreffend den Nachtrag zu der Verordnung über das Gerichtswesen vom 4. Mai 1814 in besonderer Beziehung auf die provisorische Ordnung des gemeinschaftlichen Oberappellationsgericht der vier Freien Städte Deutschlands vom 5. Juli 1820", Sammlung der Lübeckischen Verordnungen und Bekanntmachungen, 3. Band, Nr. 38, S. 185 ff.

376 § 23 der Nachtragsverordnung, „Bekanntmachung, betreffend den Nachtrag zu der Verordnung über das Gerichtswesen vom 4. Mai 1814 in besonderer Beziehung auf die provisorische Ordnung des gemeinschaftlichen Oberappellationsgericht der vier Freien Städte Deutschlands vom 5. Juli 1820", Sammlung der Lübeckischen Verordnungen und Bekanntmachungen, 3. Band, Nr. 38, S. 185 ff.

richts erst durch eine Bestätigung des Rates wirksam wurden.[377] In Fällen, in denen bisher eine konkurrierende Zuständigkeit des Obergerichts und des Rates bestanden hatte, wurden die Zuständigkeiten des Rates aufgehoben.[378] In diesen Strafsachen konnte das Rechtsmittel der „weiteren Verteidigung“ eingelegt werden.[379] Dies galt wiederum nicht für Sachen, in denen das Obergericht bereits in zweiter Instanz entschieden hatte[380] und für Sachen, für die der Rat in zweiter Instanz zuständig war[381].

(2) Hamburg

Ursprünglich sollte das Oberappellationsgericht für Hamburger Strafsachen überhaupt nicht zuständig sein. In der Stadt war für diese Sachen bereits ein Rechtsweg über zwei Instanzen gegeben.[382] Nach der Hamburger Gerichtsverfassung entschied das Obergericht keine erstinstanzlichen Strafsachen, sondern urteilte nur die Kriminalfälle der unteren Gerichte ab.

Aus diesem Grund wurde hier das Rechtsmittel der „weiteren Verteidigung“ ausgeschlossen. Dies galt für alle „öffentlichen Sachen”, zu denen Beschwerdesachen, Ehescheidungs- und Amtssachen, aber eben auch Strafsachen gehörten.

---

377 *Hohnsbein*, S. 166.

378 Dies galt für so genannte schwere Straffälle, § 43 der „Verordnung, betreffend das Gerichtswesen (...), vom 4. Mai 1814“, Sammlung der Lübeckischen Verordnungen und Bekanntmachungen, 1. Band, Nr. 63, S. 85 ff.

379 § 22 der Nachtragsverordnung, „Bekanntmachung, betreffend den Nachtrag zu der Verordnung über das Gerichtswesen vom 4. Mai 1814 in besonderer Beziehung auf die provisorische Ordnung des gemeinschaftlichen Oberappellationsgericht der vier Freien Städte Deutschlands vom 5. Juli 1820“, Sammlung der Lübeckischen Verordnungen und Bekanntmachungen, 3. Band, Nr. 38, S. 185 ff.

380 Hierunter fielen solche Sachen, in denen das Niedergericht oder das Landgericht in erster Instanz zu Erkenntnissen von bis zu 100 Talern oder bis zu 2 Jahren Gefängnis gekommen waren; § 20 der Nachtragsverordnung, „Bekanntmachung, betreffend den Nachtrag zu der Verordnung über das Gerichtswesen vom 4. Mai 1814 in besonderer Beziehung auf die provisorische Ordnung des gemeinschaftlichen Oberappellationsgericht der vier Freien Städte Deutschlands vom 5. Juli 1820“, Sammlung der Lübeckischen Verordnungen und Bekanntmachungen, 3. Band, Nr. 38, S. 185 ff.

381 Wobei es sich im Regelfall um Militärsachen handelte; § 25 der Nachtragsverordnung, „Bekanntmachung, betreffend den Nachtrag zu der Verordnung über das Gerichtswesen vom 4. Mai 1814 in besonderer Beziehung auf die provisorische Ordnung des gemeinschaftlichen Oberappellationsgericht der vier Freien Städte Deutschlands vom 5. Juli 1820“, Sammlung der Lübeckischen Verordnungen und Bekanntmachungen, 3. Band, Nr. 38, S. 185 ff.

382 Direktorial Archiv, I.A.1., No. 2, vorläufige Bemerkungen zu dem Protokoll IV vom 24. Oktober 1817.

Infolge dessen gelangten die Hamburger Kriminalfälle mit Einlegung der „weiteren Verteidigung" nicht an das Oberappellationsgericht.[383] Dieses konnte nur bei unmittelbaren Verbrechen gegen den Hamburger Staat durch Berufung angerufen werden.[384]

Das Oberappellationsgericht umging die mangelnde Zuständigkeit. Es betrachtete Streitigkeiten, in denen gegen einen Sachführer im Zivilprozess eine Strafe verhängt worden war und die ebenfalls nach Strafprozessnormen verhandelt wurden, als Zivilsachen. Auf diesem Weg war eine Appellation an das oberste Gericht zulässig. Dabei spielte es keine Rolle, ob das Hamburger Niedergericht, das Obergericht oder der Hamburger Senat selbst als Obergericht die Sache in erster Instanz entschieden hatte.

(3) Bremen und Frankfurt

Grundsätzlich war auch für die Städte Bremen und Frankfurt eine Appellation nur gegen erstinstanzliche Urteile des Obergerichts möglich. Nach der Bremer Gerichtsordnung von 1820 war bei einem Erkenntnis des Obergerichts auf Todesstrafe das Rechtsmittel der „weiteren Verteidigung" vor dem Oberappellationsgericht sogar zwingend vorgeschrieben.[385] In bestimmten Fällen war eine Zuständigkeit des Gerichts auch bei Berufungen gegen erstinstanzliche Erkenntnisse des Bremer Kriminalgerichts gegeben.[386]

c) Aktenversendung

Eine Zuständigkeit des Oberappellationsgerichts hing auch vom Willen der Parteien ab. Jede Partei eines Rechtsstreits konnte nach Art. 12 der Bundesakte neben der Appellation an das Oberappellationsgericht die Aktenversendung an eine

383 § 15 Abs. IV der Nachtragsverordnung, „Bekanntmachung, betreffend den Nachtrag zu der Verordnung über das Gerichtswesen vom 4. Mai 1814 in besonderer Beziehung auf die provisorische Ordnung des gemeinschaftlichen Oberappellationsgericht der vier Freien Städte Deutschlands vom 5. Juli 1820", Sammlung der Lübekkischen Verordnungen und Bekanntmachungen, 3. Band, Nr. 38, S. 185 ff.

384 Lediglich Hochverratssachen, Untersuchungssache wider C. Schallmeyer und Genossen, jetzt J. Audorf sen., J. Bluhm und C. Bahrt, sowie J. Grübel, Dr. Banks, J.C. Kohler und F. L. Kronberf und J. Audorf jun., sämtlich zu Hamburg, Angeschuldigte wegen Teilnahme an einer Versammlung des demokratischen Vereins am 6. November 1865, jetzt Nichtigkeit und abgeschlagene Appellation betreffend, Oberappellationsgerichtsurteil vom 26. November 1866, *Kierulff*, Entscheidungen, Bd. II, S. 777 (780ff.).

385 § 589 Bremer Gerichtsordnung von 1820, Ratsarchiv Qq.10.C.4.a.

386 §§ 611 ff. Bremer Gerichtsordnung von 1820, Ratsarchiv Qq.10.C.4.a.

Juristenfakultät beantragen. Dies galt jedoch nicht für Strafsachen. Hier war diese Option im Gegensatz zu den Zivilsachen nicht gegeben.[387]

Durch die Zulässigkeit der Aktenversendung lief das Oberappellationsgericht als Berufungsinstanz allerdings Gefahr, auf die Funktion als Aktenversendungsinstanz reduziert zu werden. Dies war schon während der Gründungsverhandlungen diskutiert worden.[388] Aus diesem Grund wurde eine Aktenversendung an die Bedingung geknüpft, dass sie schon in der ersten Appellationsschrift ausdrücklich angekündigt werden musste.[389] Dabei wurde grundsätzlich geheim gehalten, an welches Spruchkollegium das Oberappellationsgericht die Akten weiterleitete. Als Aktenversendungsinstanzen wurden vorzugsweise die juristischen Fakultäten der Universitäten Berlin, Leipzig, Jena und Göttingen beansprucht. Ausnahmsweise fand eine Aktenversendung von Amts wegen statt, wenn Zivil- oder Kriminalsachen gegen Mitglieder des Gerichts vorlagen.[390] Mit diesen Regelungen hatte man die durch Art. 14 der Bundesakte hervorgerufenen Zweifel über eine grundsätzliche Zweckmäßigkeit der Aktenversendung schließlich beseitigen können.

Größere Bedeutung erlangte die Aktenversendung aber nur während der Zeit, in der das Oberappellationsgericht überlastet war und aus diesem Grund hilfsweise die Aktenversendung zugelassen wurde.[391]

4. Das Verfahren des Gerichts

Der Aufbau des Oberappellationsgerichts war in der Gerichtsordnung nicht ausdrücklich geregelt. Das Gericht tagte weder in Kammern noch in Senaten. Dies ergab sich daraus, dass die Sitzungsentscheidungen bei Anwesenheit aller Gerichtsmitglieder und des Sekretärs getroffen wurden. In der Besetzung mit fünf Mitgliedern, also vier Räten und dem Präsidenten oder seinem Stellvertreter, war man somit beschlussfähig.[392] In Ausnahmefällen war die Mitwirkung von nur drei Räten und des Präsidenten oder seines Stellvertreters ausreichend. Dann musste die betreffende Sache allerdings vor der endgültigen Entscheidung nochmals allen Mitgliedern vorgelegt werden. Außerdem hatte das Gericht dem Direktorialsenat von diesen Ausfällen unter Angabe seiner Gründe Anzeige zu er-

387 § 44 der provisorischen OAGO.
388 Siehe oben, B.II.3.a).
389 § 44 der provisorischen OAGO.
390 § 71 der provisorischen OAGO.
391 Siehe unten, C.III.4.c).
392 § 21 der provisorischen OAGO, §§ 51 ff. der definitiven OAGO.

statten.[393] Ein solcher Fall trat erstmals am 20. November 1832 ein und blieb eine Ausnahme.[394]

a) Das Verfahren im Allgemeinen

Das Verfahren vor dem Oberappellationsgericht war zunächst schriftlich und die Sitzungen waren nicht öffentlich. Die Räte und alle anderen Mitglieder des Gerichts versammelten sich viermal wöchentlich montags und dienstags sowie donnerstags und samstags vormittags von 10 bis 13 Uhr (seit 1846 mit Rücksicht auf die Gesundheit Heises von 12 bis 15 Uhr) in dem Gerichtsgebäude in der Königsstraße zu den ordentlichen Sitzungen. Die außerordentlichen Sitzungen wurden je nach Bedarf an den übrigen Wochentagen abgehalten.[395] Versammelt um einen großen Mahagonitisch fanden gekleidet in feierlichem Frack und in Gegenwart des rechtsgelehrten Sekretärs die Beratungen statt.[396] Abwesenheiten wurden protokollarisch festgehalten und Schriftsätze konnten nur durch einen aus dem Advokatenstand bestellten Prokurator eingereicht werden. Erst ab 1864 wurden die Strafsachen mündlich und in öffentlichen Sitzungen verhandelt. Dafür wurde im Rahmen der Umbauarbeiten des Gerichtshauses ein Sitzungssaal an den Seitenflügel des Gerichtshauses angebaut.[397]

Das Oberappellationsgericht stellte hinsichtlich der richterlichen Kompetenz eine reine Justizbehörde dar.[398] Der Präsident übernahm die Leitung des Gerichts und übte die Aufsicht über das gesamte Personal aus. Er schritt bei Missbräuchen und Unregelmäßigkeiten ein, wenn nicht der Sachlage nach ein gemeinsamer Beschluss aller Mitglieder erforderlich war.[399] Alle am Gericht eingehende Sachen wurden von dem Präsidenten nach eigenem Ermessen auf die Räte verteilt. Somit war ihm das Recht und die Pflicht gegeben, in eigener Verwaltung die Geschäftsverteilung vorzunehmen. Dieser Grundsatz der Selbstverwaltung war nach den damaligen Beratungen in den Oberappellationsgerichtsverordnungen verankert worden.[400] Der Stellvertreter des Präsidenten war der älteste Rat. Gemeint war

---

393 §§ 54-59 der definitiven OAGO.

394 *Blume*, Gerichtsordnung, S. 38, Anmerkung l.

395 *von Bippen*, Mitteilungen, S. 231.

396 *Wogatzky*, S. 33; der Verhandlungstisch steht noch heute im Archiv der Hansestadt Lübeck.

397 Direktorial Archiv I.D.No. 8 und 9, Anzeige und Bericht hinsichtlich des neuen Gerichtssaals vom 3. und 9. Oktober 1866; Gesamtinventar, A 78 No. 11, Schreiben betr. die Benutzung des Gerichtssaals vom 6. Oktober 1866.

398 *Blume*, Gerichtsordnung, S. 22, Anmerkung a.

399 *Greb*, S. 79.

400 Direktorial Archiv I.A.1., No.1, Protokoll XIII vom 17. November 1817; § 19 II der provisorischen OAGO, § 50 der definitiven OAGO.

hierbei nicht der an Lebensjahren, sondern der nach dem Dienstalter älteste Rat.[401]

Das in der Gerichtsordnung für das Oberappellationsgericht näher geregelte Verfahren bei der Appellation entsprach dem Ablauf, der auch schon vorher nach dem gemeinen Prozessrecht in Verbindung mit den besonderen Vorschriften der jeweiligen Städte ausgeübt worden war. Durch eine Appellation konnte Kritik an dem Verfahren der unteren Instanzen sowohl in rechtlicher, als auch in tatsächlicher Hinsicht geübt werden.[402] Der Rechtsstreit selbst wurde nicht wieder von neuem aufgerollt. Das Vorbringen neuer Tatumstände oder neuer Beweismittel war gesondert geregelt.[403] Diese durften von dem Oberappellationsgericht nur dann berücksichtigt werden, wenn sie erst nach dem Zeitpunkt, in dem sie eigentlich hätten aufgeführt werden müssen, neu entstanden oder aufgefunden worden waren.[404] Das neue Entstehen oder Auffinden von Beweisen musste auf Verlangen der Gegenpartei entweder bescheinigt oder, sofern es dem Gericht genügte, von einer der Parteien, ihrem Sprecher oder sogar beiden Parteien beeidigt werden.[405] Nachdem das Oberappellationsgericht über die Appellation entweder bestätigend oder abändernd entschieden hatte, wurde die Sache an das Gericht erster Instanz oder an das Obergericht verwiesen, sofern die Prozesslage dieses erforderte.[406] Eine Verweisung wurde vor allem in den Fällen vorgenommen, in denen neue Tatsachen so erheblich waren, dass das vorherige Urteil abgeändert werden musste.[407]

b) Verfahren in Zivil- und Strafsachen

Für das Verfahren in Strafsachen war das Oberappellationsgericht ursprünglich nur als Aktenversendungsinstanz vorgesehen.[408] Obwohl man sich doch für einen

---

401 Direktorial Archiv I.B.2., No. 1, Schreiben des Gerichts an den Direktorialsenat vom 12. Dezember 1820; Direktorial Archiv I.A.1., No. 1, Protokoll XIII vom 17. November 1817.

402 *Kusserow*, S. 74.

403 §§ 130 ff. der definitiven OAGO.

404 § 130 der definitiven OAGO; *Schwartz*, S. 570; hier findet sich eine Parallele zur Berufung im heutigen Zivilprozess, wo nach §§ 529 I Nr.2, 531 II Nr. 3 ZPO das neue Parteivorbringen in der Berufungsinstanz geregelt ist. Somit gilt es auch hier als Entschuldigung, wenn die neuen Tatsachen oder Beweise erst nach Schluss der erstinstanzlichen Verhandlung entstanden oder der Partei bekannt geworden sind (*BGH* NJW 71,1040).

405 § 131 der definitiven OAGO; *Schwartz*, S. 571.

406 § 150 der definitiven OAGO.

407 § 132 der definitiven OAGO.

408 Direktorial Archiv I.A.1.No.1, Protokoll vom 27. November 1816.

Rechtsmittelzug entschieden hatte, ist offensichtlich, dass dem Strafverfahren von den Schöpfern der provisorischen Gerichtsordnung nur wenig Beachtung geschenkt wurde. Dieses war nämlich in nur einem Paragraphen der Gerichtsordnung verankert.[409] Lediglich im Abschnitt über den „Geschäftsgang" fanden sich in den §§ 22 ff. der provisorischen OAGO noch einige allgemeine Bestimmungen. Gegen die erstinstanzlichen Entscheidungen der Obergerichte war nach § 15 der provisorischen OAGO am Oberappellationsgericht das Rechtsmittel der „weiteren Verteidigung" zulässig.[410] Dieses musste binnen einer peremtorischen Frist von vier, höchstens sechs Wochen bei dem obersten Gericht eingereicht werden.[411] Weitere vierzehn Tage nach Eingang der „weiteren Verteidigung" wurden dem Oberappellationsgericht vom Obergericht die Akten mit dem Erkenntnis und den Entscheidungsgründen zugesendet. Der Umfang der Strafsachen bei dem Oberappellationsgericht war mit jährlich ungefähr 15 bis 20 relativ gering.[412]

Alle an dem Oberappellationsgericht zur Entscheidung stehenden Sachen wurden von den Räten gründlich bearbeitet. Zur Vorbereitung der Entscheidung in Zivilsachen erstellte der zuständige Rat eine schriftliche Relation. Darin wurde die Sach- und Rechtslage eines Streitfalles anhand der Akten ausgearbeitet. Sie bestand aus der Schilderung des Sachverhalts, einer rechtlichen Würdigung und einem Entscheidungsvorschlag. Der Referent erarbeitete dann einen Entwurf eines Erkenntnisses nebst den Entscheidungsgründen. In Strafrechtsfällen war darüber hinaus eine schriftliche Relation zu erstellen.[413] Nach der Auslegung mehrerer Bestimmungen der provisorischen Gerichtsordnung durch das Oberappellationsgericht war hier nur eine summarische Darstellung unter Hervorhebung der entscheidungserheblichen Punkte durch den Referenten erforderlich.

Der Referent musste seinen Entwurf dem Kollegium vortragen. Anschließend arbeitete man gemeinsam einen Beschluss aus, der in der nachfolgenden Sitzung dem Gericht zur Genehmigung vorgelegt wurde. Jedes Erkenntnis wurde so gründlich beraten, dass es manchmal erst nach Monaten, häufig sogar erst nach

---

409 § 56 der provisorischen OAGO.

410 *Funk*, S. 76; siehe oben C.II.3.b)bb).

411 § 22 der Nachtragsverordnung, „Bekanntmachung, betreffend den Nachtrag zu der Verordnung über das Gerichtswesen vom 4. Mai 1814 in besonderer Beziehung auf die provisorische Ordnung des gemeinschaftlichen Oberappellationsgericht der vier Freien Städte Deutschlands vom 5. Juli 1820", Sammlung der Lübeckischen Verordnungen und Bekanntmachungen, 3. Band, Nr. 38, S. 185 ff.

412 Neue Lübeckische Blätter, 7. Jahrgang 1841, S. 41 ff.; 8. Jahrgang 1842, S. 17; sowie in den Sammlungen von Oberappellationsgerichts- Entscheidungen bei Bruhn und Thöl.

413 § 63 der definitiven OAGO.

Jahren, publiziert werden konnte.[414] In allen Fällen erfolgte eine mündliche Korrelation, die entweder der Präsident übernahm, oder die einem der Räte übertragen wurde.[415] Unter dem Präsidenten Heise wurde die Korrelation vor allem in wichtigen Sachen von ihm persönlich vorgenommen. Damit wollte er sicher gehen, alle auf das Ergebnis Einfluss nehmenden Tat- oder Rechtsfragen berücksichtigt zu haben.[416] Nur in schwierigen Zivilsachen und nach der definitiven Gerichtsordnung auch nur noch in erheblichen Strafsachen musste nach der Relation eine besondere schriftliche Korrelation erfolgen.[417] Nach der provisorischen Gerichtsordnung hatte in allen Strafsachen eine „besondere schriftliche Correllation“ stattzufinden.[418]

Wurde von einem Referenten eine Strafe von mindestens zehn Jahren Gefängnis vorgeschlagen, musste die Strafakte mit Relation und Korrelation zur Einsicht bei allen Mitgliedern des Gerichts vorgelegt werden.[419] Es folgte eine Sitzung des Gerichts unter Anwesenheit aller Mitglieder und des Sekretärs. Hier trug der Präsident die Sache nochmals vor. In zweifelhaften Fällen und bei Meinungsverschiedenheiten zwischen den Räten veranlasste er vor der endgültigen Abstimmung eine freie mündliche Erörterung unter den Mitgliedern.[420] Anschließend nahm der Präsident die Abstimmung vor, wobei die einfache Mehrheit der anwesenden Mitglieder entschied. Im Falle einer Stimmengleichheit zirkulierte die Akte mit Relation und Korrelation erneut unter den Mitgliedern. Danach trug der Präsident oder sein Vertreter den Fall der Vollversammlung des Gerichts nochmal vor und forderte zur Abstimmung auf. Kam es auch dann zu einer Stimmengleichheit, entschied die Stimme des Präsidenten oder seines Vertreters.[421] Die lange Zeit bis zur Urteilsfindung war nicht darin begründet, dass die Sache liegen blieb. Ursächlich waren vielmehr die eingehenden Beratungen zur Klärung von Meinungsverschiedenheiten zwischen den Gerichtsräten über Rechts- und Tatfragen.[422] Nach dreißig Jahren Tätigkeit hatte das Oberappellationsgericht insgesamt 3052 Erkenntnisse abgegeben.[423]

---

414 *Görtz*, S. 590.
415 § 64 der definitiven OAGO.
416 *Döhring*, S. 270, 404; *Görtz*, S. 590.
417 § 64 der definitiven OAGO.
418 § 27 der provisorischen OAGO.
419 § 23 I der provisorischen OAGO.
420 § 66 der definitiven OAGO; § 23 II der provisorischen OAGO.
421 § 22 der provisorischen OAGO.
422 *Görtz*, S. 590.
423 Übersicht der Zahl der vor dem Oberappellationsgericht abgegebenen Erkenntnisse vom Dezember 1820 bis 1863, des Statistischen Jahrbuches der Freien und Hansestadt Lübeck für das Jahr 1863, S. 38. Bis 1863 hatte das Gericht 4679 Erkenntnisse abgegeben. Diese teilten sich folgendermaßen auf: Frankfurt 1769, Hamburg 1427,

c) Die Aufarbeitung der am Gericht entstandenen Rückstände

Die Nachteile des Gerichtsaufbaus machten sich im Laufe der Jahre durch die Verzögerungen in der Bearbeitung einzelner Sachen bemerkbar. Es war aufgrund des streng vorgegebenen Verfahrens nur eine langwierige und schwerfällige Arbeitsweise möglich. Hinzu kamen einige unglückliche personelle Entwicklungen und die Zunahme der Rechtssachen.[424] Dies führte dazu, dass Prozesse in großem Umfang unerledigt blieben. Im Jahre 1847 hatten sich die Angelegenheiten derart gehäuft, dass eine Aufarbeitung durch das Oberappellationsgericht selbst praktisch unmöglich geworden war. Die anfallenden Rechtssachen wurden keinesfalls durch zu wenig Arbeitseinsatz der Gerichtsmitglieder verursacht.[425] Vor allem die Frankfurter Rechtssachen waren geradezu sprunghaft angestiegen und kaum noch zu bewältigen. In einem Zeitraum, in dem aus Lübeck 106, aus Hamburg 229 und aus Bremen 254 Sachen an das Gericht gelangten, kamen aus Frankfurt 554 Sachen.

Auch aus diesen Gründen fand 1847 eine Visitation durch die Kommission der vier Senate statt.[426] Anschließend wurden verschiedene Möglichkeiten und Lösungsansätze beraten, um den Geschäftsgang des Oberappellationsgerichts nicht völlig zum Erliegen zu bringen. Man erwog zunächst, die Anzahl der Gerichtsmitglieder zu erhöhen, lehnte diesen Vorschlag aber aus finanziellen Gründen und wegen organisatorischer Unstimmigkeiten ab.[427] Es wurde auch angeregt, die Oberappellationsgerichtsordnung insoweit abzuändern, dass man die bei den Entscheidungen erforderliche Anwesenheit der Gerichtsmitglieder herabsetzte. Auf diesem Weg sollte das Verfahren beschleunigt werden.[428] Man zog sogar in Erwägung, den Präsidenten des Gerichts oder die zuständigen Räte zu ermächtigen, prozessleitende Verfügungen selbstständig und ohne Vorberatungen zu treffen.[429] Allerdings erwiesen sich diese Maßnahmen nicht als besonders hilfreich und man nahm von einer Umorganisation des Gerichts Abstand.

Bremen 914 und Lübeck 521. Dabei ergab sich 1863 bei Zivil- und Strafsachen ein Verhältnis von 4047:632.

424 Der Rat Goll verstarb am 24. Februar 1858 und der Rat Oberbeck am 29. Januar 1846. Ihre Stellen konnten nicht sofort neu besetzt werden; *Krause*, S. 391; *Griesebach*, S. 4, Fn. 5a.

425 Direktorial Archiv I.B.15 b., No. 17, Schreiben des Hamburger Direktorialsenats vom 3. November 1848.

426 Direktorial Archiv V.E.; Ratsarchiv Qq.10.G.17.d.; Gesamtinventar, A 89, 5. Visitation im Jahr 1847.

427 Direktorial Archiv V.E.2., No. 2; Abschlussbericht vom 8. Oktober 1847.

428 *Greb*, S. 55.

429 Direktorial Archiv I.B.17a., Nr. 2, Schlussbericht vom 29. September 1854; Direktorial Archiv I.B.17 b, Korrespondenz der Senate.

Zur Lösung des Problems erließen die vier Städte am 29. November 1848 eine „Verordnung, betreffend einstweiliges Eintreten der Acten-Versendung".[430] An die Stelle der bisherigen Rechtsmittel, Beschwerden und Gesuche, wie sie die Gerichtsordnung gegen Erkenntnisse in Zivil- und Strafsachen vorsah, trat danach die Aktenversendung an eine Juristenfakultät.[431] Von dieser Regelung waren alle Seerechts-, Seeversicherungs- und Flussversicherungssachen ausgenommen.[432] Die entsprechenden Regelungen der Oberappellationsgerichtsordnung wurden durch eine weitere Verordnung abgeändert.[433] Es gab in den Städten auch keine Bedenken über die Zulässigkeit der Verordnung, da die Aktenversendung zur Abfassung eines Endurteils auf Antrag der Parteien nach Art. 12 der Bundesakte als übliche Vorgehensweise vor dem Oberappellationsgericht in Zivilsachen ohnehin vorgesehen war. [434]

Die Möglichkeit der Aktenversendung wurde für den Zeitraum vom 1. Januar 1849 bis 30. Juni 1850 festgelegt. Es stellte sich jedoch nur eine zögerliche Besserung der Zustände ein. Nach einer Übersicht von März 1850 waren am 22. Juli 1849 noch 192 Streitigkeiten anhängig. Davon waren 130 Sachen unerledigt und seit Juli noch 7 neue Sachen hinzugekommen. Selbst nach Ablauf der Aktenversendungsfrist wären voraussichtlich immer noch ca. 90 Sachen anhängig gewesen.[435] Die nur zögerliche Abarbeitung der Rückstände wurde damit begründet, dass kurz vor Beginn der Aktenversendung eine ungewöhnlich hohe Zahl neuer Sachen an das Oberappellationsgericht gelangt war. Hinzu kam noch die Erkrankung einiger Gerichtsmitglieder.

---

430 „Verordnung betreffend einstweiliges Eintreten der Aktenversendung in das Oberappellationsgericht der vier freien Städte Deutschlands erwachsenen Zivil- und Kriminalsachen vom 29. November 1848", Sammlung der Lübeckischen Verordnungen und Bekanntmachungen, 15. Band, Nr. 50, S. 118 ff; ebenso ASA Interna, 64/1; Ratsarchiv Qq.10.G.10. Direktorial Archiv I.B.15b., No.25, Schreiben Hamburgs an Lübeck vom 13. November 1848; Gesamtinventar, A 70.

431 Dieses Verfahren erforderte einige Änderungen der Gerichtsordnung, die durch die „Bekanntmachung, betreffend Abänderung verschiedener Paragraphen der Gerichtsordnung für das gemeinschaftliche Oberappellationsgericht der vier freien Städte Deutschlands vom 29. November 1848" vorgenommen wurden; Sammlung der Lübeckischen Verordnungen und Bekanntmachungen, 15. Band, Nr. 51, S. 123 ff.; Gesamtinventar, A 70.

432 § 2 c der Verordnung betreffend einstweiliges Eintreten der Aktenversendung vom 29. November 1848; Sammlung der Lübeckischen Verordnungen und Bekanntmachungen, 15. Band, Nr. 50, S. 118 ff; Direktorial Archiv I.B.15b., No.25, Schreiben Hamburgs an Lübeck; Gesamtinventar, A 70.

433 Direktorial Archiv I.B.15b., No. 17., Schreiben Hamburgs vom 3. November 1848.

434 Siehe näheres dazu unten, C.II.4.b)cc); *Kern*, Geschichte, S. 67.

435 Ratsarchiv Qq.10.G.10., Auszug aus der Mitteilung des Senats der Stadt Bremen an die Bürgerschaft vom 17. Mai 1850.

Deshalb hielten die Hansestädte eine Verlängerung der Aktenversendung bis zum 31. März 1851 für erforderlich.[436] Frankfurt äußerte Zweifel an dieser Vorgehensweise. Aus diesem Grund wurde das Hilfsmittel zunächst nur bis zum 31. Dezember 1850 zugelassen und nach dem Einlenken der Stadt dann doch bis zum 31. März 1851 erlaubt.[437] Nach Ablauf dieser Frist kehrte man zu der gewohnten Arbeitsweise zurück.

Von der Kommission der siebten Visitation wurde 1860 eine Umstrukturierung des Gerichts erwogen.[438] Die Städte waren sich bis auf den Widerstand Hamburgs darüber einig, eine Veränderung der Gerichtsorganisation vorzunehmen. Sie trugen dem Oberappellationsgericht auf, ein Gutachten mit genauen Darstellungen über eine solche mögliche Neuordnung zu erstellen.[439] Von dem Gericht wurde vorgeschlagen, die Zahl der Gerichtsmitglieder um drei zu erhöhen, um dann in zwei Kammern zu arbeiten.[440] Dabei sollte der Präsident den Vorsitz in der ersten und sein Stellvertreter den Vorsitz in der zweiten Kammer führen.[441] Die Meinungen der Gerichtsmitglieder zu den Vorschlägen waren geteilt und es folgte ein weiterer Bericht des Oberappellationsgerichts. In diesem sprachen sich die Mitglieder mit Ausnahme des Präsidenten entschieden gegen die geplante Reorganisation des Gerichts aus. Es wurde vorgeschlagen, auf die schon praktizierte Aktenversendung von Amts wegen zur Vermeidung von Ver-

---

436 Direktorial Archiv IV.C.8., No. 9, Vorschlag des Senats zu Lübeck vom 3. April 1850; Gesamtinventar, A 330 No. 7, Direktorialrescript vom 4. Juli 1850; ASA Interna, 61/5, Bekanntmachung vom 3. Juli 1850; Ratsarchiv Qq.10.G.10., Auszug aus der Mitteilung des Senats der Stadt Bremen an die Bürgerschaft vom 17. Mai 1850. „Bekanntmachung, die Verländerung der interimistisch angeordneten Maßregel der Aktenversendung in den an das Oberappellationsgericht der vier freien Städte Deutschlands erwachsenen Zivil- und Kriminalsachen betreffend, vom 3. Juli 1850", Sammlung der Lübeckischen Verordnungen und Bekanntmachungen, 17. Band, Nr. 21, S. 60. Zur Korrespondenz zwischen den Senaten im Zeitraum vom 24. Oktober 1849 bis 23. August 1850 siehe Ratsarchiv Qq.10.G.10.

437 Direktorial Archiv IV.C.8., No. 18, Antwortschreiben des Senats zu Frankfurt vom 25. Juli 1850; Ratsarchiv Qq.10.G.10., Obrigkeitliche Verordnung, die Verlängerung der Actenversendung beim Oberappellationsgerichte betreffend, vom 5. Juli 1850; „Fernere Bekanntmachung, betreffend die Dauer des durch Bekanntmachung vom 29. November 1848 verfügten einstweiligen Eintretens der Aktenversendung in den an das Oberappellationsgericht der vier freien Städte Deutchlands erwachsenen Zivil- und Kriminal-Sachen, vom 17. August 1850", Sammlung der Lübeckischen Verordnungen und Bekanntmachungen, 17. Band, Nr. 25, S. 62.

438 Direktorial Archiv V.G.; Gesamtinventar, A 93, 7. Visitation im Jahr 1859.

439 Direktorial Archiv I.B.21., Nr. 1-7, Korrespondenz der Senate; Gesamtinventar, A 93 No. 13, Bericht des Oberappellationsgerichts vom 18. Juni 1861.

440 Direktorial Archiv I.B.19a., No. 2, Schlussbericht über die Nebenverhandlungen vom 7. Juni 1860.

441 Direktorial Archiv I.B.21., Nr. 8; *Greb*, S. 79.

zögerungen wiederholt zurückzugreifen.[442] Während sich Frankfurt, Lübeck und Bremen auf die Seite des Präsidenten und damit der Reorganisation stellten, leistete Hamburg in dieser Sache vehementen Widerstand.[443]

Da es zu keiner Einigung kam, blieb der bisherige Gerichtsaufbau bestehen. Er wurde trotz vieler Nachteile bis zur Auflösung des Gerichts 1879 nicht mehr verändert. Selbst die Prozessdauer von durchschnittlich ein bis drei Jahren konnte dem Ansehen und der Beliebtheit des Gerichts nicht schaden.

d) Das Verfahren des Gerichts bei Meinungsverschiedenheiten zwischen Senat und Bürgerschaft

Das Oberappellationsgericht erwarb durch die Bestimmung als Austrägalinstanz eine bedeutende Stellung im Deutschen Bund. Dadurch wuchs das zunächst nur zögerlich gewährte Vertrauen der Städte zu der obersten Instanz. Es wurde von ihnen verfassungsmäßig zur Entscheidung von Meinungsverschiedenheiten zwischen den Senaten und der Bürgerschaft über die Auslegung der Verfassung und von Gesetzen berufen.[444] Dieser Schritt der vier Städte ist umso höher zu bewerten, wenn man bedenkt, dass noch zu Zeiten der Gründung des Oberappellationsgerichts gerade die Streitigkeiten zwischen Senat und Bürgerschaft von den Städten vehement als staatsinterne Angelegenheiten verteidigt wurden. Bis zu dieser Neuerung bedurfte es zahlreicher Verhandlungen zwischen den Städten und vieler Stellungnahmen des Gerichts.[445] Zunächst wurde die Kommission in

---

442 Direktorial Archiv I.B.21., Nr. 10.

443 Direktorial Archiv I.B.21., Nr. 16.

444 Korrespondenz der Senate zu dieser Thematik vom 3. Juli 1848 bis10. April 1850, sowie vom 6. August 1851 bis 6. Juli 1852, Ratsarchiv Qq.10.G.23.a; Verfassung der Freien Hansestadt Bremen von 1849, Ausführungsgesetz IV, Direktorial Archiv VI.A.c), No. 8, Anlage B; Lübeckische Verfassung von 1848, §§ 89 ff., Direktorial Archiv VI.A.c), No. 1, Anlage A; Ratsarchiv Qq.10.G.23.a.; Gesamtinventar, A 281 No. 8, revidierte Verfassungsurkunde für Lübeck; Hamburger Verfassung von 1859, Art. 44, 49; Auszüge der Verfassung und Korrespondenzen vom 23. September bis 19. Dezember 1859 in Ratsarchiv Qq.10.G.23.a; Frankfurter Verfassung von 1856, § 24; Auszüge der Verfassung und Korrespondenzen vom 31. Oktober 1856 bis zum 7. Januar 1857 in Ratsarchiv Qq.10.G.23.a.; Senatsakten Cl.VII. Lit.Ma No.10 Vol.2a Fasc.1 Vol.2 Invol. 97. Bekanntmachung, die Ausführung des § 86 der revidierten Verfassungs-Urkunde betreffend, vom 8. August 1851, Gesamtinventar, A 281 No. 9. Diese Aufgabe wurde nach der Auflösung des Oberappellationsgerichts von dem Hanseatischen Oberlandesgericht übernommen.

445 Gesamtinventar, A 281 No. 1.-3, Korrespondez der Senate; Senatsakten Cl.VII. Lit.Ma No.10 Vol.2a Fasc.1 Vol.2 Invol.74, Verhandlungen in Lübeck betreffend die Ermächtigung des Gerichts 1848; Invol. 97, Verhandlungen in Frankfurt 1856/57; Invol. 118, Verhandlungen in Lübeck 1859/1860.

Justizangelegenheiten mit der Erstellung eines Gutachtens beauftragt. Die Kommission hatte weiterhin nach Maßgabe des zu erstattenden Gutachtens ein Schreiben an die Senate der anderen Städte zu richten, in dem eine mögliche Ermächtigung und Beauftragung des Gerichts angesprochen werden sollte.[446]

In dem daraufhin erarbeiteten Gutachten wurde auf § 90 der Lübeckischen Verfassungsurkunde vom 8. April 1848 als Rechtsgrundlage eingegangen. Dieser bestimmte das gemeinschaftliche Oberappellationsgericht der vier freien Städte Deutschlands zum Richter über diejenigen Meinungsverschiedenheiten, die sich zwischen dem Senat und der Bürgerschaft der freien Stadt Lübeck über die Auslegung bestehender Gesetze, insbesondere der Bestimmungen der Verfassung selbst ergaben.[447] Inhaltlich ging es vor allem darum, inwiefern das Oberappellationsgericht nach den bestehenden Gesetzen berechtigt und verpflichtet war, das ihm durch § 90 übertragene Richteramt zu übernehmen. Dabei kam man hinsichtlich der Berechtigung des Gerichts zu dem Ergebnis, diese durch eine Ermächtigung der vier Senate an das Gericht herzustellen. Für mehr Diskussionsstoff sorgte die Frage nach der Verpflichtung des Gerichts. Dieses vertrat selbst die Auffassung, eine Verpflichtung zur Übernahme der richterlichen Entscheidung in einer solchen Streitigkeit bestehe seitens der obersten Instanz nicht.[448] Es sei sogar dazu befugt, eine Streitigkeit abzulehnen.[449] Das Gutachten kam auch zu dem Ergebnis, dass sich eine Verpflichtung zur Übernahme solcher Streitigkeiten nicht eindeutig aus den bestehenden Vorschriften der Oberappellationsgerichtsordnung ergebe. Aus diesem Grund sollte eine Zuständigkeit des Gerichts von den vier Senaten in einer eindeutigen Vereinbarung festgelegt werden. Damit sei sicher gestellt, dass das Gericht von seiner Befugnis zur Ablehnung einer Streitsache keinen Gebrauch machen könne.[450] Es sollte sich nicht um eine bloße Ermächtigung, sondern um einen direkten Auftrag der Senate an die ober-

446 ASA Interna, 31/1, Extractus Protocolli Curiae Lubecensis vom 3. Juni 1848.

447 ASA Interna, 31/1, Gutachten der Kommission in Justizangelegenheiten, betreffend die Ermächtigung und Verpflichtung des Oberappellationsgerichts zur Entscheidung der in § 90 der Lübeckischen Verfassungsurkunde gedachten Differenzen.

448 ASA Interna, 31/1, Gutachten der Kommission in Justizangelegenheiten, betreffend die Ermächtigung und Verpflichtung des Oberappellationsgerichts zur Entscheidung der in § 90 der Lübeckischen Verfassungsurkunde gedachten Differenzen.

449 ASA Interna, 31/1, Gutachten der Kommission in Justizangelegenheiten, betreffend die Ermächtigung und Verpflichtung des Oberappellationsgerichts zur Entscheidung der in § 90 der Lübeckischen Verfassungsurkunde gedachten Differenzen.

450 ASA Interna, 31/1, Gutachten der Kommission in Justizangelegenheiten, betreffend die Ermächtigung und Verpflichtung des Oberappellationsgerichts zur Entscheidung der in § 90 der Lübeckischen Verfassungsurkunde gedachten Differenzen.

ste Instanz handeln. Anschließend folgte eine überwiegend übereinstimmende Korrespondenz zwischen den Senaten der vier Städte.[451]

Das Oberappellationsgericht nahm sich lange Zeit und musste mehrmals von dem Direktorialsenat angeschrieben werden, bevor es erneut zu den Vorschlägen der Städte Stellung bezog.[452] Grund dafür war ein Streit mit dem Lübecker Senat über ein Bürgerwahlrecht der Gerichtsmitglieder.[453] Nach § 27 der Lübecker Verfassung waren Personen, „welche fremden Regierungen mit Eiden verwandt sind oder im Dienste fremder Regierungen stehen", nicht zur Bürgerwahl zugelassen.[454] Dies traf auch auf die Gerichtsmitglieder zu, die sich gegenüber den drei anderen Städten verpflichtet hatten. Das Oberappellationsgericht vertrat die Auffassung, seinen Mitgliedern würden durch den Erwerb des Lübecker Bürgerrechts auch die verfassungsmäßigen Rechte eines Lübecker Bürgers zustehen. Ein Bürgerwahlrecht sei also gegeben. Auf diesem Weg wäre dem Gericht die Möglichkeit einer politischen Betätigung in Lübeck gegeben.

Aufgrund des Streites behielt sich das Gericht eine Stellungnahme zu der geplanten Übertragung von Entscheidungsbefugnissen bei Meinungsverschiedenheiten zwischen Bürgerschaft und Senat vor. Mit der Lübecker Verfassungsänderung erledigte sich dieser Streit, denn in der neuen, revidierten Verfassungsurkunde war eine solche Bürgerwahlsperre nicht mehr enthalten.[455]

Daraufhin erteilte das Gericht endlich seine Zustimmung zu der ihm von den Städten übertragenen Entscheidungsbefugnis bei Streitigkeiten verfassungsrechtlicher Art zwischen dem Senat und der Bürgerschaft.[456] Damit war dem Oberappellationsgericht zumindest theoretisch die Möglichkeit gegeben, auf die Verfassung der Städte Einfluss zu nehmen. Es konnte so seine schon weitgehend übergeordnete Stellung zu den Senaten weiter festigen. Damit eröffnete sich für das Oberappellationsgericht ein weiterer Zuständigkeitsbereich mit neuen Entscheidungsbefugnissen.

Die Meinungsverschiedenheiten zwischen dem Senat und der Bürgerschaft traten meist über die Auslegung bestehender Gesetze, hauptsächlich der Verfas-

---

451 ASA Interna, 31/1.

452 Direktorial Archiv VI.A.c), No. 6, Schreiben des Direktorialsenats zu Hamburg vom 23. August 1848.

453 Direktorial Archiv VI.A.c), No. 35, Anlage A., Eingabe des Gerichts vom 25. April 1848; Gesamtinventar, A 101 No. 1, Eingabe des Lübecker Senats vom 15. April 1848.

454 § 27 Lübecker Verfassung, Direktorial Archiv VI.A.c), No. 1, Anlage A.

455 „Bekanntmachung, das Gesetz über die Gerichtsverfassung der freien und Hansestadt Lübeck betreffend, vom 17. Dezember 1860", Sammlung der Lübeckischen Verordnungen und Bekanntmachungen, 27. Band, Nr. 31, S. 88 ff.

456 ASA Interna, 31/1, Bericht des Oberappellationsgerichts an den Direktorialsenat zu Lübeck vom 21. September 1849.

sung auf. Es konnte auch ein von dem Senat oder von der Bürgerschaft aufgrund der Verfassung in Anspruch genommenes Recht von einem anderen Staatskörper bestritten werden.[457] Zunächst wurde versucht, die Meinungsverschiedenheit mit Hilfe von Vermittlungsgesprächen zu schlichten.[458] Blieb dieser Versuch erfolglos, wurde die Streitfrage zur Entscheidung an das Oberappellationsgericht übertragen. Der Verfahrensgang sollte im Einzelnen durch eine Übereinkunft zwischen dem Senat und der Bürgerschaft festgelegt werden. Nach längeren Verhandlungen und einem zweiten Gutachten der Kommission in Justizangelegenheiten wurden am 9. Juli 1851 die erforderlichen Ausführungsbestimmungen festgelegt und am 8. August 1851 veröffentlicht.[459] Die endgültige Übertragung der Kompetenz durch die einzelnen Städte an das Gericht zog sich jedoch noch gewisse Zeit hin.[460]

Nach den Ausführungsbestimmungen wurde bei einer Meinungsverschiedenheit zwischen Senat und Bürgerschaft eine Vergleichskommission gebildet. Diese sollte versuchen, eine zufriedenstellende Lösung zu finden. Die Kommission bestand aus jeweils drei durch absolute Mehrheit gewählten Mitgliedern des Senats und der Bürgerschaft. Sie forderte die im Streit liegenden Parteien auf, innerhalb einer bestimmten Frist eine Darstellung ihres Standpunktes mit einer ausführlichen Begründung einzureichen. Anschließend hatte die Kommission die Aufgabe, den Streit gewissenhaft und unparteiisch unter einem Gesichtspunkt zu betrachten, der für den Staat nützlich und förderlich war. Nachfolgend wurden Vergleichsvorschläge an den Senat gesendet. Diese mussten nach einer Stellungnahme des Senats an die Bürgerschaft weitergeleitet werden. Die Vergleichsberatungen der Kommission waren an eine Frist gebunden, nach deren Ablauf jeder der Staatskörper gegenüber dem anderen die Verhandlungen für gescheitert erklären konnte. Dann wurden die Akten an das Oberappellationsgericht der vier freien Städte zwecks richterlicher Entscheidung versendet.[461] In gleicher Weise wurde verfahren, wenn die Vergleichsverhandlungen unabhängig von der Frist zu keinem Erfolg führten. Das Scheitern der Verhandlungen hatte der Senat der Kommission unverzüglich anzuzeigen. Diese musste binnen einer Frist von 14 Tagen die Akten an das Oberappellationsgericht übergeben. Den Akten war ein Verzeichnis der Vertragsverhandlungen beigefügt, welches von jeweils einem Kommissionsmitglied aus Senat und Bürgerschaft unterzeichnet werden musste. Eine

457 Siehe oben, C.II.3.b).
458 *Bruns*, Verfassungsgeschichte, S. 92.
459 *Bruns*, Verfassungsgeschichte, S. 92.
460 Frankfurt übertrug die Kompetenz im Jahre 1856, ASA Interna, 31/3; Hamburg verankerte dasselbe gesetzlich erst im Rat- und Bürgerbeschluss vom 11. August 1859, ASA Interna, 31/4.
461 *Bruns*, Verfassungsgeschichte, S. 92.

Kopie derselben wurde sowohl dem Senat, als auch der Bürgerschaft versiegelt zugesendet.

Anschließend bildete die Bürgerschaft aus ihrer Mitte eine Kommission mit einem Wortführer und einem Stellvertreter. Dieser hatte die Aufgabe, Auflagen des Gerichts in ihrem Namen entgegenzunehmen und auszuführen. Das Gericht teilte der betreffenden Partei mit, wenn noch weitere Ermittlungen, Klärungen des Sachverhalts oder Aktenvervollständigungen erforderlich waren. Diese hatte sofort die nötigen Maßnahmen zu ergreifen. Nach dem Urteil des Gerichts wurde eine versiegelte Ausfertigung an den vorsitzenden Bürgermeister und an den Wortführer der Bürgerschaft zugestellt. Das Urteil wurde in den sofort zu berufenden Versammlungen des Senates bzw. der Bürgerschaft verlesen. Beide Parteien hatten den Spruch des Gerichts unverzüglich als verbindlich zu akzeptieren.

Nach der Auflösung des Oberappellationsgerichts[462] wurde die schiedsgerichtliche Funktion durch den Rats- und Bürgerbeschluss vom 21. Juli 1875 dem neuen Hanseatischen Oberlandesgericht in Hamburg übertragen.

III. Das Oberappellationsgericht als Austrägal- und Kompromissinstanz

Die Beliebtheit und das hohe Ansehen des Oberappellationsgerichts war nicht nur auf die Hansestädte begrenzt, sondern zog sich durch ganz Deutschland. Dies zeigte sich vor allem in seiner Funktion als Austrägal- und Kompromissinstanz, in welcher das Gericht von den Staaten des Deutschen Bundes oft und gerne angerufen wurde. Innerhalb des Deutschen Bundes waren Selbsthilfe und Krieg zwischen den Bundesstaaten verboten. Daher löste man solche Fälle durch die Anordnung des bundesgesetzlich geregelten Austrägalverfahrens.[463]

Das Oberappellationsgericht war für die Entscheidung eines solchen Streits zuständig, wenn es von den berechtigten Parteien als Austrägal- oder Kompromissinstanz ausgewählt worden war. Die Senate der Städte mussten diese Wahl genehmigen.[464]

---

462 Siehe unten, D.IV.

463 *Schröder/Künßberg*, Deutsche Rechtsgeschichte, S. 992.

464 *Blume*, Gerichtsordnung, Anmerkung b zu § 48 der definitiven OAGO.

1. Austrägalsachen

Der Begriff der Austrägalinstanz leitet sich von dem Austragen einer Rechtssache vor einem Schiedsrichter ab. Das Verfahren der friedlichen Schlichtung einer Streitigkeit und der in ihm ergehende Schiedsspruch wurden als Austrag, in der Mehrzahl als Austräge bezeichnet.[465] Eine Vorform des Austrägalverfahrens waren die im Mittelalter üblicherweise für bestimmte Streitfälle frei gewählten Schiedsgerichte.[466] Durch die Latinisierung entwickelten sich Wortbildungen wie „jus Austraegarum" und „Instantia Austraegalis". Das Verfahren selbst stammte bereits aus dem 14. Jahrhundert. Hier war dieses zusätzliche Element der Rechtsfindung aus Rangrücksichten für Streitsachen zwischen Reichsfürsten schiedsgerichtlich zuständig. Unter Albrecht II. war auf dem Reichstag von 1437 und 1438 der Versuch unternommen worden, den Mangel einer durchgreifenden Reichsjustiz durch die Erarbeitung einer allgemeinen Austrägalordnung zu beseitigen. Diese Idee war jedoch nie verwirklicht worden.[467] Für Austrägalstreitigkeiten war die Verhandlung an einem vorher bestimmten, aber nicht durch staatliche Ordnung berufenen Gericht charakteristisch.[468] Die Austräge waren bei Meinungsverschiedenheiten über Bündnisse oder sonstige staatsrechtliche Vereinbarungen üblich. Sie basierten teilweise auf der gesetzlichen Ordnung, auf Haus- oder Familienausträgen oder auf Privilegien.[469]

Die Austrägalgerichtsbarkeit wurde erstmals 1338 durch den Kurverein von Rhens als Schiedsgericht für Streitigkeiten zwischen Kurfürsten fest eingerichtet. Später nutzte man sie auch für Meinungsverschiedenheiten zwischen Prälaten[470], Städten und Rittern.[471] Auf diesem Weg war es den Parteien möglich, sich den königlichen Gerichten zu entziehen und die ordentliche Gerichtsbarkeit zu umgehen.[472] Seit 1495 hatten die Austrägalgerichte die Funktion unterer Reichsgerichte. Von hier aus war die Möglichkeit gegeben, an die höchsten Reichsgerichte zu appellieren. Diese besondere Form der Verfassungsgerichtsbarkeit bestand bis zur Auflösung des Heiligen Römischen Reichs Deutscher Nation. Weder das Reichskammergericht noch der Reichshofrat besaßen die Kompetenz, die Austrägalgerichtsbarkeit zu verändern.[473]

---

465 *Grimm*, Deutsche Rechtsaltertümer, S. 838 f.; *von Gohren*, S. 2; *Heffter*, S. 170.
466 *Robbers*, JuS 1990, S. 257.
467 *Heffter*, S. 171.
468 *Schröder/Künßberg*, Deutschen Rechtsgeschichte, S. 600.
469 *Björner*, S. 15; *Conrad*, S. 160; *Heffter*, S. 171.
470 Mitglieder der höheren Geistlichkeit.
471 *Robbers*, JuS 1990, S. 257.
472 *HRG/Sellert*, IV. Band, Spalte 1389.
473 *Björner*, S. 16; *Conrad*, S. 160.

Die Austrägalgerichte des Deutschen Bundes waren mit den Austrägen des Reiches nicht vergleichbar. Sie waren aufgrund ihrer eigenständigen Prozessordnungen, Gesetzbücher, Rechtsmittel und Exekutionsverfahren vielmehr als eigenständige Bundesgerichte zu betrachten, ohne jedoch diese Bezeichnung zu führen.[474] Im Gegensatz dazu bestanden die Austräge des alten Reiches nicht aus fest eingerichteten Gerichten, sondern aus wechselnden Schiedsrichtern. Auch im Deutschen Bund existierte noch kein permanentes Austrägalgericht. Es gab eine frei gewählte Austrägalinstanz, die die Entscheidung von Streitigkeiten zwischen den Mitgliedstaaten übernahm. Die Vorschläge für ein gemeinsames Bundesgericht waren auf dem Wiener Kongress aufgrund des Widerstandes der süddeutschen Staaten nicht verwirklicht worden.[475] Daraufhin hatte der Deutsche Bund auf der Grundlage von Art. 11 Abs. 4 der Bundesakte und Art. 21-24 der Wiener Schlussakte eine wirksame Austrägalgerichtsbarkeit festgelegt. Somit war der Bundeszweck der Erhaltung der äußeren und inneren Sicherheit Deutschlands und der Unabhängigkeit und Unverletzbarkeit der einzelnen deutschen Staaten gesetzlich verankert.[476] Der Bund war nach der Natur der Sache, nach seinem Zweck und nach der ausdrücklichen Verfügung der Bundesgesetze die zur Beilegung der Streitigkeiten zuständige Stelle.[477] Die für die Austrägalgerichtsbarkeit im Deutschen Bund maßgebenden Vorschriften wurden zwischen 1815 und 1820 erarbeitet. Danach kam es nur noch zu wenigen Änderungen, die sich aus der Praxis der Austrägalgerichte als notwendig erwiesen hatten.[478] Von der Bundesversammlung wurde 1833 eine Revision des Austrägalverfahrens durchgeführt. Sie beinhaltete jedoch nur eine geringfügige Änderung der unbedingten Mandate und konnte deshalb eigentlich nicht als Revision bezeichnet werden.[479]

Die Gründung des Norddeutschen Bundes 1867 und Gründung des Deutschen Reiches 1871 bedeuteten keine große Veränderung für das Oberappellationsgericht der vier freien Städte und seine Zuständigkeit in Austrägalstreitigkeiten. Der Grundgedanke, zwischengliedstaatliche Streitigkeiten auf friedlichem Wege durch Vermittlung oder durch Eingreifen einer neutralen Institution zu lösen, wurde auch hier zum Ausdruck gebracht. Ein Rekurs des Einzelnen an den Bund war jedoch nicht mehr vorgesehen. Das Verfahren war nun in Art. 76 I der Nord-

---

474 *Mohl*, S. 59.
475 Siehe oben, B.II.1.
476 *Mohl*, S, 61; *von Dresch*, S. 62 f.; *Rudhart*, S. 23.
477 *Rudhart*, S. 115.
478 *Frühauf*, S. 78.
479 ASA Interna, 29/2, Auszug aus dem Protokoll der 8. Sitzung der Bundesversammlung vom 28. Februar 1833, § 70.

deutschen Bundesverfassung[480] bzw. der Verfassung des Deutschen Reiches[481] verankert und fiel grundsätzlich in den Zuständigkeitsbereich des Bundesrates.[482]

Es stellte sich wie schon in der Zeit vor der Reichsgründung das Problem, dass die am Streit beteiligten Parteien im Zweifel selbst Mitglieder im Bundesrat waren. Damit kamen sie als Richter in eigener Sache in Frage. So war es den Streitbeteiligten unter Umständen möglich, ein ungleiches Stimmengewicht zu ihren Gunsten im Bundesrat herzustellen. Da es keine Aufzeichnungen der Sitzungen gab, wurde dem Bundesrat darüber hinaus mangelnde Erfahrung im Umgang mit dem gerichtlichen Verfahren unterstellt. Diese Faktoren führten zu berechtigten Zweifeln, ob die Streitigkeiten zwischen Bundesstaaten tatsächlich nach rechtlichen Aspekten entschieden werden würden. Man befürchtete ein Überwiegen der machtpolitischen Argumente bei der Entscheidungsfindung.[483] Aus diesem Grund hatte der Bundesrat die Möglichkeit, die Entscheidung an eine neutrale Schiedsinstanz zu übertragen. Dafür kamen ein Gerichtshof oder eine juristische Fakultät in Frage. Von diesem Lösungsweg wurde rückblickend ausschließlich Gebrauch gemacht. Es fällt auf, dass der Bundesrat keine Streitigkeit nach Art. 76 selbst entschieden hat. Entweder wurde der Fall schon im Vorfeld durch bloße Vermittlung erledigt oder an ein unabhängiges Gericht delegiert. Damit hat der befürchtete Missbrauch der Stellung der Streitbeteiligten im Bundesrat im Ergebnis nie stattgefunden.

a) Gesetzliche Grundlagen

Obwohl die Bundesgerichtsbarkeit auf dem Wiener Kongress bis zuletzt streitig war, konnte diesbezüglich schließlich doch eine Regelung gefunden werden. Die Austrägalgerichtsbarkeit des Deutschen Bundes basierte damit auf Art. 11 der Bundesakte. In Abs. 4 Satz 1 der Norm war den Bundesmitgliedern bestimmt, sich „einander unter keinerley Vorwand zu bekriegen, noch ihre Streitigkeiten mit Gewalt zu verfolgen, sondern sie bey der Bundesversammlung anzubringen".[484] Durch das Verbot jeder gewaltsamen Lösung von Streitigkeiten wurde die territorialstaatliche Souveränität der Bundesmitglieder erheblich beschränkt. Lag eine Auseinandersetzung aus dem Bundesverhältnis vor, hatte der Bundestag

480 *Huber*, Dokumente, Band 2, Nr. 198, S. 285; *Altmann*, 2. Teil, S. 21
481 *Huber*, Dokumente, Band 2, Nr. 261, S. 401; *Altmann*, 2. Teil, S. 21.
482 *Perels*, S. 15.
483 *Björner*, S. 50.
484 Art. 11 Deutschen Bundesakte, *Zeumer* Nr. 218, S. 540 (542); *Huber*, Dokumente, Band 1, Nr. 29, S. 78; *Altmann*, 1. Teil, S. 11; *Frühauf*, S. 78f.; *Zychta*, S. 224; *Klüber*, Öffentliches Recht, § 221; *von Struve*, 1. Teil, S. 401; *Eichhorn*, S. 11 f.; *Hufnagel/Scheurlen*, S. 4; *von Dresch*, S. 148.

selbst zu entscheiden. Wurde durch den Streit das Bundesverhältnis nicht berührt, kam das Austrägalverfahren zur Anwendung.[485] Für die Bundesversammlung galt es im Falle einer Meinungsverschiedenheit nach Abs. 4 Satz 2 des Artikels, „die Vermittlung durch einen Ausschuss zu versuchen". Schlug der Versuch fehl, war „demnach eine richterliche Entscheidung" erforderlich. Dann war die Bundesversammlung verpflichtet, eine „solche durch eine wohlgeordnete Austrägal Instanz zu bewirken, deren Ausspruch die streitenden Theile sich sofort zu unterwerfen" hatten.[486]

Die Forderung nach der Ausarbeitung der Rechtspflege des Bundes blieb weiterhin stark. Man war sich unter den Bundesstaaten einig, dass Art. 11 der Deutschen Bundesakte hinsichtlich des Verfahrens und der Zuständigkeit näher bestimmt werden musste.[487] Auf der Bundesversammlung vom 16. Juni 1817 wurde durch die „Bundesvermittlungs- und Austrägalgerichts-Ordnung" eine neue Grundlage der nicht-permanenten Austrägalgerichtsbarkeit geschaffen.[488] In die Rechtsprechung der unparteiischen Schiedsinstanzen setzte man große Erwartungen für die Entwicklung der Rechtswissenschaft. Dies spiegelte sich in einem Brief des preußischen Staatskanzlers v. Hardenberg an den preußischen Justizminister v. Kircheisen vom 12. Juli 1817 wider. Er schrieb, die künftige Tätigkeit der obersten Justizstellen in Deutschland als Austrägalgerichte stelle „eine Aufforderung zur theoretischen und praktischen Cultur aller Zweige der Rechtswissenschaft dar".[489]

Die Austrägalgerichtsordnung vom 16. Juni 1817 wies einige wesentliche Defizite auf.[490] Aus diesem Grund wurden in Wien vom Dezember 1819 bis zum Mai 1820 einige Änderungen zum Austrägalverfahren erarbeitet. Diese wurden endgültig in den Art. 18-24 der Wiener Schlussakte vom 20. Mai 1820 veran-

---

485 *Huber*, Deutsche Verfassungsgeschichte, Band 1, S. 626; *Fleischer*, S. 3.

486 Art. 11 Deutschen Bundesakte, *Zeumer*, Nr. 218, S. 540 (542); *Huber*, Dokumente, Band 1, Nr. 29, S. 78; *Altmann*, 1. Teil, S. 11; *Frühauf*, S. 78f.; *HRG/Merbacher*, I. Band, Spalte 274; *Zychta*, S. 224; *Klüber*, Öffentliches Recht, § 216; *Mohl*, S. 62.

487 *Zachariä*, Staats- und Bundesrecht, 2. Teil, S. 727 ff; *Scheuner*, S. 23.

488 Protokolle der Bundesversammlung 1817, 35. Sitzung, § 231, S. 468 ff.; Der Text der Austrägalordnung ist zu finden bei: *von Leonhardi*, S. 115 ff.; *Huber*, Dokumente, Band 1, Nr. 36, S. 103 ff.; *Klüber*, Quellen, S. 254 ff.; Öffentliches Recht, § 172; *von Struve*, 1. Teil, S. 59 ff.; *Krause*, S. 389, Fn. 54; *von Gohren*, S. 27; *Perels*, S. 16.

489 Acta generalia, Rep. 84a, 10397, S. 7; *Frühauf*, S. 83.

490 Dies wurde insbesondere in einem Rechtsstreit zwischen den Fürstenhäusern von Lippe-Detmold und Schaumburg-Lippe deutlich und um Gewalttätigkeiten zwischen den Bundesmitgliedern zu vermeiden, wurde der Wunsch nach einer Bestimmung über die Aufrechterhaltung des Besitzstandes geäußert, *Mohl*, S. 29ff.

kert.[491] Am 3. August 1820 erging ergänzend dazu der „Beschluss über das bei Aufstellung der Austrägalinstanzen zu beobachtende Verfahren“. Darin wurde die Vorgehensweise der Schiedsgerichte noch näher konkretisiert.[492] Der Beschluss basierte größtenteils auf den Vorschlägen des dritten Ausschusses der Wiener Ministerialkonferenzen. In der Sitzung vom 3. August 1820 und auf Grundlage von Art. 31 der Wiener Schlussakte verabschiedete die Bundesversammlung die Exekutionsordnung des Deutschen Bundes.[493] Diese regelte die Vollstreckung.

Damit war das Verfahren vor einem unabhängigen Austrägalgericht ausreichend gesetzlich verankert. Auch die aufgrund der Rechtsnatur des Deutschen Bundes schwierige Frage der Vollstreckung von Urteilen gegen Staaten wurde durch die Exekutionsordnung zufriedenstellend beantwortet. Art. 76 I der Norddeutschen Bundesverfassung[494] bzw. der Verfassung des Deutschen Reiches[495] bildete zur Zeit des Norddeutschen Bundes und nach der Gründung des Deutschen Reiches die neue rechtliche Grundlage für die Austrägalstreitigkeiten. Danach wurde die Erledigung von Streitigkeiten unter Bundesgliedern auf Anrufen eines Teils dem Bundesrat zugewiesen.

b) Zuständigkeit und Verfahren

Für die Erledigung von Meinungsverschiedenheiten zwischen den Bundesgliedern war in Art. 22 der Wiener Schlussakte grundsätzlich der oberste Gerichtshof eines unparteiischen Mitgliedstaates als Schiedsinstanz bestimmt. Die Kompetenzen des Gerichts erstreckten sich ohne Rücksicht auf die Rechtsnatur der Sache auf alle Konflikte zwischen den Gliedstaaten. Dies galt nicht, wenn es eine andere durch Gesetz oder Vereinbarung bestimmte Instanz gab. Es bestand keine Zuständigkeit für Streitigkeiten zwischen Preußen und Österreich über deren bundesfremden Besitzstand. Diese lagen grundsätzlich außerhalb jeder Bundeskompetenz.

---

491 *Zeumer*, Nr. 219, S. 547 f.; *Huber*, Dokumente, Band I, Nr. 30, S. 84f.; *Klüber*, Quellen, S. 201 ff.; *Altmann*, 1. Teil, S. 77 f.; *Björner*, S. 36.

492 Protokolle der Bundesversammlung 1820, 19. Sitzung, § 98, S. 227 f.; *Klüber*, Quellen, S. 291 ff.; *von Leonhardi*, S. 127 f.; *von Struve*, 1. Teil, S. 128 ff.; *Jugler*, S. 54; *von Gohren*, S. 27.

493 *Huber*, Dokumente, Band I, Nr. 37, S. 105 ff.; *Klüber*, Quellen, S. 296 ff; *von Leonhardi*, S. 109; *von Struve*, 1. Teil, S. 133 ff; Protokolle der Bundesversammlung 1820, 19. Sitzung, § 97, S. 228; *von Gohren*, S. 27; *Björner*, S. 24; *Perels*, S. 16.

494 *Huber*, Dokumente, Band 2, Nr. 198, S. 285; *Altmann*, 2. Teil, S. 21.

495 *Huber*, Dokumente, Band 2, Nr. 261, S. 401; *Altmann*, 2. Teil, S. 21.

Das Austrägalgericht übernahm „die Leitung des Processes und die Entscheidung des Streits in allen Haupt- und Neben-Punkten uneingeschränkt und ohne alle weitere Einwirkung der Bundes-Versammlung oder der Landesregierung".[496] Die Vollstreckung von Urteilen der Schiedsinstanz war nach Art. 12 der Exekutionsordnung der Bundesversammlung vorbehalten.[497] In der Austrägalordnung war in Art. 3 Nr. 3 erstmals bestimmt, dass „sämtliche dritte oberste Justizstellen der deutschen Bundesglieder" als Austrägalinstanzen zu betrachten waren.[498] Bei Bedarf wurde die in Frage kommende Instanz nach Nr. 3 Satz 2 förmlich von der Bundesversammlung als zuständig bestimmt. Es war kein permanentes Gericht für Streitigkeiten solcher Art eingerichtet. Auch die wiederholte Forderung nach einem permanenten Schiedsgericht konnte sich nicht durchsetzen.[499] Daher begnügte man sich mit einer so genannten „wandelbaren Austrägalinstanz", die von Fall zu Fall von der Bundesversammlung beauftragt wurde. Im Vergleich dazu war 1849 in § 126 c der Frankfurter Paulskirchenverfassung die Übertragung solcher Streitigkeiten zur Erledigung an ein Reichsgericht vorgesehen.[500] Dieses Verfahren wurde zwar aufgrund des Scheiterns der Verfassung nie durchgesetzt. Man kann in diesen Vorschlägen aber den ersten systematischen Entwurf einer zusammengefassten Verfassungsgerichtsbarkeit erkennen.

Eine Zuständigkeit des Oberappellationsgerichts der vier freien Städte als Austrägalinstanz für die Schlichtung von Streitigkeiten zwischen Bundesmitgliedern ergab sich aus § 48 der definitiven Oberappellationsgerichtsordnung und § 18 der provisorischen Oberappellationsgerichtsordnung.[501] Im Vergleich zu anderen obersten Gerichtsordnungen fällt auf, dass die Zuständigkeit des Gerichts für Austrägalsachen hier schon ausdrücklich festgelegt war. Grund dafür war die zeitlich nach dem Erlass der Austrägalordnung vom 16. Juni 1817 erfolgte Errichtung des Oberappellationsgerichts am 20. November 1820.

---

496 Art. 22 der Wiener Schlussakte vom 15. Mai 1820, abgedruckt in: *Zeumer*, Nr. 219, S. 545 (547); *Huber*, Dokumente, Band 1, Nr. 30, S. 84; *Klüber*, Quellen, S. 203; *Altmann*, 1. Teil, S. 77; so auch später festgelegt in Art. 2 in dem Beschluss über das bei Aufstellung der Austrägalinstanzen zu beobachtende Verfahren vom 3. August 1820, abgedruckt in: *von Leonhardi*, S. 126 ff.; *Klüber*, Quellen, S. 291 ff.; *von Struve*, 1. Teil, S. 128 ff.

497 *Klüber*, Quellen, S. 301; *Huber*, Dokumente, Band 1, Nr. 37, S. 107; *von Struve*, 1. Teil, S. 137.

498 Art. 3 Abs. 3 der Austrägal-Ordnung vom 16. Juni 1817, in: *von Leonhardi*, S. 115 ff.; *Klüber*, Quellen, S. 258; *von Struve*, 1. Teil, S. 60 ff.

499 *Eichhorn*, S. 16.

500 *Huber*, Dokumente, Band 1, Nr. 102, S. 317; *Altmann*, 1. Teil, S. 276; *Krick*, S. 3; *Scheuner*, S. 20.

501 Protokolle der Bundesversammlung 1817, 35. Sitzung, S. 470, § 231; § 18 der provisorischen OAGO; *Kusserow*, S. 57.

Da die Übernahme von Austrägalsachen dem Ansehen des Gerichts förderlich war, erhielt man regelmäßig die erforderliche Zustimmung der Senate. Das Oberappellationsgericht der vier freien Städte wurde 1830 erstmals von Preußen und Bayern in einer Streitsache zur Austrägalinstanz angerufen.[502] Bis 1854 erledigte das Gericht vier Austrägalsachen. Insgesamt wurden sieben Sachen abgeurteilt oder zu einem Vergleich gebracht.[503] Die letzte Austrägalstreitigkeit bearbeitete

---

502 *Döhring*, S. 31; *Wogatzky*, S. 35; Direktorial Archiv VI.B.1.

503 **1827-1830** Rechtsstreit der Krone Preußen gegen Krone Bayern wegen der von der Fürstin Berkeley, Witwe des letzten Markgrafen von Ansbach und Bayreuth, in Anspruch genommenen Witwenpension; Fall nach Art. 30 Wiener Schlussakte, erledigt durch Urteil vom 18.5.1830; *Lorenzen-Schmidt*, Erster Band, S. 38; *Klüber*, Öffentliches Recht, § 176, Anmerkung e; *von Struve*, 1. Teil, S. 436 ff.; Direktorial Archiv VI.B.1; Gesamtinventar, A 284; ASA Interna, 29/4; 64, Monatliche Bekanntmachungen 1827, No. 11 und 1830, No. 5; Protokolle der Bundesversammlung 1827, 18. Sitzung, Separatprotokoll, S. 439; 1830, 14. Sitzung, Urteil, S. 437; Ratsarchiv Qq.10.G.23.a., Korrespondenz der Städte vom 11. Juli bis 5. Dezember 1827; Senatsakten Cl.VII. Lit.Ma No.10 Vol.2a Fasc.1 Vol.2 Invol.30; **1829-1832** Rechtsstreit der Krone Bayern gegen Großherzogtum Baden wegen des Eigentums an einer von der Freifrau Herding heimgezahlten Schuld; Fall nach Art. 21 Wiener Schlussakte, erledigt durch Vergleich von 1832; *Lorenzen-Schmidt*, Erster Band, S. 39; *Klüber*, Öffentliches Recht, § 176, Anmerkung e; Direktorial Archiv VI.B.3; Gesamtinventar, A 288; ASA Interna, 29/4; **1829-1832** Rechtsstreit des Großherzogtums Baden gegen Krone Bayern wegen der Vertretung der kurpfälzischen Partialobligation; Fall nach Art. 30 Wiener Schlussakte, erledigt durch Urteil vom 5.7.1832; *Lorenzen-Schmidt*, Erster Band, S. 39; Direktorial Archiv VI.B.2.; *Klüber*, Öffentliches Recht, § 176, Anmerkung e; *von Struve*, 1. Teil, S. 437 ff.; Gesamtinventar, A 290; Protokolle der Bundesversammlung, 1829, 2. Sitzung, § 16, S. 32; 1832, 28. Sitzung, § 2, S. 1044; **1831-1837** Rechtsstreit zwischen Preußen, Hannover, Großherzogtum Mecklenburg-Schwerin, Herzogtum Braunschweig und Anhalt-Bernburg, wegen Vertretung einer Forderung der von Lossow'schen Familien- Stipendienstiftung zu Magdeburg an die vormalige Deutschordens-Ballei Sachsen, Fall nach Art. 30 Wiener Schlussakte, erledigt durch Urteil vom 19.1.1837; *von Leonhardi*, S. 679 ff.; *Lorenzen-Schmidt*, Erster Band, S. 39; *von Struve*, 1. Teil, S. 446 ff.; Direktorial Archiv VI.B.5.; Gesamtinventar, A 292; Senatsakten Cl.VII. Lit.Ma No.10 Vol.2a Fasc.1 Vol.2 Invol.44; ASA Interna, 29/4; 66, Monatliche Bekanntmachungen 1836, No. 1 und 1837, No. 1; Protokolle der Bundesversammlung 1831, 16. Sitzung, § 113, S. 466;1837, 3. Sitzung, § 40, S. 96; Ratsarchiv Qq.10.G.23.a., Bericht des Oberappellationsgerichts an den Direktorialsenat wegen des in diesem Fall abgegebenen Erkenntnisses; **1844-1845** Rechtsstreit des Kurfürstentums Hessen gegen das Fürstentum Waldeck wegen einseitiger Aufhebung vertragsmäßiger Verhältnisse nämlich der Pension des ehemaligen Postmeisters Schulze in Pyrmont, sowie wegen Besitzstörung, Fall nach Art. 30 Wiener Schlussakte, erledigt durch Urteil vom 9.12.1845; *von Leonhardi*, S. 511 ff.; *Lorenzen-Schmidt*, Erster Band, S. 40; Direktorial Archiv VI.B.6.; Gesamtinventar, A

das Gericht noch kurz vor seiner Auflösung 1877, was die Bedeutung des Falles jedoch nicht minderte.[504] Das Oberappellationsgericht galt nach der Verfassung des Norddeutschen Bundes bis zur Errichtung des Reichsgerichts mit Sitz in Leipzig 1879 als der höchste Gerichtshof in Streitigkeiten der deutschen Staaten untereinander.

Das Verfahren vor dem Schiedsgericht selbst lässt sich in drei große Gruppen unterteilen. Es gab das ordentliche Austrägalverfahren nach Art. 21-24 Wiener Schlussakte, das besondere Austrägalverfahren nach Art. 30 Wiener Schlussakte und das summarische Austrägalverfahren nach Art. 18-20 Wiener Schlussakte. In den Art. 31-34 Wiener Schlussakte war ergänzend zu den drei Verfahren das Exekutionsverfahren geregelt, auf dem die Exekutionsordnung basierte.

aa) Das ordentliche Verfahren nach Art. 21-24 Wiener Schlussakte

Das ordentliche Verfahren nach Art. 21-24 Wiener Schlussakte sollte ursprünglich nach dem Willen des Gesetzgebers die regelmäßige Verfahrensart sein. Dies wurde in der Praxis so nicht umgesetzt und spiegelte sich auch in den Austrägalstreitigkeiten vor dem Oberappellationsgericht der vier freien Städte wider. Von den sechs bis 1854 entschiedenen Sachen wurden nur zwei Sachen nach dem ordentlichen Verfahren gemäß Art. 21 Wiener Schlussakte verhandelt. Die übrigen vier Streitigkeiten wurden nach dem besonderen Verfahren gemäß Art. 30 Wiener Schlussakte erledigt.

313; ASA Interna, 29/4; Protokolle der Bundesversammlung 1844, 29. Sitzung, § 283, S. 878; 1845 I, § 5, S. 5. 6; 1846, 1. Sitzung, § 3, S. 3; **1852-1854** Rechtsstreit der Königlich Hannoverschen Regierung gegen die Fürstlich Lippische Regierung wegen Forderung aus einem von dem vormaligen Kreuzstifte zu Hildesheim mit dem Grafen Simon von der Lippe 1613 geschlossenen Rentenkaufes, Fall nach Art. 21 Wiener Schlussakte; *Lorenzen-Schmidt*, Erster Band, S. 40; Direktorial Archiv VI.B.12.; Gesamtinventar, A 315; ASA Interna, 29/4; Protokolle der Bundesversammlung 1846, 12. Sitzung, § 112, S. 210; 1847, 16. Sitzung, § 169, S. 455; Ratsarchiv Qq.10.G.23.a., Korrespondenz vom 24. März bis 9. Juli 1852; Senatsakten Cl.VII. Lit.Ma No.10 Vol.2a Fasc.1 Vol.2 Invol.79; in dem gleichen Zeitraum existierten insgesamt 25 drittinstanzliche Gerichte, wobei nur die folgenden tatsächlich Austrägalurteile fällten: Oberappellationsgericht Celle 12 Urteile, Oberappellationsgericht Jena 5, Oberhofgericht Mannheim 3 , Oberster Gerichtshof Wien, Oberappellationsgericht München, Oberappellationsgericht Dresden, Obertribunal Stuttgart, Oberappellationsgericht Darmstadt und Geheimes Obertribunal Berlin jeweils 1 Urteil; *von Leonhardi*, S. 926; *Frühauf*, S. 88 f.

504 Siehe unten, III.1.b)aa)(2)(b); **1877** Rechtsstreit zwischen den Königlichen Regierungen Preußen und Sachsen wegen der Berlin-Dresdener Eisenbahn, erledigt durch Urteil vom 28. Juni 1877; Direktorial Archiv VI.B.15.; Korrespondenz vom 13.-17. April 1877, Ratsarchiv Qq.10.G.23.b.

Die Streitigkeiten mussten sich nicht zwingend nach den Vorschriften der Austrägalgerichtsbarkeit des Deutschen Bundes richten. Es war auch ein Verfahren auf Grundlage der so genannten Privataustäge möglich. Dies ermöglichte Art. 24 der Wiener Schlussakte, der inhaltlich an Art. 1 Satz 1 der Austrägalordnung von 1817 angelehnt war.[505] Art. 24 bestimmte den generellen Fortbestand der aus der Zeit des Deutschen Reiches und des Rheinbundes entstandenen Rechtsverhältnisse.[506] Frühere Familien- oder Vertragsausträge wurden auch nach der Errichtung der Bundesausträgalgerichtsbarkeit nicht aufgehoben oder abgeändert.[507] Streitigkeiten zwischen den Mitgliedern des Deutschen Bundes konnten somit auf Grundlage alter reichsrechtlicher Bestimmungen verhandelt werden, obwohl der Deutsche Bund nicht Rechtsnachfolger des Heiligen Römischen Reiches Deutscher Nation war. Es wurde allerdings nie eine Streitigkeit verhandelt, die sich auf die alten Rechtsverhältnisse aus der Reichszeit bezog.[508]

Das ordentliche Verfahren gemäß Art. 21-24 der Wiener Schlussakte und das besondere Verfahren nach Art. 30 Wiener Schlussakte bestanden aus zwei Teilen. Zunächst fand ein Verfahren vor der Bundesversammlung als eine Art Vermittlungsverfahren statt. Anschließend wurde die Sache zur eigentlichen Prozessverhandlung an die Schiedsgerichte verwiesen.[509]

505 *Huber*, Dokumente, Band 1, Nr. 36, S. 103ff.; *von Leonhardi*, S. 116; *Klüber*, Quellen, S. 255; *von Struve*, 1. Teil, S. 59 f.: „ (...) Es versteht sich jedoch von selbst, daß den Bundesgliedern überlassen bleibe, auch ohne Zutritt der Bundesversammlung die gütliche Ausgleichung ihrer Streitigkeiten unter sich zu treffen, und sich einander die Austräge zu gewähren; (...)“.

506 Art. 24 der Wiener Schlussakte vom 15. Mai 1820, abgedruckt in: *Zeumer*, Nr. 219, S. 545 (547); *Huber*, Dokumente, Band 1, Nr. 30, S. 84; *Klüber*, Quellen, S. 203; *Altmann*, 1. Teil, S. 78.

507 Art. 24 Wiener Schlussakte vom 15. Mai 1820, abgedruckt in: *Zeumer*, Nr. 219, S. 545 (547); *Huber*, Dokumente, Band 1, Nr. 30, S. 84; *Altmann*, 1. Teil, S. 78; *Zachariä*, Staats- und Bundesrecht, 2. Teil, S. 730 f; *Klüber*, Öffentliches Recht, § 173; *Mohl*, S. 63; *Hufnagel/Scheurlen*, S. 9.

508 *Frühauf*, S. 99.

509 *von Leonhardi*, S. 97; *von Struve*, 1. Teil, S. 402; *Jugler*, S. 54.

(1) *Vermittlungsverfahren vor der Bundesversammlung*

Das Verfahren vor der Bundesversammlung unterteilte sich in Einleitungsverfahren[510], Vermittlungsverfahren[511] und Wahl eines Austrägalgerichts[512].

(a) *Einleitungsverfahren*

Der Anknüpfungspunkt für das Einleitungsverfahren und somit für das gesamte Austrägalverfahren waren Art. 21 der Wiener Schlussakte und Art. 1 der Austrägalordnung. Nach diesen Regelungen war die Bundesversammlung „diejenige Behörde, bei welcher alle und jede Streitigkeiten der Bundesglieder unter sich anzubringen" waren.[513] Wollte ein Beschwerdeführer seine Ansprüche geltend machen, musste er bei der Bundesversammlung eine Schrift einreichen, in welcher der Tatbestand und die eigene Position dargestellt waren.[514]

Das Einleitungsverfahren wurde mit einem Antrag des Beschwerdeführeres auf Zulässigkeit der Streitigkeit an die Bundesversammlung abgeschlossen.[515] Nach Art. 2 a der Austrägalordnung sollte anschließend das Vermittlungsverfahren mit der Wahl eines Vermittlungsausschusses beginnen. Dies wurde in der Praxis so nicht eingehalten. Bevor über den Zulässigkeitsantrag entschieden wurde, forderte man erst die Gegenpartei auf, sich zu der Streitigkeit zu äußern.[516]

---

510 Dieses ergibt sich aus Art. 1 der Austrägalordnung; *von Leonhardi*, S. 116; *Huber*, Dokumente, Band 1, Nr. 36, S. 103; *Klüber*, Quellen, S. 255; *von Struve*, 1. Teil, S. 59 f.

511 Dieses ergibt sich aus Art. 2 der Austrägalordnung; *von Leonhardi*, S. 116 f.; *Huber*, Dokumente, Band 1, Nr. 36, S. 103; *Klüber*, Quellen, S. 255 f.; *von Struve*, 1. Teil, S. 60.

512 Dieses ergibt sich aus Art. 3 der Austrägalordnung; *von Leonhardi*, S. 117; *Huber*, Dokumente, Band 1, Nr. 36, S. 103f; *Klüber*, Quellen, S. 256 f.; *von Struve*, 1. Teil, S. 60 ff.

513 Art. 1 Austrägalordnung, *von Leonhardi*, S. 116; *Huber*, Dokumente, Band 1, Nr. 36, S. 103; *Zachariä*, Staats- und Bundesrecht, 2. Teil, S. 735; *Klüber*, Quellen, S. 255; *von Struve*, 1. Teil, S. 60.

514 Protokolle der Bundesversammlung 1846, 12. Sitzung, § 112, S. 210.

515 Ein solcher Antrag lautete wie folgt: „Hohe Bundesversammlung wolle in der vorliegenden Streitigkeit, in Gemäßheit des Artikels 21 der Wiener Schlußacte vom 15. Mai 1820 und der Bundesbeschlüsse vom 16. Juni 1817 und 3. August 1820, zuvörderst die Vermittlung versuchen, in deren Entstehung aber die Entscheidung durch eine Austrägalinstanz veranlassen." Dieses Beispiel ist der Austrägalstreitigkeit vor dem Oberappellationsgericht der vier freien Städte Deutschlands zwischen der Königlich Hannoverschen Regierung und der Fürstlich Lippische Regierung von 1852 entnommen, siehe oben Fn. 503.

516 Protokolle der Bundesversammlung 1846, 12. Sitzung, § 112, S. 219; *Mohl*, S. 101.

Damit sollte ein unnötiges Verfahren vermieden werden. Es bestand die Möglichkeit, dass die Gegenpartei angesichts eines drohenden Austrägalverfahrens einlenken würde und die Streitigkeit damit erledigt war. Aus diesem Grund musste die Gegenpartei ebenfalls eine Stellungnahme abgeben.[517] Konnte zwischen den Parteien keine Einigung erzielt werden, ging die Bundesversammlung zum Vermittlungsverfahren über.[518]

(b) Vermittlungsverfahren

Gemäß Art. 2 a der Austrägalordnung wurde der aus zwei oder nach Befinden mehreren Mitgliedern der Bundesversammlung zusammengesetzte Vermittlungsausschuss bestimmt.[519] Die Ernennung des Ausschusses wurde den Parteien anschließend mitgeteilt.

Dieser hatte die Funktion, zwischen den sich streitenden Bundesmitgliedern zu vermitteln. Er erarbeitete auf Grundlage der Darstellungen der Parteien geeignete Vorschläge, um einen Vergleich zwischen Beschwerdeführer und -gegner zu erreichen.[520] In Art. 2 b der Austrägalordnung war die Anberaumung eines Termins, durch den dem Beklagten die Möglichkeit einer Gegendarstellung gegeben werden sollte, vorgeschrieben. Da die Gegenpartei schon vor der Bildung des Vermittlungsausschusses Stellung bezogen hatte, war die Vorschrift jedoch gegenstandslos geworden.

Der Vermittlungsausschuss hatte die Pflicht, der Bundesversammlung ständig über wesentliche Änderungen oder Fortschritte im laufenden Verfahren Bericht zu erstatten.[521] Ein dazu berufenes Mitglied hielt die entsprechenden Vorträge vor der Bundesversammlung.[522] Im weiteren Verfahren wurde ein Termin für die

517 Protokolle der Bundesversammlung 1847, 16. Sitzung, § 169, S. 455 ff.

518 Protokolle der Bundesversammlung 1847, 16. Sitzung, § 169, S. 468; *Klüber*, Öffentliches Recht, § 173.

519 Die Wahl der Mitglieder des Vermittlungsausschusses richtete sich nach den Vorschriften der Geschäftsordnung für die Bundestagskommission vom 29. April 1819; *von Leonhardi*, S. 97; *Klüber*, Quellen, S. 255; *von Struve*, 1. Teil, S. 60; *von Dresch*, S. 151; *Rudhart*, S. 120.

520 Art. 2 c Austrägalordnung; *von Leonhardi*, S. 116 f.; *Huber*, Dokumente, Band 1, Nr. 36, S. 103; *von Leonhardi*, S. 97; *Klüber*, Quellen, S. 256; *von Struve*, 1. Teil, S. 60; *Zachariaä*, 2. Teil, S. 736; *Rudhart*, S. 120 f.

521 Art. 2 c Austrägalordnung; *von Leonhardi*, S. 116 f.; *Huber*, Dokumente, Band 1, Nr. 36, S. 103; *Klüber*, Quellen, S. 256; Öffentliches Recht, § 173; *von Struve*, 1. Teil, S. 60; *von Dresch*, S. 151.

522 So wurde auch im Beispiel der Austrägalstreitigkeit vor dem Oberappellationsgericht der vier freien Städte Deutschlands zwischen der Königlich Hannoverschen Regierung und der Fürstlich Lippische Regierung von 1852 verfahren; Protokolle

Parteien bestimmt. Hier sollte versucht werden, einen Vergleich zu schließen.[523] Erst nach einem Scheitern des Vermittlungsversuches wurde das eigentliche Austrägalverfahren eingeleitet.[524] In der Praxis wurde hier von der Theorie abgewichen. Da die Parteien von ihrer Rechtsposition meist überzeugt waren und von Beginn an keinen Vergleich anstrebten, wurde oft von der Anberaumung eines Vergleichstermins abgesehen. Dann ging man sofort zur Wahl des Austrägalgerichts über.[525] In einigen Fällen erklärten die streitenden Bundesmitglieder vor der Bundesversammlung, dass sie einen Vermittlungsversuch schon vor Beginn des Vermittlungsverfahrens für erfolg- und zwecklos hielten.[526] Befand auch die Bundesversammlung der Sachlage nach einen Vermittlungsversuch für aussichtslos, wurde entgegen der Austrägalordnung sofort die Wahl des Schiedsgerichts eingeleitet.[527]

Das Vermittlungsverfahren war trotzdem nicht überflüssig. Immerhin wurde eine der sieben vor dem Oberappellationsgericht der vier freien Städte anhängigen Austrägalstreitigkeiten durch einen Vergleich erledigt.[528] Dann wurde eine Vergleichsurkunde erstellt und eine beglaubigte Abschrift in den Bundesarchiven hinterlegt.[529] Der Bund übernahm die Garantie für die Einhaltung des Vergleichs.

---

der Bundesversammlung 1848, 5. Sitzung, § 70, S. 116, zu dieser Streitigkeit siehe oben, Fn. 503.

523 Art. 2 c Austrägalordnung; *von Leonhardi*, S. 116 f.; *Huber*, Dokumente, Band 1, Nr. 36, S. 103; *Klüber*, Quellen, S. 256; Öffentliches Recht, § 173; *von Struve*, 1. Teil, S. 60; *von Dresch*, S. 151; *Rudhart*, S. 121.

524 *von Struve*, 1. Teil, S. 405.

525 So wurde auch im Beispiel der Austrägalstreitigkeit vor dem Oberappellationsgericht der vier freien Städte Deutschlands zwischen der Königlich Hannoverschen Regierung und der Fürstlich Lippische Regierung von 1852 verfahren; Protokolle der Bundesversammlung 1848, 5. Sitzung, § 70, S. 118 f., zu dieser Streitigkeit siehe oben, Fn. 503.

526 So wurde beispielsweise auch in der Austrägalstreitigkeit Waldeck und dem Kurfürstentum Hessen verfahren, anhängig von 1837-1843 bei dem Geheimen Obertribunal Berlin; siehe oben, Fn. 503; Protokolle der Bundesversammlung 1837, 14. Sitzung, § 162, S. 445 f.

527 So wurde beispielsweise auch in der Austrägalstreitigkeit zwischen Waldeck und dem Kurfürstentum Hessen verfahren, anhängig von 1837-1843 bei dem Geheimen Obertribunal Berlin; siehe oben, Fn. 503; *von Dresch*, S. 149; Protokolle der Bundesversammlung 1837, 14. Sitzung, § 162, S. 445 f.

528 Gemeint ist der Rechtsstreit der Krone Bayern gegen Großherzogtum Baden wegen des Eigentums an einer von der Freifrau Herding heimgezahlten Schuld von 1829-1832; Fall nach Art. 21 Wiener Schlussakte, erledigt durch Vergleich von 1832; siehe oben, Fn. 503.

529 *Zachariaä*, 2. Teil, S. 376; *Klüber*, Öffentliches Recht, § 173; *von Dresch*, S. 151 f.; *Rudhart*, S. 123.

Insgesamt wurden in sechs der 32 vor die Austrägalgerichte des Deutschen Bundes gebrachten Verfahren letztlich Vergleiche geschlossen.[530]

(c) Wahl des Austrägalgerichts

Führte das Vermittlungsverfahren zu keiner Einigung zwischen den im Streit liegenden Bundesmitgliedern, musste nach Art. 3 der Austrägalordnung eine richterliche Entscheidung herbeigeführt werden. Das Austrägalgericht handelte im Namen und im Auftrag der Bundesversammlung, da diese ihre richterliche Gewalt ausübte.[531] Damit war das jeweilige Gericht seiner Einrichtung nach zwar ein Landesgericht, übernahm aber in einem solchen Fall Bundeszuständigkeiten. Es stellte eine Einrichtung der Bundesausträgalgerichtsbarkeit dar, die ihre Entscheidungsgewalt von der Bundesversammlung ableitete. Es existierte kein permanentes, vom Bund gebildetes, ihm angehöriges und unter seiner Aufsicht stehendes gemeinsames Bundesgericht, das zur Entscheidung der Streitigkeit zuständig gewesen wäre.

Die Vorgehensweise für die Bestimmung eines obersten Gerichts als Schiedsinstanz richtete sich nach Art. 3 der Austrägalordnung. Der Beklagte musste dem Kläger in einem Zeitraum von „vier bis sechs Wochen" nach der Anzeige des Vermittlungsausschusses an die Bundesversammlung über das fehlgeschlagene Vermittlungsverfahren drei unparteiische Bundesländer vorschlagen.[532] Aus diesen hatte der Beklagte in derselben Frist eines auszuwählen. Verstrich diese Frist ohne einen Vorschlag des Beklagten, ging das Vorschlagsrecht auf die Bundesversammlung über.[533] In der Praxis wurde der Beklagte nach Fristablauf oft noch

530 Anhang *von Leonhardi*, S. 926; *Frühauf*, S. 88 f.

531 *von Leonhardi*, S. 97, 117; *Huber*, Dokumente, Band 1, Nr. 36, S. 104; Deutsche Verfassungsgeschichte, Band 1, S. 627; *Zachariä*, Staats- und Bundesrecht, 2. Teil, S. 737; *Klüber*, Quellen, S. 256 f.; Öffentliches Recht, § 174, *von Struve*, 1. Teil, S. 60 ff.; *Fleischer*, S. 5; *von Dresch*, S. 153; *Rudhart*, S. 122.

532 Art. 3 Nr. 2 Satz 1 Austrägalordnung, *von Leonhardi*, S. 117; *Huber*, Dokumente, Band 1, Nr. 36, S. 104; Deutsche Verfassungsgeschichte, Band 1, S. 627; *Zachariä*, Staats- und Bundesrecht, 2. Teil, S. 737; *Klüber*, Quellen, S. 257; Öffentliches Recht, § 174; *von Struve*, 1. Teil, S. 61, 407; *Jugler*, S. 54; *von Dresch*, S. 153; *Rudhart*, S. 124.

533 Art. 3 Nr. 2 Satz 2 Austrägalordnung, *von Leonhardi*, S. 117; *Huber*, Dokumente, Band 1, Nr. 36, S. 104; *Zachariä*, Staats- und Bundesrecht, 2. Teil, S. 737; *Klüber*, Quellen, S. 257; Öffentliches Recht, § 174 Anmerkung f; *von Struve*, 1. Teil, S. 61, 407; *von Dresch*, S. 153; *Rudhart*, S. 124.

ein zweites Mal aufgefordert, von seinem Vorschlagsrecht Gebrauch zu machen, bevor dies von der Bundesversammlung übernommen wurde.[534]

Das als Schiedsinstanz bestimmte Gericht handelte nach Art. 3 Nr. 3 Austrägalordnung „im Namen und anstatt der Bundesversammlung". Es war deren mittelbares Organ. Die Bundesversammlung musste dem Gericht die Wahl zur Schiedsinstanz mitteilen und ihm einen „unter Mittheilung der Vergleichsverhandlungen förmlichen Auftrag zur Vollziehung der Bundesacte als Austrägal-Instanz" erteilen.[535] Damit stellte die Übernahme des Mandats für das Gericht eine Bundespflicht dar.[536] Die Bundesversammlung schickte dem Bundesgesandten eines Bundesstaates, dessen dritte Instanz zum Austrägalgericht gewählt worden war, durch die Bundespräsidialkanzlei ein Schreiben an das Gericht.[537] Der Gesandte übergab das Schreiben an seine Regierung, die dann den betreffenden Gerichtshof informierte. Etwas anders wurde bei dem Oberappellationsgericht der vier freien Städte verfahren. Da dieses Gericht für Lübeck, Bremen, Frankfurt und Hamburg tätig war, unterstand es auch vier Regierungen. Im Falle einer Wahl des Oberappellationsgerichts wurde das Schreiben der Bundesversammlung von dem Bundesgesandten der vier freien Städte an den Direktorialsenat übergeben, da dieser die Aufsicht über das Gericht ausübte.[538]

Es war aufgrund der Mitgliedschaft des Bundesstaates im Deutschen Bund die Bundespflicht eines jeden drittinstanzlichen obersten Gerichtshofes, als Austrägalinstanz tätig zu werden.[539] Es gab nur wenige Gründe, nach denen es einem Gericht erlaubt war, sich als Schiedsgericht zu verweigern. Dies mussten beson-

---

534 Hier ist wiederum als Beispiel die Austrägalstreitigkeit vor dem Oberappellationsgericht der vier freien Städte Deutschlands zwischen der Königlich Hannoverschen Regierung und der Fürstlich Lippischen Regierung von 1852 zu nennen. Die Fürstlich Lippische Regierung war als Beklagte in der Sitzung der Bundesversammlung vom 3. Februar 1848 erstmals aufgefordert worden, drei Bundesländer zu benennen. Aufgrund politischer Ereignisse in den Jahren 1848 bis 1851 verzögerte sich das Verfahren jedoch, so dass Lippe erst am 22. März 1852 durch einen Beschluss der Bundesversammlung erneut darauf hingewiesen wurde, drei Bundesländer vorzuschlagen. Protokolle der Bundesversammlung 1848, 5. Sitzung, § 70, S. 116 ff.; 1852, 8. Sitzung, § 88, S. 422; siehe oben, Fn. 503.

535 Art. 3 Nr. 3 Austrägalordnung, *von Leonhardi*, S. 117; *Huber*, Dokumente, Band 1, Nr. 36, S. 104; *Zachariä*, Staats- und Bundesrecht, 2. Teil, S. 738; *Klüber*, Quellen, S. 257 f.; Öffentliches Recht, § 174; *von Struve*, 1. Teil, S. 61, 407; *Fleischer*, S. 5; *von Dresch*, S. 154.

536 *Schröder/Künßberg*, Deutsche Rechtsgeschichte, S. 993.

537 *Rudhart*, S. 126; *von Dalwigk*, S. 22.

538 Zur Aufsicht des Direktorialsenats über das Gericht, siehe oben, unter C.II.2.a).

539 Art. 3 Nr. 4 Satz 1 Austrägalordnung, *von Leonhardi*, S. 118; *Huber*, Dokumente, Band 1, Nr. 36, S. 104; *Klüber*, Quellen, S. 258; Öffentliches Recht, § 174 Anmerkung g; *von Struve*, 1. Teil, S. 62, 40; *Rudhart*, S. 125.

dere, der Bundesversammlung unbekannte Verhältnisse sein, die dem Austrägalgericht eine Übernahme der Streitigkeit unmöglich machten.[540] Die Verweigerungsgründe mussten der Bundesversammlung innerhalb von vierzehn Tagen nach Erhalt des Auftrages mitgeteilt werden.[541] Ein solcher Fall ist jedoch nie vorgekommen. Die Ernennung zur Austrägalinstanz steigerte das Ansehen und die Bedeutung des betreffenden Gerichts und war seinem Ruf sehr förderlich.

Die Wahl einer Schiedsinstanz richtete sich zunächst nach der fachlichen Kompetenz. Es ging insbesondere darum, die Probleme von juristisch zuverlässigen Personen entscheiden zu lassen. Darüber hinaus wurde aber auch darauf geachtet, ob das Gericht in seiner Position als unabhängiges Gericht allgemeine Zustimmung in allen politischen Kreisen fand. Das Oberappellationsgericht der vier freien Städte entsprach diesen Kriterien in höchstem Maße.

(2) Verfahren vor dem Austrägalgericht

Der zum Austrägalgericht gewählte oberste Gerichtshof leitete nach Art. 22 Satz 1 Wiener Schlussakte und Art. 2 Satz 1 des Beschlusses über das bei Aufstellung der Austrägalinstanzen zu beobachtende Verfahren den Prozess in allen Haupt- und Nebenpunkten uneingeschränkt. Dies geschah ohne weitere Einwirkung von der auftraggebenden Bundesversammlung oder der jeweiligen Landesregierung.[542] Der Gerichtshof hatte das Recht, alle zur Entscheidungsfindung erforderlichen gerichtlichen Handlungen vorzunehmen.

(a) Der Prozess

Die Austrägalinstanzen richteten sich überwiegend nach ihren jeweiligen Prozessordnungen.[543] Daher waren in der Austrägalordnung zum Prozessgang kaum Anhaltspunkte gegeben. Art. 3 Nr. 6 der Austrägalordnung schrieb sogar vor, dass die „Instruction des Processes“ nach der jeweiligen Prozessordnung und „ganz in selbiger Art, wie die sonstigen alldort zu instruierenden Rechts-Sachen

540 *von Leonhardi*, S. 118.

541 Art. 3 Nr. 4 Satz 2 Austrägalordnung, *von Leonhardi*, S. 118; *Huber*, Dokumente, Band 1, Nr. 36, S. 104; *Zachariä*, Staats- und Bundesrecht, 2. Teil, S. 738; *Klüber*, Quellen, S. 258; Öffentliches Recht, § 174 Anmerkung g; *von Struve*, 1. Teil, S. 62, 407; *Mohl*, S.73; *Rudhart*, S. 127.

542 Protokolle der Bundesversammlung 1820, 19. Sitzung, S. 220; *von Leonhardi*, S. 97, 127 f.; *Huber*, Dokumente, Band 1, Nr. 30, S. 84; *Zeumer*, Nr. 219, S. 546; *Zachariä*, Staats- und Bundesrecht, 2. Teil, S. 739; *Klüber*, Quellen, S. 203; *von Struve*, 1. Teil, S. 129; *Rudhart*, S. 128.

543 *Zachariä*, Staats- und Bundesrecht, 2. Teil, S. 740; *Rudhart*, S. 130 f.

verhandelt werden" sollte.[544] Damit war die jeweilige Landesprozessordnung maßgeblich. Die Fristen und die Beurteilungen der Form und Statthaftigkeit aller Parteihandlungen bestimmten sich ebenfalls nach der jeweiligen Gerichtsordnung der Schiedsinstanz.[545]

Das Austrägalverfahren begann mit der Einreichung der Klageschrift durch den Kläger. Daraufhin musste der Beklagte auf Veranlassung des Gerichts eine Gegenerklärung vorlegen. Anschließend nahmen die Verhandlungen ihren üblichen Verlauf.

Nach Art. 3 Nr. 7 Austrägalordnung sollte das Urteil „in Ermangelung besonderer Entscheidungsquellen, nach den in Deutschland hergebrachten gemeinen Rechten" gesprochen werden.[546] Dieser weite Wortlaut wurde durch Art. 23 der Wiener Schlussakte und den gleichlautenden Art. 4 des Beschlusses über das bei Aufstellung der Austrägalinstanzen zu beobachtende Verfahren näher bestimmt.[547] Wenn keine besonderen Entscheidungsnormen vorhanden waren, sollte auf die von den Reichsgerichten in Rechtsstreitigkeiten derselben Art subsidiär angewandten Rechtsquellen zurückgegriffen werden. Dies galt jedoch nur, wenn eine Anwendung auf die aktuellen Rechtsverhältnisse der Bundesmitglieder noch möglich war.[548] In öffentlich-rechtlichen Streitigkeiten war auf das gemeine deutsche Staats- oder Verwaltungsrecht zurückzugreifen. Das Oberappellationsgericht Lübeck hielt sich an diese gesetzlichen Vorgaben.[549]

---

544 Art. 3 Nr. 6 Austrägalordnung, *von Leonhardi*, S. 118; *Huber*, Dokumente, Band 1, Nr. 36, S. 104; *Klüber*, Quellen, S. 259; *von Struve*, 1. Teil, S. 62.

545 *Zachariä*, Staats- und Bundesrecht, 2. Teil, S. 740 f.; siehe auch beispielsweise die Austrägalprozesse vor dem Oberappellationsgericht Lübeck von **1852-1854** Rechtsstreit der Königlich Hannoverschen Regierung gegen die Fürstlich Lippische Regierung wegen Forderung aus einem von dem vormaligen Kreuzstifte zu Hildesheim mit dem Grafen Simon von der Lippe 1613 geschlossenen Rentenkaufes, siehe oben, Fn. 503. **1829-1832** Rechtsstreit der Krone Bayern gegen Großherzogtum Baden wegen des Eigentums an einer von der Freifrau Herding heimgezahlten Schuld; siehe oben, Fn. 503.

546 *Huber*, Dokumente, Band 1, Nr. 36, S. 104; *von Leonhardi*, S. 119; *Klüber*, Quellen, S. 259; *von Struve*, 1. Teil, S. 62 f.; *Zachariä*, Staats- und Bundesrecht, 2. Teil, S. 742; *Fleischer*, S. 6; *von Dresch*, S. 157; *Rudhart*, S. 133.

547 Protokolle der Bundesversammlung 1820, 19. Sitzung, S. 220; *von Leonhardi*, S. 127 f.; *von Struve*, 1. Teil, S. 130.

548 *Klüber*, Öffentliches Recht, § 175; *Björner*, S. 37; *Rudhart*, S. 132.

549 Dies lässt sich besonders an folgenden Austrägalurteilen erkennen: **1827-1830** Rechtsstreit der Krone Preußen gegen Krone Bayern wegen der von der Fürstin Berkeley, Witwe des letzten Markgrafen von Ansbach und Bayreuth, in Anspruch genommenen Witwenpension; siehe oben, Fn 503; **1831-1837** Rechtsstreit zwischen Preußen, Hannover, Großherzogtum Mecklenburg-Schwerin, Herzogtum Braunschweig und Anhalt-Bernburg, wegen Vertretung einer Forderung der von Lossow'schen Familien- Stipendienstiftung zu Magdeburg an die vormalige

Die Parteien waren als souveräne Bundesglieder im Austrägalverfahren keinem Gerichtszwang der Austrägalinstanz unterworfen. Sie waren ihm gegenüber jedoch zu Achtung und Rücksicht verpflichtet.[550] Das Gericht konnte bei beleidigenden oder die Würde des Gerichts verletzenden Äußerungen der Parteien keine Ordnungsstrafen aussprechen. Es stand ihm aber die Möglichkeit einer Beschwerde bei der Bundesversammlung offen.

(b) Das Urteil

Nach Art. 3 Nr. 8 Satz 1 der Austrägalordnung sollte das Urteil des Oberappellationsgerichts in der Hauptsache spätestens ein Jahr ab dem Tag der Einreichung der Klage- oder Beschwerdeschrift gesprochen werden.[551] Es war jedoch nahezu unmöglich, diese Frist einzuhalten. Grund dafür waren der beträchtliche Umfang und die meist komplizierte Rechtslage der einzelnen Prozesse.[552] Art. 3 Nr. 8 Satz 2 der Austrägalordnung sah in solchen Fällen, in denen die Verfahrensdauer nicht eingehalten wurde, eine Berichterstattung des Austrägalgerichts an die Bundesversammlung vor. Dort mussten die Gründe für den Verfahrensverzug angegeben werden.[553] Die Bundesversammlung konnte dann ihre Missbilligung aussprechen oder den Verzug bewilligen. Die Möglichkeit in Satz 2 war grundsätzlich für Verzögerungen der Verhandlungen gedacht, sollte aber nach der Intention des Gesetzgebers eine Ausnahme bleiben. In der Praxis wurde von dieser Vorschrift regelmäßig Gebrauch gemacht. Die Gerichte begründeten die Verfahrensverzögerungen beispielsweise mit den Anträgen der Parteien auf Fristverlängerung für die Einreichung von Anträgen und Anlagen, mit der Nichtbeachtung der Fristen von Amts wegen[554] oder der Erkrankung von Gerichtsmitgliedern.

Deutschordens-Ballei Sachsen; siehe oben, Fn. 503; **1844-1845** Rechtsstreit des Kurfürstentums Hessen gegen das Fürstentum Waldeck, wegen einseitiger Aufhebung vertragsmäßiger Verhältnisse nämlich der Pension des ehemaligen Postmeisters Schulze in Pyrmont, sowie wegen Besitzstörung, siehe oben, Fn. 503.

550 *Zachariä*, Staats- und Bundesrecht, 2. Teil, S. 743.

551 *von Leonhardi*, S. 119; *Huber*, Dokumente, Band 1, Nr. 36, S. 105; *Zachariä*, Staats- und Bundesrecht, 2. Teil, S. 744; *Klüber*, Quellen, S. 259; Öffentliches Recht, § 175; *von Struve*, 1. Teil, S. 63; *von Dresch*, S. 157.

552 *von Leonhardi*, S. 161 ff.

553 *von Leonhardi*, S. 119; *Huber*, Dokumente, Band 1, Nr. 36, S. 105; *Klüber*, Quellen, S. 259; *von Struve*, 1. Teil, S. 63; *Rudhart*, S. 130.

554 So beispielsweise angeführt folgender Austrägalstreitigkeit vor dem Oberappellationsgericht der vier freien Städte: **1829-1832** Rechtsstreit der Krone Bayern gegen Großherzogtum Baden wegen des Eigentums an einer von der Freifrau Herding heimgezahlten Schuld; Fall nach Art. 21 Wiener Schlussakte, erledigt durch Vergleich von 1832; siehe oben, Fn. 503.

Die Verfahrensdauer der insgesamt 32 vor den Austrägalgerichten des Deutschen Bundes anhängig gewesenen Streitigkeiten lag bei durchschnittlich 6,5 Jahren.[555] Allein die Abfassung des Urteils nahm eine längere Zeit in Anspruch. Dieses musste nach Art. 5 Satz 1 des Beschlusses über das bei Aufstellung der Austrägalinstanzen zu beobachtende Verfahren im Namen der Bundesversammlung erfolgen und sämtliche Entscheidungsgründe enthalten.[556]

Das Oberappellationsgericht der vier freien Städte hatte unter den häufig angerufenen Austrägalgerichten noch die kürzeste Verfahrensdauer. Im Gegensatz zu dem Oberappellationsgericht Celle mit durchschnittlich 9,5 Jahren lag die Verfahrensdauer hier nur bei einem Schnitt von ca. 3 Jahren. Das Lübecker Gericht war die einzige Schiedsinstanz, die es gemäß Art. 3 Nr. 8 Satz 1 der Austrägalordnung[557] schaffte, einen Austrägalprozess innerhalb des vorgeschriebenen Zeitraums von einem Jahr durch ein Urteil abzuschließen.[558] Dabei hatte das Oberappellationsgericht der vier freien Städte weit weniger Mitglieder als andere große Austrägalinstanzen. Am Oberappellationsgericht Celle waren sogar drei besondere Austrägalsenate eingerichtet. Dieses Beispiel verdeutlicht die außerordentliche Leistungsfähigkeit des Oberappellationsgerichts der vier freien Städte.

Das Urteil wurde im Namen der Bundesversammlung abgefasst und den Parteien von dem Austrägalgerichtshof ausdrücklich und im Auftrag des Bundes verkündet.[559] Die Prozessakten mit dem Urteil und den vollständigen Entscheidungsgründen sowie einem Schreiben der Schiedsinstanz wurden der Bundesversammlung durch einen Gesandten zugestellt. Diese konnte dann die Vollziehung des Urteils überwachen.[560] Alle Erkenntnisse waren gemäß Art. 3 Nr. 9 Satz 1 der Austrägalordnung und Art. 6 Satz 1 des Beschlusses über das bei Aufstellung der Austrägalinstanzen zu beobachtende Verfahren sofort nach ihrer Verkündung rechtskräftig und für die Parteien verbindlich.[561] Die streitenden Bundesmitglie-

---

555 *von Leonhardi*, S. 926 f.

556 *von Leonhardi*, S. 127; *von Struve*, 1. Teil, S. 130; Protokolle der Bundesversammlung 1820, 19. Sitzung, S. 220; *Zachariä*, Staats- und Bundesrecht, 2. Teil, S. 744; *Klüber*, Öffentliches Recht, § 175; *von Dresch*, S. 157.

557 *von Leonhardi*, S. 119; *Huber*, Dokumente, Band 1, Nr. 36, S. 105; *Klüber*, Quellen, S. 259; *von Struve*, 1. Teil, S. 63.

558 **1844-1845** Rechtsstreit des Kurfürstentums Hessen gegen das Fürstentum Waldeck wegen einseitiger Aufhebung vertragsmäßiger Verhältnisse nämlich der Pension des ehemaligen Postmeisters Schulze in Pyrmont sowie wegen Besitzstörung; siehe oben, Fn. 503.

559 *Rudhart*, S. 134; *Schröder/Künßberg*, Deutsche Rechtsgeschichte, S. 993.

560 *von Leonhardi*, S. 98; *Zachariä*, Staats- und Bundesrecht, 2. Teil, S. 744; *Klüber*, Öffentliches Recht, § 175; *Fleischer*, S. 5; *von Dresch*, S. 158.

561 *von Leonhardi*, S. 119; *Huber*, Dokumente, Band 1, Nr. 36, S. 105; Protokolle der Bundesversammlung 1820, 19. Sitzung, S. 220; *von Leonhardi*, S. 127 f; *Zachariä*,

der waren somit verpflichtet, sich der Entscheidung zu unterwerfen.[562] Ein Urteil konnte auf Verpflichtung einer Partei zu einer bestimmten Leistung oder auf Feststellung einer bestimmten Rechtslage lauten. Dies war abhängig von der Zielsetzung des Antrags der jeweiligen Partei. Wurde einem Urteil des Austrägalgerichts nicht sofort oder nicht vollständig Folge geleistet, konnte die Bundesversammlung auf Veranlassung der betroffenen Partei über die Vollstreckung verfügen.[563] Diese richtete sich nach den Vorschriften der Exekutionsordnung.[564]

Seit 1867 musste gemäß Art. 76 I der Norddeutschen Bundesverfassung und später der Deutschen Reichsverfassung[565] bei Austrägalstreitigkeiten der Bundesrat angerufen werden. Dieser hatte die Möglichkeit, die Entscheidung einer neutralen Instanz in Form einer juristischen Fakultät oder eines Gerichtshofes zu übertragen.[566] In der Literatur war die Wirkung des Schiedsspruchs der Austrägalinstanz umstritten.

Nach einer Ansicht sollte das Erkenntnis lediglich gutachterliche Wirkung haben. Es sollte als Entscheidungshilfe dienen, an die der Bundesrat nicht gebunden sei.[567] Bindende Kraft erhalte es nur dann, wenn es vom Bundesrat bestätigt werde.[568] Dies wurde mit der Schiedsrichterfunktion des Bundesrates begründet. Er sei somit auch berechtigt, kraft einer unmittelbar aus Art. 76 I hergeleiteten Jurisdiktionsgewalt die Streitigkeit durch einen eigenen Spruch zu entscheiden.[569] Die herrschende Lehre vertrat die Auffassung, der Schiedsspruch habe die Funktion eines letztinstanzlichen Urteils. Die vom Schiedsrichter im Auftrag des Bundesrates gefällte Entscheidung sei gleichzeitig die Entscheidung des Bundesrates.[570] Dieser sei nur dahingehend beschränkt, dass er die Entscheidung selbst nicht treffen könne. Es werde jedoch in seinem Namen entschieden.[571]

Diese Problematik wurde erstmals 1877 im Zusammenhang mit einer Streitigkeit zwischen Preußen und Sachsen, die „Berlin-Dresdener Eisenbahn" betref-

---

Staats- und Bundesrecht, 2. Teil, S. 744; *Klüber*, Quellen, S. 260; Öffentliches Recht, § 175, § 216; *von Struve*, 1. Teil, S. 63, 130.

562 *von Dresch*, S. 157.

563 *Zachariä*, Staats- und Bundesrecht, 2. Teil, S. 747.

564 *Huber*, Dokumente, Band I, Nr. 37, S. 105 ff.; *von Struve*, 1. Teil, S. 133 ff.; Protokolle der Bundesversammlung, 1820, 19. Sitzung, S. 222 ff; *Klüber*, Quellen, S. 296; Öffentliches Recht, § 176.

565 *Huber*, Dokumente, Band 2, Nr. 198, S. 285; Nr. 261, S. 401; *Altmann*, 2. Teil, S. 21.

566 Siehe oben, C.III.1.

567 So *Perels*, S. 39 f. und Laband, in *von Seydel*, S. 406; *Krick*, S. 34.

568 So *Perels*, S. 39 f. und Laband, in *von Seydel*, S. 406; *Krick*, S. 34.

569 *Perels*, S. 41.

570 *Björner*, S. 45; *von Seydel*, S. 406; *Perels*, S. 30 ff; *Sievert*, S. 45; *Krick*, S. 34.

571 So beispielsweise von Seydel und Arndt, in *von Seydel*, S. 406.

fend, in der Literatur diskutiert.[572] Der Fall war wohl der bekannteste im Hinblick auf die Anwendung des Art. 76 I der Deutschen Reichsverfassung. Preußen hatte mit Berufung auf diese Vorschrift einen Antrag an den Bundesrat gerichtet, um die Sache entscheiden zu lassen. In dem Antrag waren die Hintergründe der Streitigkeit dargestellt.[573] Preußen und Sachsen hatten am 6. Juli 1872 einen Staatsvertrag über den Bau einer Eisenbahnverbindung zwischen Dresden und Berlin geschlossen. Eine aus diesem Grund gegründete Eisenbahngesellschaft sollte den Bau, den Betrieb und die Verwaltung der Bahnstrecke übernehmen. Die Bahnstrecke wurde innerhalb der vorgeschriebenen Frist gebaut und in Betrieb genommen. Es zeigte sich jedoch, dass die zur Verfügung stehenden finanziellen Mittel für einen dauernden Bahnbetrieb nicht ausreichten. Um einem möglichen Konkurs der Eisenbahngesellschaft zuvor zu kommen, schloss Preußen mit dieser am 18. Juni 1876 und am 5. Februar 1877 einen Vertrag. Man gab der Gesellschaft eine Zinsgarantie für eine neu aufzunehmende Anleihe. Als Gegenleistung war die Übertragung des Betriebs der Bahnstrecke auf Preußen vorgesehen. Zu dem Vertrag vom 5. Februar war die Zustimmung des Landes Sachsen erforderlich, da es hier um die Betriebsübernahme ging. Sachsen erkannte den drohenden Konkurs der Bahngesellschaft, verweigerte jedoch die Zustimmung zu dem Vertrag. Statt dessen machte die sächsische Regierung der Gesellschaft das Angebot, solche Bahnstrecken, die auf sächsischem Gebiet lagen, für den Staat zu erwerben. Anschließend wollte man mit der preußischen Regierung in Verhandlungen treten, um wiederum von ihr die Zustimmung zu diesem Vertrag zu erhalten. Preußen sah darin einen Verstoß gegen die Prinzipien, welche in dem zwischen den Regierungen beider Staaten am 6. Juli 1872 abgeschlossenen Staatsvertrag über die Ausführung der Bahnstrecke zum Ausdruck gekommen seien. Man könne aus eben diesen Prinzipien die Verpflichtung der sächsischen Regierung zur Zustimmung zu dem zwischen Preußen und der Gesellschaft geschlossenen Vertrag herleiten.

Aus diesem Grund rief Preußen nach mehrmaligem vergeblichen Bemühen um Einigung den Bundesrat unter Berufung auf den Art. 76 der Reichsverfassung mittels eines Antrages zur Erledigung dieser Streitigkeit an.[574] Der Bundesrat entschied am 16. März 1877, die Streitigkeit zur Fällung eines Schiedsspruches an das Hanseatische Oberappellationsgericht in Lübeck zu übertragen. Dabei bestimmte der Beschluss, dass „beide Königliche Regierungen verpflichtet erklärt

572 **1877** Schiedsrichterliche Entscheidung einer zwischen den Königlichen Regierungen zu Preußen und Sachsen wegen der Berlin-Dresdener Eisenbahn bestehenden Streitigkeit; Direktorial Archiv VI.B.15.; Ratsarchiv Qq.10.G.23.b.

573 *von Poschinger*, 3. Band, S. 336.

574 *von Poschinger*, 3. Band, S. 336.

werden, sich dem ergehenden Schiedsspruch zu unterwerfen."[575] Die Entscheidung des Gerichts erging am 28. Juni 1877. Danach war die sächsische Regierung dazu verpflichtet, ihre Zustimmung zu dem Vertrag zwischen der preußischen Regierung und der Berlin-Dresdener Eisenbahngesellschaft zu geben.[576] Dieser Schiedsspruch wurde anschließend vom Bundesrat zur Kenntnis genommen, aber nicht durch einen Beschluss bestätigt. Es ging hier nicht weiter um die inhaltlichen Ergebnisse. Die herrschende Ansicht zog aus dem Verhalten des Bundesrates den Rückschluss, dass die Entscheidung des Gerichts auch als Entscheidung des Bundesrats zu gelten habe.[577] Damit ergehe sie im Namen des Bundesrats und kraft seiner Autorität. Sollte es sich bei dem Erkenntnis grundsätzlich nur um ein Rechtsgutachten handeln, dann hätte der Bundesrat dieses nicht einfach nur zur Kenntnis nehmen dürfen, sondern durch einen formellen Beschluss bestätigen müssen.[578] Wenn der Bundesrat die Entscheidung einem anderen Organ übertrage, gebe er damit auch die ihm von vornherein zustehende Befugnis, rechtsverbindlich zu entscheiden, weiter.[579] Dieses Verhalten sei nicht nur als die Befugniserteilung zu der Erstellung eines Rechtsgutachtens zu deuten. Nach der überwiegenden Ansicht war der Bundesrat nach Art. 76 grundsätzlich dazu berechtigt, die Streitentscheidung einem unabhängigen Gericht zu übertragen. Dieses Urteil war für die Parteien bindend.

(c) Rechtsmittel

Es gab gem. Art. 3 Nr. 9 Satz 2 der Austrägalordnung und Art. 6 Satz 2 und 3 des Beschlusses über das bei Aufstellung der Austrägalinstanzen zu beobachtende Verfahren die Möglichkeit, Rechtsmittel in Anspruch zu nehmen.[580] Das „Rechtsmittel der Restitution ex capite novorum" war innerhalb von vier Jahren ab dem Tag des Auffindens neuer Tatsachen und Beweismittel zulässig.[581] Im betreffenden Paragraphen des Beschlusses über das bei Aufstellung der Austrägalinstanzen zu beobachtende Verfahren war ergänzend hinzugefügt, dass durch die Restitution die Vollziehung des Urteils nicht aufgehalten werden

575 *von Poschinger*, 3. Band, S. 337; *Krick*, S. 35.
576 Entscheidung des OAG bezüglich der Berlin-Dresdner Eisenbahn, Direktorial Archiv VI.B.14., No. 13.
577 *Björner*, S. 45; *Perels*, S. 40.
578 *von Seydel*, S. 406.
579 *Sievert*, S. 45.
580 *Huber*, Dokumente, Band 1, Nr. 36, S. 105; *Klüber*, Quellen, S. 260; Protokolle der Bundesversammlung 1820, 19. Sitzung, S. 220 f.; *von Leonhardi*, S. 127 f.; *von Struve*, 1. Teil, S. 63, 130; *Zachariä*, Staats- und Bundesrecht, 2. Teil, S. 745.
581 *Huber*, Deutsche Verfassungsgeschichte, Band 1, S. 627; *Jugler*, S. 54; *Fleischer*, S. 6; *von Dresch*, S. 159; *Rudhart*, S. 134 f.

konnte.[582] Das Restitutionsmittel musste nach Art. 3 Nr. 10 der Austrägalordnung bei der Bundesversammlung angekündigt werden.[583] Anschließend wurde es an den obersten Gerichtshof, der die Sache erstmals verhandelt und entschieden hatte, übersendet. Dieser entschied über die Statthaftigkeit des Rechtsmittels und verhandelte gegebenenfalls die Sache neu.[584]

Die Partei, welche die Restitution aufgrund der neu aufgefundenen Tatsachen geltend gemacht hatte, musste nach Art. 8 des Beschlusses über das bei Aufstellung der Austrägalinstanzen zu beobachtende Verfahren bei dem Vorstand des Austrägalgerichts einen Restitutionseid leisten. Der Bundesstaat musste sich durch den in der Sache zuständigen Beamten oder durch eine bevollmächtigte Person vertreten lassen.[585] Kamen mehrere Personen in Betracht, sollte die gegnerische Partei bestimmen, wer den Restitutionseid ableisten sollte.

Zur Zeit des Norddeutschen Bundes und des Deutschen Reiches war das Rechtsmittel der „restitutio ex capite novorum" nicht mehr gegeben.[586] Einsprüche und Rechtsmittel gegen das Urteil der Austrägalinstanz konnten ebenfalls nicht geltend gemacht werden. Bei Nichtbefolgung des Urteils verletzte die jeweilige Partei ihre Bundespflicht. Die Entscheidung konnte mit Hilfe der Bundesexekution gemäß Art. 19 der Reichsverfassung durchgesetzt werden.

(d) Teilnahme dritter Bundesstaaten

Nach dem Erlass der Austrägalordnung von 1817 stellte sich die Frage, wie mit der Teilnahme eines dritten Bundesstaates am Austrägalverfahren umzugehen sei. Eine Lösung des Problems fand sich in Art. 3 Satz 1 des Beschlusses über das bei Aufstellung der Austrägalinstanzen zu beobachtende Verfahren.[587] Ein dritter Bundesstaat wurde zu den Verhandlungen vor dem Schiedsgericht nur dann zu-

---

582 Art. 6 Satz 3 des Beschlusses über das bei Aufstellung der Austrägalinstanzen zu beobachtende Verfahren, Protokolle der Bundesversammlung 1820, 19. Sitzung, S. 221; *von Leonhardi*, S. 127 f.; *von Struve*, 1. Teil, S. 130; *Klüber*, Öffentliches Recht, § 175; *von Dresch*, S. 159.

583 *von Leonhardi*, S. 119; *Huber*, Dokumente, Band 1, Nr. 36, S. 105; *von Struve*, 1. Teil, S. 63.

584 *Zachariä*, Staats- und Bundesrecht, 2. Teil, S. 745; Protokolle der Bundesversammlung 1820, 19. Sitzung, S. 221.

585 *von Leonhardi*, S. 127; *von Struve*, 1. Teil, S. 130 f; Protokolle der Bundesversammlung 1820, 19. Sitzung, S. 221; *Zachariä*, Staats- und Bundesrecht, 2. Teil, S. 746; *Klüber*, Öffentliches Recht, § 175.

586 *Krick*, S. 45.

587 Protokolle der Bundesversammlung 1820, 19. Sitzung, S. 220; *von Leonhardi*, S. 128; *von Struve*, 1. Teil, S. 129.

gelassen, „wenn das Gericht eine wesentliche Verbindung der Rechtsverhältnisse desselben mit dem anhängigen Rechtsstreit" anerkannte.[588]

In der Literatur entbrannte ein Streit darüber, ob die Aufforderung des Austrägalgerichts an ein drittes Bundesland, dem Prozess beizutreten (adictation ad litem), zulässig sei.[589] Normalerweise entstand die Teilnahme eines dritten Bundesstaates durch die Streitverkündung (litis denunciatio).[590] Das Oberappellationsgericht Lübeck nahm dazu im Rahmen eines Gutachtens zur Verbesserung des Austrägalverfahrens vom 26. März 1823 Stellung.[591] Es vertrat die Auffassung, die Aufforderung des Austrägalgerichts an ein Bundesland, der Streitigkeit beizutreten, vestoße gegen den allgemeinen Grundsatz des Austrägalverfahrens. Die Schiedsinstanz müsse nämlich von allen an dem Rechtsstreit beteiligten Parteien frei gewählt sein.[592] Das dritte Bundesmitglied werde durch die Aufforderung eines Austrägalgerichts zur Teilnahme an einem Prozess gezwungen, an dessen Gerichtswahl es gar nicht mitgewirkt habe.[593] Das Oberappellationsgericht Lübeck und die herrschende Meinung hielten aus diesem Grund das Hinzutreten dritter Bundesmitglieder durch die Aufforderung des Austrägalgerichts, dem Prozess beizutreten (adcitatio ad litem), für unzulässig.[594]

bb) Das besondere Verfahren nach Art. 30 Wiener Schlussakte

In Art. 30 der Wiener Schlussakte war das besondere Verfahren geregelt. Dieses wurde angewendet, wenn Forderungen an ein Bundesmitglied nicht erfüllt wurden, weil unter mehreren Mitgliedstaaten umstritten war, wer zur Leistung verpflichtet war. Die Bundesversammlung hatte auf Antrag der Parteien „eine Ausgleichung auf gütlichem Wege zu versuchen".[595] Blieb dieser Versuch erfolglos und konnten sich die betreffenden Bundesmitglieder innerhalb einer von der

588 Art. 3 Satz 1 Beschluss über das bei Aufstellung der Austrägalinstanzen zu beobachtende Verfahren; Protokolle der Bundesversammlung 1820, 19. Sitzung, S. 220; *von Leonhardi*, S. 127; *von Struve*, 1. Teil, S. 129 f.; *Zachariä*, Staats- und Bundesrecht, 2. Teil, S. 743; *Klüber*, Öffentliches Recht, § 175.

589 *Frühauf*, S. 119.

590 *Frühauf*, S. 119.

591 Direktorial Archiv VI.A.a., No. 10, Anlage A, Gutachten vom 26. März 1823.

592 Siehe oben unter C.III.1.b)aa)(1)(c).

593 *Klüber*, Öffentliches Recht, § 175 Anmerkung i.

594 Direktorial Archiv VI.A.a., No. 10, Anlage A, Gutachten vom 26. März 1823; *Klüber*, Öffentliches Recht, § 175.

595 *von Leonhardi*, S. 100; *Zeumer*, Nr. 218, S. 540 (549); *Huber*, Dokumente, Band 1, Nr. 29, S. 85; Deutsche Verfassungsgeschichte, Band 1, S. 628; *Altmann*, 1. Teil, S. 79; *Zachariä*, Staats- und Bundesrecht, 2. Teil, S. 748 f.; *Klüber*, Quellen, S. 206; *von Struve*, 1. Teil, S. 409; *Krick*, S. 12; *Scheuner*, S. 26.

Bundesversammlung gesetzten Frist nicht einigen, wurde für die Entscheidung der Streitfrage eine Austrägalinstanz eingesetzt.[596]

Im Deutschen Reich war Privatpersonen in diesen Fällen die Möglichkeit gegeben, sich unmittelbar an die Reichsgerichte zu wenden. Diese Sachen zählten nicht zu den Austrägalstreitigkeiten.[597] Nach dem Wegfall der Reichsgerichtsbarkeit war den Privatpersonen dieser Weg genommen. Art. 30 der Wiener Schlussakte sollte die dadurch entstandene Lücke wieder schließen. Normalerweise wurden alle Ansprüche von Privatpersonen gegen eine Bundesstaatsregierung oder gegen den Landesherrn vor den Landgerichten verhandelt.[598] Die Betroffenen konnten ihre Forderungen jedoch oft nicht vor den zuständigen Landgerichten durchsetzen. Die Regierung wollte die Verbindlichkeit nicht begleichen und verwies daher auf eine andere Regierung. Das Landgericht hielt sich somit für nicht mehr zuständig.[599] Dies führte zu einer „Rechtslosigkeit" des Betroffenen. Art. 30 der Wiener Schlussakte hatte die Funktion, gerade diesen Zustand zu beheben. Das Verfahren diente daher meistens dem Interesse von Privatpersonen.

Für die Zulässigkeit des besonderen Verfahrens musste die Passivlegitimation über die Verpflichtung, eine Forderung einer Privatperson zu erfüllen, zwischen mehreren Bundesmitgliedern streitig sein. Außerdem musste die Privatperson aufgrund dieser Zuständigkeitsprobleme an der Rechtsverfolgung gehindert sein. Einer der Beteiligten hatte dann die Einleitung eines Austrägalverfahrens zu beantragen.[600] Die Zulässigkeitsvoraussetzungen des Art. 30 Wiener Schlussakte waren teilweise umstritten. Man war sich insbesondere dann uneinig, wenn nicht nur die Passivlegitimation zwischen den Bundesmitgliedern streitig war, sondern auch das Bestehen der Forderung. Hier wurden verschiedene Meinungen vertreten.[601] Es setzte sich die einer Einbeziehung dieser Fälle in das besondere Ver-

596 *von Leonhardi*, S. 100; *Zeumer*, Nr. 218, S. 540 (549); *Huber*, Dokumente, Band 1, Nr. 29, S. 85; Deutsche Verfassungsgeschichte, Band 1, S. 628; *Altmann*, 1. Teil, S. 79; *Zachariä*, Staats- und Bundesrecht, 2. Teil, S. 748 f.; *Klüber*, Quellen, S. 206, Öffentliches Recht, § 176; *Jugler*, S. 38.

597 *Frühauf*, S. 44 f.; *Mohl*, S. 139.

598 *Mohl*, S. 70; *Zachariä*, Staats- und Bundesrecht, 2. Teil, S. 749.

599 *Klüber*, Öffentliches Recht, § 176; *Zachariä*, Staats- und Bundesrecht, 2. Teil, S. 749.

600 *Zachariä*, Staats- und Bundesrecht, 2. Teil, S. 749 f.

601 Ablehnend hinsichtlich der Zulässigkeit solcher Fälle war die Auffassung der im folgenden Fall eingesetzten Exekutionskommission, Protokolle der Bundesversammlung 1845, 10. Sitzung, § 107, S. 241. **1827-1830** Rechtsstreit der Krone Preußen gegen Krone Bayern wegen der von der Fürstin Berkeley, Witwe des letzten Markgrafen von Ansbach und Bayreuth, in Anspruch genommenen Witwenpension; Fall nach Art. 30 Wiener Schlussakte, erledigt durch Urteil vom 18.5.1830; siehe oben, Fn. 503; bejahend hinsichtlich der Zulässigkeit solcher Fälle war insbesondere *Zoepfl*, S. 361.

fahren zustimmende Auffassung durch. Anderenfalls liege es in den Händen der Bundesstaaten, ein Verfahren nach Art. 30 Wiener Schlussakte zu verhindern, indem sie statt ihrer Passivlegitimation einfach nur den Rechtsgrund der Forderung bestritten.[602] Im Ergebnis erfolgte eine extensive Auslegung des Art. 30 Wiener Schlussakte. Die Fälle, in denen das Bestehen der Forderung fraglich war, wurden somit für das besondere Verfahren zugelassen.[603]

Sowohl vor dem Oberappellationsgericht Lübeck[604] als auch im gesamten Austrägalverfahren des Deutschen Bundes[605] wurde ein Großteil der Streitigkeiten nach dem besonderen Verfahren gemäß Art. 30 Wiener Schlussakte gelöst. Hier lassen sich wesentliche Abweichungen zu dem ordentlichen Verfahren nach Art. 21 Wiener Schlussakte feststellen. Das besondere Verfahren war ebenfalls in ein Vermittlungsverfahren vor der Bundesversammlung und den eigentlichen Prozess vor dem Austrägalgericht unterteilt. Aufgrund der Beteiligung von Privatpersonen ergaben sich jedoch einige Unterschiede.

(1) Vermittlungsverfahren vor der Bundesversammlung

Das Vermittlungsverfahren vor der Bundesversammlung war in ein Einleitungsverfahren, ein Vermittlungsverfahren und die Wahl des Austrägalgerichts unterteilt.

Im Gegensatz zum ordentlichen Verfahren wurde nicht der Begriff des „Einleitungsverfahrens" benutzt, sondern ein so genannter „Reklamationsausschuss" gebildet. Dieser trug auch die Bezeichnung „Kommission zur Begutachtung der Privateingaben". Die Zusammensetzung und die Aufgaben dieses Ausschusses waren in § 2 der Geschäftsordnung für die Bundestags-Kommissionen vom 29. April 1819 festgelegt.[606] Der Reklamationsausschuss bestand aus fünf Mitgliedern, die dreimal jährlich gewählt wurden.[607] Diese hatten nach dem Wortlaut des Art. 2 Abs. III Nr. 1-3 der Geschäftsordnung für die Bundestags-Kommission die Aufgabe, die Eingaben unter sich zu verteilen. Über die ihnen zur Beurteilung zugeteilte Reklamation mussten die Mitglieder des Reklamationsausschusses

---

602 *Zoepfl*, S. 361.

603 Vortrag der Reklamationskommission, Protokolle der Bundesversammlung 1853, 8. Sitzung, § 50, S. 203.

604 Vor dem Oberappellationsgericht Lübeck wurden vier von sechs Austrägalverfahren nach Art. 30 der Wiener Schlussakte durchgeführt; *Lorenzen-Schmidt*, Erster Band, S. 38 ff.; siehe oben unter C.III.1.b)aa).

605 *von Leonhardi*, S. 926 f.

606 *Klüber*, Quellen, S. 272 ff.

607 § 2 I 1 Nr. 1-3 der Geschäftsordnung für die Bundestags-Commissionen, *Klüber*, Quellen, S. 272.

Gutachten erstellen und diese untereinander bekannt geben. Anschließend hatte jedes Mitglied sein Gutachten nach vorläufiger Rücksprache mit dem Präsidenten vor der Bundesversammlung vorzutragen. Dadurch sollte die Überprüfung aller Eingänge gewährleistet werden.

In der Praxis wurde jedoch anders vorgegangen. Die Forderung der Privatperson wurde mittels einer Eingabe geltend gemacht. Diese erhielt daraufhin eine Nummer.[608] Die Reklamationskommission erstellte dann ein Gutachten über die Eingabe. Anschließend legte sie der Bundesversammlung einen Bericht über die Forderung vor, der schon eine rechtliche Beurteilung über den geltend gemachten Anspruch enthielt.[609] Auf Antrag der Reklamationskommission und auf den daraufhin folgenden Beschluss der Bundesverammlung mussten sich die Regierungen der betroffenen Bundesstaaten zu der von der Privatperson vorgetragenen Sache äußern.[610] Nach Abgabe dieser Erklärungen erstellte der Reklamationsausschuss ein weiteres Gutachten zu der Sache. Falls sich keine Einigung zwischen den Parteien abzeichnete, beantragte er darin die Wahl eines Vermittlungsausschusses.[611] War der Ausschuss bestimmt, verlief das Vermittlungsverfahren im besonderen Verfahren nach dem gleichen Muster wie das ordentliche Verfahren.

Die Privatperson nahm in dem Verfahren nach Art. 30 Wiener Schlussakte eine besondere Stellung ein. Dieses Austrägalverfahren war zwar eine Streitigkeit zwischen Bundesmitgliedern, fand jedoch im Interesse einer Privatperson statt. Der Prozess wurde nur zwischen den Bundesmitgliedern verhandelt und die Privatperson konnte nicht als Partei der Streitigkeit auftreten.[612] Ihr war aber die Möglichkeit gegeben, durch Eingaben auf die Wahrung ihrer Interessen und auf die ordnungsgemäße Erledigung der Streitsache hinzuwirken.[613] Die Privatperson konnte sich auf Aufforderung der Reklamationskommission auch zu der Sache äußern.[614] Eine aktive Einflussnahme auf den Fortgang des Verfahrens war jedoch nicht möglich. Scheiterte das Vermittlungsverfahren, musste auch in dem

608 So wurde auch in dem vor dem Oberappellationsgericht Lübeck verhandelten Fall von **1844-1845** Rechtsstreit des Kurfürstentums Hessen gegen das Fürstentum Waldeck wegen einseitiger Aufhebung vertragsmäßiger Verhältnisse nämlich der Pension des ehemaligen Postmeisters Schulze in Pyrmont, sowie wegen Besitzstörung, Fall nach Art. 30 Wiener Schlussakte, erledigt durch Urteil vom 9.12.1845; siehe oben, Fn. 503, vorgegangen.

609 Siehe oben, Fn. 604.

610 Siehe oben, Fn. 604; Protokolle der Bundesversammlung 1843, 15. Sitzung, § 158, S. 441.

611 Siehe oben, Fn. 604.

612 *Zachariä*, Staats- und Bundesrecht, 2. Teil, S. 752.

613 *Zachariä*, Staats- und Bundesrecht, 2. Teil, S. 752.

614 *Mohl*, S. 142.

besonderen Austrägalverfahren ein Austrägalgericht zur Herbeiführung einer richterlichen Entscheidung gewählt werden.[615]

In diesem Punkt unterschieden sich die Verfahrensarten. Im ordentlichen Verfahren schlug der Beklagte drei unparteiische Bundesländer vor und der Kläger wählte eines daraus. Diese Vorgehensweise war im besonderen Verfahren nicht möglich. Hier musste aus Sicht der Privatperson der richtige Anspruchsgegner für die zu erfüllende Forderung erst noch ermittelt werden. Somit gab es formell keinen Kläger oder Beklagten. Da es an einer einheitlichen Regelung fehlte, wurden verschiedene Lösungswege angewendet.[616]

Die Bundesversammlung konnte die betroffenen Bundesmitglieder auffordern, sich innerhalb einer bestimmten Frist auf ein Austrägalgericht zu einigen. Ansonsten bestimmte die Bundesversammlung selbst das Gericht. So wurde zum Beispiel in dem Rechtsstreit des Großherzogtums Baden gegen die Krone Bayern wegen der Vertretung der kurpfälzischen Partialobligation verfahren. Hier einigten sich Bayern, Baden, das Großherzogtum Hessen und Nassau auf das Oberappellationsgericht Lübeck als zuständige Austrägalinstanz.[617] In der Streitigkeit wegen der Vertretung einer Forderung der von Lossow'schen Familien-Stipendienstiftung zu Magdeburg an die vormalige Deutschordens-Ballei Sachsen zwischen Preußen, Hannover, dem Großherzogtum Mecklenburg-Schwerin, dem Herzogtum Braunschweig und Anhalt-Bernburg wählten die betroffenen Bundesmitglieder ebenfalls das Oberappellationsgericht Lübeck zum Austrägalgericht.[618]

Die Bundesversammlung konnte aber auch eines der als Passivlegitimierte in Betracht kommenden Bundesmitglieder dazu bestimmen, in einer vorgegebenen Frist drei unparteiische Bundesländer vorzuschlagen. Aus diesen musste das andere beteiligte Bundesmitglied in derselben Frist eines auswählen.[619] Verstrich die Frist, hatte die Bundesversammlung wieder die Möglichkeit, die Wahl selbst zu übernehmen. In dem Rechtsstreit der Krone Preußen gegen die Krone Bayern wegen der von der Fürstin Berkeley in Anspruch genommenen Witwenpension bestimmte die Bundesversammlung Bayern, drei oberste Gerichte vorzuschlagen.

---

615 Siehe oben beim ordentlichen Verfahren, C.III.1.b)aa)(1)(c).

616 *Mohl*, S. 147 f.

617 **1829-1832** Rechtsstreit dem Großherzogtum Baden gegen Krone Bayern wegen der Vertretung der kurpfälzischen Partialobligation; Fall nach Art. 30 Wiener Schlussakte, erledigt durch Urteil vom 5.7.1832; siehe oben, Fn. 503.

618 **1831-1837** Rechtsstreit zwischen Preußen, Hannover, Großherzogtum Mecklenburg-Schwerin, Herzogtum Braunschweig und Anhalt-Bernburg wegen Vertretung einer Forderung der von Lossow'schen Familien- Stipendienstiftung zu Magdeburg an die vormalige Deutschordens-Ballei Sachsen, Fall nach Art. 30 Wiener Schlussakte, erledigt durch Urteil vom 19.1.1837; siehe oben, Fn. 503.

619 *Frühauf*, S. 136.

Preußen wählte daraus das Oberappellationsgericht Lübeck zum zuständigen Austrägalgericht.[620] Dieses wurde auch in dem Fall des Postmeisters Schulze in Pyrmont durch das Fürstentum Waldeck zur Austrägalinstanz bestimmt.[621] Hier hatte das Kurfürstentum Hessen drei oberste Gerichte vorgeschlagen.

Den verschiedenen Vorgehensweisen in der Praxis lässt sich entnehmen, dass in der Bundesversammlung keine Einigkeit darüber herrschte, welcher der beiden Lösungsansätze geeigneter war. Es wurde jedoch schließlich in den meisten Fällen so verfahren, dass man bei zwei beteiligten Bundesmitgliedern eines der beiden dazu bestimmte, die drei unparteiischen Bundesländer vorzuschlagen. Waren mehrere Bundesmitglieder beteiligt, wurde diesen die Wahl der Austrägalinstanz frei überlassen.

(2) Verfahren vor dem Austrägalgericht

Im ordentlichen Verfahren wurde von dem Kläger die Klageschrift eingereicht. Die Klägerin in dem Verfahren nach Art. 30 Wiener Schlussakte war eigentlich die Privatperson. Diese trat jedoch wie oben dargestellt nicht als Partei im Prozess auf.[622] Die Verteilung der Parteirollen war für das ordentliche Verfahren nicht gesetzlich geregelt. Somit hätte sich ein Bundesmitglied bereit erklären müssen, die Rolle des Klägers zu übernehmen. Da dieser aber beispielsweise die Beweislast für die Richtigkeit seiner vorgetragenen Position trug, war keine der Parteien dazu bereit, als Kläger aufzutreten.[623] Außerdem hatten die Parteien in der Regel kein großes Interesse an einer schnellen Erledigung des Rechtsstreits, so dass sie sich auch untereinander bezüglich der Verteilung der Parteirollen nicht verständigten. Ein solches Verhalten war für die Lösung des Problems nicht gerade förderlich. Erklärte sich kein Bundesmitglied dazu bereit, als Kläger oder Beklagter aufzutreten, stellte sich somit zu Beginn des besonderen Verfahrens die Frage nach der Zuordnung dieser Positionen.[624]

---

620 **1827-1830** Rechtsstreit der Krone Preußen gegen Krone Bayern wegen der von der Fürstin Berkeley, Witwe des letzten Markgrafen von Ansbach und Bayreuth, in Anspruch genommenen Witwenpension; Fall nach Art. 30 Wiener Schlussakte, erledigt durch Urteil vom 18.Mai 1830; siehe oben, Fn. 503.

621 **1844-1845** Rechtsstreit des Kurfürstentums Hessen gegen das Fürstentum Waldeck wegen einseitiger Aufhebung vertragsmäßiger Verhältnisse nämlich der Pension des ehemaligen Postmeisters Schulze in Pyrmont, sowie wegen Besitzstörung, Fall nach Art. 30 Wiener Schlussakte, erledigt durch Urteil vom 9. Dezember 1845; siehe oben, Fn. 503.

622 Siehe oben, C.III.1.b)bb).

623 *Zachariä*, Staats- und Bundesrecht, 2. Teil, S. 753.

624 *von Leonhardi*, S. 102.

Die im Schrifttum[625] vorgeschlagene Möglichkeit des Losverfahrens wurde von der Praxis wegen der großen Bedeutung des Austrägalverfahrens abgelehnt. Daher gingen die Austrägalgerichte dazu über, einem der betroffenen Bundesmitglieder ohne jedes Präjudiz die Klägerfunktion zuzuweisen. So wurde auch in dem Rechtsstreit der Krone Preußen gegen die Krone Bayern wegen der von der Fürstin Berkeley in Anspruch genommenen Witwenpension verfahren. Das Oberappellationsgericht Lübeck forderte das Königreich Preußen in einem Bescheid vom 17. September 1827 zu einer schriftlichen Stellungnahme zu den Gründen der Anspruchsverweigerung auf.[626] Das Gericht begründete den Bescheid damit, „dass es wohl zweckmäßig erscheine, wenn eine Partei mit der näheren Ausführung ihrer Rechtsgründe den Anfang mache".[627] In gleicher Weise wurden von dem Oberappellationsgericht Lübeck die Streitigkeit des Großherzogtums Baden gegen die Krone Bayern wegen der Vertretung der kurpfälzischen Partialobligation[628] und der Rechtsstreit wegen der Vertretung einer Forderung der von Lossow'schen Familien-Stipendienstiftung zu Magdeburg[629] behandelt. Am 15. September 1842 erging ein Beschluss der Bundesversammlung zu dieser Problematik. Danach sollte die Bestimmung einer Partei zum Kläger durch ein Austrägalgericht in einem Verfahren nach Art. 30 Wiener Schlussakte für das betreffende Bundesmitglied „keinerlei rechtliche Folgen, und namentlich nicht in Beziehung auf die Beweislast" haben.[630] Das Oberappellationsgericht Lübeck konnte in dem Fall des Postmeisters Schulze in Pyrmont schon auf Grundlage dieses Beschlusses der Bundesversammlung handeln.[631]

---

625 *Heffter*, S. 261; *Hufnagel/Scheurlen*, S. 31f.

626 Abschrift eines Bescheides vom 17. September 1827, Direktorial Archiv VI.B.1.No. 8, Anlage A.

627 Abschrift eines Bescheides vom 17. September 1827, Direktorial Archiv VI.B.1.No. 8, Anlage A.

628 **1829-1832** Rechtsstreit dem Großherzogtum Baden gegen Krone Bayern wegen der Vertretung der kurpfälzischen Partialobligation; Fall nach Art. 30 Wiener Schlussakte, erledigt durch Urteil vom 5. Juli 1832; siehe oben, Fn. 503.

629 **1831-1837** Rechtsstreit zwischen Preußen, Hannover, Großherzogtum Mecklenburg-Schwerin, Herzogtum Braunschweig und Anhalt-Bernburg wegen Vertretung einer Forderung der von Lossow'schen Familien- Stipendienstiftung zu Magdeburg an die vormalige Deutschordens-Ballei Sachsen, Fall nach Art. 30 Wiener Schlussakte, erledigt durch Urteil vom 19. Januar 1837; siehe oben, Fn. 503.

630 Protokolle der Bundesversammlung 1842, 26. Sitzung, § 286, S. 637; *Zachariä*, Staats- und Bundesrecht, 2. Teil, S. 753; *von Struve*, 1. Teil, S. 413.

631 **1844-1845** Rechtsstreit des Kurfürstentums Hessen gegen das Fürstentum Waldeck wegen einseitiger Aufhebung vertragsmäßiger Verhältnisse nämlich der Pension des ehemaligen Postmeisters Schulze in Pyrmont, sowie wegen Besitzstörung, Fall nach Art. 30 Wiener Schlussakte, erledigt durch Urteil vom 9.12.1845; siehe oben, Fn. 503.

Problematisch war auch das mangelnde Interesse der beteiligten Bundesmitglieder an einer schnellen Beendigung des Austrägalprozesses. Die Parteien versuchten, das Verfahren in die Länge zu ziehen, indem sie die vom Gericht gesetzten Fristen nicht einhielten.[632] Die Gerichte hatten keine rechtliche Möglichkeit, gegen ein solches Verhalten vorzugehen. Daher wurde von der Bundesversammlung die Kommission zur Revision des Austrägalverfahrens damit beauftragt, entsprechende Lösungsvorschläge zu erarbeiten.[633] Die Kommission erstellte ein Gutachten, dessen Inhalt mit Zustimmung der Mehrheit der Bundesstaaten gesetzlich verankert wurde.[634] Am 19. Juni 1823 erging ein entsprechender Beschluss der Bundesversammlung. Danach waren die Austrägalgerichte während der nach Art. 30 Wiener Schlussakte verhandelten Streitigkeiten beauftragt und ermächtigt, alle Fristen von Amts wegen zu beachten.[635] Wurde eine ergangene Verfügung nicht befolgt, ging das Gericht nun von einem Verzicht der jeweiligen Partei auf die entsprechende Handlung aus.[636] Den Gerichten war somit ein Druckmittel gegen willkürliche oder absichtliche Verfahrensverzögerungen durch die Bundesmitglieder gegeben.[637]

Ein weiterer Streitpunkt innerhalb des besonderen Verfahrens war die Stellung der an dem Rechtsstreit beteiligten Privatperson. Im Vermittlungsverfahren vor der Bundesversammlung war diese noch klar definiert. Vor dem Austrägalgericht stellte sich jedoch die Frage, inwiefern die Privatperson als eigentliche Klägerin auf das Verfahren Einfluss nehmen konnte. Das Oberappellationsgericht Lübeck hatte schon in einem Gutachten zu dem „Entwurf eines Bundestagsbeschlusses über das Verfahren in Streitigkeiten der Bundesglieder untereinander“ von 1823 dazu Stellung bezogen.[638] Dieses war von den Senaten in Auftrag gegeben und als Verbesserungsvorschlag für das Austrägalverfahren von den vier freien Städten bei der Bundesversammlung vorgelegt worden.[639] Danach lehnte das Gericht eine Interventionsmöglichkeit der Privatperson grundsätzlich ab. Weil das Verfahren jedoch auf dem Interesse der Privatperson beruhte, sprach man ihr ein Recht auf Akteneinsicht und eine eigene Darstellung der Verhältnisse zu. Die Stellungnahme konnte an die Parteien zur Kenntnisnahme weitergeleitet

---

632 Protokolle der Bundesversammlung 1823, 6. Sitzung, § 41, S. 93; *Zachariä*, Staats- und Bundesrecht, 2. Teil, S. 752 f.

633 Protokolle der Bundesversammlung 1823, 6. Sitzung, § 41, S. 94.

634 Protokolle der Bundesversammlung 1823, 9. Sitzung, § 67, S. 120 ff.; 17. Sitzung, § 106, S. 289 ff.

635 *Zachariä*, Staats- und Bundesrecht, 2. Teil, S. 753.

636 *von Leonhardi*, S. 149.

637 Protokolle der Bundesversammlung 1823, 17. Sitzung, § 106, S. 298.

638 Protokolle der Bundesversammlung 1820, 37. Sitzung, § 214, S. 662 ff.

639 Direktorial Archiv VI.A.a., No. 10, Anlage A, Gutachten S. 82; Protokolle der Bundesversammlung, 1823, S. 405 ff., Bemerkungen der freien Städte.

werden.[640] Die Gerichte sollten wegen der Dauer des Austrägalverfahrens die Befugnis haben, provisorische Zahlungen von Zinsen, Pensionen oder Alimenten, allerdings ohne Präjudizwirkung für die Hauptsache, an die Privatperson anzuordnen.[641] Diese Vorgehensweise wurde auch von der Literatur begrüßt. Wegen der „Rechtslosigkeit" der Privatperson sei es geboten, diese nicht bis zum Ende des Verfahrens ganz ohne Zahlungen warten zu lassen.[642]

Das Oberappellationsgericht München ging sogar noch weiter. Es vertrat die Auffassung, die am Rechtsstreit interessierte Privatperson habe das Recht, an den Verhandlungen teilzunehmen.[643] Es stellte das Interesse der Privatpersonen in den Vordergrund und ließ provisorische Zinszahlungen ebenfalls zu.[644] Anderer Ansicht war das Oberappellationsgericht Celle. Es lehnte sowohl die Teilnahme der Privatperson am Verfahren, als auch Anträge des Klägers auf eine vorläufige Zinszahlung in aller Form ab.[645] In der Praxis bevorzugte man die vermittelnde Auffassung des Oberappellationsgerichts Lübeck, um den Interessen der Privatperson zumindest ansatzweise gerecht zu werden.

Zusammenfassend ergaben sich im Vergleich zu dem ordentlichen Verfahren in dem besonderen Verfahren zwar keine grundsätzlichen, aber doch einige kleinere Probleme im Bezug auf die Beteiligung der Privatperson. Diese waren jedoch lösbar und führten nur zu geringfügigen Abweichungen vom gewohnten Verfahrensgang.

cc) Das summarische Verfahren nach Art. 18-21 Wiener Schlussakte

Die letzte vor dem Austrägalgericht mögliche Verfahrensart war das in den Art. 18-21 Wiener Schlussakte geregelte summarische Verfahren. Es basierte auf dem in Art. 2 der Deutschen Bundesakte verankerten Bundeszweck, die äußere und innere Sicherheit Deutschlands und die „Unabhängigkeit und Unverletzbarkeit

---

640 Direktorial Archiv VI.A.a., No. 10, Anlage A, Gutachten S. 83.

641 Direktorial Archiv VI.A.a., No. 10, Anlage A, Gutachten S. 95.

642 *Klüber*, Öffentliches Recht, § 176, Anmerkung g.

643 Das Oberappellationsgericht München vertrat diese Auffassung in einem Rechtsstreit zwischen dem Großherzogtum Hessen und Nassau betreffend die Althessischen Landes- und Kameralschulden. *von Leonhardi*, S. 102; Protokolle der Bundesversammlung 1922, S. 97 ff.

644 Das Oberappellationsgericht München ordnete in diesem Zusammenhang provisorische Zinszahlungen zulasten des Großherzogtums Hessen an, *von Leonhardi*, S. 102.

645 Das Oberappellationsgericht Celle vertrat diese Auffassung in einem Rechtsstreit zwischen Bayern und Baden wegen Pfälzischen Obligationen, die Zahlung der rückstelligen Zinsen und verfallenen Kapitalien betreffend; *von Leonhardi*, S. 102, 518 ff; *Klüber*, Öffentliches Recht, § 176, Anmerkung a.

der einzelnen deutschen Staaten" zu erhalten.[646] Das summarische Verfahren wurde daher oft als „Provisorisches Verfahren zur Erhaltung des Friedens und Besitzstandes" bezeichnet.[647]

Dieses Verfahren war nach Art. 18 Wiener Schlussakte eröffnet, „wenn die innere Ruhe und Sicherheit des Bundes auf irgend eine Weise bedroht oder gestört" war. Es musste also eine Besitzstreitigkeit zwischen Bundesmitgliedern vorliegen.[648] Die Bundesversammlung hatte über die Wiederherstellung oder Erhaltung der Eintracht und des Friedens zu beraten und daraufhin die erforderlichen Maßnahmen zu treffen. Nach Art. 19 Wiener Schlussakte musste die Bundesversammlung bei drohenden oder bereits ausgeübten „Thätlichkeiten" zwischen Bundesmitgliedern vorläufige Maßregeln ergreifen, um der Selbsthilfe Einhalt zu gebieten. Sie hatte vor allem auch „für die Aufrechterhaltung des Besitzstandes Sorge zu tragen".[649] Die Selbsthilfe war grundsätzlich untersagt. Auch Repressalien fielen unter den Begriff der Selbsthilfe und galten daher als Unrecht gegen ein Unrecht.[650]

Wurde die Bundesversammlung von einem Bundesmitglied zum Schutz des Besitzstandes angerufen und war der jüngste Besitzstand streitig, so war sie „für diesen besondern Fall" befugt, „ein bey der Sache nicht betheiligtes Bundes-Glied in der Nähe des zu schützenden Gebietes aufzufordern", die Tatsachen und die Streitigkeit durch dessen obersten Gerichtshof summarisch untersuchen zu lassen.[651] Die Bundesversammlung eröffnete somit in diesem Verfahren den Rechtsweg. Das Gericht hatte in dieser Sache einen Bescheid zu erlassen. „(...) Dessen Vollziehung [konnte] die Bundes-Versammlung, wenn der Bundesstaat, gegen welchen er gerichtet" war, nicht nach Aufforderung freiwillig danach handelte, durch die im Bescheid genannten Mittel bewirken.[652] Das „Verfahren zur Aufrechterhaltung des Friedens unter den Bundesgliedern" war grundsätzlich rein polizeilicher und nicht rechtlicher Natur.[653] Es diente nur der Erhaltung und Wiederherstellung des Friedens und nicht der Regelung der Rechtsverhältnisse

646 *Huber*, Dokumente, S. 76; *Klüber*, Quellen, S. 152; *Zeumer*, Nr. 218, S. 540; *Altmann*, 1. Teil, S. 9; *Rudhart*, S. 115.

647 *Mohl*, S. 85; *Rudhart*, S. 116 f.

648 *Huber*, Dokumente, Band 1, Nr. 30, S. 83; *Klüber*, Quellen, S. 201; *Zeumer*, Nr. 219, S. 545 (547); *Altmann*, 1. Teil, S. 77; *von Struve*, 1. Teil, S. 402.

649 *Huber*, Dokumente, Band 1, Nr. 30, S. 83; *Klüber*, Quellen, S. 201; Öffentliches Recht, S. 196; *Altmann*, 1. Teil, S. 77; *Zeumer*, Nr. 219, S. 545 (547); *Jugler*, S. 55.

650 *Rudhart*, S. 114.

651 Art. 20 Wiener Schlussakte; *Huber*, Deutsche Verfassungsgeschichte, Band 1, S. 628; *von Struve*, 1. Teil, S. 406; *Rudhart*, S. 117.

652 *von Leonhardi*, S. 96; *Huber*, Dokumente, Band 1, Nr. 30, S. 83; *Klüber*, Quellen, S. 201; Öffentliches Recht, § 172; *Zeumer*, Nr. 219, S. 545 (547); *Rudhart*, S. 118.

653 *von Leonhardi*, S. 96 f., Anmerkung 5.

unter den Bundesmitgliedern. Fühlte sich ein Bundesmitglied durch das summarische Verfahren benachteiligt, hatte es die Möglichkeit, durch die Einleitung des ordentlichen Verfahrens ein anders lautendes Urteil zu erwirken.[654] Für die Zeit des Deutschen Bundes liegt kein Urteil in einem summarischen Verfahren vor. Dies zeigt die geringe Bedeutung dieses Austrägalverfahrens in der Praxis.

Der für das ordentliche Verfahren vorgeschiebene Vermittlungsversuch war nach Art. 18-21 Wiener Schussakte für das summarische Verfahren nicht erforderlich. Dadurch war es der Bundesversammlung sofort möglich, den Bundesstaat zu bestimmen, dessen oberstes Gericht über den Streit entscheiden sollte.[655] Es handelte sich hier nicht um ein Verbot eines Vermittlungsverfahrens und es konnte auch auf Wunsch der Parteien durchgeführt werden. Andererseits durfte niemand dazu genötigt werden, sich auf ein solches einzulassen.[656] Um das Austrägalverfahren zu verkürzen, wurde jedoch meistens auf das Vermittlungsverfahren verzichtet.[657] Ansonsten hätte das summarische Verfahren seinen Sinn und Zweck, einen schnell erreichbaren Schutz des Antragstellers durch die Bundesversammlung und das Austrägalgericht, verfehlt.

Im Falle eines Urteils waren keine weiteren Rechtsmittel zulässig. Dies galt auch nicht für das im ordentlichen Verfahren mögliche Rechtsmittel der Restitution ex capite novorum.[658] Der Grund dafür war, dass das Urteil lediglich ein summarisches war. Das Gericht stellte also nur einen provisorischen Zustand her.[659] Es blieb den Parteien die Möglichkeit, den Rechtsstreit in einem ordentlichen Verfahren endgültig entscheiden zu lassen.

dd) Das Exekutionsverfahren nach Art. 31-34 Wiener Schlussakte

Das Exekutionsverfahren des Deutschen Bundes regelte die Vollziehung der gerichtlichen oder gerichtsähnlichen Urteile (also Austrägalurteile, Kompromissentscheidungen und Vergleiche), der Bundesgrundgesetze, der Bundesbeschlüsse und der Bundesgarantien.[660] Es war in Art. 31-34 der Wiener Schlussakte fest-

654 *Mohl*, Robert, S. 88; *Rudhart*, S. 118 f.
655 *Zachariä*, Staats- und Bundesrecht, 2. Teil, S. 755.
656 *von Dresch*, Abhandlungen, S. 55; *Zachariä*, Staats- und Bundesrecht, 2. Teil, S. 755, Anmerkung 4.
657 *von Dresch*, Abhandlungen, S. 55.
658 *Zachariä*, Staats- und Bundesrecht, 2. Teil, S. 755.
659 *von Leonhardi*, S. 96; *Frühauf*, S. 148.
660 *Huber*, Deutsche Verfassungsgeschichte, Band 1, S. 635; *Frühauf*, S. 153; *Jugler*, *S. 55; Björner*, S. 24; *Schröder/Künßberg*, Deutsche Rechtsgeschichte, S. 993.

gelegt und wurde durch die Exekutionsordnung vom 3. August 1820 ergänzt.[661] In dieser war die Vorgehensweise bei der Vollstreckung näher bestimmt. Die einzelnen Artikel entsprachen inhaltlich teilweise denen der Wiener Schlussakte.

Die zuständige Exekutionsbehörde war die Bundesversammlung. Diese verfügte nach Art. 12 der Exekutionsordnung die Vollziehung eines Austrägalerkenntnisses nur auf Anrufen einer Partei. Für die Prüfung der Vollziehungsgegenstände bestand in der Bundesversammlung nach Art. 2 der Exekutionsordnung eine ständige Kommission aus fünf Mitgliedern und zwei Stellvertretern.[662] Diese wurden für einen Zeitraum von sechs Monaten ernannt. Erfüllte die Regierung eines Bundesstaates ihre Verpflichtung gar nicht oder nur ungenügend, so wurde ihr von der Bundesversammlung mittels eines Gesandten eine Frist gesetzt. Innerhalb dieser konnte die inzwischen erledigte Pflichterfüllung mitgeteilt oder eine Begründung für die Weigerung oder Hinderung abgegeben werden.[663] Schloss die Kommission aus dem Verhalten eine unbegründete Nichterfüllung der Pflicht, begann das eigentliche Exekutionsverfahren durch die Erstellung eines formellen Exekutionsbeschlusses.

Der Regierung des betroffenen Bundesstaates wurde eine weitere Frist mit einer deutlichen Aufforderung zur Folgeleistung gesetzt.[664] Da der Bundesversammlung keine unmittelbare Einwirkung auf die innere Verwaltung der Bundesstaaten zustand, durfte sie sich nur an die Regierung selbst wenden. Verstrich diese Frist, ohne dass eine Pflichterfüllung seitens des Bundesstaates nachgewiesen werden konnte, beschloss die Bundesversammlung gemäß Art. 5 der Exekutionsordnung die Eröffnung des angedrohten Exekutionsverfahrens. Sie teilte dies der betroffenen Regierung durch einen Gesandten mit.

Nach Art. 33 Wiener Schlussakte und Art. 7 Exekutionsordnung wurden die Exekutions-Maßregeln „im Namen der Gesamtheit des Bundes beschlossen und ausgeführt".[665] Die Bundesversammlung erteilte anschließend einer anderen, unbeteiligten Regierung den Auftrag zur Vollziehung mit den notwendigen Zwangsmaßnahmen (Exekutionsmandat). Sie bestimmte die Größe der „Exeku-

---

661 *Huber*, Dokumente, Band 1, Nr. 30, S. 85f.; *Zeumer*, Nr. 219, S. 545 (548); *von Struve*, 1. Teil, S. 133 ff.; *Klüber*, Quellen, S. 206 ff., S. 296 ff.; *von Leonhardi*, S. 152 ff.; *Jugler*, S. 55.

662 *Klüber*, Öffentliches Recht, § 178, Quellen, S. 297; *von Leonhardi*, S. 109, 152; *von Struve*, 1. Teil, S. 134; *von Dresch*, S. 162.

663 Art. 3 Exekutionsordnung, *Klüber*, Quellen, S. 298; *von Leonhardi*, S. 153; *von Struve, 1. Teil, S. 134; Huber*, Deutsche Verfassungsgeschichte, Band 1, S. 636; *Rudhart*, S. 81.

664 *Huber*, Deutsche Verfassungsgeschichte, Band 1, S. 636; *Klüber*, Öffentliches Recht, § 178; *Rudhart*, S. 82.

665 *Zeumer*, Nr. 218, S. 540 (548); *Huber*, Dokumente, Band 1, Nr. 30, S. 85; *Klüber*, Quellen, S. 208, 300; *Altmann*, 1. Teil, S. 80; *von Leonhardi*, S. 154.

tionsmannschaft“ und beschloss die Dauer des Verfahrens.[666] Dann musste die betroffene Bundesregierung einen „Civil-Commissär“ bestimmen. Diesem wurde gemäß Art. 34 Wiener Schlussakte und Art. 8 Exekutionsordnung die Leitung des Verfahrens übertragen. Er hatte auch die Bundesversammlung über den Verlauf und den Erfolg der Pflichterfüllung in Kenntnis zu setzen.[667] Die Bundesversammlung behielt die oberste Leitung des Exekutionsverfahrens. Sie kündigte der betroffenen Regierung vorher die Vollziehung an, falls nicht in einer letzten Frist von drei Wochen die Erfüllung der Verbindlichkeit nachgewiesen werden konnte. Dies galt nicht, wenn Gefahr in Verzug war. Die letzte Frist war peremtorisch und nach ihrem fruchtlosen Ablauf erfolgte unvermeidbar die Exekution nach der Maßgabe des Beschlusses der Bundesversammlung.[668] Dieses teilte dann der „Civil-Commissär“ der Regierung mit, die daraufhin alle nötigen Vorkehrungen zu treffen hatte.

Die Exekution richtete sich grundsätzlich gegen die Regierung des Landes, das sich mit der Erfüllung seiner Pflichten im Verzug befand. Die Maßnahmen gegen die Regierung konnten sich auf die Suspension der Regierungsgewalt des Landesherren, auf die Absetzung des Ministeriums oder sogar auf die Übernahme der vollen Regierungsgewalt durch den „Civil-Commissär“ erstrecken.

Die Veranlassung der Vollziehung eines Austrägalurteils oder eines Kompromisses war nur auf Antrag der beteiligten Parteien möglich. Dabei wurde der Inhalt des Erkenntnisses niemals zum Gegenstand der Beratungen oder eines Beschlusses der Bundesversammlung.[669] Nach der Erfüllung des Auftrags wurde das Verfahren durch einen Bundesbeschluss beendet. Das Exekutionsmandat wurde zurückgezogen und die „Exekutionsmannschaft“ zurückgerufen. Die Kosten des gesamten Verfahrens hatte die Regierung des betroffenen Landes zu tragen.[670]

Im Norddeutschen Bund und im Deutschen Reich war das Exekutionsverfahren in Art. 19 Reichsverfassung geregelt. Hier gab es keine wesentlichen Unterschiede zu der Vorgehensweise im Deutschen Bund. Zu dem Austrägalverfahren im Deutschen Bund kann abschließend festgehalten werden, dass es ein „klassisches Beispiel für die Kombination von politischer Vermittlung, gerichtlicher

---

666 *Rudhart*, S. 84 ff.

667 *Zeumer*, Nr. 219, S. 540 (548); *Huber*, Dokumente, Band 1, Nr. 30, S. 85 f.; *Klüber*, Quellen, S. 208, 300; Öffentliches Recht, § 179; *Altmann*, 1. Teil, S. 80; *von Leonhardi*, S. 154 f; *von Struve*, 1. Teil, S. 136; *Rudhart*, S. 88.

668 *Klüber*, Öffentliches Recht, § 179.

669 *Klüber*, Öffentliches Recht, § 179.

670 *Rudhart*, S. 93.

Entscheidung und abschließender Exekution in einem staatenbündischen Gesamtkörper" darstellte.[671]

2. Kompromisssachen

Vor dem Oberappellationsgericht wurden analog zu den Austrägalstreitigkeiten die Kompromisssachen auf Grundlage des Art. 24 der Wiener Schlussakte verhandelt.[672] Sie waren für das Gericht von keiner großen Bedeutung. Bis 1876 bearbeitete das Gericht acht Kompromisssachen.[673] Der Unterschied zwischen

---

671 *Huber*, Deutsche Verfassungsgeschichte, Band 1, S. 627.

672 *Zeumer*, Nr. 219, S. 540 (547); *Huber*, Dokumente, Band 1, Nr. 30, S. 84; *Klüber*, Quellen, S. 203; *Altmann*, 1. Teil, S. 78.

673 **1829-1832** Herzog von Anhalt-Cöthen gegen Großherzog von Hessen wegen der Dotalgelder der Erbprinzessin von Anhalt-Cöthen; Direktorial Archiv VI.B.4.; Gesamtinventar, A 286; ASA Interna, 29/4; Ratsarchiv Qq.10.G.23.a., Korrespondenz der Städte vom 3. Dezember 1829 bis 6. Januar 1830; Senatsakten Cl.VII. Lit.Ma No.10 Vol.2a Fasc.1 Vol.2 Invol.34; **1833-1838** Krone Preußen gegen Fürstentum Schaumburg-Lippe wegen Zehnten und Gefällen von Stiften und Klöstern in den Fürstentümern Minden und Paderborn; Direktorial Archiv VI.B.9.; Gesamtinventar, A 294; ASA Interna, 29/4; **1833-1837** Großherzoglich Mecklenburgische Landesregierung gegen Corps der Städte des Mecklenburgischen und Wendischen Kreises wegen einer den hamburgischen Güterbestättern Kühn&Co zu Horst erteilten Konzession; Direktorial Archiv VI.B.8.; Gesamtinventar, A 295; ASA Interna, 29/4; Ratsarchiv Qq.10.G.23.a., Korrespondenz der Städte vom 12. November 1832 bis 12. Juni 1833; **1840-1845** Krone Sachsen gegen Großherzogtum Sachsen-Weimar wegen der Territorialzugehörigkeit einiger Parzellen des Erzgebirgischen Kreise; Direktorial Archiv VI.B.11.; Gesamtinventar, A 297; ASA Interna, 29/4; Ratsarchiv Qq.10.G.23.a., Korrespondenz der Städte im März/April 1840; **1840-1841** Krone Preußen gegen Kurfürstentum Hessen wegen der Landeshoheit über die Ottenberger und Fülmer Marsch sowie einige Grundstücke am Hartler Berge; Direktorial Archiv VI.B.10.; Gesamtinventar, A 298; ASA Interna, 29/4; Ratsarchiv Qq.10.G.23.a., Korrespondenz der Städte von März bis Juni 1840; In diesem Fall ist bemerkenswert, dass nach Jahrzehnte langem Streit zwischen den Parteien das Oberappellationsgericht noch kurz vor dem Ausbruch des Krieges 1866 ein über 500 Seiten langes Erkenntnis zu Gunsten von Hessen abgab. Im Jahre 1866 wurde das Kurfürstentum Hessen dann von Preußen annektiert; **1850-1851** Schleswig-Holsteinische Statthalterschaft zu Kiel gegen die Hansestädte Hamburg, Lübeck und Bremen wegen Vergütung von Verpflegungskosten; Direktorial Archiv VI.B.7.; Gesamtinventar, A 314; **1856-1957** Kompromisssache über den Konflikt zwischen Mitgliedern des Landtags für die Herzogtümer Coburg und Gotha wegen der Zuständigkeit dieses gemeinschaftlichen Landtages hinsichtlich der Gesetzgebung über einen zu errichtenden gemeinsamen Appellhof; Direkorial Archiv VI.B.13.; Gesamtinventar, A 316; ASA Interna, 29/4; **1875-1876** Krone Sachsen gegen Fürstlich Preußische Regierung älterer Linie wegen der Landeshoheit über drei Waldgrundstücke am linken

Austrägen und Kompromissen war deutlich. Bei Austrägalstreitigkeiten beriefen sich die Parteien auf Hausverträge, Privilegien oder Reichsgesetze.[674] Dabei ging es um Streitigkeiten zwischen verschiedenen Staaten oder regierenden Häusern. Daher konnte das Austrägalgericht nur von den Personen angerufen werden, die ein Recht aus einer der genannten Vorschriften herleiten konnten.

Bei einem Kompromiss wurde auf den Willen und die Verabredung der Parteien abgestellt, auch wenn sie Untertan waren. Es war den Bundesgliedern nach Art. 24 Wiener Schlussakte grundsätzlich freigestellt, für eine explizite Streitigkeit oder generell für alle zwischen ihnen auftretenden Streitigkeiten ein bestimmtes Schiedsgericht zu vereinbaren. Die Vereinbarung hatte Vorrang vor der Bundesausträgalinstanz. Diese für den Einzelfall festgelegten Schiedsabreden wurde als Kompromisse bezeichnet. Der Vorteil für eine Partei, durch einen Kompromiss zu ihrem Recht zu gelangen, lag darin, dass die Kompromisssachen wesentlich zügiger als die Austrägalsachen entschieden wurden. Der Kläger war jedoch nicht gezwungen, die Klage bei dem Schiedsgericht anzubringen.[675] Da es für das Oberappellationsgericht keine gesetzliche Verpflichtung zur Übernahme einer Kompromisssache gab, war sowohl seine eigene, als auch die Zustimmung aller Senate erforderlich. Im Gegensatz zu den Austrägalsachen gaben die Senate ihre Zustimmung zur Bearbeitung von Kompromisssachen wegen der häufigen Überlastung des Gerichts nur selten.

Sowohl die Übernahme von Austrägalsachen, als auch von Kompromisssachen verhalfen dem Oberappellationsgericht zu einer Steigerung seines ohnehin schon guten Rufes.

Göltepschufer; Direktorial Archiv VI.B.13.; Gesamtinventar, A 317; ASA Interna, 29/4; Korrespondenz vom 6. Februar bis 19. April, Ratsarchiv Qq.10.G.23.b.

674 *von Leonhardi*, S. 34.

675 *von Leonhardi*, S. 34; *Kusserow*, S. 78.

D. Die weitere Entwicklung des Gerichts

Den Höhepunkt seines Ruhmes hatte das Oberappellationsgericht in der Mitte des 19. Jahrhunderts. Es nahm ohne Zweifel den vordersten Rang unter den höchsten Gerichtshöfen ein und erfreute sich im Deutschen Bund allgemeiner Bekanntheit und Beliebtheit. Auf der Feier des 50jährigen Bestehens des Gerichts am 13. November 1870 wurden seine hervorragende wissenschaftliche Bedeutung, die „Tüchtigkeit und Neutralität" seiner Mitglieder und die ausführliche Begründung der Urteile besonders hervorgehoben.[676] Durch diese Eigenschaften habe sich das Gericht „einen ausgezeichneten Platz unter den Gerichten gleichen Ranges in Deutschland" sichern können.[677]

Wie schon oben dargestellt betonte Heinrich Thöl, dass sein Lehrbuch zum Handelsrecht größtenteils die in den Urteilen des Gerichts entwickelten Rechtsgrundsätze wiedergebe.[678] Auch der Rechtsgelehrte Bernhard Windscheid wies zu Beginn seiner Vorlesungen die Hörer regelmäßig auf die große Bedeutung der Entscheidungen der höchsten Gerichtshöfe hin. Dabei übertreffe das Oberappellationsgericht Lübeck die anderen obersten Gerichte Deutschlands.[679] Wer sich im Studium auf eine Entscheidung dieses Gerichts stütze, habe „fundata intentio", also eine gute Begründung, auf seiner Seite.[680] Die Urteile dieses Gerichts wurden allgemein als „Meisterstücke" der Rechtsanwendung angesehen.

Die Bedeutung des Oberappellationsgerichts zeigte sich insbesondere in der Beeinflussung der Entwicklung des Handelsgesetzbuches durch die Entscheidungen des Gerichts.[681] Das Oberappellationsgericht beschäftigte sich ebenfalls intensiv mit komplizierten Rechtsproblemen der im Deutschen Bund wichtigsten Stadtrechte, vor allem dem Lübecker und dem Hamburger Stadtrecht. Gerade die

---

676 Lübeckische Blätter, 12. Jahrgang 1870, S. 493, Nr. 91; Gesamtinventar, A 67 No. 2, Schreiben des Gerichts vom 19. November 1870 an den Direktorialsenat; Ratsarchiv Qq.10.G.27., Jubiläumsfeier 1870; Senatsakten Cl.VII. Lit.Ma No.10 Vol.2a Fasc.1 Vol 3 Invol. 21.

677 Lübeckische Blätter, 12. Jahrgang 1870, S. 493, Nr. 91; Gesamtinventar, A 67 No. 2, Schreiben des Gerichts vom 19. November 1870 an den Direktorialsenat; Ratsarchiv Qq.10.G.27., Jubiläumsfeier 1870; Senatsakten Cl.VII. Lit.Ma No.10 Vol.2a Fasc.1 Vol 3 Invol. 21.

678 Siehe oben unter C.II.4.b)aa).

679 *Görtz*, S. 591.

680 *Görtz*, S. 591.

681 Siehe oben unter C.II.4.b)aa).

Entscheidungen bezüglich des Lübecker Stadtrechts waren von großer Bedeutung, da es in den Ostseestaaten und vielen deutschen Städten Geltung hatte.

Auch die Veränderungen im Deutschen Bund bestimmten die Entwicklungen am Oberappellationsgericht. Von dem seit Mitte des 19. Jahrhunderts nach politischer Einheit strebenden Bund beeinflusst, wurden auch die voneinander abweichenden Gesetze der einzelnen Bundesstaaten immer mehr vereinheitlicht. So blieben Änderungen für das Oberappellationsgericht der vier freien Städte nicht aus. Diese werden vorliegend am Beispiel Lübecks dargestellt.

I. Die Reformen der lübeckischen Gerichtsbarkeit

Während der Tätigkeit des Oberappellationsgerichts wurden in der lübeckischen Gerichtsbarkeit einige Reformen vorgenommen, die für das Oberappellationsgericht der vier freien Städte von besonderer Bedeutung waren. Darunter fielen vor allem das neue Gerichtsverfassungsgesetz vom 22. Dezember 1860, die Zivilprozessordnung vom 28. April 1862, die Strafprozessordnung vom 26. November 1862 und das Strafgesetzbuch vom 20. Juli 1863. Alle Gesetze traten im Rahmen des „Gesetzes, die Einführung der neuen Gerichtsverfassung betreffend" am 1. März 1864 in Kraft.[682]

1. Die Zivil- und Strafprozessordnung und das Strafgesetzbuch

Die Beratungen über die Neufassung der Prozessordnungen und über das Strafgesetzbuch begannen bereits während der Verhandlungen über das Gerichtsverfassungsgesetz im Jahre 1848. Zunächst wurde eine neue Gerichtsverfassung nicht differenziert erarbeitet, sondern man versuchte, die entsprechenden Regelungen in den neuen Gesetzen zu verankern. Grund dafür war, dass die neu zu erarbeitenden Punkte wie der Anklageprozess, die Öffentlichkeit und Mündlichkeit der Verhandlungen oder die Einrichtung von Schwurgerichten nicht nur in den Normen der Gerichtsverfassung bestimmt werden mussten, sondern auch für andere Gesetze von Bedeutung waren.[683] Die erforderlichen Änderungen mussten daher auch in die entsprechenden Gesetze eingearbeitet werden.

682 Siehe unten, D.I.2.
683 Zum Gerichtsverfassungsgesetz siehe unten, D.I.2.

a) *Die neue Zivil- und Strafprozessordnung*

Aufgrund der Wandlungen im Rechtsdenken war es nicht mehr möglich, sich weiterhin nahezu ausschließlich auf die überkommenen Verfahrensregeln zu stützen. Diese basierten teilweise noch auf den alten Statuten von 1586, den Nieder- und Obergerichtsordnungen von 1631, und für Strafsachen teilweise noch auf dem Verfahren der „Peinlichen Gerichtsordnung Kaiser Karls V." von 1532 (Constitutio Criminalis Carolina). Das schriftliche Untersuchungsverfahren war veraltet und bestand außer in den Hansestädten nur noch in Liechtenstein, Lippe, Reuß, Homburg, Holstein-Lauenburg und Mecklenburg. Wollte Lübeck den Anschluss an die allgemeinen Rechtsentwicklungen nicht verpassen, bedurften das Zivil- und Strafverfahren einer dringenden Erneuerung. Vor allem mussten die in den vier Städten immer noch differierenden Zuständigkeitsregeln für das Oberappellationsgericht endlich vereinheitlicht werden.

In dem ersten Entwurf der Gemeinsamen Verfassungskommission war zunächst versucht worden, die Neuerungen des Justizwesens für die Gerichtsverfassung und die Zivil- und Strafprozessordnung in einem gemeinsamen Gesetz zu verankern. In der vom Senat genehmigten Fassung der „Grundlinien der neuen Gerichtsordnung" vom 19. Juni 1850 waren beispielsweise die einzelnen Verfahrens- und Gerichtsverfassungsgesetze nicht weiter getrennt. Sämtliche Gesetze waren in den 94 Paragraphen der „Grundlinien" vereint.[684] Man hatte versucht, die auftretenden Probleme gleichzeitig zu erörtern. Dieses führte jedoch zu einer Vermischung der einzelnen Themenkreise und damit im Ergebnis zu vielen und inhaltlich unübersichtlichen Paragraphen. Erst 1854 gliederte und bearbeitete die schon 1851 eingesetzte Senatskommission die einzelnen Gesetzeskomplexe jeweils für sich. Sie differenzierte zwischen dem Gerichtsverfassungsgesetz, dem Strafgesetzbuch und der Zivil- und Strafprozessordnung. Die einzelnen Entwürfe wurden dem entsprechend in den folgenden sieben Jahren getrennt bearbeitet.[685] In Inhalt und Aufbau lehnte man sich vor allem an die neuesten Strafprozessgesetze des Großherzogtums Oldenburg und des Königreichs Sachsen an.[686]

---

684 Die „Grundlinien" waren wie folgt gegliedert:
1. Abschnitt: Die Zuständigkeit der Gerichte §§ 1-38
2. Abschnitt: Verfahren in bürgerlichen Rechtsstreitigkeiten §§ 39-63
3. Abschnitt: Verfahren in Strafsachen §§ 64-86
4. Abschnitt: Fristen und Ladungen §§ 87-91
5. Abschnitt: Vollstreckung der Erkenntnisse §§ 92-94.

685 „Gutachterlicher Bericht des Ober-Appellations-Gerichts betreffend die in den freien Städten beabsichtigte Reform des Strafverfahrens in specie die Competenz des Ober-Appellations-Gerichts und den Prozeßgang in Criminalsachen", Gesamtinventar, A 323.

686 Kommissionsbericht vom 20. Juni 1862, *Behn*, Sammlung, Band 3, S. 513.

Im Rahmen der Gesetzesreformen in Lübeck wurden das Gerichtsverfassungsgesetz, die Zivil- und Strafprozessordnung und das Strafgesetzbuch relativ zügig hintereinander bearbeitet. Am 22. Dezember 1860, dem Tag der Verkündung des Gerichtsverfassungsgesetzes, wurde die schon seit dem Jahre 1851 zuständige Justizkommission vom Senat der Stadt Lübeck beauftragt, die Entwürfe der Zivil- und Strafprozessordnung nochmals zu überarbeiten. Zu diesem Zeitpunkt war von dem Senat noch der 1. Januar 1862 als Datum für das Inkrafttreten aller Reformgesetze vorgesehen. Dieser Termin musste verschoben werden, da die Revisionskommission die Überarbeitung der Entwürfe noch nicht beendet hatte.[687]

Die an die neue Gerichtsverfassung angepasste Zivilprozessordnung wurde im Gegensatz zu der Strafprozessordnung problemlos von den Revisionskommissionen, dem Senat, dem Bürgerausschuss und der Bürgerschaft angenommen.[688] Sie konnte am 28. April 1862 verkündet werden.[689] Im Februar 1862 legte der Senat dem Bürgerausschuss die revidierte Fassung der Strafprozessordnung zur Durchsicht vor.[690] Zu dieser Zeit war eine schnelle Einigung über die Zivilprozessordnung bereits in Aussicht. Nach allen erforderlichen Zustimmungen konnte die endgültige Fassung der Strafprozessordnung am 26. November 1862 bekannt gegeben werden.[691]

An die neuen Verhältnisse angepasst, erfüllte die neue Strafprozessordnung nun die Forderungen nach einem Anklageprozess, der Öffentlichkeit und Mündlichkeit der Verhandlungen sowie der Einführung von Staatsanwaltschaften und Schwurgerichten. Da man sich an den anderen Ländern orientiert hatte, wiesen weder die Zivil- noch die Strafprozessordnung der Stadt Lübeck nennenswerte Unterschiede zu anderen in dieser Zeit erlassenen Prozessordnungen der Bundesmitglieder auf. Trotz der jahrzehntelangen, intensiven Arbeit an den Prozessordnungen sollte ihre Geltung nicht von langer Dauer sein. Mit der Einführung der Reichsjustizgesetze am 1. Oktober 1879 wurden sie durch neue Regelungen ersetzt.

---

687 Lübeckische Blätter, 3. Jahrgang 1861, Nr. 28, S. 221.

688 Protokolle und Entwürfe, *Behn*, Sammlung, Band 3, S. 245 ff.

689 „Bekanntmachung, die Zivilprozessordnung für die freie und Hansestadt Lübeck betreffend, vom 28. April 1862“, Sammlung der Lübeckischen Verordnungen und Bekanntmachungen, 29. Band, Nr. 5, S. 14 ff.

690 Kommissionsbericht vom 20. Juni 1862, *Behn*, Sammlung, Band 3, S. 513.

691 „Bekanntmachung, die Strafprozessordnung für die freie und Hansestadt Lübeck betreffend vom 26. November 1862“, Sammlung der Lübeckischen Verordnungen und Bekanntmachungen, 29. Band, Nr. 27, S. 253 ff.; *Zachariä*, Strafprozess, 2. Band, S. XI.

b) *Das Strafgesetzbuch vom 20. Juli 1863*

Die politische Entwicklung im 19. Jahrhundert drängte die Einzelstaaten des Deutschen Bundes zu einer Kodifizierung des materiellen Strafrechts. Lübeck hatte im Verhältnis zu den anderen Bundesmitgliedern ein besonders rückständiges Strafgesetz. Die Strafgesetzgebung hatte sich hier seit den mittelalterlichen Kriminalgesetzen kaum verändert und basierte noch auf den strafrechtlichen Bestimmungen des revidierten Stadtrechts von 1586 und der „Peinlichen Gerichtsordnung Kaiser Karls V.“. Für viele neue strafrechtlich relevante Sachverhalte waren keine Regelungen vorhanden und war die Gesetzgebung damit lückenhaft. Schon 1851 wurde das Strafrecht der Stadt Lübeck kritisiert: „Allerdings sind wir Lübecker mit der Criminalgesetzgebung sehr im Rückstand. (...) Die ganze Criminalrechtspflege ist bis auf die Stunde reinweg nur Praxis, welche auf der peinlichen Halsgerichtsordnung Kaiser Karls V. und den kümmerlichen Bestimmungen unseres Stadtrechts beruht.“[692]

Die im Mittelalter noch vorgegebenen grausamen Bestrafungen wurden längst nicht mehr praktiziert. Damit waren sowohl die Strafandrohung, als auch die Höhe der einzelnen Strafmaße weder zeitgemäß noch gesetzlich verankert. Sie blieben allein der Praxis überlassen. Da eine umfassende gesetzliche Grundlage fehlte, konnten die Gerichte nach freiem Ermessen urteilen und es drohte die Gefahr richterlicher Willkür.

Die ersten Beratungen über ein neues Strafgesetzbuch begannen zunächst gemeinsam mit denen über das Gerichtsverfassungsgesetz und die Strafprozessordnung.[693] Nach der Verwerfung des in den „Grundlinien der neuen Gerichtsordnung“ angewendeten Systems, konnte erstmals 1855 ein von den anderen Gesetzen getrenntes Strafgesetzbuch erarbeitet werden. Nachdem in der neuen Strafprozessordnung das öffentliche und mündliche Anklageverfahren verankert worden war, mussten diese Neuerungen dementsprechend in die Normen des Strafgesetzbuches aufgenommen werden. Dabei orientierte man sich wie bei den Prozessordnungen an schon bestehenden Strafgesetzbüchern anderer Mitgliedstaaten des Deutschen Bundes. Die Hauptgrundlage des lübeckischen Strafgesetzbuches vom 20. Juli 1863 bildete das Preußische Strafgesetzbuch vom 14. April 1851. Dieses änderte man lediglich inhaltlich im Hinblick auf die lübeckischen Verhältnisse ab.[694] Dabei wurden einige fortschrittliche Entwicklungen des Preußischen Strafgesetzbuches wie beispielsweise der Grundsatz „nullum crimen,

---

692 Volksbote für Lübeck und die Grenznachbarn, Ausgabe Nr. 46 von 1851, S. 61, Samstag, 22. Februar.

693 Siehe oben, D.I.1.a).

694 Kommissionsbericht vom Februar 1854, *Behn*, Sammlung, Band 2, S. 28.

nulla poena sine lege“ übernommen. Andererseits wurde die Dreiteilung der Straftaten in Verbrechen, Vergehen und Übertretung nicht umgesetzt. Das Großherzogliche Hessische Strafgesetzbuch und der Entwurf für ein Hamburgisches Strafgesetzbuch von 1851 dienten der Kommission ebenfalls als Vorlagen für einzelne Bestimmungen.[695]

Das Strafgesetzbuch wurde mit der Einführung des Reichsstrafgesetzbuches am 15. Mai 1871 außer Kraft gesetzt.

2. Die Lübecker Gerichtsverfassung von 1864

Mit dem Strafgesetzbuch war das letzte der zu reformierenden Gesetze verkündet worden und am 13. November 1863 konnte in Lübeck schließlich das „Gesetz, die Einführung der neuen Gerichtsverfassung betreffend“ publiziert werden.[696] Der Senat und die Bürgerschaft der Stadt hatten den 1. März 1864 zu dem Stichtag bestimmt, an dem alle neuen Reformgesetze in Kraft treten sollten. Darunter fielen nach Art. 1 des Einführungsgesetzes das Gerichtsverfassungsgesetz[697], die Zivil- und Strafprozessordnung[698], das neue Strafgesetzbuch[699] mit dem Regulativ für Polizeistrafsachen[700], eine neue lübische Konkursordnung, das Allgemeine Deutsche Handelsgesetzbuch[701] und mehrere kleinere Gesetze, das Familien-,

695 Kommissionsbericht vom Februar 1854, *Behn*, Sammlung, 2. Band, S. 31 f.

696 „Gesetz, die Einführung der neuen Gerichtsverfassung betreffend, vom 11. November 1863“, Sammlung Lübeckischer Verordnungen und Bekanntmachungen, 30. Band, Nr. 39, S. 239 ff.

697 „Nachtrag zu der Bekanntmachung vom 17. Dezember 1860, das Gesetz über die Gerichtsverfassung der freien und Hansestadt Lübeck betreffend“, vom 30. April 1862; Sammlung der Lübeckischen Verordnungen und Bekanntmachungen, 29. Band, Nr. 6, S. 48.

698 „Bekanntmachung, die Zivilprozessordnung für die freie und Hansestadt Lübeck betreffend, vom 28. April 1862“, Sammlung der Lübeckischen Verordnungen und Bekanntmachungen, 29. Band, Nr. 5, S. 14 ff. „Bekanntmachung, die Strafprozessordnung für die freie und Hansestadt Lübeck betreffend vom 26. November 1862“, Sammlung der Lübeckischen Verordnungen und Bekanntmachungen, 29. Band, Nr. 27, S. 253 ff.

699 „Bekanntmachung, das Strafgesetzbuch für die freie und Hansestadt Lübeck betreffend, vom 20. Juli 1863“, Sammlung der Lübeckischen Verordnungen und Bekanntmachungen, 30. Band, Nr. 26, S. 143 ff.

700 „Bekanntmachung, das Regulativ für die Strafbefugnisse der Polizeibehörden und das Verfahren in Polizeistrafsachen betreffend, vom 20. März 1861“, Sammlung der Lübeckischen Verordnungen und Bekanntmachungen, 28. Band, Nr. 7, S. 13 ff.

701 „Bekanntmachung, das allgemeine Deutsche Handelsgesetzbuch betreffend, vom 17. September 1862“, Sammlung der Lübeckischen Verordnungen und Bekanntmachungen, 29. Band, Nr. 21, S. 100 ff. Am 31. März 1861 hatte die Bundesver-

See- und Gebührenrecht betreffend.[702] Gleichzeitig sollte das alte Recht aufgehoben werden. Dadurch wurde das Inkrafttreten der Reformgesetze etwas verzögert, da man zunächst die unübersichtlichen alten Rechte auffinden und zusammentragen musste.[703]

Eine Übergangsregelung gab es nicht. Daher richtete sich die Bestrafung von vor dem 1. März 1864 begangenen Straftaten nach altem Recht und ab diesem Datum nach dem neuen Gesetz. In zweifelhaften Fällen, wie bei einer nach neuem Recht milderen Bestrafung oder bei Zweifeln über den genauen Tatzeitpunkt, richtete sich das Verfahren nach dem neuen Recht.[704] Auf die bereits vor Gericht anhängigen Kriminalsachen wurden ab dem 1. März ebenfalls die neuen Vorschriften angewendet. Dies galt nicht, wenn in einer Sache das Erkenntnis schon unmittelbar bevorstand.

Mit der neuen Gerichtsorganisation wurde auf der Grundlage des bereits am 17. Dezember 1860 verkündeten Gerichtsverfassungsgesetzes der Freien und Hansestadt Lübeck[705] endgültig die Justiz von der Verwaltung getrennt.[706] Der erste Schritt war schon mit der Gründung des Oberappellationsgerichts gemacht worden. Ab diesem Zeitpunkt war der Senat nicht mehr das einzige Rechtsprechungsorgan und er hatte nicht mehr die alleinige Kontrolle über beide Gewalten. Dennoch oblag den Senaten bis zu dieser Verfassungsänderung noch die Rechtsprechung in dem Niedergericht und dem Obergericht Lübecks.[707] Dies war nun geändert worden. Die neue Gerichtsorganisation beinhaltete neben der Trennung von Justiz und Verwaltung die Einteilung der Gerichte in drei Instanzen. Es gab ein Untergericht, ein Obergericht und das Oberappellationsgericht.

---

sammlung den Beschluss gefasst, alle Bundesmitglieder aufzufordern, dem „vorgelegten Entwurf eines allgemeinen deutschen Handelsgesetzbuches baldmöglichst und unverändert im geeigneten Wege Gesetzeskraft in ihren Ländern zu verschaffen". Dieser Entwurf wurde auch tatsächlich bis zum Ende des Jahres 1868 in allen deutschen Bundesstaaten, sowie Österreich zum Gesetz erhoben, so dass ab dem 1. Januar 1869 in ganz Deutschland ein nahezu gleichlautendes partikulares Handelsrecht galt; *Schröder/Künßberg*, Deutsche Rechtsgeschichte, S. 1018; *Eisenhardt*, Rdnr. 565.

702 Art. 1 des Einführungsgesetzes, Sammlung Lübeckischer Verordnungen und Bekanntmachungen, 30. Band, Nr. 39, S. 240; *Zachariä*, Strafprozess, 2. Band, S. XI.

703 Art. 9 des Einführungsgesetzes, Sammlung der Lübeckischen Verordnungen und Bekanntmachungen, 30. Band, Nr. 39, S. 245 f.

704 Art. 7 des Einführungsgesetzes, Sammlung der Lübeckischen Verordnungen und Bekanntmachungen, 30. Band, Nr. 39, S. 244.

705 „Bekanntmachung, das Gesetz über die Gerichtsverfassung der freien und Hansestadt Lübeck betreffend, vom 17. Dezember 1860", Sammlung der Lübeckischen Verordnungen und Bekanntmachungen, 27. Band, Nr. 31, S. 88 ff.

706 *Brückner*, S. 88; *Krabbenhöft*, S. 30.

707 *Bollmann*, S. 79.

Das Untergericht entschied erstinstanzlich alle Zivil- und Strafsachen, wobei sich nun auch in Strafsachen zwei Rechtsmittelzüge anschlossen. Das Untergericht der Freien und Hansestadt Lübeck unterteilte sich in das Stadt- und Landgericht, das Handelsgericht und das Untersuchungsgericht. Das Stadtgericht für Lübeck und das Landgericht für die Landkreise des Lübecker Staates waren sachlich als Zivilgerichte erster Instanz für alle bürgerlichen Rechtsstreitigkeiten, als Berufungsinstanz für Beschwerden über Beschlüsse oder Verfügungen des Untersuchungsgerichts, als Strafgericht erster Instanz für alle Verbrechen und bei Kündigungen von Mietverträgen und Pfandposten zuständig.[708] Das Stadt- und Landgericht war mit einem Direktor, zwei Richtern und einem rechtsgelehrten Aktuar besetzt.[709] Für alle Handelssachen und für die Führung des Handels- und Schiffsregisters war das Handelsgericht in erster Instanz zuständig.[710] Es bestand aus einem Richter des Stadt- und Landgerichts und zwei ehrenamtlichen, stimmberechtigten kaufmännischen Beisitzern. Das Untersuchungsgericht war nur mit einem Untersuchungsrichter und einem Aktuar besetzt. Sie waren für die Leitung der Untersuchungen von Verbrechen nach Maßgabe der Strafprozessordnung zuständig.[711]

Das Obergericht war als höchste städtische Instanz die Berufungsinstanz für alle Urteile in Strafsachen und in bürgerlichen Rechtsstreitigkeiten des Untergerichts über 50 Mark Wert. Ein niedrigerer Streitwert und Bagatellsachen waren somit ausgeschlossen. In den Zuständigkeitsbereich dieses Gerichts fielen auch alle Angelegenheiten der freiwilligen Gerichtsbarkeit, wie Vormundschaftsbestellungen, das Hypothekenwesen, die Prüfung der vom Senat anzustellenden Notare und die generelle Aufsicht über das Notariatswesen.[712] Es war nicht mehr mit Mitgliedern des Senates der Stadt, sondern mit einem Direktor und drei Richtern als Berufsrichter besetzt. Sowohl für das Stadt- und Landgericht, als auch für das Obergericht war für die Ermittlung und Verfolgung der Verbrechen ein Staatsanwalt eingestellt.

---

708 § 19 f. des Gerichtsverfassungsgesetzes, Sammlung der Lübeckischen Verordnungen und Bekanntmachungen, 27. Band, Nr. 31, S. 92f.; *Funk*, S. 84; *Hohnsbein*, S. 353.

709 Die Richterzahl wurde später auf vier erweitert, „Sechster Nachtrag zu der Bekanntmachung vom 17. Dezember 1860, das Gesetz über die Gerichtsverfassung der freien und Hansestadt Lübeck betreffend, vom 20. Dezember 1875", Sammlung der Lübeckischen Verordnungen und Bekanntmachungen, 42. Band, Nr. 43, S. 264.

710 §§ 10, 19, 20 Gerichtsverfassungsgesetz; Sammlung der Lübeckischen Verordnungen und Bekanntmachungen, 27. Band, Nr. 31, S. 92 f.

711 §§ 10, 19, 20 Gerichtsverfassungsgesetz; Sammlung der Lübeckischen Verordnungen und Bekanntmachungen, 27. Band, Nr. 31, S. 92 f.

712 *Funk*, S. 86.

Das Oberappellationsgericht war als dritte Instanz für alle bürgerlichen Rechtsstreitigkeiten zuständig. Dazu durfte der Gegenstand seiner Natur nach einer bestimmten Schätzung nicht unterworfen sein und der Nennwert der Beschwerde musste die Summe von 1000 Mark Kapital oder 50 Mark jährlicher Einkünfte übersteigen.[713] Alle Injuriensachen waren ausgeschlossen. Eine Zuständigkeit des Oberappellationsgerichts als dritte Instanz war auch bei den außerordentlichen Rechtsmitteln und Beschwerden, gegen Erkenntnisse oder Verfügungen des Obergerichts in Zivil- und Strafsachen gegeben.[714]

Am Tag vor der Einführung der neuen Gerichtsorganisation fand in dem größten Sitzungssaal des neuen Gerichtsgebäudes eine öffentliche Feier statt.[715] An dieser nahmen der Senat, die Wortführer der Bürgerschaft, alle Mitglieder des Oberappellationsgerichts und die neuerwählten Mitglieder der Unter- und Obergerichte teil. Wegen der Öffentlichkeit der Veranstaltung kamen auch viele Zuschauer. Senator Hach stellte in seiner Rede einen Rückblick auf die Entstehungsgeschichte des neuen Gerichtswesens dar und machte den Zuhörern die Organisation und die Geschäftsbefugnisse der neuen Gerichte verständlich. Er betonte insbesondere, dass die Einführung der neuen Gerichtsverfassung mit Recht als ein bedeutender Abschnitt in der Geschichte Lübecks angesehen werden müsse.[716] Dadurch trete „die vollständige Trennung der Rechtspflege von der Verwaltung ins Leben".[717] Man dürfe nun hoffen, dass die Erfahrungsregel „was lange, währt wird gut" sich auch hier bewahrheiten werde und dass sich die Gerichtsorganisation als angemessen bewähren werde.[718] Anschließend wurden die Schlüssel des neuen Gerichtsgebäudes für die neuen Ober- und Untergerichte in der Mengestraße M.M.Q. Nr. 48, 49 übergeben.

Die damit vollendete Justizreform wurde allgemein mit großer Begeisterung aufgenommen. Es regten sich jedoch schnell erste Zweifel, ob die Reform der raschen politischen Entwicklung in Deutschland gerecht werde und ob sie überhaupt den praktischen und theoretischen Anforderungen der Zeit genüge. Aus diesem Grund wurde in der Öffentlichkeit der Ruf nach einer Verbesserung der justizrechtlichen Grundprinzipien und nach ihrer Ausgestaltung in Einzelbestim-

---

713 *Funk*, S. 86.

714 § 34 Gerichtsverfassungsgesetz; Sammlung der Lübeckischen Verordnungen und Bekanntmachungen, 27. Band, Nr. 31, S. 92 f.

715 Der Volksbote für Lübeck und die Grenznachbarn, 16. Jahrgang 1864, Nr. 18, S. 69, Mittwoch, 2. März.

716 Der Volksbote für Lübeck und die Grenznachbarn, 16. Jahrgang 1864, Nr. 18, S. 69, Mittwoch, 2. März.

717 Der Volksbote für Lübeck und die Grenznachbarn, 16. Jahrgang 1864, Nr. 18, S. 69, Mittwoch, 2. März.

718 Der Volksbote für Lübeck und die Grenznachbarn, 16. Jahrgang 1864, Nr. 18, S. 69, Mittwoch, 2. März.

mungen laut. Hinzu kam, dass sowohl der Senat, als auch die Gremien der Bürgerschaft einige Mängel in der neuen Gesetzgebung zugaben. Daraufhin wurde eine „Reform der Reform" vorbereitet. Die Arbeiten wurden jedoch durch die Gründung des Deutschen Reiches 1871 und durch die sich daraufhin schnell entwickelnde Vereinheitlichung des Rechts, die mit den Reichsjustizgesetzen verwirklicht wurde, beendet.

II. Ausscheiden der Stadt Frankfurt im Jahre 1866

Den ersten großen Rückschlag erlitt das Oberappellationsgericht Lübeck im Jahre 1866 mit dem Ausscheiden Frankfurts aus der Gemeinschaft der vier freien Städte.

Der „preußisch-österreichische Bruderkrieg" wurde nach dem Sieg Preußens durch den Prager Frieden vom 23. August 1866 beendet und hatte unter anderem die Auflösung des Deutschen Bundes zur Folge. Preußen annektierte Hannover, Kur-Hessen, Nassau und die freie Stadt Frankfurt.[719] Der Senat der Stadt teilte am 30. Oktober 1866 den anderen freien Städten über den zuständigen Direktorialsenat den Verlust der Selbstständigkeit mit und wies darauf hin, dass das Oberappellationsgericht Lübeck nun nicht mehr als dritte Instanz für Frankfurt in Frage komme.[720]

Die Verpflichtungen der Stadt Frankfurt für das Oberappellationsgericht übernahmen daraufhin die drei noch verbliebenen freien Städte Hamburg, Bremen und Lübeck. Sie forderten allerdings, dass Frankfurt bis zu einer Einigung der freien Städte mit Preußen für seine finanziellen Verbindlichkeiten gegenüber dem Gericht weiterhin eintreten müsse. Ferner setzten die Senate eine Kommission ein, die aufgrund der geänderten Situation über die zukünftige Tätigkeit des gemeinsamen Gerichts beraten sollte.[721] Die Vertreter der drei Städte waren Johann Daniel Meier für Bremen, Hermann Anthony Cornelius Weber für Hamburg und Peter Ludwig Elder für Lübeck. Sie einigten sich in einem „Vertrag über die Beibehaltung des Oberappellationsgerichts als gemeinschaftlichen obersten Ge-

---

719 *Eisenhardt*, Rdnr. 556; Lübeckische Blätter, 12. Jahrgang 1870, S. 493, Nr. 91.

720 Ratsarchiv Qq.10.G.28.; Direktorial Archiv I.A.5., No. 1, Schreiben der Stadt an den Direktorialsenat vom 30. Oktober 1866; No. 2, Umlaufschreiben des Direktorialsenats vom 2. November 1866; Senatsakten Cl.VII. Lit.Ma No.10 Vol.2a Fasc.1 Vol 3 Invol. 1; ASA Interna 36/1, Auszug aus dem lübeckischen Senatsprotokoll vom 10. November 1866.

721 Direktorial Archiv I.A.5., No. 2,7,8, betreffend die Korrespondenz der Senate im November 1866; ebenso, ASA Interna, 36/1; Senatsakten Cl.VII. Lit.Ma No.10 Vol.2a Fasc.1 Vol 3 Invol. 1.

richtshof" vom 30. November 1866 über dessen Fortbestand.[722] Danach waren nur noch die drei Hansestädte Lübeck, Bremen und Hamburg Träger des Gerichts. Die Bestimmungen der Oberappellationsgerichtsordnung sollten weiterhin gelten und in den entsprechenden Normen statt auf die vier freien Städte Deutschlands und deren Senate nur noch auf die drei Hansestädte und deren Senate bezogen werden. Dabei wurden nach Art. 1 des Vertrages alle sich auf die Stadt Frankfurt beziehenden Passagen gegenstandslos.[723]

In der Vereinbarung wurden auch einige Veränderungen bei der Besetzung des Gerichts, seiner Benennung und dem Einkommen der Mitglieder vorgenommen. Im Gegensatz zu vorher[724] sollten nach Art. 4 des Vertrages zukünftig von Lübeck ein Gerichtsrat, von Bremen zwei und von Hamburg drei Räte berufen werden.[725] Der Sekretär wurde weiterhin von dem jeweiligen Direktorialsenat gewählt. Auffällig war eine erhebliche Anhebung der Gehälter.[726] Von den durch das Gericht anfallenden Unkosten übernahmen Hamburg 3/6, Bremen 2/6 und Lübeck 1/6. Lübeck hatte wie bisher die Räumlichkeiten des Gerichts zu stellen. Das Gericht selbst erhielt nach Art. 1 des Vertrages die neue Bezeichnung „Ober-Appellations-Gericht der freien Hansestädte". Es sollte weiterhin der gemein-

---

722 Vertrag der Freien Hansestädte Lübeck, Bremen und Hamburg wegen des gemeinschaftlichen Oberappellationsgerichts vom 30. November.1866, publiziert am 18. März 1867, Direktorial Archiv I.A.5., No. 17; I.C.8.; Gesamtinventar, A 79 No. 5; ASA Interna, 36/1; Ratsarchiv Qq.10.G.28.; Bürgerschaftsarchiv D.2.Nr.10; Senatsakten Cl.VII. Lit.Ma No.10 Vol.2a Fasc.1 Vol 3 Invol. 1; „Bekanntmachung, betreffend den zwischen den freien Hansestädten Lübeck, Bremen und Hamburg abgeschlossenen Vertrag wegen des gemeinschaftlichen Oberappellationsgerichts vom 13. März 1867", Sammlung der Lübeckischen Verordnungen und Bekanntmachungen, 34. Band, Nr. 9, S. 21 ff.; „Bekanntmachung des am 30. November 1866 unter den freien Hansestädten wegen Beibehaltung des Oberappellationsgerichts zu Lübeck als gemeinschaftlichen obersten Gerichtshof geschlossenen Vertrags, vom 18. März 1867", Gesetzblatt der freien Hansestadt Bremen 1867, S. 9 ff.

723 Vertrag der Hansestädte vom 30. November 1866; Direktorial Archiv I.A.5., No. 17; Gesamtinventar, A 79 No. 5; ASA Interna, 36/1; Ratsarchiv Qq.10.G.28.; Bürgerschaftsarchiv D.2.Nr.10; Senatsakten Cl.VII. Lit.Ma No.10 Vol.2a Fasc.1 Vol 3 Invol. 1.

724 Siehe oben, C.II.1.a).

725 Vertrag der Hansestädte vom 30. November 1866; Direktorial Archiv I.A.5., No. 17; Gesamtinventar, A 79 No. 5; ASA Interna, 36/1; Ratsarchiv Qq.10.G.28.; Senatsakten Cl.VII. Lit.Ma No.10 Vol.2a Fasc.1 Vol 3 Invol. 1; *Funk*, S. 77; *Kusserow*, S. 80.

726 Vertrag der Hansestädte vom 30. November 1866; Direktorial Archiv I.A.5., No. 17; Gesamtinventar, A 79 No. 5; ASA Interna, 36/1; Ratsarchiv Qq.10.G.28.; Senatsakten Cl.VII. Lit.Ma No.10 Vol.2a Fasc.1 Vol 3 Invol. 1; vergleiche bei *Funk*, S. 74 und S. 77.

schaftliche oberste Gerichtshof der drei freien Hansestädte mit Sitz in Lübeck bleiben.

Nach längeren Verhandlungen des von den Städten beauftragten Bremer Senators Weber mit dem Freiherr von Richthofen wurde schließlich auf Antrag Preußens am 10. Januar 1867 mit den drei Hansestädten ein Vertrag geschlossen. Hier war in Art. 1 die Aufhebung der Zuständigkeit des Oberappellationsgerichts Lübeck als höchste Instanz für Frankfurt rückwirkend zum 1. Januar 1867 bestimmt.[727] Die Stadt sollte ab diesem Zeitpunkt nach Art. 3 des Vertrages und nach der preußischen Verordnung vom 3. Oktober 1866[728], dem Königlichen Obertribunal in Berlin als höchste Instanz unterstellt sein. Die bis dahin noch unerledigten Frankfurter Rechtssachen mussten von Lübeck an Berlin abgegeben werden.[729] Die Regierung Preußens übernahm lediglich die Weiterzahlung der Pension einiger Mitglieder des gemeinschaftlichen Oberappellationsgerichts. Dazu war bis 1866 die Stadt Frankfurt verpflichtet gewesen.

III. Änderungen für das Oberappellationsgericht der freien Hansestädte seit dem Ausscheiden Frankfurts

Abgesehen von dem Verlust der Stadt Frankfurt als Mitglied in der Gemeinschaft der vier freien Städte brachten die folgenden Jahre, insbesondere das Jahr 1867, dem Oberappellationsgericht einige Veränderungen.

---

727 Vertrag der drei Hansestädte mit der Königlich Preußischen Regierung über das Ausscheiden Frankfurts aus dem Verband des Oberappellationsgerichts zu Lübeck vom 10. Januar 1867, Direktorial Archiv I.A.5., No. 23; Gesamtinventar, A 79 No. 4; ASA Interna, 36/1; Ratsarchiv Qq.10.G.28. „Bekanntmachung, betreffend den mit der Königlich Preußischen Regierung abgeschlossenen Vertrag über das Ausscheiden von Frankfurt a.M. aus dem Verband des Oberappellationsgerichts zu Lübeck vom 27. März 1867", Sammlung der lübeckischen Verordnungen und Bekanntmachungen, 34. Band, Nr. 15, S. 103 ff.

728 Königlich-Preußische Verordnung betreffend die Justizverwaltung innerhalb der ehemaligen Freien Stadt Frankfurt vom 3.10.1866.

729 So festgelegt im Direktorial Reskript der Stadt Bremen vom 11. Januar 1867, Direktorial Archiv I.A.5., No. 24; Gesamtinventar, A 79 No. 4.; ASA Interna, 36/1; hinsichtlich der Auslieferung der noch nicht erledigten Frankfurter Prozesssachen siehe Gesamtinventar, A 80, sowie ASA Interna 36/2.

1. Die Übernahme der Funktion als Kassationshof 1867

Durch die Lübecker Gerichtsverfassung von 1864 war das in der Strafprozessordnung verankerte, auf öffentlicher Anklage beruhende mündliche Verfahren eingeführt worden und infolge dessen die Zuständigkeit des Oberappellationsgerichts in Strafsachen neu geregelt worden.[730] Nach langjährigen Verhandlungen zwischen den vier Städten wurde am 1. April 1867 der Kompetenzbereich des Gerichts mit der Übernahme der Funktion als „Kassationshof in Lübecker Strafsachen" weiter ausgedehnt.[731] Damit war es als oberstes Gericht zur Entscheidung von Nichtigkeitsbeschwerden zuständig.[732] Für die Stadt Frankfurt galt dies nach ihrem Anschluss an Preußen nicht mehr. Die Stadt Bremen übertrug dem Oberappellationsgericht die Zuständigkeit als Kassationshof bereits am 15. November 1866, die Stadt Lübeck am 1. April 1867 und die Stadt Hamburg am 1. September 1869.[733]

Die Mitglieder des Oberappellationsgerichts hatten lange auf eine Vereinheitlichung des in den Städten unterschiedlich geregelten Strafprozesses gehofft. Nachdem die einzelnen Hansestädte jedoch ihre voneinander unabhängigen und abweichenden Prozessordnungen erlassen hatten, war dieser Wunsch der Gerichtsmitglieder zunächst nicht mehr zu verwirklichen. Damit stand der Prozessgang selbst nicht mehr im Streitmittelpunkt, da dieser in den Städten inzwischen hinreichend geregelt war. Anschließend setzten sich die Gerichtsmitglieder verstärkt dafür ein, zumindest die voneinander abweichenden Zuständigkeitsvoraussetzungen für das Oberappellationsgericht zu vereinheitlichen, was für neuen Diskussionsstoff sorgte.

Die fünfte Visitationskommission hatte schon 1854 eine Reform des Strafverfahrens für das Oberappellationsgericht angeregt. Seitdem wurden von dem Gericht einige Gutachten in dieser Sache erstellt. Nach der Korrespondenz zwischen den Städten war man sich schnell einig gewesen, dass eine Vereinheitlichung der

---

730 Siehe oben, D.I.1.a).

731 Verhandlungen der Städte in Direktorial Archiv I.B.24; ebenso ASA Interna, 32/2.

732 „Verordnung die Bestellung des Oberappellationsgerichts der Freien Hansestädte als Kassationshof in Lübeckischen Strafsachen betreffend, vom 18. März 1867", Sammlung der Lübeckischen Verordnungen und Bekanntmachungen, 34. Band, Nr. 12, S. 97; „Verordnung, die Bestellung des Oberappellationsgerichts als Kassationshof in Strafsachen betreffend, vom 2. November 1866", Bremer Gesetzblatt, 1866, S. 56 ff.; zu den Verhandlungen unter den Städten siehe Direktorial Archiv I.B.24., No. 52-123; Gesamtinventar, A 322.

733 Bremer Bekanntmachung an das Gericht vom 2. November1866, ASA Interna, 34/2; Lübecker Verordnung vom 18.März.1867; Sammlung der lübeckischen Verordnungen und Bekanntmachungen, 34. Band, No. 12, S. 97; Hamburger Bekanntmachung vom 11. August 1869, ASA Interna, 34/2.

Zuständigkeitsregeln für das Oberappellationsgericht innerhalb der vier Städte die wichtigste, aber auch die schwierigste Aufgabe darstellen würde.[734] Das Streben nach einer übereinstimmenden und bindenden Zuständigkeit führte jedoch gerade wegen der unterschiedlichen Gerichtsorganisationen zu Widerstand in den einzelnen Städten. Diese hatten ihre eigenen Vorstellungen von einer gemeinsamen Zuständigkeitsregelung. Frankfurt bestand auf eine Ausweitung der Nichtigkeitsgründe und wollte für die betreffenden Angeklagten die Teilnahme an der im entfernten Lübeck stattfindenden öffentlichen und mündlichen Verhandlung vor dem Oberappellationsgericht ausschließen.[735] Die Stadt Hamburg wollte eine Zuständigkeit des Oberappellationsgerichts in Strafsachen sogar vollkommen ausschließen.

Im Jahre 1857 hatten sich die Senatoren Hach für Lübeck, von Oven für Frankfurt, Meier für Bremen und Hudtwalcker für Hamburg vom 23. bis 30. Juli in Wilhelmshöhe bei Kassel versammelt. Hier sollte über die zukünftige Zuständigkeit des Oberappellationsgerichts und auch über den Prozessgang in Strafsachen beraten werden.[736] Es wurden konkrete Bestimmungen erarbeitet, die nach jahrelangen Beratungen unter den vier Städten schließlich am 9. September 1865 in den „Bestimmungen über die Competenz des Ober-Appellations-Gerichtes und den Prozeßgang in Strafsachen nach Einführung des auf öffentlicher Anklage beruhenden mündlichen Verfahrens" verankert worden waren.[737] Bestellte also eine der vier Städte das Oberappellationsgericht zum Kassationshof, galten die in der Bestimmung festgehaltenen Zuständigkeitsregelungen. Die Bestimmungen hatten eine Geltungsdauer von fünf Jahren mit dem Ziel, die einzelnen Prozessordnungen doch noch aneinander anzugleichen.

Das Oberappellationsgericht war als Kassationshof für alle Strafsachen zuständig, „die mittels der Nichtigkeitsbeschwerde in Gemäßheit der Bestimmungen dieses Gesetzes von den Schwurgerichten und Obergerichten der einzelnen

734 ASA Interna, 32/5, Beratungspunkte zur Herbeiführung einer Übereinkunft der freien Städte über gleichförmige Regulierung der Kompetenz des Oberappellationsgerichts und über das Verfahren bei diesem Gerichte in Strafsachen, vom März 1856.

735 Direktorial Archiv I.B.24., No. 82, Anzeige des Senats der Stadt Frankfurt.

736 ASA Interna, 32/4, Konferenz zu Wilhelmshöhe über den Erlass von Kompetenzbestimmungen dür das Oberappellationsgericht bei Einführung des öffentlichen und mündlichen Verfahrens 1857; Senatsakten Cl.VII. Lit.Ma No.10 Vol.2a Fasc.1 Vol.2 Invol.117.

737 „Bekanntmachung, betreffend die Kompetenz des Oberappellationsgerichts und den Prozessgang in Strafsachen nach der Einführung des auf öffentlicher Anklage beruhenden mündlichen Verfahrens, vom 9. September 1865", Sammlung der Lübeckischen Verordnungen und Bekanntmachungen, 32. Band, Nr. 27, S. 74 ff.; ASA Interna, 33/2.

Städte an dasselbe gelangen" konnten.[738] In § 5 der Bekanntmachung war die Anfechtung von Erkenntnissen des Schwurgerichts mittels der Kassationsklage geregelt. Auch in zweiter Instanz gesprochene Urteile der Obergerichte, waren durch die Nichtigkeitsbeschwerde bzw. die Kassationsklage am Kassationshof anfechtbar. Darüber hinaus konnten die Städte die Nichtigkeitsbeschwerde gegen die von der Anklagekammer nach beendeter Untersuchung abgegebenen Erkenntnisse zulassen. Die Klage musste innerhalb von fünf Tagen nach Verkündung des Urteils eingereicht und in einer Frist von weiteren vierzehn Tagen ab Einwendung der Beschwerde begründet werden.[739] Dabei konnten sowohl formelle, als auch materielle Mängel des jeweiligen Urteils oder Verfahrens geltend gemacht werden.[740] Die ordentlichen Rechtsmittel waren gemäß § 3 der Bekanntmachung nicht mehr zugelassen.

Zu dem Strafverfahren selbst fanden sich in dem Vertrag der vier freien Städte, ähnlich wie schon in der definitiven Gerichtsordnung des Oberappellationsgerichts, nur wenige Vorschriften.[741] Grund dafür war, dass der Schwerpunkt hier auf den Zuständigkeiten lag und das Verfahren an sich aufgrund der individuellen Regelungen in den Städten als eher unstreitig galt. Nur § 21 regelte die Öffentlichkeit und Mündlichkeit des Verfahrens. Das Gericht hatte aber die Möglichkeit, auf Antrag der Staatsanwaltschaft oder von Amts wegen aus „Rücksicht der Sittlichkeit oder zur Aufrechthaltung der Würde des Gerichts im Falle hartnäckiger Ruhestörung" den Ausschluss der Öffentlichkeit zu verfügen.[742]

Die eingereichte Nichtigkeitsbeschwerde wurde von dem Oberappellationsgericht auf die Einhaltung der Formalien hin überprüft.[743] War die vorgeschriebene Form nicht gewahrt, wurde sie verworfen.[744] Anschließend bestimmten die Richter einen Termin zur mündlichen und öffentlichen Verhandlung mit fünf teilnehmenden Richtern. Dabei wurde jede Stadt von ihrer eigenen Staatsanwaltschaft vertreten. Der Angeklagte konnte sich einen beliebigen in den Städten zu-

738 § 2 der Bekanntmachung, Sammlung der Lübeckischen Verordnungen und Bekanntmachungen, 32. Band, Nr. 27, S. 75; ASA Interna, 33/2.

739 § 12 der Bekanntmachung, Sammlung der Lübeckischen Verordnungen und Bekanntmachungen, 32. Band, Nr. 27, S. 77; ASA Interna, 33/2.

740 §§ 6,7 der Bekanntmachung, Sammlung der Lübeckischen Verordnungen und Bekanntmachungen, 32. Band, Nr. 27, S. 75 f.; ASA Interna, 33/2.

741 Siehe oben, unter C.II.3.

742 § 21 der Bekanntmachung, Sammlung der Lübeckischen Verordnungen und Bekanntmachungen, 32. Band, Nr. 27, S. 79; ASA Interna, 33/2.

743 § 17 der Bekanntmachung, Sammlung der Lübeckischen Verordnungen und Bekanntmachungen, 32. Band, Nr. 27, S. 78; ASA Interna, 33/2.

744 § 17 der Bekanntmachung, Sammlung der Lübeckischen Verordnungen und Bekanntmachungen, 32. Band, Nr. 27, S. 78; ASA Interna, 33/2.

gelassenen Advokaten zum Verteidiger nehmen.[745] Nach der Eröffnung der Verhandlung stellte ein als Referent bestimmtes Mitglied des Oberappellationsgerichts das angefochtene Urteil und über die dazu eingebrachten schriftlichen Bemerkungen dar.[746] Bei der Anfechtung eines Schwurgerichtsurteils konnten sowohl die Nichtigkeit des gesamten Verfahrens als auch diejenige der erlassenen Bescheide geltend gemacht werden. Dies galt auch für die in die Berufung gebrachten erstinstanzlichen Obergerichtsurteile. War die Anfechtung eines Schwurgerichtsurteils bzw. die Vorbringung der Nichtigkeitsgründe begründet, wurde das Urteil aufgehoben und die Sache zur neuen Verhandlung und Entscheidung an das Obergericht zurückverwiesen. Dabei hatte das Obergericht die Vorgaben des Oberappellationsgerichts zu beachten. Das Gericht entschied nur dann selbst, wenn der Nichtigkeitsgrund in dem Verfahren nach dem Ausspruch der Geschworenen entstanden war oder einen für die Entscheidung nicht wesentlichen Teil des Verfahrens betraf.[747] Die Urteile wurden auf Verfahrensmängel, Verfahrenshindernisse und auf die Verletzung des materiellen Strafrechts hin überprüft.

War eine Nichtigkeitsbeschwerde unbegründet, hatte das Gericht sogar analog zu § 106 definitive Oberappellationsgerichtsordnung die Möglichkeit, Geld- oder Haftstrafen wegen Missbrauchs eines Rechtsmittels zu verhängen.[748] Gegen ein Urteil des Oberappellationsgerichts war eine Nichtigkeitsbeschwerde an die Senate nicht möglich. Nach § 27 der Bekanntmachung war ausnahmsweise das außerordentliche Rechtsmittel der Restitution gegeben, wenn sich die Urteilsbegründung des Kassationshofes aufgrund neuer Tatsachen und Beweismittel als falsch erwies.[749]

Die erste Nichtigkeitsbeschwerde, die das Oberappellationsgericht in seiner Funktion als Kassationshof verhandelte, war eine Strafsache gegen Hermann Hinrich Solte aus Bremen.[750] Dieser hatte sich wegen „unbedachtsam geleisteten

745 § 19 der Bekanntmachung, Sammlung der Lübeckischen Verordnungen und Bekanntmachungen, 32. Band, Nr. 27, S. 79; ASA Interna, 33/2.

746 § 22 der Bekanntmachung, Sammlung der Lübeckischen Verordnungen und Bekanntmachungen, 32. Band, Nr. 27, S. 79; ASA Interna, 33/2.

747 § 23 der Bekanntmachung, Sammlung der Lübeckischen Verordnungen und Bekanntmachungen, 32. Band, Nr. 27, S. 80; ASA Interna, 33/2.

748 § 25 der Bekanntmachung, Sammlung der Lübeckischen Verordnungen und Bekanntmachungen, 32. Band, Nr. 27, S. 80; ASA Interna, 33/2; nach *Blume*, Gerichtsordnung, S. 58, Anmerkung d war ein Missbrauch des Rechtsmittels auch bei übertrieben hartnäckiger Rechthaberei gegeben.

749 Art. 27 der Bekanntmachung, Sammlung der Lübeckischen Verordnungen und Bekanntmachungen, 32. Band, Nr. 27, S. 81; ASA Interna, 33/2.

750 *Kierulff*, Entscheidungen, Bd. III, S. 161 ff.

unrichtigen Eides" strafbar gemacht.[751] Im Ergebnis wurde die Beschwerde jedoch als unbegründet verworfen.

Im August 1871 traten die drei Hansestädte[752] erneut wegen der Zuständigkeit des Oberappellationsgerichts in Strafsachen miteinander in Kontakt. Die Bestimmungen über die Kompetenz des Oberappellationsgerichts und den Prozessgang in Strafsachen vom 9. September 1865 waren nur für die Dauer von fünf Jahren festgelegt worden. Da sie für die Stadt Bremen am 15. November 1866 wirksam geworden waren, lief die Geltungsdauer im November 1871 ab. Es musste also über die künftige Anwendung der Bestimmungen bzw. einen weiteren Beschluss beraten werden. Da sich die bisherige Handhabung in der Praxis bewährt hatte, einigten sich die Städte auf eine Beibehaltung der alten Bestimmungen bis auf weiteres.[753]

2. Die Zuständigkeit für Hochverrats- und Landesverratssachen 1867

Lübeck trat 1867 dem unter der Führung Preußens gegründeten Norddeutschen Bund bei.[754] In diesem Bundesstaat verloren die Gliedstaaten ihre Souveränität, da sie einen wesentlichen Teil ihrer staatlichen Hoheitsrechte an den übergeordneten Staat abtraten. Lübeck war zusammen mit den anderen Gliedstaaten Träger der Reichsgewalt und im Bundesrat mit einer Stimme vertreten. Dies galt auch für die übrigen Hansestädte. In der Gerichtsbarkeit wurden kaum Veränderungen vorgenommen und das Oberappellationsgericht blieb unverändert bestehen.

Nach Art. 75 der Norddeutschen Bundesverfassung vom 16. April 1867 und später nach der gleichlautenden Bestimmung der Verfassung des Deutschen Reiches vom 16. April 1871 war das Oberappellationsgericht der freien Hansestädte die zuständige Spruchbehörde für Hochverrats- und Landesverratssachen gegen den Deutschen Bund und später gegen das Reich in erster und letzter Instanz.[755]

---

751 *Kierulff*, Entscheidungen, Bd. III, S. 161 ff.

752 Wie schon erwähnt war die Zuständigkeit des Gerichts für die Stadt Frankfurt mittlerweile aufgehoben worden.

753 „Vereinbarung wegen Fortbestand der Bestimmungen über die Competenz des Oberappelationsgerichtes und den Prozeßgang in Strafsachen, Lübeck vom 28. September 1871, Bremen vom 29. September 1871 und Hamburg vom 7. Oktober 1871", ASA Interna, 35/3.

754 *Schröder/Künßberg*, Deutsche Rechtsgeschichte, S. 1010.

755 Art. 74 der Verfassung des Norddeutschen Bundes; „Bekanntmachung, die Verfassung des Norddeutschen Bundes betreffend, vom 26. Juni 1867", Sammlung der Lübeckischen Verordnungen und Bekanntmachungen, 34. Band, Nr. 24, S. 239 ff.; *Altmann*, 2. Teil, S. 21; *Huber*, Dokumente, Band 2, Nr. 261, S. 401; Art. 75 der Verfassung des Deutschen Reiches von 1871; *Huber*, Dokumente, Band 2, Nr. 261,

Dies galt bis zur Errichtung eines eigenen Reichsgerichts. Damit war das Oberappellationsgericht das oberste Gericht für alle Streitigkeiten der deutschen Staaten untereinander, was ihm zu höchster Anerkennung innerhalb des Deutschen Reiches verhalf. Es kam allerdings nicht zu einer praktischen Bedeutung dieser Bestimmungen. Auch ein Ausführungsgesetz zu einem solchen Verfahren wurde nie erlassen.[756] Nach der Einführung der neuen Gerichtsverfassung von 1879 wurde diese Funktion auf das Reichsgericht in Leipzig übertragen.[757]

3. Die Errichtung des Bundesoberhandelsgerichts in Leipzig 1869

Der Zuständigkeitsbereich des Oberappellationsgerichts der freien Hansestädte war durch das Ausscheiden Frankfurts 1866 stark begrenzt worden. Im Jahre 1869 hatte es einen weiteren Rückschlag hinzunehmen.

Seit dem Zusammenbruch des Heiligen Römischen Reiches Deutscher Nation war immer wieder die Diskussion um die Errichtung eines gemeinsamen obersten Gerichts aufgekommen. Die Forderung nach einer solchen Instanz vor allem in Handelssachen hatte sich verstärkt in den Vordergrund gedrängt, nachdem seit dem 1. Januar 1869 ein einheitliches Handelsgesetzbuch in ganz Deutschland galt. Die daraus resultierende Entwicklung, die in der Errichtung des Bundesoberhandelsgerichts endete, konnten auch die Hansestädte nicht beeinflussen. Sie waren wegen der hervorragenden Rechtsprechung ihres gemeinsamen Oberappellationsgerichts der freien Hansestädte in Handelssachen nicht an einem neuen Oberhandelsgericht interessiert.

Die Errichtung eines Bundesoberhandelsgerichts wurde gerade deshalb für notwendig gehalten, weil man befürchtete, die obersten Gerichtshöfe der verschiedenen Bundesstaaten würden die Bestimmungen der Wechselordnung und des Handelsgesetzbuches in unterschiedlicher Weise auslegen. Damit wäre der durch die einheitliche Gesetzgebung erreichte Vorteil wieder zunichte gemacht worden. Aus diesem Grund sollte die Errichtung des neuen Gerichts in erster Linie der Erhaltung der Einheit und der gemeinsamen Weiterentwicklung des Wechsel- und Handelsrechts dienen. Das Gesetz über die Errichtung des neuen Gerichts erhielt im Bundesrat und im Reichstag die für eine Verfassungsänderung

---

S. 401; *Altmann*, 2. Teil, S. 21; *Döhring*, S. 31; *Krabbenhöft*, S. 24; *von Bippen*, S. 46; *Hiemsch*, S. 86.

756 *Griesebach*, S. 23.

757 *Krabbenhöft*, S. 24; Lübeckische Blätter, 12. Jahrgang 1870, S. 493, Nr. 91.

erforderliche Mehrheit. Es wurde angenommen und am 12. Juni 1869 verkündet.[758]

Das Bundesoberhandelsgericht wurde als neuer gemeinsamer oberster Gerichtshof des Norddeutschen Bundes für Handelssachen mit Sitz in Leipzig gegründet. Dadurch wurde die Zuständigkeit des Oberappellationsgerichts der freien Hansestädte bedeutend eingeschränkt.[759] Mit der feierlichen Eröffnung am 5. August 1870 in Leipzig gingen alle Handelssachen auf das neue Bundesoberhandelsgericht über. Damit war das Oberappellationsgericht nun nicht mehr der höchste Gerichtshof in Handelssachen und verlor einen beachtlichen Teil der zu bearbeitenden Streitigkeiten.[760]

Diese Entwicklungen waren für das Oberappellationsgericht unerfreulich und man war sich über seine zukünftige Stellung unsicher. Die Hansestädte berieten sich in Briefen und Konferenzen und erstellten einige Gutachten.[761] Es wurde sogar in Erwägung gezogen, das Gericht aufzulösen und nach einem anderen Ersatz für die bisherige dritte Instanz in Zivil- und Strafsachen zu suchen. Im Ergebnis wurde man sich jedoch schnell einig, dass das gemeinsame Oberappellationsgericht weiterhin Bestand haben sollte.[762] Selbst nach dem Verlust der Zuständigkeit in Handelssachen würde noch ein ausreichendes Tätigkeitsfeld für das Gericht verbleiben. Vor allem in Hamburg waren die Strafsachen seit der Einführung des öffentlichen und mündlichen Verfahrens stetig angestiegen. Die Auflösung des Gerichts hätte große Schwierigkeiten im Zusammenhang mit der Übertragung der Gerichtsbarkeit an ein anderes höchstes Gericht verursacht und war daher nicht im Interesse der einzelnen Städte. Man war sich bei den Beratungen auch bewusst, dass das allgemeine Streben des Norddeutschen Bundes nach Rechtseinheit auf längere Sicht nicht ausschließlich auf das Handelsrecht begrenzt bleiben würde. Im Ergebnis wurde mit der Errichtung oberster Bundesge-

---

758 Gesamtinventar, A 75, Entwurf eines Gesetzes, betreffend die Errichtung eines obersten Gerichtshofes für Handelssachen, nebst dazu gehörigen Motiven; ASA Interna, 34/3, Bundesgesetzblatt des Norddeutschen Bundes, No. 22, Nr. 34, ausgegeben zu Berlin den 18. Juni 1869.

759 *Eisenhardt*, Rdnr. 571; *Kern*, Geschichte, S. 83; Lübeckische Blätter, 12. Jahrgang 1870, S. 493, Nr. 91.

760 Lübeckische Blätter, 12. Jahrgang 1870, S. 493, Nr. 91.

761 Ratsarchiv Qq.10.G 28, Korrespondenzen vom 14. Juni 1869 bis 18. Juli 1870; ASA Interna, 34/3, beispielsweise die Konferenz in Angelegenheiten des Oberappellationsgerichts vom 8. Juni 1869; Gutachten des Oberappellationsgerichts der freien Hansestädte betreffend die Folge der Errichtung des Oberhandelsgerichts in Leipzig vom 12. Juni 1869; Hanseatische Konferenz vom 21.-22. Juli 1869.

762 Gesamtinventar, A 81 No. 14, Schreiben des Bremer Direktorialsenats vom 4. August 1869; ASA Interna, 34/3, Protokoll der Hanseatischen Konferenz vom 21. Juli 1869.

richtshöfe für Zivil- und Strafsachen gerechnet. Aus diesem Grund zweifelte man an einem dauerhaften Fortbestand des Oberappellationsgerichts.

Zu der Erhaltung der gemeinsamen obersten Instanz bedurfte es einiger Änderungen.[763] Diese wurden mit der „Abänderung der §§ 2, 56 und 58 der Oberappellationsgerichtsordnung sowie des § 26 der Bestimmungen über die Competenz des Oberappellationsgerichts und den Prozeßgang in Strafsachen" vorgenommen.[764] Des Weiteren wurde eine „Übereinkunft, die Wiederbesetzung erledigter Stellen im Oberappellationsgerichte der freien Hansestädte sowie die Anstellungsbedingungen betreffend" geschlossen.[765] Außerdem unterzeichneten die drei Städte Hamburg, Bremen und Lübeck am 13. Juli 1870 eine nachträgliche Vereinbarung ergänzend zu dem Vertrag vom 30. November 1866.[766] Unter Nummer 1 war bestimmt, dass freie Stellen bei den Gerichtsmitgliedern nicht mehr neu besetzt werden sollten, bis die Senate der Städte eine Neubesetzung beschlossen hatten. Jeder neu eingestellte Gerichtsrat musste sich nach Nummer 4 verpflichten, im Falle der Auflösung des Gerichts eine Richterstelle an einem Obergericht der Hansestädte anzunehmen. Das Oberappellationsgericht der freien Hansestädte verlor mit der Gründung des Bundesoberhandelsgerichts in Leipzig nicht nur seine Zuständigkeit in Handelssachen, sondern auch zwei seiner Gerichtsräte. Johann Friedrich Voigt und Carl August Eduard Drechsler wurden mit der Eröffnung des Gerichts als Gerichtsrat und Vizepräsident tätig.[767]

Mit der Reichsgründung folgte schließlich die Entwicklung, die sich die Gründer des Bundesoberhandelsgerichts insgeheim erhofft hatten. Das Gericht wurde durch den Plenarbeschluss vom 2. September 1871 in das nun auch für die süddeutschen Staaten zuständige Reichsoberhandelsgericht umgestaltet und gewann damit wesentlich an sachlicher Zuständigkeit.[768]

---

763 ASA Interna, 34/3; Senatsakten Cl.VII. Lit.Ma No.10 Vol.2a Fasc.1 Vol 3 Invol. 15.

764 „Bekanntmachung, betreffend die Abänderung der §§ 2, 56 und 58 der Ober-Appellations-Gerichtsordnung, sowie des § 26 der Bestimmungen über die Competenz des Ober-Appellations-Gerichts und den Prozeßgang in Strafsachen, vom 13. Juli 1870", Sammlung der Lübeckischen Verordnung und Bekanntmachungen, 37. Band, Nr. 29, S. 217 ff.; ASA Interna, 35/1; Ratsarchiv Qq.10.G.28.

765 ASA Interna, 34/3; Senatsakten Cl.VII. Lit.Ma No.10 Vol.2a Fasc.1 Vol 3 Invol. 15.

766 Zum Vertrag vom 30. November 1866 siehe oben, D.II.; „Bekanntmachung, betreffend eine nachträgliche Übereinkunft zwischen den freien Hansestädten Lübeck, Bremen und Hamburg wegen des gemeinschaftlichen Ober-appellationsgerichts, vom 13. Juli 1870", Sammlung der Lübeckischen Verordnungen und Bekanntmachungen, 37. Band, Nr. 28, S. 215 ff.; ASA Interna, 34/3.

767 *Hagedorn*, S. 56, *Griesebach*, S. 16 f.

768 *Eisenhardt*, Rdnr. 571; *Kern*, Geschichte, S. 83; *Schröder/Künßberg*, Deutsche Rechtsgeschichte, S. 1014.

IV. Die Reichsjustizgesetze und die Auflösung des Gerichts

Mit der Reichsgründung 1871 entwickelte sich auch die Vereinheitlichung des Rechts sehr schnell. Die Zeit, in welcher das Oberappellationsgericht der freien Hansestädte noch als oberster Gerichtshof Geltung hatte, war somit absehbar. Dem Reich stand bereits nach Art. 4 Nr. 13 der Reichsverfassung von 1871 die Gesetzgebungsbefugnis für das gesamte Bürgerliche Recht, das Strafrecht und das gerichtliche Verfahren zu. Zunächst blieb das Oberappellationsgericht unverändert bestehen. Schließlich verabschiedete der Reichstag am 1. Oktober 1879 im Zusammenhang mit den Reichsjustizgesetzen unter anderem das Gerichtsverfassungsgesetz.[769] Durch dieses und durch die mit den Reichsjustizgesetzen neu eingeführte Gerichtsordnung erfuhr die gesamte deutsche Rechtspflege eine grundlegende Umgestaltung. Sämtliche Ober- und Untergerichte wurden aufgehoben. Stattdessen wurde ein umfassender Gerichtsaufbau mit unabhängigen Gerichten und einem einheitlichen Instanzenzug eingeführt. Dieser gliederte sich in Amtsgericht, Landgericht, Oberlandesgericht und dem Reichsgericht als oberstem Gerichtshof für die gesamte Zivil- und Strafrechtsprechung.[770] An die Stelle des Reichsoberhandelsgerichts in Leipzig trat zum 1. Januar 1789 das Reichsgericht in Leipzig.

Es blieb der Kompetenz der einzelnen Länder vorbehalten, die Gerichte, ihren Sitz und die örtliche Zuständigkeit festzulegen, da sie innerhalb des Reiches als Staatenbund ihre Staatsgewalt behielten. An die Stelle der in der Lübeckischen Gerichtsordnung von 1864 festgelegten unteren Gerichte trat das Amtsgericht in Lübeck. Des Weiteren errichtete die Stadt durch Vertrag vom 29./30. September 1878 zusammen mit dem Großherzogtum Oldenburg ein gemeinsames Landgericht mit der Bezeichnung „Landgericht der freien und Hansestadt Lübeck und des Großherzoglich Oldenburgischen Fürstentums Lübeck" mit Sitz in Lübeck.[771] Die Stadt Lübeck wählte den ehemaligen Oberappellationsgerichtsrat Hoppenstedt zum neuen Präsidenten des Landgerichts.[772] Die Justizverwaltung stand beiden Staaten gemeinsam zu.

Aufgrund des neuen Gerichtsaufbaus blieb nun kein Platz mehr für das Hanseatische Oberappellationsgericht, welches im weiteren Sinne die durch den Wegfall der alten Reichsgerichte (Reichshofrat und Reichskammergericht) entstandene Lücke geschlossen hatte. An seine Stelle rückte das von den Stadtstaaten Lübeck, Hamburg und Bremen unter der Bezeichnung „Hanseatisches Ober-

---

769 *Möller*, S. 264 ff.

770 *Möller*, S. 264 ff.; *Bollmann*, S. 82.

771 *Bollmann*, S. 82; *Brückner*, S. 88; *Krabbenhöft*, S. 31.

772 Siehe unten, E.III.2.b).

landesgericht“ gemeinsam durch Übereinkunft vom 30. Juni 1878 errichtete Obergericht mit Sitz in Hamburg.[773] Es wurde am 30. September 1879 feierlich eröffnet.

An eine Aufrechterhaltung des Oberappellationsgerichts der freien Hansestädte war nun nicht mehr zu denken und so wurde zwischen den Städten am 29. November 1878 ein Vertrag über die Auflösung des Gerichts geschlossen.[774] Als Vertreter der Hansestädte trafen sich für Bremen Senator Stephan August Lürmann, für Hamburg Bürgermeister Hermann Anthony Cornelius Weber und für Lübeck Senator Heinrich Theodor Behn. Nach Art. 1 der Übereinkunft sollte das Hanseatische Oberappellationsgericht seine Tätigkeit mit dem Inkrafttreten der Justizgesetze am 1. Oktober 1879 beenden.[775] Das neue Hanseatische Oberlandesgericht sollte die Nachfolge des Oberappellationsgerichts antreten und die Tätigkeit im weiteren Sinne fortsetzen. Vor dem Oberappellationsgericht noch anhängige Streitigkeiten sollten nach Art. 2 der Übereinkunft auf das neue Gericht übergehen.[776] Da dieses gerade erst gegründet worden war, wurde nachträglich beschlossen, die Akten aufzuteilen. Alle noch anhängigen Zivilstreitigkeiten sollte das Reichsgericht erledigen und alle anderen Sachen sollte das Hanseatische Oberlandesgericht weiter bearbeiten.[777] Dadurch wurde das neue Gericht von Beginn an entlastet.

Die Auflösung des beliebten Oberappellationsgerichts löste in der Lübecker Bevölkerung tiefes Bedauern aus. In der Mitteilung über das Inkrafttreten der Justizgesetze in den Lübeckischen Blättern hieß es: „(...) Derselbe Tag, der die neuen Gerichte ins Leben ruft, nimmt unserer Stadt die höheren Instanzen und

773 Korrespondenz des Gerichts mit den Senaten der Städte in Direktorial Archiv I.A.7.; Akten zu der Errichtung in Bürgerschaftsarchiv D.1.Nr.39; *Bollmann*, S. 83; *Brückner*, S. 88; *Krabbenhöft*, S. 31.

774 Direktorial Archiv I.A.6., No. 7; I.C.11., Vertrag über die Aufhebung des Gerichts vom 29. November 1878; ebenso ASA Interna, 81/3; Ratsarchiv Qq.10.G.30; Bürgerschaftsarchiv D.2.Nr.20; „Bekanntmachung, der von den drei freien Hansestädten über die Aufhebung des Oberappellationsgerichts geschlossenen Übereinkunft“, vom 16. April 1879, Gesetzblatt der freien Hansestadt Bremen, 1879, S. 91 ff.

775 Direktorial Archiv I.A.6., No. 7; I.C.11., Vertrag über die Aufhebung des Gerichts vom 29. November 1878; ebenso ASA Interna, 81/3; Bürgerschaftsarchiv D.2.Nr.20. „Bekanntmachung betreffend die Übereinkunft der drei freien Hansestädte wegen Aufhebung des Oberappellationsgerichts, vom 12. April 1879“, Sammlung der Lübeckischen Verordnungen und Bekanntmachungen, 46. Band, Nr. 21, S. 55 ff; Lübeckische Blätter, 21. Jahrgang 1879, Nr. 78, S. 437.

776 Direktorial Archiv I.A.6., No. 7., Vertrag über die Aufhebung des Gerichts vom 29. November 1878; ebenso ASA Interna, 81/3; Ratsarchiv Qq.10.G.30.; Gesamtinventar, A 83, Korrespondenz der Senate im Oktober 1878.

777 Direktorial Archiv I.A.6., No. 8., Druckexemplar des Vertrages nebst Erläuterungen.

bezeichnet die Aufhebung des Ober-Appellations-Gerichts der Hansestädte, dessen Sitz zu sein Lübeck mit Recht stolz sein konnte. Hat doch dieser hohe Gerichtshof, den wir seit seiner Begründung in Jahre 1820 den unsern nennen durften, nicht wenig dazu beigetragen, dem Namen Lübecks neue Ehren zu erwerben; haben doch die ausgezeichneten Gelehrten, welche als seine Mitglieder unsere Mitbürger waren, auch abgesehen von ihrer Amtstätigkeit auf das communale und geistige Leben unserer Stadt in so vielfacher Beziehung anregend und befördernd eingewirkt. Wie sollte uns Lübecker da nicht ein Gefühl der Wehmuth beschleichen, wenn wir die Pforten dieses Gerichts sich schließen sehen und hinfort lediglich die Empfindung dankbarer Erinnerung unserem Ober-Appellations-Gerichte bewahren dürfen!"[778]

778 Lübeckische Blätter, 21. Jahrgang 1879, No. 78, S. 437.

E. Die Richter und der Mitbegründer des Gerichts und deren Bedeutung

Seine große Bekanntheit und seinen Erfolg hatte das Oberappellationsgericht der vier freien Städte nicht zuletzt den bedeutenden Persönlichkeiten zu verdanken, die dort gewissenhaft und außerordentlich erfolgreich arbeiteten. Bei der Auswahl der einzustellenden Personen wurde stets nach dem Grundsatz vorgegangen, „dass der tüchtigste Mann an die richtige Stelle zu setzen sei".[779] Daher bevorzugte man hervorragende Rechtslehrer und bedeutende Praktiker. Bemerkenswert ist, dass ungefähr die Hälfte der Mitglieder vor ihrer Berufung an das Lübecker Gericht als Rechtslehrer an deutschen Hochschulen unterrichtete. Von den insgesamt 28 bis zur Auflösung des Gerichts tätigen Richtern waren 13 Professoren verschiedener Universitäten.

Durch die ausgewogene Besetzung des Gerichts mit Rechtswissenschaftlern und Praktikern kam es bei der Urteilsfindung oft zu ausführlichen Diskussionen. Die Ergebnisse spiegelten sich in den Entscheidungen des Oberappellationsgerichts wider. Man kann durchaus behaupten, dass jede Entscheidung des Gerichts eine „kleine rechtliche Meisterleistung" war, in der sich Praxis und Rechtswissenschaft die Hand gereicht haben. Das Gericht hatte von 1820 bis 1860 viele komplizierte Rechtssachen, vor allem auf dem Gebiet des Handels- und Seerechts abzuurteilen.

Im Folgenden werden nun die wichtigsten Personen des Oberappellationsgerichts Lübecks, ihr Weg dorthin und ihre Bedeutung für das Gericht in zeitlicher Abfolge dargestellt.

I. Johann Smidt (1773-1857)

Betrachtet man die Geschichte des Oberappellationsgerichts der vier freien Städte historisch, dann stößt man schon bei den ersten Gründungsverhandlungen für ein gemeinsames Gericht auf Johann Smidt, dessen Erwähnung in diesem Zusammenhang unumgänglich ist.

---

779 *Görtz*, S. 590.

Der Staatsmann Johann Smidt wurde am 5. November 1773 als Sohn eines Pfarrers in Bremen geboren. Nach dem Vorbild seines Vaters studierte er seit 1792 Theologie in Jena. Nachdem er 1794 in Bremen sein Kandidatenexamen abgeschlossen hatte, verlagerte er seinen Schwerpunkt auf Geschichte und Philosophie. In dieser Zeit hatte Johann Gottlieb Fichte eine nachhaltige Wirkung auf die Persönlichkeit des jungen Smidt. Dieser schloss sich Fichtes Überzeugungen voll an und gehörte zu den eifrigsten Besuchern seines Kollegs.[780] Smidt war ab 1797 Gymnasialprofessor der Philosophie, wurde Syndicus der Älterleute und heiratete am 1. Januar 1798 die Apothekertochter Wilhelmine Rhode. Am 13. Dezember 1800 wurde der Professor, obwohl er Theologe und nicht Jurist oder Kaufmann war, in den Bremer Senat gewählt.[781] Hier überragte er den Großteil seiner Kollegen durch seine geistige Bildung und sein umfassendes Verständnis für die Zeichen der Zeit. Smidt besaß eine scheinbar unermüdliche politische Energie. Er zeichnete sich dadurch aus, dass er sich aufgrund seiner Willensstärke nicht leicht durch Gegenargumente von seinen eigenen Ansichten ablenken ließ.

Smidt wurde 1806 erstmals mit auswärtigen diplomatischen Missionen betraut. Im selben Jahr versuchte er die Hansestädte zu einem gemeinsamen Bund zu bewegen, um ihre an erster Stelle stehende Selbstständigkeit zu bewahren. Aus diesem Grund wurden in Lübeck auf Veranlassung des Senators gleich nach der formellen Auflösung des Heiligen Römischen Reiches Deutscher Nation im September und Oktober 1806 Konferenzen der Deputierten der Hansestädtischen Senate einberufen. Hier wurde über die Lösung der Unabhängigkeitsfrage und die damit verbundene Gefahr eines erzwungenen Anschlusses an den Rheinbund oder den preußisch-norddeutschen Bund beraten.[782] Wenig später folgte die französische Besatzung der Hansestädte. Smidt zog sich nach seiner Beschäftigung als Gesandter der drei Städte in Paris auf das Notariatsgeschäft zurück.[783] Nach der Befreiung Bremens im Jahre 1813 durch russische Truppen konnte er seine Tätigkeit in dem nun wieder amtierenden Senat fortsetzen. Der Schwerpunkt seiner Aufgaben lag vor allem auf auswärtigen Angelegenheiten der Stadt Bremen und den anderen beiden Hansestädten.

Bei den Verhandlungen im Großen Hauptquartier der verbündeten Mächte in Frankfurt und auch in Paris konnte er sowohl für seine Heimatstadt, als auch für

---

780 *von Bippen*, Smidts Jugendzeit, S. 136; *Beutin*, S. 233 f.

781 *DBE*, Band 9, S. 353; *Lührs*, S. 112; *Schulze-Smidt*, S. 116; *von Bippen*, Bremische Biographie, S. 461; *ders.*, Smidts Jugendzeit, S. 123.

782 *ADB/von Bippen*, 34. Band, S. 490; siehe auch oben B.I.1.

783 *von Bippen*, Johann Smidt, S. 99 ff; *ders.*, Bremische Biographie, S. 463; *ders.* Smidts französische Zeit, S.150 ff.; *Schulze-Smidt*, S. 225 ff.

die anderen beiden Schwesterstädte bei den zuständigen Monarchen die Primärziele der Anerkennung, Wiederherstellung und Sicherung der Selbstständigkeit erreichen.[784] Dieser Erfolg basierte auf dem intelligenten und diplomatischen Umgang Smidts mit Staatsmännern wie Stein, Humboldt und Metternich, die er von seinen Ideen und Vorstellungen von der Notwendigkeit der hansestädtischen Selbstständigkeit überzeugen konnte. Smidt richtete sich stets nach dem Grundsatz „Ich denke, wie man sich gibt so wird man genommen und behandelt". So konnte er nicht nur freundschaftliche Beziehungen aufbauen, sondern hatte auch die Gewissheit, dass die Unabhängigkeit der Städte im Rahmen der Reorganisation Deutschlands nicht wiederholt in Frage gestellt wurde.

Der Staatsmann vertrat die Stadt Bremen auf dem Wiener Kongress 1815. Er war einer der fünf Vertreter der deutschen Kleinstaaten und wirkte auf diesem Wege bei der Ausarbeitung der Bundesakte mit.[785] Auch hier war er als gewandter Diplomat, arbeitsamer Geschäftsmann und geistvoller Gesellschafter hoch angesehen. Dadurch wurde die Stellung der Hansestädte in dem neuen Deutschen Bund in ein besonderes Licht gerückt, was den Interessen der Stadt Bremen förderlich war. Smidt hatte den Ruf eines der schlagfertigsten und witzigsten Männer auf dem Wiener Kongress, neigte allerdings auch zu politischen Intrigen.[786] Dass er sich seiner diplomatischen Leistung für die Stadt durchaus bewusst war, zeigt sich in einer Äußerung vom 21. Juni 1815, in welcher er nicht ganz ohne Stolz bemerkte: „Wir erhalten eine so vollkommen begründete und gesicherte politische Situation, wie wir sie noch nie gehabt, und ich denke daher, wenn irgend jemand alle Ursache hat, mit dem Ausgange dieses Kongresses zufrieden zu sein, so sind es die freien deutschen Städte. Das sieht und fühlt man auch allenthalber und man gratuliert mir, wohin ich komme."[787] Seit 1816 gehörte er in seiner Funktion als Gesandter Bremens dem Bundestag in Frankfurt an.

Johann Smidt war von 1821 bis 1849 und von 1852 bis 1857 Bürgermeister von Bremen und beschäftigte sich in dieser Zeit intensiv mit den inneren Angelegenheiten des Stadtstaates. Seine Tätigkeit hatte prägende Wirkung auf die Arbeit des Senats und richtungsweisenden Charakter für den politischen Kurs der Stadt. Die wohl bedeutendste und bekannteste Tat des Bürgermeisters Smidt war die Gründung Bremerhavens 1827. Er sorgte mit großem Erfolg für die Stärkung der Wirtschaftskraft der Stadt Bremen, indem er mit südamerikanischen Staaten

---

784 *von Bippen*, Johann Smidt, S. 118 ff.; *ders.*, Bremische Biographie, S. 463; *ders.* Geschichte der Stadt Bremen, S. 400 ff.

785 *DBE*, Band 9, S. 353; *Lührs*, S. 113; *von Bippen*, Bremische Biographie, S. 467; *ders.* Geschichte der Stadt Bremen, S. 400 ff.

786 *Görtz*, S. 587; *Kretzschmar*, Hach, S. 38.

787 *von Bippen*, Johann Smidt, S. 176.

Handels-, Schifffahrts-, und Konsularverträge abschloss und eine regelmäßige Dampferlinie in die USA einrichtete.[788]

Seine persönlichen Erfolge verdankte er seiner umfassenden Bildung, seinen vielseitigen Interessen, seinem lebhaften Temperament und seiner schnellen Auffassungsgabe. Durch seine unermüdliche Tätigkeit gewann er weit über die Grenzen des Stadtstaates Bremen hinaus an Ansehen und Einfluss. Am 7. Mai 1857 verstarb Johann Smidt als letzter auf Lebenszeit gewählter Bürgermeister in Bremen.

Anlässlich seines hundertsten Geburtstags hielt sein früherer Freund Otto Gildemeister 1873 eine Erinnerungsrede, in der er den Diplomaten wie folgt treffend charakterisierte: „Smidt war ein moderner Mensch durch und durch. Nicht allein in seinen Anschauungen und Sympathien, sondern auch in seinem Wesen, in Form, Sprache und Haltung. Völlig frei von altfränkischer Steifheit und Schnörkelei; republikanisch bis in die Fingerspitzen, kühl und kritisch gegen Traditionen und Autoritäten, mit dem höchsten Interesse seines Geistes hingegeben an die Gegenwart und ihre mächtigen Fortschritte und Probleme. (...) Mit hellem Auge, mit klarem Bewusstsein, mit warmer Sympathie Zeuge des Um- und Aufschwungs ringsumher, die befruchtende Kraft der Stürme erkennend, aber auch ihre niederreißende Heftigkeit ermessend, fand er die ihm zukommende, besondere Arbeit am sausenden Webstuhle der Zeit. (...) Dass von diesem Umschwunge die liebe, alte Vaterstadt nicht niedergeworfen werden, dass sie vom Aufschwunge ihren vollen Anteil erlangen, dass sie, im Sturme verjüngt, in der jungen Zeit die alten Keime zu neuer Blüte und Frucht entfalten möge, darin erkannte er, von Anfang an, die Aufgabe seines Lebens, und für diese Aufgabe hat er gelebt mit unwandelbarer Treue, mit nie ermattendem Eifer, mit dem vollen Einsatz seiner Kräfte bis zur letzten Stunde (...).“[789]

Zum Abschluss soll an dieser Stelle ein Zitat von Gerhard Ahrens über die Bedeutung des Bremer Staatsmannes im 19. Jahrhundert nicht unerwähnt bleiben: „Entgegen den in den letzten Jahrzehnten wiederholt geäußerten, nicht selten unqualifizierten Vorwürfen gegen Smidts Person wie auch gegen die Ziele und Mittel seiner Politik, kann überhaupt kein Zweifel daran bestehen, dass er geradezu eine Lichtgestalt der bremischen, der hanseatischen, ja der deutschen Geschichte der ersten Hälfte des 19. Jahrhunderts gewesen ist.“[790]

---

788 *DBE*, Band 9, S. 353; *ADB/von Bippen*, 34. Band, S. 488.
789 *Schulze-Smidt*, S. 240 ff.
790 Zitat von Gerhard Ahrens, in: *Lührs*, S. 114.

2. Die Verbindung Smidts mit der Gründungsgeschichte des Gerichts

Die herausragende Bedeutung des Bremer Staatsmannes Smidt für die Errichtung des Oberappellationsgerichts wurde bei den ersten Verhandlungen über ein gemeinsames Gericht schnell deutlich.

Schon unmittelbar vor der Auflösung des Heiligen Römischen Reiches Deutscher Nation und der Aufhebung der Reichsgerichte erkannte Smidt die von diesen Zuständen ausgehende Gefahr für die Hansestädte, der Rechtsprechung eines ausländischen obersten Gerichts untergeordnet zu werden. Sein Primärziel war ein Zusammenschluss der Hansestädte zu einer nach außen auf Selbstständigkeit beharrenden Einheit. Sie sollten weder dem damals unter Preußen vereinigten Nordischen Reichsbund noch dem von Napoleon gegründeten Rheinbund beitreten. Smidt veranlasste die Bildung einer bremischen Kommission, die den anderen Hansestädten die Gefahr einer gerichtlichen Unterordnung veranschaulichen und die mit ihnen über eine gemeinsame Lösung dieses Problems diskutieren sollte.[791] Dadurch reifte schon sehr früh der Entschluss, ein gemeinsames oberstes Gericht zu gründen, um den Bund der Hansestädte zu festigen. Smidt befürchtete den Unabhängigkeitsverlust der Hansestädte und sah in der Errichtung eines gemeinsamen obersten Gerichts die Chance, nach außen hin ein Zeichen der Selbstständigkeit zu setzen.

Dieses Verhalten stieß im Gegensatz zu dem Bremer Senat bei den Städten Lübeck und Hamburg zunächst auf weitgehendes Unverständnis. Die unterschiedlichen Auffassungen von Smidt und dem Bremer Senat einerseits und den Senaten der Städte Hamburg und Lübeck andererseits entstanden auch durch die unermüdliche Energie und den Weitblick des Bremer Senators. Smidt sprach in diesem Zusammenhang das oft wiederholte Wort „Niemand wird getreten, er lege sich denn zuvor nieder".[792] Damit wollte er ausdrücken, dass sich ein kleiner Staat von den vielen großen nur unter energischer Darlegung seines Willens den nötigen Respekt und die nötige Berücksichtigung verschaffen könne. In den beiden anderen Städten befürchtete man allerdings nach wie vor, durch ein vorzeitiges Handeln zu viel Aufmerksamkeit auf die Hansestädte zu lenken.[793] Smidt äußerte daraufhin, er wolle nicht abwarten, was „der Reichskopiermaschine in Regensburg zum Abdruck untergelegt werden möchte", sondern sogleich in Paris die Erlaubnis erwirken, sich selbst zu konstituieren.[794]

---

791 Siche auch oben, B.I.1.
792 *Wogatzky*, S. 28; *von Bippen*, S. 29.
793 Siehe oben, B.I.1.
794 *von Bippen*, S. 29.

Der Bremer Senator vertrat die Stadt Bremen auch auf der „Hanseatischen Konferenz“ der vier Städte vom 5. September 1806. Hier fand die Idee eines gemeinsamen Gerichts, die auf den Beratungen der von Smidt ins Leben gerufenen Bremer Kommission basierte, unter den anderen Städten ernsthaft Gehör. Der Bremer Deputierte zeichnete sich als treibende Kraft in den Verhandlungen aus. Er konnte in der Diskussion über eine gemeinsame Appellationsinstanz die zunächst widerstrebenden Hamburger Vertreter zumindest hinsichtlich der Grundidee auf seine Seite ziehen.[795]

Während der napoleonischen Besatzung hatte die politische Aktivität Smidts keine Bedeutung für die Errichtung des Oberappellationsgerichts. Erst nach dem Abzug der Franzosen bemühte er sich um eine Wiederaufnahme der Beratungen zwischen den Städten.[796] Dabei wandte er sich mit seinen Ideen nicht nur an die Städte selbst, sondern auf seiner Reise als Bremer Gesandter nach Paris auch an einflussreiche Männer wie Stein und Humboldt, die er wie schon dargestellt von der Erforderlichkeit eines gemeinsamen Obertribunals für die Hansestädte überzeugen konnte.[797] Von Humboldt erfuhr er, dass die Errichtung eines neuen Reichsgerichts eher unwahrscheinlich war und es voraussichtlich den Einzelstaaten überlassen werden sollte, eine oberste Instanz einzurichten.[798] Basierend auf dem Zuspruch der Staatsmänner war es erneut der Bremer Senator, der die Gespräche zwischen den Hansestädten und mittlerweile auch der freien Stadt Frankfurt vorantrieb, da er fürchtete, man könne einem anderen höchsten Gericht untergeordnet werden. Sofort nach seiner Rückkehr nach Bremen veranlasste er, dass das Thema der Einsetzung eines gemeinsamen hanseatischen obersten Gerichts mit in seine Instruktionen für den Wiener Kongress aufgenommen wurde.

So spielte Smidt im Hinblick auf das Oberappellationsgericht auf dem Wiener Kongress eine entscheidende Rolle. Auf seinen Antrag vom 30. Mai 1815 und mit Unterstützung des ganz unter seinem Einfluss stehenden Lübecker Vertreters Senator Hach[799], wurde in Art. 12 Abs. III der Deutschen Bundesakte eine Sonderregelung für die vier freien Städte verankert.[800] Danach konnten die Städte losgelöst von ihrer Bevölkerungszahl ein eigenes gemeinsames oberstes Gericht einsetzen. Im Ergebnis waren nun die Voraussetzungen und die Grundlage für die Gründung eines gemeinsamen obersten Gerichts für die vier freien Städte auf höchster Ebene, nämlich in der Deutschen Bundesakte verankert. Damit gab sich Smidt jedoch nicht zufrieden. Er wurde schon nach der Rückkehr aus Wien wäh-

---

795 *von Bippen*, S. 31; S. *Schulze-Smidt*, S. 130.
796 *Görtz*, S. 587.
797 Siehe auch oben, B.II.1.; *Schulze-Smidt*, S. 247.
798 *von Bippen*, Johann Smidt, S. 142 f.; *ders.* Geschichte der Stadt Bremen, S. 400 ff.
799 Siehe unten, E.III.1.a).
800 *Krause*, S. 370; *von Bippen*, Johann Smidt, S. 173.

rend seines kurzen Aufenthalts in Bremen zum Initiator der innerstädtischen Verhandlungen für die Umsetzung des Art. 12 Abs. III der Bundesakte, bevor er zur Eröffnung des Bundestages nach Frankfurt reiste.[801] So sorgte der Senator dafür, dass sich die Abgeordneten der Städte Hach, Danz und Gries Anfang Januar 1816 zu näheren Beratungen über die Konstituierung des Gerichts in Frankfurt trafen.

Die wiederholten Verhandlungen zwischen den Städten über die Errichtung des Gerichts waren durch Smidts Ansichten geprägt. Es störte ihn, dass man in dieser Sache nicht voran kam.[802] So nutzte er die 1816 und 1818 bei dem Bundestag in Frankfurt eingereichten Beschwerden eines Hamburger Bürgers[803] über die fehlende Umsetzung des Art. 12 Abs. III der Bundesakte, um die Diskussion der vier Städte weiter voranzutreiben. Dies galt vor allem im Hinblick auf die Stadt Hamburg, die sich zu dieser Zeit noch entschieden gegen ein gemeinsames Gericht aussprach. Smidt nutzte jede Gelegenheit, um bei den zuständigen und einflussreichen Männern im Bundestag vorstellig zu werden. Er legte ihnen nahe, in dieser Sache Druck auf Hamburg auszuüben und konnte den Präsidialgesandten des Deutschen Bundestages dazu veranlassen, der Stadt eine vertrauliche Mitteilung zu machen. In dieser wurde betont, dass der Bundestag mit Bestimmtheit von der Errichtung eines gemeinsamen obersten hansestädtischen Gerichts ausgehe. In Hamburg gab man daraufhin den Widerstand auf. Es ging Smidt im Ergebnis darum, die Ehre der Hansestädte gegenüber dem Bundestag zu bewahren. Die ihm von Syndicus Gütschow überbrachte Nachricht, Heise habe den Ruf zum Präsidenten des Oberappellationsgerichts definitiv angenommen, erleichterte Smidt sehr, denn damit hatte er seine Ziele in dieser Sache schließlich erreicht.[804]

Zu der feierlichen Eröffnung des Gerichts am 13. November 1820 reiste Smidt als einer der Gründer der obersten Instanz nach Lübeck, um an den Feierlichkeiten teilzunehmen. Er folgte damit der persönlichen Einladung des Präsidenten Heise vom 3. November: „Es würde nicht nur uns bei dem Anfange unserer Laufbahn, auf der wir fürs erste noch mit gar manchen Schwierigkeiten zu kämpfen haben werden, zur größten Aufmunterung gereichen, sondern auch auf die Achtung und das Ansehen des Gerichts höchst vorteilhaft einwirken, wenn ein so allgemein verehrter Bundestagsgesandter dessen Eröffnung für wichtig genug halten sollte, um dieselbe mit seiner Gegenwart zu beehren.“[805]

Smidts Ausdauer und sein unermüdlicher Einsatz um die Errichtung des Oberappellationsgerichts Gerichts der vier freien Städte ist im Ergebnis beson-

---

801 *von Bippen*, Johann Smidt, S. 179.
802 *von Bippen*, Johann Smidt, S. 213.
803 Siehe oben, B.II.3.a) und b).
804 *von Bippen*, Johann Smidt, S. 225.
805 *von Bippen*, Johann Smidt, S. 227.

ders hervorzuheben. Er war derjenige, der trotz vieler Schwierigkeiten immer das Ziel eines gemeinsamen Gerichts verfolgt hatte, bis es schließlich verwirklicht war.

Smidt war in Bezug auf das Gerichts ausgesprochen weitsichtig, als er im Oktober 1817 zu der zukünftigen Bedeutung des Gerichts prognostizierte: „Wenn unser Gericht zweckmäßig organisiert und mit ausgezeichneten Männern besetzt wird, so ist kaum daran zu zweifeln, dass es von anderen Gerichten häufig als Austrägalinstanz von Streitigkeiten unter Bundesstaaten gewählt werden dürfte. Unser eigenes Interesse sowohl als unsere Pflicht uns um Deutschland verdient zu machen, fordern uns daher auf, bei Auswahl der Personen mit größter Sorgfalt zu verfahren.“[806] Wie von Johann Smidt vorausgesehen, war gerade die gezielte Auswahl der am Gericht tätigen Personen auch ein Grund für den Erfolg und die häufige Wahl zur Austrägalinstanz.[807]

II. Die Präsidenten des Oberappellationsgerichts

Die Präsidenten des Oberappellationsgerichts der vier freien Städte waren in zeitlicher Reihenfolge Georg Arnold Heise (1820-1850), Carl Georg von Wächter (1851-1852) und Johann Friedrich Kierulff (1853-1879).

1. Georg Arnold Heise (1820-1850)

a) Allgemeines

Georg Arnold Heise wurde am 2. August 1778 in Hamburg als Sohn des angesehenen Kaufmannes Johann Ludwig Barthold Heise geboren.[808] Seine Mutter Marianne Behrnmann-Rothenburg war die zweite Ehefrau von Heises Vater. Sie stammte ebenfalls aus einer reichen hamburgischen Handelsherrenfamilie.[809] Zunächst wurde Heise, wie seine zwölf Geschwister, von dem Privatlehrer Paul Lorenz Cropp unterrichtet.[810]

---

806 *von Bippen*, S. 46.

807 Siehe oben, C.III.1.

808 Nachlass von Bippen, 7,206-42, Auszug aus dem Kirchenbuche der Kirche St. Petri in Hamburg; *Stintzing-Landsberg*, Abt. 3, Halbband 2, Text, S. 88; *Döhring*, S. 403; *von Bippen*, Mitteilungen, S. 9; *Ahrens*, Biographisches Lexikon, Bd. 7, S. 97; *DBA* I, 504, Nr. 40 ff.; *Schröder*, Lexikon, 3. Band, Nr. 1508, S. 159.

809 *Braunewell*, S. 6; *Ahrens*, Biographisches Lexikon, Bd. 7, S. 97.

810 *DBA* I, 504, Nr. 49; *Schröder*, Lexikon, 3. Band, Nr. 1508, S. 160.

Nach dem Besuch des Gymnasiums bis 1798 studierte er zunächst Rechtswissenschaften in Jena[811] und schloss mit seinen damaligen Lehrern Paul Johann Anselm Feuerbach und Gottlieb Hufeland enge Freundschaften.[812] Im Sommer 1800 lernte Heise durch Hufeland auch Friedrich Carl von Savigny kennen, mit dem er jedoch nur oberflächlichen Kontakt pflegte. Ein Jahr später wechselte Heise an die Göttinger Universität, wo sich unter seinen Lehrern Gustav Hugo, Georg Friedrich von Martens und sein späterer Freund und Heidelberger Kollege Christoph Reinhard Dietrich Martin befanden.[813]

Nachdem er am 16. Januar 1802 promoviert worden war[814] trat der junge Doktor am 1. März 1802 als außerordentlicher Beisitzer dem zu dieser Zeit sehr beschäftigten Spruchkollegium in Göttingen bei.[815] Er arbeitete dort bis zum Herbst 1804 selbstständig 76 Sachen aus und hielt seit Ostern 1803 zusätzlich Vorlesungen zum deutschen Privatrecht, Lehnsrecht und Reichsprozessrecht, die jedoch sehr schlecht besucht waren.[816] In seine erste Vorlesung im Winter 1802 über den Reichsprozess kam nur ein einziger Zuhörer.[817] Trotzdem bemühte sich Heise weiter um eine Anstellung an einer Universität, da er seine berufliche Zukunft wegen seiner bevorstehenden Heirat absichern wollte. Als ihm Anfang 1804 eine Professur in Jena angeboten wurde, lehnte er diese jedoch ab[818] und folgte stattdessen einer von Savigny vermittelten Berufung zum ordentlichen Professor für Kirchenrecht nach Heidelberg an die dort neu besetzte Fakultät. Nach dieser Absicherung seiner Existenzgrundlage heiratete er am 30. September 1804 die Tochter des braunschweigischen Obristen Friedrich Rudolph Isenbart, Georgina Sophie Elisabeth Isenbart in Neuenkirchen bei Göttingen.[819]

In Heidelberg war Heise schnell als Lehrer auf dem Gebiet der Pandektenwissenschaften und des Handelsrechts anerkannt. Er zeigte sein besonderes Talent

---

811 Universitätsdiplom Heises aus Jena von 1789 in Nachlass von Bippen, 7, 206-41.

812 *NDB/ Schulze-v. Lasaulx*, 8. Band, S. 454; *ADB/Frensdorff*, 11. Band, S. 666; *Bekker*, Vier Pandektisten, S. 154; *Stintzing-Landsberg*, Abt. 3, Halbband 2, Text, S. 88; *DBA* I, 504, Nr. 49; *Schröder*, Lexikon, 3. Band, Nr. 1508, S. 160.

813 *Ahrens*, Biographisches Lexikon, Bd. 7, S. 97; *DBA* I, 504, Nr. 49; *Schröder*, Lexikon, 3. Band, Nr. 1508, S. 160; Universitätsdiplom aus Göttingen von 1802 in Nachlass von Bippen, 7, 206-41.

814 Die Promotion hatte den Titel „De successoribus necessariis".

815 Nachlass von Bippen, 7, 206-41, Bericht der juristischen Fakultät über das Eintreten Heises vom 5. März 1802; *Bekker*, Vier Pandektisten, S. 155; *Braunewell*, S. 15; *Ahrens*, Biographisches Lexikon, Bd. 7, S. 97; *DBA* I, 504, Nr. 47 f.

816 *DBE*, Band 4, S. 549; *Döhring*, S. 403; *DBA* I, 504, Nr. 50.

817 *Schröder*, Lexikon, 3. Band, Nr. 1508, S. 161.

818 *Braunewell*, S. 19; *DBA* I, 504, Nr. 51; *Schroder*, Lexikon, 3. Band, Nr. 1508, S. 161.

819 *Ahrens*, Biographisches Lexikon, Bd. 7, S. 97; *DBA* I, 504, Nr. 48; *Schröder*, Lexikon, 3. Band, Nr. 1508, S. 161.

als Systematiker und entwickelte die Einteilung des Digestenstoffes in 5 Büchern zur pandektischen Systematik.[820] In den folgenden zehn Jahren in Heidelberg schaffte es Heise, neue herausragende Lehrkräfte für die juristische Fakultät zu gewinnen. So wechselten Thibaut von Jena für römisches Recht und Martin von Göttingen für das Prozessrecht nach Heidelberg, schon bald gefolgt von Klüber und Zachariä.[821] Heise verhalf durch seine eigene Lehrtätigkeit im römischen Recht und vor allem in den Pandekten, im deutschen Privatrecht und im Kirchen- und Handelsrecht der Universität zu neuem Glanz.

Zusammen mit Martin und Thibaut zählte er zu dem so genannten „Heidelberger Triumvirat"[822] und brachte der juristischen Fakultät große Anerkennung. Heise selbst wurde von den Studenten liebevoll als der „kleine Cujaz"[823] bezeichnet.[824] Neben der Lehrtätigkeit war der Professor auch als Praktiker und in der Universitätsverwaltung aktiv. Er wurde Beisitzer im Spruchkollegium, Mitglied des Universitätsgerichts, 1805 und 1810 Dekan der Juristischen Fakultät und 1808 für ein Jahr Prorektor der Universität.[825]

Im Frühjahr 1814 kehrte Heise nach wiederholter Aufforderung der hannoverschen Regierung an die Universität Göttingen zurück.[826] Auch hier konnte er durch seine Vorlesungen im römischen Recht und Lehns- und Handelsrecht beachtliche Erfolge verzeichnen und übertraf schnell seine Kollegen Hugo und Waldeck. Zeitweise hörten bis zu 250 begeisterte Zuhörer seine Vorlesungen über das Pandektenrecht und die Handelsrechtsveranstaltung hatte mit anfänglich 11 und schließlich 164 Studenten den größten Zuwachs.[827] Neben den eingeschriebenen Studenten besuchten auch viele nicht angemeldete Hospitanten regelmäßig Heises Vorträge.[828] Dieser Erfolg weckte in dem Rechtswissenschaftler wieder den Wunsch, in der juristischen Praxis tätig zu werden. Es störte ihn, vor

---

820 *NDB/Schulze-v. Lasaulx*, 8. Band, S. 454; *Stintzing-Landsberg*, Abt. 3, Halbband 2, Text, S. 88.

821 *ADB/Frensdorff*, 11. Band, S. 666; *Braunewell*, S. 28 f.

822 *Griesebach*, S. 6; *Braunewell*, S. 29; *Wogatzky*, S. 30; *Ahrens*, Biographisches Lexikon, Bd. 7, S. 97; *DBA* I, 504, Nr. 51; *Schröder*, Lexikon, 3. Band, Nr. 1508, S. 161.

823 gemeint war Jacques de Cujas, berühmter Rechtslehrer, geb. 1522 in Toulouse, gest. 1590 in Bourges.

824 *Griesebach*, S. 6; *Braunewell*, S. 29; *Wogatzky*, S. 30; *Ahrens*, Biographisches Lexikon, Bd. 7, S. 97; *DBA* I, 504, Nr. 51; *Schröder*, Lexikon, 3. Band, Nr. 1508, S. 161.

825 *Braunewell*, S. 49.

826 *Döhring*, S. 403; *Ahrens*, Biographisches Lexikon, Bd. 7, S. 97; *DBA* I, 504, Nr. 48, 52; *Schröder*, Lexikon, 3. Band, Nr. 1508, S. 162.

827 *Bekker*, Vier Pandektisten, S. 157.

828 *Bekker*, Vier Pandektisten, S. 157.

einer anonymen Masse von Studenten Vorlesungen zu halten, „ohne je zu erfahren", so Heise, „ob ich auch irgend etwas nütze".[829] Ihm fehlten die Anregungen, die Aufmunterungen und die persönlichen Kontakte in der kleineren Arbeitsgruppe, da es schon schnell nicht mehr möglich gewesen war, die angebotenen Examinatorien und Übungen mit geringeren Teilnehmerzahlen durchzuführen.

Aus diesen Gründen wechselte der Professor im Juni 1818 ungeachtet seiner Erfolge als Dozent in die Stellung als vortragender Rat in das Justizdepartement nach Hannover. Hier fertigte er umfangreiche Vorarbeiten für Gesetzesentwürfe und Rechtsgutachten in allgemeinen Regierungs- und speziellen Verwaltungsangelegenheiten an.[830] Heise fühlte sich jedoch nicht wirklich wohl, da er viele Aufgaben, die eigentlich Personen unter ihm zuzuordnen waren, selbst übernehmen musste. Es hieß oft, der Jurist sei für dieses Amt überqualifiziert und er wurde daher im Dezember 1819 durch den akademischen Senat als Abgeordneter in die zweite Kammer der Ständeversammlung des Königreichs Hannover gewählt.[831]

Als das Oberappellationsgericht der vier freien Städte Deutschlands eröffnet werden sollte, wählten die Senate der Städte Heise einstimmig zu ihrem ersten Präsidenten. Nach seiner Zusage konnte er während seiner Amtszeit die Rechtsprechung und die Gesamtentwicklung des Gerichts entscheidend prägen. Er fand jedoch durch die intensive Arbeit am Gericht kaum Zeit für wissenschaftliche Arbeiten, obwohl er dies bei seinem Umzug nach Lübeck noch gehofft hatte. Ursächlich für das Ausbleiben weiterer Veröffentlichungen war nicht nur Heises strenge Berufstreue, sondern vor allem seine persönliche Bescheidenheit. Seine Studien und Sammlungen zur Kritik römischer Rechtsquellen wurden nicht veröffentlicht und auch andere seiner früheren Arbeiten blieben unbeendet. Die Studenten hofften auf eine Veröffentlichung seiner Vorträge, doch der Gerichtspräsident war der Meinung, diesen Angeboten aus Rücksicht auf sein Amt nicht nachkommen zu können.[832] Auch die finanziellen Vorteile, die ihm bei einer zusätzlichen wissenschaftlichen Tätigkeit in Aussicht standen, waren für Heise kein Argument. Daher blieben die Bitten verschiedener Verlage und Zeitungen um Publikationen erfolglos. Als 1848 eine erneute Anfrage an ihn gestellt wurde,

829 *Bekker*, Vier Pandektisten, S. 157; *Braunewell*, S. 61; *von Bippen*, Mitteilungen, S. 190.

830 *Griesebach*, S. 7; *von Bippen*, Mitteilungen, S. 193; *Stintzing-Landsberg*, Abt. 3, Halbband 2, Text, S. 89; *Döhring*, S. 403; *Ahrens*, Biographisches Lexikon, Bd. 7, S. 97; *DBA* I, 504, Nr. 48, 52; *Schröder*, Lexikon, 3. Band, Nr. 1508, S. 162.

831 *von Bippen*, Mitteilungen, S. 201; *Braunewell*, S. 71; *Ahrens*, Biographisches Lexikon, Bd. 7, S. 97.

832 *ADB/Frensdorff*, 11. Band, S. 668; *Stintzing-Landsberg*, Abt. 3, Halbband 2, Text, S. 89.

antwortete er nur mit den Worten: „Möge man nach meinem Tode lieber Schriften von mir vermissen, als für überflüssig erklären.“[833] Erst nachdem Heise am 6. Februar 1851 an den Folgen eines Schlaganfalles gestorben war, veröffentlichte sein jüngster Kollege Agathon Wunderlich „Heises Handelsrecht nach dem Original-Manuscript“ auf der Grundlage des Originalmanuskripts der Göttinger Vorlesungen.[834]

Das wohl bedeutendste Werk des Rechtswissenschaftlers war der unter Benutzung der Arbeiten Hugos entstandene „Grundriss eines Systems des gemeinen Zivilrechts zum Behuf von Pandektenvorlesungen“. Dieser war 1807 erschienen und wurde bis 1897 in mehreren Auflagen gedruckt.[835] Der „Grundriss“ war zunächst nur zur Unterstützung seiner eigenen Vorlesungen und nicht als Lehrbuch gedacht. Heise unterteilte hier das Privatrecht in fünf Bücher.[836] Trotz des Drängens seiner Studenten arbeitete der Professor auch den „Grundriss“ nie zu einem Lehrbuch aus.[837] Diese neue Pandektensystematik hatte großen Einfluss auf Literatur und Praxis. Sie wurde als Vorlage in der Gesetzgebung, beispielsweise für das Sächsische Bürgerliche Gesetzbuch, für das Bürgerliche Gesetzbuch für das Deutsche Reich und das Japanische Bürgerliche Gesetzbuch, genutzt.[838]

Seine allgemeine Beliebtheit hatte Heise sicherlich nicht nur seiner juristischen Begabung zu verdanken. Er war sowohl als Lehrer, als auch als Kollege eine als angenehm beurteilte Person, „bei der Kopf und Herz, gleich gut entwickelt, sich gegenseitig unterstützten, um ein schönes Menschenbild zu schaffen.“[839] Trotzdem konnte er auch sehr streng sein, was zur Folge hatte, dass viele Studenten seine Prüfungen zu vermeiden versuchten. Heise hatte kein Problem damit, bei Bedarf ein hartes Urteil zu sprechen. Allerdings bemühte er sich als Professor immer sehr um ein freundschaftliches und persönliches Verhältnis zu seinen Schülern und einige seiner Studenten folgten ihm sogar von Heidelberg nach Göttingen.

Als eher ruhiger Charakter versuchte Heise, Meinungsverschiedenheiten aus dem Weg zu gehen. Er war weder ein Rechtswissenschaftler, der sich nur in seine Studien zurückzog, noch der Dozent, der die Anerkennung der Studenten genoss.

---

833 *von Bippen*, Mitteilungen, S. 272.

834 Direktorial Archiv II.B.1b), No. 1, Bericht des Oberappellationsgericht über den Tod des Präsidenten vom 8. Februar 1851; ebenso Gesamtinventar, A 105 No. 1; Senatsakten Cl.VII. Lit.Ma No.10 Vol.2a Fasc.1 Vol 2 Invol. 11d.

835 *Döhring*, S. 332; *Griesebach*, S. 6; *Braunewell*, S. 33; *Stintzing-Landsberg*, Abt. 3, Halbband 2, Text, S. 89, 94.

836 Diese unterteilten sich in einen Allgemeinen Teil, Schuld-, Sachen-, Familien- und Erbrecht.

837 *Braunewell*, S. 73.

838 *Bekker*, Vier Pandektisten, S. 161; *Braunewell*, S. 36.

839 *Bekker*, Vier Pandektisten, S. 153.

Bezeichnend für Heise waren sein „klarer Kopf“ und die Fähigkeit, die Dinge zu sehen, wie sie wirklich waren und wie sie sich zueinander verhielten.[840] So konnte man ihn sowohl als hervorragenden Wissenschaftler, als auch als erfolgreichen Praktiker bezeichnen.

b) Die Bedeutung Heises für das Oberappellationsgericht

Georg Arnold Heise war in seiner Tätigkeit als erster Präsident des Oberappellationsgerichts der vier freien Städte von großer Bedeutung für das Gericht. Doch es lassen sich schon viel früher Verbindungen feststellen, die schließlich im Oberappellationsgericht zusammenliefen.

Zu Beginn seines Studiums in Jena wohnte Heise mit einigen gleichgesinnten Freunden zusammen, unter denen sich auch der spätere Syndicus der Hansestadt Hamburg Carl Hermann Gries und dessen Bruder, der Übersetzer Johann Diederich Gries befanden.[841] Zusammen unternahm man beispielsweise gemeinsame Opernbesuche in Weimar. Der spätere Syndicus Carl Hermann Gries, der Bremer Senator Smidt und der Lübecker Senator Hach gehörten schon 1814 zu den Interessenvertretern der Hansestädte, die kurze Zeit nach der napoleonischen Besatzung über die Errichtung eines gemeinsamen Oberappellationsgerichts beratschlagt hatten.

Anfang 1816 vertrat Gries die Hansestadt Hamburg bei den gemeinsamen Beratungen über die Konstituierung des Gerichts in Frankfurt und kam hier wieder mit Smidt in Kontakt, der als Initiator dieser Beratungen dafür gesorgt hatte, dass die Vertreter der vier Städte in Frankfurt zusammentrafen.[842] Gries musste allerdings eine ablehnende Haltung zu den Plänen der Errichtung eines gemeinsamen obersten Gerichts vertreten, obwohl er sich persönlich dafür aussprach. Der Senat der Stadt Hamburg bevorzugte zu dieser Zeit statt eines gemeinsamen Gerichts immer noch eine Aktenversendung an die Fakultäten.[843] Als Gesandter der vier freien Städte teilte Gries 1820 schließlich der Bundesversammlung die Einsetzung des Oberappellationsgerichts der vier freien Städte Deutschlands mit.[844] Hier zeigt sich, dass sich die Wege einiger für das Oberappellationsgericht wichtiger Personen schon sehr früh und insbesondere schon vor der eigentlichen Errichtung des Gerichts wiederholt gekreuzt hatten.

Als sich Heise Ende 1817 auf dem Höhepunkt seines Lehrerfolges entschied, in der Praxis tätig zu werden, erfuhr er von seinem Bruder Marcus Heise von den

840 *Griesebach*, S. 7.
841 *Braunewell*, S. 10.
842 Siehe oben, B.II.3.a).
843 Siehe oben, B.II.3.a).
844 Siehe oben, B.II.3.b).

Plänen der Gründung des Oberappellationsgerichts der vier freien Städte. Der Professor wusste auch von dem Wunsch der Hansestädte, ihn als Präsidenten zu gewinnen. Da die Pläne zu dieser Zeit jedoch noch nicht konkret waren und mit einer Berufung nicht zu rechnen war, nahm Heise in der Hoffnung auf den erstrebten Wechsel an das Oberappellationsgericht vorerst die Stelle des vortragenden Rats in dem Justizdepartement Hannover an.[845]

Im Januar 1819 traf sich Smidt mit Heise in Hannover, um mit ihm über die Tätigkeit als Präsident des obersten Gerichts der vier freien Städte zu sprechen.[846] Heise reiste noch im gleichen Jahr zu einem Vorgespräch nach Lübeck, weil dieses Amt für ihn weiterhin von größtem Interesse war und es zu diesem Zeitpunkt noch nicht sicher war, ob er überhaupt zum Präsidenten gewählt würde. Seit 1816 war nämlich auch mit Professor Martin über die Präsidentenstelle verhandelt worden und Heise wollte Martin, mit dem er eng befreundet war, unbedingt den Vortritt lassen.[847] Er hielt außerdem die Besoldung der Ratsmitglieder für zu niedrig, worin sich zeigte, dass er oft mehr auf das Wohl der anderen, als auf sein eigenes bedacht war. Zugleich fühlte sich Heise noch gegenüber der Hannoverschen Regierung verpflichtet.[848] Diese Argumente äußerte der Professor, als ihm am 11. April 1820 von Syndicus Curtius mitgeteilt wurde, dass die Senate der vier freien Städte ihn als ersten Präsidenten des Oberappellationsgerichts vorgeschlagen hatten.[849] Erst nach der ausdrücklichen Versicherung seines Freundes Martin, er sei durch die Annahme einer Professur in Jena an der Stelle nicht weiter interessiert, nahm Heise seine Berufung am 28. April erst vorläufig und schließlich am 25. Mai 1820 verbindlich an.[850]

Bis zu der einstimmigen formellen Berufung zum Präsidenten am 2. Juni 1820 hatte er sich schon in die Gerichtsangelegenheiten eingearbeitet. Ende August 1820 erfolgte schließlich die offizielle Ernennung und am 12. September konnte Heise seine Entlassung aus dem hannoverschen Staatsdienst mitteilen.[851]

---

845 Siehe oben, E.II.1; *Griesebach*, S. 7.

846 ASA Interna, 3/1, No. 48, Auszug aus einem Brief Smidts aus Bremen vom 1. Januar 1819.

847 *Griesebach*, S. 7; *von Bippen*, Mitteilungen, S. 218 ff.; ASA Interna 42/1, Brief aus Bremen an Syndicus Gütschow in Lübeck vom 12. Januar 1818.

848 *von Bippen*, Mitteilungen, S. 217 f.

849 Direktorial Archiv I.A.3., No. 7., Schreiben Curtius vom 11. April 1820 an Heise.

850 Direktorial Archiv I.A.3., No. 9 und 16, Antwortschreiben Heises vom 28. April und 25. Mai 1820; *Wogatzky*, S. 30.

851 Direktorial Archiv I.A.4. No.2, Anlage 13 A, Entlassungsurkunde Heises vom 12. September 1820.

Bei der feierlichen Eröffnung des Oberappellationsgerichts der vier freien Städte Deutschlands erhielt der erste Präsident seine Ernennungsurkunde.[852] Nach seiner Vereidigung hielt Heise eine Rede, in der er an die schwierige Zeit der Verhandlungen bis zum Eröffnungstag erinnerte.[853] Er schilderte sehr vorausschauend die bevorstehenden Schwierigkeiten vor allem im Hinblick auf die unterschiedlichen Verhältnisse in den vier Städten.[854] Schließlich appellierte er an die Senate der Städte, dem Gericht Vertrauen zu schenken und es nicht als ein ihnen übergeordnetes, aufgezwungenes oder in die Verfassung eingreifendes Institut zu verkennen.[855] Der Präsident erinnerte sich später oft mit Freude an den Tag der Gerichtseröffnung und es wurde diesem Tag daher alle fünf Jahre mit einem Festmahl im Haus des Präsidenten gedacht.[856]

Heise war mit der eigentlichen Arbeit und mit der sonstigen Besetzung des Gerichts sehr zufrieden. Er wusste den fachlichen Austausch mit seinen Kollegen, insbesondere mit Cropp zu schätzen und ihm lag die mit der Arbeit verbundene Unabhängigkeit, obwohl die unterschiedlichen Appellationssummen, Verfassungen, Rechtsgewohnheiten und Gesetze in den vier Städten den Gerichtsalltag sehr anspruchsvoll gestalteten.[857] Wegen der unterschiedlichen Gerichtsverfassungen in den vier Städten begann sich die Verfahrensdauer schnell zu verlängern.[858] Heise klagte darüber: „Ich kann doch nicht mehr thun als arbeiten! Vereinfache man nur das processualische Verfahren und vor Allem schaffe man das unselige Vielschreiben ab!"[859] Trotzdem lehnte er die Einführung des mündlichen, öffentlichen Verfahrens ab. Heise selbst war auch mit ursächlich für die Verzögerung des Verfahrens und sagte oft, er könne es „den Parteien gar nicht verdenken, wenn sie so ungestüm auf eine Entscheidung dringen", und er „glaube es gerne, dass es den Leuten oft weit mehr auf ein rasches Urteil ankomme; aber das Herz eines Juristen [könne] sich mit einem solchen Verfahren nicht versöhnen".[860] Durch die gründliche, fast schon pedantisch genaue Arbeitsweise des Präsidenten und durch die persönliche Übernahme nahezu aller Korrellationen während seiner Amtszeit, kam es zwangsläufig zu einer langen Zeitspanne bis zur Urteilsver-

---

852 Siehe oben, B.II.3.b); das Original der Ernennungsurkunde befindet sich im Lorentschen Familienarchiv in Bremerhaven; Ratsarchiv Qq.10.G.5.b., Abschrift der Ernennungsurkunde; *Braunewell*, S. III.; *Stintzing-Landsberg*, Abt. 3, Halbband 2, Text, S. 89.

853 *von Bippen*, Mitteilungen, S. 229.

854 *von Bippen*, Mitteilungen, S. 229.

855 *Wogatzky*, S. 31.

856 *von Bippen*, Mitteilungen, S. 230.

857 *Braunewell*, S. 79; *von Bippen*, Mitteilungen, S. 230; siehe auch oben, C.II.3.

858 Siehe oben, C.II.4.c).

859 *von Bippen*, Mitteilungen, S. 234.

860 *von Bippen*, Mitteilungen, S. 233.

kündung.[861] Dieses Problem wurde erst durch die zeitlich begrenzte Möglichkeit der Aktenversendung behoben.[862]

Selbst durch Heises unermüdlichen Arbeitseifer konnte die stetige Aktenanhäufung nicht vermieden werden, obwohl er täglich oft bis zu 10 Stunden und teilweise bis in die Nacht hinein arbeitete. Er begann morgens seine Arbeit, um sich am späten Mittag mit Freunden zu einem ausführlichen Essen zu treffen, das in dieser Zeit durchaus drei bis vier Stunden dauern konnte. Auf Drängen des Präsidenten war dieses schon um eine Stunde nach hinten verschoben worden, um noch mehr Arbeitszeit zu gewinnen. Um sieben oder halb acht ging Heise nach Hause, um erst nach einigen Arbeitsstunden zu seinen Freunden zurückzukehren. Er verließ die Runde dann wiederum frühzeitig, da er gewöhnlich noch bis ein oder zwei Uhr in der Nacht an seinem Arbeitstisch saß.[863]

Zu Heises Freunden gehörten auch die Familien der Räte und die Familien der Syndici Curtius und Gütschow. Hier lässt sich wieder eine Verbindung feststellen, denn der Syndicus Curtius hatte schon am 5. September 1806 zusammen mit dem Bremer Senator Smidt und dem Hamburger Syndicus Doormann auf der „Hanseatischen Konferenz" über die Errichtung eines gemeinsamen obersten Gerichts für die Hansestädte verhandelt. Auch während der jahrelangen und zähen Gründungsverhandlungen zwischen den vier Städten hatte er sich immer wieder verstärkt für die Errichtung des Gerichts eingesetzt.[864] Der Syndicus Curtius hatte als Einführungskommissar des Senats von Lübeck als erster Direktorialsenat das Gericht am 13. November 1820 für eröffnet erklärt und Heise am 11. April 1820 mitgeteilt, dass er von den Senaten zum Präsidenten des Gerichts vorgeschlagen worden war.[865] Schon während der Gründungszeit hatte sich der Syndicus Gütschow für die Errichtung eines gemeinsamen Gerichts verstärkt eingesetzt und konnte dem Senator Smidt schließlich mitteilen, dass Heise seinen Ruf zum Präsidenten des Gerichts angenommen hatte.[866]

Die Arbeit des Gerichtspräsidenten zeichnete sich nicht nur durch außerordentlichen Fleiß, sondern auch durch eine umfangreiche Rechtskenntnis aus, die Heise jederzeit „abrufbereit" hatte. In komplizierten Fällen behielt er in der Diskussion den Überblick und verhalf den Gerichtsmitgliedern durch seine übersichtliche Beurteilung der Problematik zu Klarheit. Aus diesem Grund wurde er

861 Siehe oben, C.II.4.b); *Stintzing-Landsberg*, Abt. 3, Halbband 2, Text, S. 90; *von Bippen*, Mitteilungen, S. 232; *Döhring*, S. 404.

862 Siehe oben, C.II.4.c).

863 *von Bippen*, Mitteilungen, S. 246.

864 Siehe oben, B.I.1.

865 Siehe oben, B.II.3.b).

866 Siehe oben, B.II.3.b) und E.I.2.

oft als „die eigentliche Seele des Gerichts" bezeichnet.[867] Bei der Urteilsformulierung achtete Heise immer auf eine präzise Wortwahl, um jedes sprachliche Missverständnis zu vermeiden. Seiner Meinung nach musste „von dem Richter (...) ein klares und bestimmtes Urtheil verlangt werden, ein schwankender Ausdruck, ein verschiedener Deutung fähiges Wort [könne] hier unendliches Unheil anrichten".[868]

Durch diese Arbeitsweise erhielten die Lübecker Urteile sowohl von den Praktikern, als auch von den Rechtswissenschaftlern höchste Anerkennung. Jhering bezeichnete sie als „wahre Meisterstücke".[869] Nicht einmal das 25. Jubiläum des Oberappellationsgerichts am 13. Mai 1845 konnte ihren Präsidenten dazu bewegen, sich einmal mit anderen Dingen als dem Gerichtsalltag zu beschäftigen.[870] Dies war charakteristisch für seinen persönlichen Arbeitseifer. Die härteste und unangenehmste Pflicht war für ihn die Verhängung einer Todesstrafe und er wünschte sich diese höchste Strafe aus allen Gesetzbüchern gestrichen, denn die Verhandlungen waren für den gutmütigen Heise eine Qual.[871]

Georg Arnold Heises Bemühungen um die praktische juristische Arbeit und sein persönliches Engagement bei der Besetzung der Richterstellen prägten den gesamten Gerichtsalltag. Schon an der Erstbesetzung des Gerichts war der Präsident maßgeblich beteiligt. Im Jahre 1820 begannen Johann Friedrich Hach für Lübeck, Burkhard Wilhelm Pfeiffer für Bremen sowie Gottfried Samuel Müller und Professor Friedrich Cropp für Hamburg ihre Tätigkeit als Oberappellationsgerichtsräte. Letzterer war der Sohn des früheren Privatlehrers der Familie Heise, Paul Lorenz Cropp und Friedrich hatte während der Heidelberger Zeit die Vorlesungen des Professors besucht.[872] Auch die späteren Räte Georg August Wilhelm Du Roi aus Braunschweig, Arnold Ludwig Lüder aus Hannover und Christian Gerhard Overbeck aus Lübeck waren in Heidelberg Heises Schüler gewesen.[873] Blume, der später auf die Stelle Cropps berufen wurde, und Pauli, der zunächst als Sekretär und dann als Nachfolger von Blume Rat wurde, waren ebenfalls ehemalige Schüler Heises aus seiner Göttinger Zeit. Als es unter den Mitgliedern

---

867 *von Bippen*, Mitteilungen, S. 231.
868 *von Bippen*, Mitteilungen, S. 233.
869 *Jhering*, Jahrbücher, 17. Band, S. 156; *Wogatzky*, S. 3.
870 ASA Interna, 81/1; 25. Jähriges Jubiläum; Gesamtinventar, A 67 No. 1, Glückwunschschreiben der Senate vom 13. November 1870; Ratsarchiv Qq.10.G.27., Jubiläumsfeier; Senatsakten Cl.VII. Lit.Ma No.10 Vol.2a Fasc.1 Vol.2 Invol.60.
871 *von Bippen*, Mitteilungen, S. 234 f.
872 *Braunewell*, S. 6.
873 *Braunewell*, S. 31; *ADB/Frensdorff*, 11. Band, S. 668; *von Bippen*, Mitteilungen, S. 246.

des Gerichts zu einigen Erkrankungen und Todesfällen kam[874], führte Heise dies darauf zurück, dass man bei der Eröffnung das Gerichtsgebäude nicht wie von ihm gewünscht durch einen religiösen Akt geweiht habe. „Gottes Segen“ sei nur „sichtbar darin, dass er diesen Präsidenten dem Gerichte so lange erhalten“ habe. Darin sah er wohl die Ursache dafür, dass er selbst nicht betroffen war.[875]

Der Präsident konnte während seiner Amtszeit hervorragende Juristen für das Gericht zu gewinnen. Kam es zu Lücken in der Besetzung des Gerichts, war es Heises erste Priorität, diese Stelle mit einer ihr würdigen Person schnell wieder neu zu besetzen. Dabei bestand er auf persönlichen Gesprächen und unternahm sogar Reisen, obwohl er solche sonst möglichst vermied.[876] Der Präsident erhielt von den Räten eine Liste von sechs oder mehr Personen, die für die zu besetzende Stelle in Frage kamen. Über deren Qualitäten hatte Heise dann ein Gutachten zu erstellen. Diese Aufgabe erledigte der Präsident mit besonderer Präzision und scharfen Beurteilungen, so dass die Räte bei der anschließenden Wahl in den meisten Fällen in seinem Sinne abstimmten.[877]

Bei der daraufhin folgenden, meist persönlichen Korrespondenz zwischen Heise und dem neu gewählten Rat achtete der Präsident vor allem darauf, nicht nur ein kollegiales, sondern auch ein freundschaftliches Verhältnis aufzubauen. Dies ging sogar so weit, dass er sich persönlich um Wohnung, Hausrat oder Bedienstete des zukünftigen Rates bemühte. Wenn dieser dann in Lübeck eintraf, versorgte Heise ihn mit reichlich Aufmerksamkeit, Einladungen und natürlich mit Arbeit. Das Verhältnis unter den Mitarbeitern des Gerichts war aus diesem Grund nicht nur kollegial, sondern vielmehr sehr freundschaftlich. Daraus resultierte eine außerordentlich gute Arbeitsatmosphäre ohne länger andauernde Konflikte. Dies war vor allem Heises persönliches Verdienst und trug zu dem Erfolg des Oberappellationsgerichts der vier freien Städte Deutschlands entscheidend bei. Die Kombination von Freundschaft, Fleiß und Intelligenz bei den Mitgliedern basierte insbesondere in der Anfangszeit auf Heises Talent und Begabung, Harmonie zu schaffen und eine Gemeinschaft zu bilden. Durch die enge Zusammenarbeit mit den Universitäten wurden oft Professoren auf eine Stelle am Gericht berufen, aber umgekehrt verließen auch einige Richter dasselbe zwecks Übernahme einer Professur.[878]

---

874 Pfeiffer verließ das Gericht schon nach einem Jahr, Lüder, Schweppe und Cropp starben sehr früh, näheres dazu siehe unten, ab E.III.1.d).

875 Dies äußerte Heise zu dem damaligen Sekretär und späteren Rat Pauli, *von Bippen*, Mitteilungen, S. 230.

876 *von Bippen*, Mitteilungen, S. 240.

877 *von Bippen*, Mitteilungen, S. 240 f.

878 *Stintzing-Landsberg*, Abt. 3, Halbband 3, Text, S. 90; siehe im Einzelnen die noch folgenden Personen wie beispielsweise Wächter oder Kierulff.

So gewissenhaft sich Heise um die Beantwortung jeglicher schriftlicher und in jeder Hinsicht amtlicher Korrespondenz bemühte, um so nachlässiger verhielt er sich bei rein privaten Briefwechseln. Dies galt vor allem dann, wenn nicht das Weiterkommen des Gerichts oder die Suche nach fachlichem Rat eines Kollegen im Vordergrund standen, sondern nur Persönliches oder Freundschaftliches ausgetauscht wurde. Dies bemängelte auch sein Freund Hugo, der im Gegensatz zu dem Gerichtspräsidenten in diesen Dingen äußerst zuverlässig und aufmerksam war. In einem seiner Briefe an Heise bemerkte er: „(...) Ein so verstockter Sünder wie Sie sind, bei dem alle mündlichen und schriftlichen Ermahnungen, mittelbare und unmittelbare, weibliche und männliche, nicht im Stande sind, einen Brief an Ihren Collegen zu erpressen, soll erst noch geboren werden (...).“[879] Ein anderes Mal beginnt er seinen Brief mit den Worten: „(...) So will ich denn fortfahren, Ihnen das Beispiel von schnellem Beantworten zu geben – ein unnützes Beispiel; denn Sie werden sich schwerlich bessern und gegen mich brauchen Sie es auch nicht (...).“[880]

Heise verfasste zusammen mit seinem Kollegen Friedrich Cropp die „Juristischen Abhandlungen mit Entscheidungen des Oberappellationsgerichts der vier freien Städte Deutschlands“, deren erster Band 1827 erschien.[881] Die Hauptarbeit an diesem Werk lag jedoch bei Cropp. Der Präsident verfasste nur drei der 46 Abhandlungen[882], war allerdings in allen Sachen Korreferent gewesen, weshalb davon ausgegangen werden kann, dass auch die übrigen Abhandlungen seiner Auffassung entsprachen. Da Cropp am 8. August 1832 an Cholera verstarb, wurde die Sammlung nach dem zweiten Band von 1830 nicht weiter fortgesetzt.

In den letzten zehn Jahren seiner Präsidentschaft dachte Heise mehrfach an eine Niederlegung seines Amtes. Während einer Erkrankung im Winter 1845/46 kündigte er an, seine Entlassung einreichen, auf seine Pension verzichten und in eine kleinere Stadt ziehen zu wollen. Diese Pläne verwarf er nur aufgrund der sich ständig wiederholenden Versicherung seiner Kollegen, einen Verlust Heises nicht hinnehmen zu wollen, und den dringenden Bitten, im Interesse der Rechtspflege sein Amt weiter auszuüben. Heise antwortete mit den Worten: „Sie thun

879 *von Bippen*, Mitteilungen, S. 275.

880 *von Bippen*, Mitteilungen, S. 275.

881 *Georg Arnold Heise, Friedrich Cropp*, Juristische Abhandlungen mit Entscheidungen des Oberappellationsgerichts der vier freien Städte Deutschlands, Band 1 und 2, Hamburg 1827; *Stintzing-Landsberg*, Abt. 3, Halbband 2, Text, S. 91; *von Bippen*, Mitteilungen, S. 273; *Döhring*, S. 346; *Bekker*, Vier Pandektisten, S. 162; siehe dazu vor allem unten, E.III.1.d).

882 Heise verfasste folgende Abhandlungen: Groß-Haverei bei mit Ballast beladenen Schiffen; Über die Wechselklage des Ausstellers gegen den Acceptanten; Von der Einrechnung der Prämie in die Versicherungssumme.

Unrecht, mir die Ruhe nicht zu gönnen!“[883] Wurde er dann an die Freuden erinnert, die ihm seine Arbeit bisher bereitet hatte, wie sehr er doch mit dem Gericht verbunden sei und wie unerträglich ihm, quasi als Mitbegründer, eine Trennung von diesem sein würde, dann antwortete er wehmütig lächelnd: „Ja, ich sehe es ein, es ist einmal meine Aufgabe, mich zu Tode zu arbeiten!“[884] Zu seiner Entlastung wurden die normalerweise montags, dienstags, donnerstags und samstags jeweils von 10.00 bis 13.00 Uhr stattfindenden Sitzungen ab 1846 mit Rücksicht auf die Gesundheit und das Alter des Präsidenten in die Zeit von 12.00 bis 15.00 Uhr verlegt.[885]

Im Winter 1848/49 erkrankte Heise schwer an einer Grippe und er war gezwungen, für acht Wochen zu Hause zu bleiben. In dieser Zeit wurden die Sitzungen des Gerichts sogar teilweise in sein Haus verlegt, denn der Präsident des Oberappellationsgerichts ließ es sich trotz seiner Erkrankung nicht nehmen, weiterhin in seinem Amt tätig zu bleiben. Auf die Frage des Arztes „Wollen Sie auf dem Weg ins Gericht oder auf dem Präsidentenstuhl sterben?“ erwiderte er nur wehmütig, dass man es ihm ja wohl nicht verdenken könne, wenn er wünsche, in seinem Beruf zu sterben.[886] Im Jahre 1850 erkrankte er erneut und litt seit dieser Zeit an starker Kurzsichtigkeit, aber selbst dieses Schicksal hielt den Juristen nicht von seiner Arbeitspflicht zurück. Er beteiligte sich mit Unterstützung eines Sekretärs weiterhin am täglichen Gerichtsleben und am 13. November besuchte er noch die Aufnahmefeierlichkeiten des neuen Gerichtsrates Gottlob Walther Friedrich Agathon Wunderlich, der vor allem die Arbeiten des mittlerweile über siebzigjährigen Präsidenten übernehmen sollte. Bis zu seinem Tod einige Monate später war Heise noch geistig klar und erledigte sogar noch an dem Tag vor seinem Tod die Gerichtsgeschäfte von zu Hause aus.[887]

Anlässlich Heises Tod sprach sein enger Freund, der Oberappellationsgerichtsrat Pauli vor dem Sarg des Präsidenten eine Erinnerungsrede, in der er Heises Bedeutung für das Gericht auf den Punkt brachte: „(...) Ach, alles, was ich noch hinzufügen könnte, um das Bild des seltenen Mannes in seinem öffentlichen Charakter zu vollenden und Ihnen darzustellen, würde nur dazu beitragen, das unendlich schmerzliche Bewußtsein zu erhöhen, dass unser Gericht etwas Unersetzliches verloren hat (...).“[888]

Trotz der zahlreichen Möglichkeiten des rechtspolitischen Wirkens in Hannover und der sich dort bietenden Zukunftschancen hat es Heise nie bereut, das

---

883 *von Bippen*, Mitteilungen, S. 236.
884 *von Bippen*, Mitteilungen, S. 236.
885 *von Bippen*, Mitteilungen, S. 231.
886 *Bekker*, Vier Pandketisten, S. 159 f.; *von Bippen*, Mitteilungen, S. 286.
887 *von Bippen*, Mitteilungen, S. 289 f.
888 *von Bippen*, Mitteilungen, S. 315.

Amt des Präsidenten an dem obersten Gericht übernommen zu haben. Georg Arnold Heise war die für das Oberappellationsgericht wegweisende Persönlichkeit. Die nationale Anerkennung und Beliebtheit des Gerichts war in erster Linie auf ihn zurückzuführen und er prägte während seiner über dreißigjährigen Amtszeit den gesamten Gerichtsalltag und die Rechtsprechung durch seine außerordentliche Sachkenntnis. Heise verstand es aufgrund seiner starken Abneigung gegen Streit, Harmonie, aber auch Gerechtigkeit und Toleranz am Gerichtshof herzustellen. Damit schaffte er für alle ein angenehmes Arbeitsklima. Er hatte vor allem als tüchtiger Praktiker und gründlicher Wissenschaftler das Talent, diese beiden doch meist gegensätzlichen Tätigkeitsfelder fruchtbar miteinander zu verknüpfen. Dabei verhalfen seine menschlichen Qualitäten dem von Anfang an hervorragend besetzten Gerichtshof innerhalb von drei Jahrzehnten unter seiner Amtsführung zu einem ausgezeichneten Ruf. Heise wurde von Griesebach zu Recht als „hellster Stern" der am Beratungstisch des Gerichts vertretenen Personen bezeichnet.[889]

2. Carl Georg von Wächter (1851-1852)

Als Georg Arnold Heise starb, stand das Oberappellationsgericht auf dem Höhepunkt seines Ruhmes. Windscheid behauptete im Jahre 1880 sogar, es habe zur Zeit von Heises Tod nur zwei höchste Ehren für das Streben wissenschaftlicher Juristen gegeben, nämlich die Nachfolge Savignys auf dem Berliner Lehrstuhl anzutreten und Präsident des Oberappellationsgerichts der vier freien Städte Deutschlands an Heises Stelle zu sein.[890] Schließlich gelang es dem Gericht, mit Carl Georg von Wächter einen der bedeutendsten und ausgezeichnetsten Juristen seiner Zeit in Deutschland für den Präsidentenstuhl zu gewinnen. Wächter wurde lange als einer der größten deutschen Juristen gewürdigt und auf eine Stufe mit Savigny und Windscheid gestellt.

a) Allgemeines

Carl Joseph Georg Sigismund von Wächter wurde am 24. Dezember 1797 in Marbach am Neckar geboren.[891] Sein Vater Johann Eberhard Wächter war ange-

889 *Griesebach*, S. 5.

890 *Windscheid*, S. 14; *Griesebach*, S. 13; *Wogatzky*, S. 35; *Elsener*, Beiträge, S. 489; *Ahrens*, Biographisches Lexikon, Bd. 7, S. 98.

891 *ADB/Eisenhart*, 40. Band, S. 435; *DBE*, Band 10, S. 271; *Windscheid*, S. 1; *Dernburg*, S. 4; *Meyer*, S. 7; *Mandry*, S. 1; *Elsener*, Beiträge, S. 472; *Kern*, Schwäbische

sehener Oberamtmann des Herzogtums Württemberg und 1807 Richter am Kriminalgerichtshof in Esslingen, 1811 Stadtdirektor in Stuttgart und 1821 Direktor des Oberkonsistoriums.

Ursprünglich an einem Medizinstudium interessiert, wurde Wächter von seinem Vater in die Fachrichtung der Theologie gedrängt. Der württembergische Landesherr König Friedrich II. bestimmte jedoch, er habe als Sohn des verdienten Beamten ebenfalls eine Juristenlaufbahn einzuschlagen.[892] Während seines Studiums an der Landesuniversität Tübingen seit dem 8. April 1815 besuchte Wächter unter anderem eine Vorlesung im römisches Recht bei Eduard Schrader, einem der Mitbegründer und Hauptvertreter der Historischen Rechtsschule.[893] Im Wintersemester 1817 wechselte er nach Heidelberg und besuchte Vorträge von Anton Friedrich Thibaut und Karl Theodor Welcker.[894] Diese beiden Professoren prägten den jungen Wächter nachhaltig und weckten in ihm den Wunsch, eine akademische Laufbahn einzuschlagen. Im folgenden Jahr ging er wieder zurück nach Tübingen und beendete sein Studium mit einem Prädikatsexamen. Schon bald darauf folgte die höhere Dienstprüfung für das Departement der Justiz in Stuttgart. Nach nur acht Tagen als Referendar im Jahre 1819 nahm er die Tätigkeit als Oberjustizassessor am Kreisgericht Esslingen an.[895]

Aufgrund seiner hervorragenden Examina wurde Wächter von der juristischen Fakultät der Universität Tübingen zum Extraordinarius ernannt. Zwei Tage vor seiner Promotion 1822 wurde er als ordentlicher Professor eingesetzt.[896] Damit begann die erfolgreiche akademische Laufbahn des Juristensohnes, der sich insbesondere durch seine außerordentliche rhetorische Begabung auszeichnete. Wächter hielt Vorlesungen im Straf- und Prozessrecht, im württembergischen Privatrecht und in Pandekten, die von seinen Hörern begeistert besucht wur-

---

Lebensbilder, S. 545; *Stintzing-Landsberg*, Abt. 3, Halbband 2, Text, S. 386; *Döhring*, S. 455.

892 *HRG/Sturm*, V. Band, Spalte 1076; *Gühring*, S. 12; *Jungemann*, S. 25; *Windscheid*, S. 2; *Dernburg*, S. 5; *Meyer*, S. 7; *Elsener*, Beiträge, S. 472 f.; *Kern*, Schwäbische Lebensbilder, S. 545 f.

893 *Mandry*, S. 1; *Elsener*, Beiträge, S. 473; *Stintzing-Landsberg*, Abt. 3, Halbband 2, Text, S. 386.

894 *Kern*, von Wächter, S. 14; *Jungemann*, S. 25; *Windscheid*, S. 2; *Dernburg*, S. 9; *Meyer*, S. 8; *Hoelder*, S. 8; *Elsener*, Beiträge, S. 473.

895 *ADB/Eisenhart*, 40. Band, S. 436; *HRG/Sturm*, V. Band, Spalte 1076; *Gühring*, S. 12; *Kern*, von Wächter, S. 14; *Windscheid*, S. 2; *Dernburg*, S. 9; *Meyer*, S. 9; *Mandry*, S. 2; *Kern*, Schwäbische Lebensbilder, S. 546.

896 Das Thema von Wächters Promotionsschrift lautete: „Dissertatio de condictione causa data non secuta in contractibus innominatis"; *Windscheid*, S. 4; *Dernburg*, S. 9; *Mandry*, S. 2; *Hoelder*, S. 8; *Elsener*, Beiträge, S. 473; *Kern*, Schwäbische Lebensbilder, S. 546; *Stintzing-Landsberg*, Abt. 3, Halbband 2, Text, S. 388; *Döhring*, S. 455.

den.[897] Sein Erfolgsgeheimnis beschrieb er um 1845 in einem Senatsbericht folgendermaßen: „Der freie mündliche Vortrag nötigt den Lehrer, seine geistige Tätigkeit zu konzentrieren und seiner Darstellung Leben zu geben und so den Zuhörer in seine Denk-Operationen einzubeziehen.“[898]

Am 6. Juni des Jahres 1822 heiratete Wächter die Tochter eines angesehenen Hamburger Kaufmanns, Johanna Emilie Baumeister, die er durch Professor Schrader kennengelernt hatte.[899] Im Alter von erst 28 Jahren wurde Wächter 1825 zum Rektor der Universität gewählt. Nach der Suspendierung der Rektoratsverfassung übernahm er für ein Jahr das Amt des Vizekanzlers.[900] Im Jahre 1833 folgte er einem Ruf als Dozent für Strafrecht nach Leipzig. Grund dafür war unter anderem seine Unzufriedenheit mit der Leitung der Universitätsangelegenheiten in Tübingen. Doch schon drei Jahre später kehrte er als „Erster Professor der Rechtswissenschaft“ an die Universität Tübingen zurück. Sein Nachfolger in Leipzig wurde der Schüler Savignys und herausragende Lehrer des römischen Rechts Georg Friedrich Puchta. Wächter wurde mit großem Jubel und der Verleihung der Ehrenbürgerschaft zurück in Tübingen empfangen. Er übernahm das Amt des Kanzlers und wurde damit stimmberechtigtes Mitglied der zweiten Kammer des Abgeordnetenhauses, die ihn in den Jahren 1839 und 1845 zu ihrem Präsidenten wählte.[901]

Die meiste Arbeitszeit verbrachte der Professor in dieser Zeit mit dem Versuch, das Privat- und Strafrecht in Bayern, Hessen, Sachsen und Württemberg zu vereinheitlichen. Er leistete damit einen Beitrag zu der Vereinheitlichung des deutschen Rechts. Wächter war auch maßgeblich an der Entstehung des Bürgerlichen Gesetzbuches für das Königreich Sachsen von 1865 beteiligt, welches die letzte der partikularrechtlichen Kodifikationen vor dem reichseinheitlichen Deutschen Bürgerlichen Gesetzbuch war. Als 1852 ein erster vollständiger und publizierter Entwurf des „Sächsischen Bürgerlichen Gesetzbuches“ von Friedrich Held auf der Grundlage des von Heise entwickelten Pandektensystems vorlag, wurde dieser von Wächter in seinem Werk „Der Entwurf eines bürgerlichen Gesetzbuches für das Königreich Sachsen, Ein Beitrag zur Beurtheilung desselben“ im

---

897 *Jungemann*, S. 25; *Meyer*, S. 9; *Elsener*, Beiträge, S. 473.

898 *Gühring*, S. 3; *Jens*, S. 300.

899 *Griesebach*, S. 14; *Dernburg*, S. 11; *Meyer*, S. 10; *Mandry*, S. 2; *Kern*, Schwäbische Lebensbilder, S. 546.

900 *HRG/Sturm*, V. Band, Spalte 1077; *Jungemann*, S. 27; *Windscheid*, S. 4 f; *Meyer*, S. 10 f.; *Hoelder*, S. 9; *Elsener*, Beiträge, S. 473; *Döhring*, S. 455.

901 *ADB/Eisenhart*, 40. Band, S. 436; *Gühring*, S. 14; *Kern*, von Wächter, S. 15; *ders.*, Schwäbische Lebensbilder, S. 547; *von Wächter*, S. 44; *Windscheid*, S. 8; *Meyer*, S. 11 f.; *Mandry*, S. 5; *Elsener*, Beiträge, S. 473 f.; *Stintzing-Landsberg*, Abt. 3, Halbband 2, Text, S. 386.

Hinblick auf die Begriffswahl, -bildung und -verwendung heftig kritisiert.[902] Daraufhin zog das Justizministerium den Entwurf zurück, wodurch der große Einfluss des Rechtswissenschaftlers auf die Fachwelt deutlich wurde. Es wurde sogar behauptet, Wächter sei der einzige Jurist seines Jahrhunderts, dem man zutrauen könne, eine Kommissions-Arbeit vom Rang des Bürgerlichen Gesetzbuches im Alleingang zu bewältigen.[903]

Noch größere Wirkung hatte die mit der Unterstützung seiner Kammer erzielte Erneuerung des Strafrechts in Württemberg durch ein württembergisches Strafgesetzbuch (1839) und eine württembergische Strafprozessordnung (1843), die an Stelle der „Peinlichen Gerichtsordnung Kaiser Karls V." von 1532 (Constitutio Criminalis Carolina) in Kraft gesetzt wurden. Wächter war auch an der Aufhebung der Patrimonialgerichtsbarkeit und der Beseitigung der bäuerlichen Feudallasten beteiligt.[904] Die Revolutionsjahre 1848/49 beendeten die politische Tätigkeit des Professors. König Wilhelm I. bildete 1848 aus der liberalen Minderheit der zweiten Kammer eine neue Regierung und die neu eingeführte Verfassung wurde wieder geändert. Daraufhin legte der Jurist sein Präsidentenamt nieder und schied dadurch 1851 als Kanzler aus.[905]

Nach dem Bruch mit seinem Vaterland nahm Carl Georg von Wächter auf Anraten Savignys im Sommer 1851 die Stelle des Präsidenten des Oberappellationsgerichts der vier freien Städte Deutschlands an. Hier fehlte ihm jedoch der direkte Bezug zu Wissenschaft und Lehre und er folgte aus diesem Grund schon ein Jahr später einem Ruf nach Leipzig. Dort meinte er schließlich, „eine bleibende Stätte gefunden" zu haben.[906] Der ehemalige Gerichtspräsident wurde 1858 zum Rektor der Universität gewählt.[907] Es folgten 1854 der Beitritt in die Sächsische Gesellschaft der Wissenschaften, 1855 die Mitgliedschaft am sächsischen Staatsgerichtshof und 1869 das Amt des Wirklichen Geheimen Rates.[908] Von 1862 bis 1868 gehörte Wächter zusätzlich der Städteverordnetenversammlung von Leipzig an und wurde 1867 zum Abgeordneten für die verfassungsge-

---

902 *von Wächter, Carl Georg*, Der Entwurf eines bürgerlichen Gesetzbuches für das Königreich Sachsen, Leipzig 1853; *Schlosser*, S. 180; *Windscheid*, S. 23; *Mandry*, S. 10; *Hoelder*, S. 17; *Kern*, Schwäbische Lebensbilder, S. 550; *Döhring*, S. 455.

903 *Jens*, S. 176.

904 *Jungemann*, S. 31 f.; *Windscheid*, S. 22 ff.; *Meyer*, S. 27.

905 *Windscheid*, S. 13 f.; *ADB/Eisenhart*, 40. Band, S. 436; *Dernburg*, S. 14; *Meyer*, S. 17; *Mandry*, S. 8; *Hoelder*, S. 11; *Elsener*, Beiträge, S. 474; *Kern*, Schwäbische Lebensbilder, S. 549.

906 Ratsarchiv Qq.10.G.5.b., Auszug aus dem Senatsprotokoll Bremens vom 5. Juli 1852; *von Wächter*, S. 130; *Windscheid*, S. 16; *Meyer*, S. 18; *Stintzing-Landsberg*, Abt. 3, Halbband 2, S. 387.

907 *Kern*, von Wächter, S. 20; *Döhring*, S. 455.

908 *ADB/Eisenhart*, 40. Band, S. 436 f.; *DBE*, Band 10, S. 271.

bende Versammlung des Norddeutschen Bundes gewählt. Hier setzte er sich für die deutsche Rechtseinheit ein und warb für ein Bundesgericht:[909] „(...) Aber meine Herren, die Macht ist nicht dazu da, das Recht zu beherrschen, sondern sie ist dazu da, das Recht zu schützen und zu schirmen und möglichst dafür zu sorgen, dass die Herrschaft des Rechts eine überall anerkannte werde, und deshalb, meine Herren, geben sie uns ein Bundesgericht."[910]

Selbst im hohen Alter von 76 Jahren hielt Wächter noch Vorlesungen, obwohl er diese mittlerweile aus seinen Unterlagen ablesen musste und von einem schweren Herzleiden beeinträchtigt war. Dennoch konnte er die Studenten durch seine klaren Darstellungen und durch ein beeindruckendes öffentliches Auftreten begeistern.[911] Durch seine eigene Freude am Lehren konnte er seine Studenten motivieren. Carl Stooss, der Redakteur des Schweizer Strafgesetzbuches, beschrieb die Pandektenvorlesung Wächters als ein großes Ereignis.[912] Wächter selbst wollte in erster Linie ein akademischer Lehrer sein und erst dann Wissenschaftler, weshalb ihm die Vorlesungstätigkeit außerordentlich wichtig war. Der Dozent war stets darum bemüht, dass seine Zuhörer aus seinen Vorlesungen etwas für ihr Leben mitnahmen. Aus diesem Grund verteilte er gedruckte Beilagen zu seinen Vorträgen, die von den Studenten wie ein Schatz gehütet und gepflegt wurden.[913] Für seine Bemühungen um die Gründung des Juristentages 1860 in Berlin wurde er durch die sofortige, unter großem Applaus erfolgte Wahl zum Präsidenten belohnt.[914] Zu seinem 82. Geburtstag wurde Carl Georg von Wächter von König Johann in den sächsischen erblichen Adelsstand erhoben.[915] Auf seinen Wunsch hin wurde Bernhard Windscheid der Nachfolger auf seinem Lehrstuhl. Dem allgemeinen Ansehen Wächters war die zentrale Bedeutung der juristischen Fakultät Leipzig zu verdanken und man entschied 1879, dort das Reichsgericht zu errichten.

Als seine größte Leistung und als ein Glanzstück in der Bearbeitung des Landesrechts gilt Wächters unvollendetes Handbuch des im Königreich Württemberg geltenden Privatrechts, das von 1838 bis 1851 erschienen ist.[916] Dieses wurde

---

909 *Björner*, S. 150; *Elsener*, Beiträge, S. 475.

910 Stenographische Berichte, S. 662, 30. Sitzung vom 9. April 1867.

911 *Gühring*, S. 1; *Bekker*, Deutsche Juristenzeitung, 1909, Spalte 943; *Windscheid*, S. 64; *Elsener*, Beiträge, S. 474; *Kern*, Schwäbische Lebensbilder, S. 549.

912 *HRG/Sturm*, V. Band, Spalte 1077.

913 *Windscheid*, S. 65.

914 *ADB/Eisenhart*, 40. Band, S. 437; *Kern*, von Wächter, S. 20; *Stintzing-Landsberg*, Abt. 3, Halbband 2, Text, S. 387, 618.

915 *von Wächter*, S. 182; *Meyer*, S. 19; *Kern*, Schwäbische Lebensbilder, S. 550.

916 *Dernburg*, S. 7; *Hoelder*, S. 11; *Elsener*, Beiträge, S. 472; *Kern*, Schwäbische Lebensbilder, S. 547; *Stintzing-Landsberg*, Abt. 3, Halbband 2, Text, S. 613; *Döhring*, S. 343.

von Ernst Landsberg folgendermaßen beurteilt: „Hier ergänzt und vervollständigt und beleuchtet einander gegenseitig alles, was sonst einander kreuzt und hemmt und sich unentwirrbar zu einer wüsten Masse zusammenschiebt." [917] Zu nennen sind aber auch Wächters „Lehrbuch des römisch-teutschen Strafrechts", das 1825/26 in zwei Bänden veröffentlicht und bald als Werk von „bahnbrechender Bedeutung" bezeichnet wurde[918] sowie sein „Gemeines Recht Deutschlands" und darin insbesondere das „Gemeine deutsche Strafrecht von 1844".[919] In diesen Werken zeigt sich das umfassende Wissen einer Persönlichkeit, die das deutsche Recht wie kaum eine andere kannte. Der Rechtswissenschaftler beherrschte sowohl das Zivil-, als auch das Strafrecht mit den dazugehörigen historischen Hintergründen.

Als Carl Georg von Wächter am 15. Januar 1880 in Leipzig starb, zeigte sich die allgemeine Anerkennung seines rechtlichen Könnens in zahlreichen Nachrufen und Würdigungen. Sein Nachfolger Windscheid bemerkte über ihn: „Es hat gelehrtere Juristen gegeben als Wächter; es hat tiefsinnigere Juristen gegeben, als ihn. Aber einen juristischeren Juristen, in dem sich harmonisch alles vereinigt hatte, was zur Pflege des Rechts erforderlich ist, hat es unter den großen deutschen Juristen nicht gegeben."[920] Der Schwäbische Merkur beschrieb ihn als „eine kraftvolle, originale Persönlichkeit, von unverwüstlich scheinender Lebensfrische, von welcher insbesondere der nie versiegende Humor Zeugnis gab".[921] Einige Wochen später wurde die Person Wächters in einer Sonntagsausgabe desselben Blattes nochmals gewürdigt: „In der Wissenschaft wird sein Name unvergänglich bleiben, aber die Liebenswürdigkeit, die ihm persönlich eigen war, wird sich sobald auf Erden nicht wiederholen."[922]

b) Die Bedeutung Wächters für das Oberappellationsgericht

Carl Georg von Wächter schien unter allen deutschen Juristen am besten geeignet zu sein, um nach dem Tod Heises die Präsidentschaft zu übernehmen. Die Leitung eines in Deutschland so hoch angesehenen Gerichts war für den 54-jährigen

---

917 *Stintzing-Landsberg*, Abt. 3, Halbband 2, Text, S. 614; *Gühring*, S. 1.

918 Teil I (Allgemeiner Teil), Stuttgart 1825, Teil II (Besonderer Teil), Stuttgart 1826; *Meyer*, S. 11; *Mandry*, S. 3; *Hoelder*, S. 9; *Elsener*, Beiträge, S. 471; *Kern*, Schwäbische Lebensbilder, S. 547; *Stintzing-Landsberg*, Abt. 3, Halbband 2, Text, S. 388.

919 *Döhring*, S. 455.

920 *Windscheid*, S. 79; *ADB/Eisenhart*, 40. Band, S. 438; *Kern*, von Wächter, S. 1; *Elsener*, Beiträge, S. 484; *Strintzing-Landsberg*, Abt. 3, Halbband 2, Text, S. 390.

921 *Gühring*, S. 18; Schwäbischer Merkur vom 16.1.1880.

922 *Gühring*, S. 23; *ADB/Eisenhart*, 40. Band, S. 440; *von Wächter*, S. 192; Sonntagsbeilage des Schwäbischen Merkur vom 1.2.1880.

Professor aufgrund seiner rechtshistorischen Kenntnisse und seiner Begabung für die Umsetzung der Rechtswissenschaft in die Praxis durchaus erstrebenswert. Er konnte so auch seinem Wunsch, in der Praxis zu arbeiten, gerecht werden. Die Stadt Lübeck war ihm im Rahmen der Germanistenversammlung 1847 positiv aufgefallen.[923] Schon nach dem Tod des Oberappellationsgerichtsrates Friedrich Cropp hatte sich Wächter auf eine Ratsstelle an diesem Gericht beworben, es ist jedoch nicht mehr nachvollziehbar, warum es nicht zu einer Einstellung kam.[924] Der Bürgermeister Brehmer schilderte in einem Brief die Beschreibung Wächters durch einen Bekannten: „(...) Er halte Wächter für einen sehr ausgezeichneten Juristen, für arbeitsfähig und arbeitsliebend. Er liebe wohl die Freuden der Gesellschaft, werde aber dadurch nicht von irgend einem Berufsgeschäfte, die nichts weniger als gering seyen, abgezogen. An Energie in aufgeregten politischen Zeiten fehle es ihm allerdings, er sei als Präsident der Württembergischen Stände-Versammlung schwach und nachgiebig gewesen (...).“[925]

Die Senate der Städte hielten Wächter für den am besten geeigneten Juristen für das Amt des Präsidenten und er wurde am 12. August 1851 gewählt.[926] Die Berufung des zukünftigen Präsidenten wurde am 26. August 1851 bekannt gegeben.[927] Außer Wächter waren noch der Oberappellationsgerichtsrat du Roi, der Justizrat und ehemalige Oberappellationsgerichtsrat Blume aus Bonn, der Hofrat Francke aus Göttingen, der Hofrat von Vangerow aus Heidelberg, Bornemann als Mitglied des geheimen Obertribunals in Berlin und der Oberappellationsrat und spätere Präsident des Oberappellationsgerichts Kierulff aus Rostock im Gespräch.[928] Der in erster Linie bevorzugte Bornemann lehnte das ihm angebotene Amt ab, denn er wollte ein geringeres Gehalt als das des verstorbenen Präsidenten Heise nicht hinnehmen.[929] Du Roi und Francke wurden aufgrund ihres

---

923 *Meyer*, S. 17.

924 *von Wächter*, S. 125.

925 ASA Interna, 42/4, Auszug aus dem Schreiben des Bürgermeisters Brehmer an Senator Curtius vom 30. März 1851.

926 Direktorial Archiv II.B.2a) No. 13, Schreiben der Senate an von Wächter betr. seine Berufung vom 12. August 1851; ebenso Ratsarchiv Qq.10.G.5.b.; ASA Interna, 42/3, Schreiben des Direktorialsenats vom 12. August 1851.

927 Gesamtinventar, A 106 No. 1, Berufungsanzeige; ASA Interna, 42/3, Ernennungsdrecret.

928 Direktorial Archiv II.B.2a) No. 1, Umlaufschreiben der vier Senate; II.B.2a) No. 2, Antwortschreiben; ASA Interna, 42/4, im einzelnen zum Vorschlag Blumes: Schreiben des Rats du Roi vom 8. Februar 1851; zum Vorschlag Bornemanns: Schreiben des Rats Pauli vom 14. Februar 1851; briefliche Bewertungen und Meinungen zu den einzelnen Kandidaten finden sich auch in Ratsarchiv Qq.10.G.1.b.No.8, 224,219 und Qq.10.G.5.b.

929 ASA Interna, 42/4, Schreiben Bornemanns vom 5. Juni 1851.

schlechten Gesundheitszustandes ausgeschlossen und Blume konnte man seinen Wechsel von Lübeck nach Bonn nicht verzeihen.[930] Von Vangerow war zwar ein hervorragender Rechtswissenschaftler, hatte jedoch keine Erfahrungen in der Praxis.[931]

Am 7. Oktober zog der zukünftige Präsident von Wächter nach Lübeck und wurde dort im November vereidigt und in sein neues Amt eingeführt.[932] Seine Amtszeit spielte in der Entwicklung des Gerichts zwar eine bedeutende, aber keine entscheidende Rolle, wofür die kurze Präsidentschaft von nur einem Jahr ursächlich war. In dieser Zeit konnte Wächter den Gerichtsalltag natürlich nicht wesentlich prägen, führte aber die Geschäfte im Sinne seines Vorgängers weiter. In der Arbeit Wächters zeigte sich sehr deutlich, dass er ein Jurist der Praxis war.[933]

Es war für Wächter zunächst eine große Erleichterung, den politischen Wirren in Württemberg zu entfliehen und an die Spitze des wohl angesehensten deutschen Gerichts berufen zu werden.[934] Aber auch die Befürchtung, im hohen Alter den an seine Lehrtätigkeit geknüpften Anforderungen nicht mehr gerecht werden zu können, hatten ihn zu dem Wechsel an das Oberappellationsgericht veranlasst. Dennoch plagten ihn andererseits Zweifel, ob der Beruf des Richters ihm noch genug Zeit für die wissenschaftliche Arbeit lassen würde. Aus diesem Grund fragte er Savigny um Rat, der am 5. August 1851 zu der neuen Position als Präsident und den vorangegangenen politischen Unruhen in Württemberg wie folgt Stellung bezog: „Ja, bei dieser Stellung ist mir für Sie gerade der Umstand empfehlend, dass sie durch dieselbe, mehr als durch jede andere, der Politik entfremdet werden.“ [935]

Wie von Wächter befürchtet, bestimmte der Gerichtsalltag seinen Tagesablauf und es blieb ihm aus diesem Grund keine Zeit mehr, sich der wissenschaftlichen Arbeit zu widmen.[936] Jetzt konnte er nachvollziehen, dass sein Vorgänger nur zu eher spärlicher wissenschaftlicher Arbeit gekommen war. Wächter fühlte sich in Lübeck nicht nur aus diesem Grund unwohl. Er konnte sich auch nicht an

---

930 Ratsarchiv Qq.10.G.5.b., Schreiben Bremens vom 14. April 1851; siehe unten, E.III.2.ee).

931 Ratsarchiv Qq.10.G.5.b., Schreiben Frankfurts vom 20. Mai 1851.

932 Direktorial Archiv II.B.2a) No. 26, Mitteilung an die vier Senate betr. von Wächters Verpflichtung und Einführung; ASA Interna, 42/3, Extractus Protocolli Curiae Lubecensis vom 5. November 1851; Ratsarchiv Qq.10.G.5.b., Abschrift der Ernennungsurkunde vom 16. September 1851.

933 *Hoelder*, S. 6.

934 *Jungemann*, S. 37.

935 *von Wächter*, S. 126; *Kern*, von Wächter, S. 20.

936 *Griesebach*, S. 14; *Meyer*, S. 18; *Elsener*, Beiträge, S. 474; *Brandis*, Lübeckische Blätter, 1894, S. 468.

die Lebensgewohnheiten in dieser im Gegensatz zu dem heiteren, humorvollen und geselligen Charakter des Schwaben stehenden eher steifen norddeutschen Stadt gewöhnen.[937]

Dies kam auch in einem Brief Wächters vom 20. Februar 1852 an seinen Freund Schrader in Tübingen zum Ausdruck: „(...) Nur zwei Dinge habe ich auszusetzen: Die Gründlichkeit geht bei Gerichte etwas zu weit und ich habe zu viel zu thun. Nicht, daß mich die Arbeit eigentlich anstrengte, oder daß ich nicht viel freie Zeit hätte; aber ich habe täglich wenigstens so viel zu thun, daß ich zu keiner wissenschaftlichen Arbeit komme, und dies ertrage ich schwer (...).“[938] Des Weiteren beschreibt er das Klima der norddeutschen Stadt: „(...) Das hiesige Klima ist mild; aber die Winde, welche aus erster Hand von der nahen See kommen, sind heftig, oft kalt und die Luft ist sehr feucht. An das Letztere sind die Lübecker gewöhnt; sie sind wahre Amphibien. Aber ich gewöhne mich schwerer daran, musste noch im Anfange des Januar an einem gastrischen Fieber liegen und bin seitdem mehr oder minder unwohl (...).“[939]

Während seiner Präsidentschaft strebte Wächter eine zeitliche Straffung der zwar hohen wissenschaftlichen Ansprüchen genügenden, aber nur zögerlichen Arbeitsweise des Gerichtshofes an. Ihn störte vor allem der schwerfällige Formalismus bei der Sachbearbeitung.[940] Wächter übernahm daher mit Ausnahme von drei oder vier vor dem Gericht entschiedenen Sachen alle Korreferate persönlich und arbeitete sie sehr ausführlich aus.[941] Darin zeigte sich sein unermüdlicher Arbeitseifer. Die ihm dadurch fehlende Zeit für wissenschaftliche Arbeiten beklagte er nochmals in einem Brief vom 20. Februar 1852: „Und hier bin ich nun in einem fatalen Dilemma entweder so fortzufahren, wie ich begonnen habe, aber dann müsste ich auf jede größere wissenschaftliche Arbeit verzichten, was mir unerträglich wäre, oder die Korrelationen meinen Räthen übertragen; aber dann kommt das Geschäft ins Stocken, was mir höchst fatal wäre!(...)“[942] Er bezeichnete die wissenschaftlichen Arbeiten als für sich unersetzlich, „denn sie sind mir nun einmal die Würze für all meine übrige Thätigkeit“.[943]

Es war nicht die Absicht des Präsidenten gewesen, nur für kurze Zeit am Oberappellationsgericht zu bleiben. So hatte er sich in Lübeck beispielsweise ein

---

937 *Griesebach*, S. 14; *Bekker*, Deutsche Juristenzeitung, Spalte 947; *Windscheid*, S. 15; *Brandis*, Lübeckische Blätter, 1894, S. 468.

938 *von Wächter*, S. 127; *Griesebach*, S. 14 f.; *Hoelder*, S. 16.

939 *von Wächter*, S. 127 f.

940 *Dernburg*, S. 15; *Hoelder*, S. 16; *Kern*, Schwäbische Lebensbilder, S. 549.

941 *Windscheid*, S. 15; *Dernburg*, S. 15.

942 *Griesebach*, S. 14; *von Wächter*, S. 127.

943 *Griesebach*, S. 14; *von Wächter*, S. 129.

Haus gekauft.[944] Dennoch ließ Wächter noch im Juni 1852 nach Dresden melden, er sei auf Wunsch der Regierung bereit, nach Leipzig zurückzukehren und schon wenige Wochen später erhielt er sein Berufungsschreiben.[945] Der Präsident rechtfertigte seinen Wechsel in seinem Entlassungsgesuch an das Oberappellationsgericht vom 2. Juli 1852: „(...) Mein Motiv ist lediglich die Unmöglichkeit, irgend Muße zu wissenschaftlicher und schriftstellerischer Thätigkeit zu finden (...) meine Rechtfertigung ist, daß ich die Möglichkeit einer solchen Muße bei der Berufung zum Amte eines Präsidenten eines höchsten Gerichts voraussetzen durfte."[946] Bei der Übernahme des Amtes sei es nicht seine Absicht gewesen, seine Lebensverhältnisse nochmals zu verändern.[947] Dieses Verhalten sprach jedenfalls nicht dafür, dass Wächter von Anfang an nur kurz in Lübeck bleiben wollte. Seinen Weg über Lübeck nach Leipzig bezeichnete er selbst später einmal als eine „Aberratio".[948]

Den Grund für den kurzen Aufenthalt Wächters am Oberappellationsgericht der vier freien Städte brachte Julius Glaser in seinem Nachruf in der „Allgemeinen österreichischen Gerichts-Zeitung" auf den Punkt: „(...) wer das Glück hatte, seinen Umgang im engeren Kreise zu genießen und dieses reiche Leben in der Nähe pulsieren zu sehen, das für jede Leistung und jeden Genuss zugleich Kräfte zu besitzen schien: der wird begreifen, dass er weder als Kanzler seiner Landesuniversität, noch als Vorsitzender der württembergischen Kammer, noch als Präsident des Ober-Appellationsgerichtes in Lübeck den geliebten akademischen Lehrstuhl vergaß, zu dem er zurückkehrte, sobald es ihm die Verhältnisse irgendwie gestatteten (...)".[949]

Eine der letzten Arbeiten Wächters war eine anlässlich des vierhundertjährigen Jubiläums der Universität seines Heimatlandes 1877 veröffentlichte Festschrift mit einer Kritik zu dem Schiedsspruch des Oberappellationsgerichts in der „Berlin-Dresdener Eisenbahnsache".[950] Dies zeigte, dass er sich selbst im hohen Alter noch mit inhaltlich anspruchsvollen Themen wie den Urteilen des obersten Gerichts beschäftigte. Trotz seiner nur kurzen Amtszeit am Oberappellationsge-

---

944 *Griesebach*, S. 14; *von Wächter*, S. 127; *Meyer*, S. 18.
945 *Windscheid*, S. 16; *Hoelder*, S. 16; *Elsener*, Beiträge, S. 474; *Kern*, Schwäbische Lebensbilder, S. 549.
946 Direktorial Archiv II.B.2b), No. 1; Gesamtinventar, A 107 No. 1; Ratsarchiv Qq.10.G.5.b.; ASA Interna 42/5, Entlassungsgesuch des Präsidenten von Wächter vom 2. Juli 1852.
947 Direktorial Archiv II.B.2b), No. 1; Gesamtinventar, A 107 No. 1; Ratsarchiv Qq.10.G.5.b.; ASA Interna 42/5, Entlassungsgesuch des Präsidenten von Wächter vom 2. Juli 1852.
948 *Fehling*, S. 122; *Griesebach*, S. 14.
949 *Elsener*, Beiträge, S. 485.
950 Siehe dazu näheres oben, C.III.1.b)aa)(2)(b).

richt von August 1851 bis Juli 1852 war auch Wächters Arbeit für das Gesamtbild dieser obersten Instanz von Bedeutung, denn er führte die Geschäfte im Sinne des Präsidenten Heise weiter fort und konnte so das Ansehen des Gerichts aufrecht erhalten.

3. Johann Friedrich Kierulff (1853-1879)

Nach der Rückkehr Carl Georg von Wächters auf den Lehrstuhl nach Leipzig blieb die Stelle des Präsidenten des Oberappellationsgerichts der vier freien Städte Deutschlands für ein Jahr unbesetzt. In dieser Zeit suchten die Städte nach einem geeigneten Nachfolger. Dabei war insbesondere der Vizepräsident des Berliner Obertribunals Bornemann in der engeren Wahl[951], der wie Kierulff auch schon nach Heises Tod vorgeschlagen worden war.[952]

Auch der Oberappellationsgerichtsrat du Roi war anfangs im Gespräch, wurde jedoch wegen „seiner Kränklichkeit und körperlichen Schwäche“ wieder abgelehnt.[953] Nachdem sich die Senate der vier Städte bereits für Bornemann entschieden hatten, lehnte dieser seine Berufung ab.[954] Da sich mittlerweile seine familiären Verhältnisse verändert hatten und sich sein Gesundheitszustand verschlechtert hatte, wollte er Berlin nicht mehr verlassen. Der anschließend vorgeschlagene königlich-hannoversche Staatsminister Bacmeister lehnte eine Übernahme des Präsidiums des Oberappellationsgerichts ebenfalls ab.[955] Schließlich fiel auf Vorschlag des Hamburger Direktorialsenats die Wahl auf Johann Friedrich Kierulff.[956]

---

951 Direktorial Archiv II.B.3a), No. 1, Vorschlag Bornemanns durch den Direktorialsenat Hamburg vom 6. Oktober 1852; verschiedene Briefe, Ratsarchiv Qq.10.G.1.b.No.8, 259,261,263 und Qq.10.G.5.b.

952 *Brandis*, Lübeckische Blätter, 1894, S. 468.

953 Ratsarchiv Qq.10.G.5.b., Schreiben Hamburgs an Bremen vom 6. Oktober 1852 und vom 9. Februar 1853; ASA Interna, 43/2, Schreiben Senator Meier an Syndicus Curtius vom 25. August 1852 und Schreiben Frankfurts an Hamburg vom 18. Januar 1853.

954 Ratsarchiv Qq.10.G.5.b.; Direktorial Archiv II.B.3a), No. 12, Ablehnende Antwort Bornemanns vom 9. März 1853.

955 Ratsarchiv Qq.10.G.5.b., Auszug aus dem Bremer Senatsprotokoll vom 18. Mai 1853.

956 Direktorial Archiv II.B.3a), No. 15, Vorschlag Kierulffs durch den Direktorialsenat Hamburg vom 13. Juli 1853.

a) Allgemeines

Der in der Rechtswissenschaft und in der Praxis allgemein anerkannte Rechtslehrer Johann Friedrich Martin Kierulff wurde am 9. Dezember 1806 in Schleswig geboren.[957] Sein Vater, wahrscheinlich der Angestellte beim Generalkriegskommissar von Roepstorff Friedrich Kierulff, verstarb sehr früh und nachdem seine Mutter Magdalena Margareta wieder geheiratet hatte, wurde er von seinem Stiefvater, dem Gastwirt Sormani, erzogen.[958] Der junge Kierulff besuchte oft den Hardesvogt Johannes Friedrich Christiansen, mit dessen Söhnen und den Brüdern Carl Georg Christoph und Wilhelm Hartwig Beseler er befreundet war, die beide später Professoren in Kiel wurden. Im Jahre 1830 heiratete er Christiansens Tochter.[959]

Während seines Jurastudiums an der Universität Kiel seit September 1824 besuchte er unter anderem die Veranstaltungen von Nikolaus Falck, Georg Christian Burchardi und dem Historiker Friedrich Christoph Dahlmann.[960] Nach seinem Wechsel nach München 1826 studierte er bei dem Philosophen Friedrich Wilhelm Joseph von Schelling und dem Juristen Johann Nepomuk von Wening-Ingenheim.[961] Im Oktober 1829 beendete er sein Studium trotz einer schweren Erkrankung mit einem sehr guten ersten juristischen Staatsexamen. Anschließend wurde Kierulff am 23. September 1831 in Kiel promoviert und veröffentlichte eine Arbeit zur Versuchslehre mit dem Titel „Gehört objective Gefährlichkeit der Handlung zu den Merkmalen eines strafbaren Versuchs?“.[962] Am 15. Juli 1834 wurde Kierulff nach dreijähriger Lehrtätigkeit zum außerordentlichen Professor und fünf Jahre später zum ordentlichen Professor des bürgerlichen Rechts an der

957 Als Kierulffs Geburtstag war offiziell der 7. Dezember 1807 angegeben, er selbst behauptete jedoch, sich aus Urkunden vergewissert zu haben, dass das Jahr 1806 sein Geburtsjahr sei; *DBE*, Band 5, S. 533; *Stintzing-Landsberg*, Abt. 3, Halbband 2, Noten, S. 261; *NDB/Polley*, 11. Band, S. 595; *ADB/Teichmann*, 55. Band, S. 513; *Stintzing-Landsberg*, Abt. 3, Halbband 2, Text, S. 592; *Volbehr-Weyl-Bülck-Newiger*, S. 33; *Döhring*, S. 409; *Brandis*, Lübeckische Blätter, 1894, S. 467.

958 *Polley*, Biographisches Lexikon, Bd. 7, S. 110; *Eckert*, S. 1.

959 *ADB/ Teichmann*, 55. Band, S. 513; *Polley*, Biographisches Lexikon, Bd. 7, S. 110; *Eckert*, S. 2; *Wohlhaupter*, Geschichte, S. 88.

960 *Stintzing-Landsberg*, Abt. 3, Halbband 2, Noten, S. 261; *NDB/Polley*, 11. Band, S. 595; *Polley*, Biographisches Lexikon, Bd. 7, S. 110.

961 *ADB/Teichmann*, 55. Band, S. 513; *Polley*, Biographisches Lexikon, Bd. 7, S. 111.

962 Der Titel der jedoch ungedruckt gebliebenen Dissertation lautete: „De juris accrescendi cum graduum successione concursu“. Die Arbeit zur Versuchslehre ist zu finden im „Staatsbürgerlichen Magazin, mit besonderer Rücksicht auf die Herzogthümer Schleswig, Holstein und Lauenburg, herausgegeben von Dr. R. Falck“, Band 10, Schleswig 1831, S. 72-115.

Universität Kiel ernannt.[963] Als Dozent war er wegen seines Vortragstalents bei den Studenten sehr beliebt. Seine Pandektenvorlesung war immer gut besucht und auch Theodor Mommsen gehörte zu seinen Zuhörern. Dieser betonte später, die Pandektenvorträge hätten sich insbesondere durch „ein reiches, sorgfältiges geordnetes Material" und durch „eine geistreiche, scharfe Auffassung der leitenden Prinzipen" hervorgehoben.[964]

Zum großen Bedauern der Universität Kiel folgte Kierulff Ostern 1842 einem Ruf an die Universität Rostock und lehrte dort für zwei Jahre.[965] Am 20. Dezember 1843 wählte ihn das mecklenburgische Oberappellationsgericht zum Gerichtsrat und 1852 zum Vizepräsidenten.[966] Kierulff war 1848/49 außerdem als Abgeordneter Rostocks Mitglied der Nationalversammlung in Frankfurt a.M. und gehörte der Dahlmannschen Gruppe an, wo er sich jedoch im Hintergrund hielt.[967]

Nach einem Jahr als Vizepräsident in Rostock wurde er zum Präsidenten des gemeinschaftlichen Oberappellationsgerichts der vier freien Städte Deutschlands in Lübeck gewählt.[968] Dieses Amt übte er bis zur Auflösung des Gerichts 1879 aus und trat anschließend in den Ruhestand.[969] Im Deutsch-Französischen Krieg 1870/71 hatte sich Kierulff als Landesdelegierter des Lübecker Vereins zur Pflege im Felde verwundeter und erkrankter Soldaten verdient gemacht und erhielt

963 *DBE*, Band 5, S. 533; *ADB/Teichmann*, 55. Band, S. 514; *Volbehr-Weyl-Bülck-Newiger*, S. 33; *Wogatzky*, S. 36; *Griesebach*, S. 15; *Polley*, Biographisches Lexikon, Bd. 7, S. 111; *Eckert*, S. 2; *Döhring*, S. 409; *Brandis*, Lübeckische Blätter, 1894, S. 467; *Wohlhaupter*, Geschichte, S. 88.

964 *Polley*, Biographisches Lexikon, Bd. 7, S. 111; *Eckert*, S. 2.

965 *Stintzing-Landsberg*, Abt. 3, Halbband 2, Noten, S. 261; *ders.* Abt. 3, Halbband 2, Text, S. 592; *NDB/Polley*, 11. Band, S. 595; *Volbehr-Weyl-Bülck-Newinger*, S. 33; *Griesebach*, S. 15; *Eckert*, S. 2; *Döhring*, S. 409; *Brandis*, Lübeckische Blätter, 1894, S. 468; *Wohlhaupter*, Geschichte, S. 91.

966 *DBE*, Band 5, S. 533; *Stintzing-Landsberg*, Abt. 3, Halbband 2, Noten, S. 261; *NDB/Polley*, 11. Band, S. 595; *ADB/Teichmann*, 55. Band, S. 514; *Volbehr-Weyl-Bülck-Newinger*, S. 33; *Griesebach*, S. 15 f.; *Polley*, Biographisches Lexikon, Bd. 7, S. 111; *Eckert*, S. 2; *Brandis*, Lübeckische Blätter 1894, S. 468.

967 *Griesebach*, S. 16; *Polley*, Biographisches Lexikon, Bd. 7, S. 111; *Eckert*, S. 3; *Brandis*, Lübeckische Blätter, 1894, S. 468.

968 Ratsarchiv Qq.10.G.5.b.; Direktorial Archiv II.B.3a), No. 26, Mitteilung des Direktorialsenats Lübeck über die Wahl Kierulffs zum Präsidenten vom 9. November 1853.

969 *DBE*, Band 5, S. 533; *ADB/Teichmann*, 55. Band, S. 514; *Volbehr-Weyl-Bülck-Newinger*, S. 33; *Döhring*, S. 409; Direktorial Archiv II.B.3h), Versetzung Kierulffs in den Ruhestand.

dafür von Kaiser Wilhelm I. in Anerkennung seiner Verdienste das Eiserne Kreuz am weißen Bande.[970]

Das bedeutendste Werk des Juristen war die „Theorie des gemeinen Civilrechts“[971], das eng mit dem Gedankengut seines Schwagers, dem Kieler Professor Johannes Christiansen, verknüpft war.[972] Kierulff war ein Vertreter der von der Hegelschen Staats- und Rechtsphilosophie beeinflussten philosophisch-praktischen Jurisprudenz und kritisierte in seinem Buch die zu dieser Zeit herrschende Historische Rechtsschule.[973] Inhaltlich überzeugte es trotz seiner Unvollständigkeit durch seine Selbstständigkeit und durch eine klare Darstellung der Thematik. Bemerkenswert war die plötzliche Resonanz auf das Werk, denn Kierulff hatte die hier dargestellten Grundsätze keineswegs überraschend veröffentlicht, sondern sie bereits 1831 in seinen Vorlesungen in Kiel thematisiert sowie dreizehn Jahre später gegenüber der Schleswig-Holstein-Lauenburgischen Kanzlei in Kopenhagen vertreten.[974]

Kierulffs Verdienste in der Rechtswissenschaft und der Praxis wurden 1882 von der juristischen Fakultät der Universität Kiel bei der Erneuerung seines Doktordiploms nach 50 Jahren gewürdigt.[975] Der Professor verfolgte noch im hohen Alter die politischen Ereignisse in Deutschland mit großem Interesse, was wohl aus seiner Tätigkeit als Mitglied der Deutschen Nationalversammlung resultierte. Er hatte Freude an guter Musik und war schon als junger Mann und noch bis in spätere Jahre als Sänger in Musikvereinen und auf Festen aktiv.[976]

Johann Friedrich Martin Kierulff starb am 17. Juli 1894 an den Folgen einer Grippe in Lübeck, wo er nach der Auflösung des Oberappellationsgerichts wohnen geblieben war.[977]

---

970 Direktorial Archiv II.B.3e), Verleihung des eisernen Kreuzes 1871, ebenso ASA Interna, 43/4; Ratsarchiv Qq.10.G.5.b.; *ADB/Teichmann*, 55. Band, S. 515; *Polley*, Biographisches Lexikon, Bd. 7, S. 112; *Brandis*, Lübeckische Blätter, 1894, S. 469.

971 1. Band, Altona 1839.

972 *DBE*, Band 5, S. 533; *ADB/Teichmann*, 55. Band, S. 514; *Wogatzky*, S. 36; *Griesebach*, S. 15; *Eckert*, S. 3; *Brandis*, Lübeckische Blätter, 1894, S. 467; *Larenz*, S. 117.

973 *Larenz*, S. 117.

974 *Polley*, Biographisches Lexikon, Bd. 7, S. 111; *Eckert*, S. 3.

975 *ADB/Teichmann*, 55. Band, S. 515.

976 *ADB/Teichmann*, 55. Band, S. 515.

977 Ratsarchiv Qq.10.G.5.b., Anzeige des Senats der Stadt Lübeck an den Senat der Stadt Bremen vom 18. Juli 1894; *Volbehr-Weyl-Bülck-Newiger*, S. 33; *Döhring*, S. 409; *Eckert*, S. 3.

b) Bedeutung Kierulffs für das Oberappellationsgericht

Johann Friedrich Kierulff wurde im Dezember 1853 zum Präsidenten des Oberappellationsgerichts der vier freien Städte Deutschlands gewählt.[978] Zuvor hatte sich das Gericht mit Ausnahme des Rates Wunderlich, der Kierulff favorisierte, für den Vizepräsidenten Bornemann ausgesprochen.[979] Dieser hatte wie oben dargestellt schon nach Heises Tod als erster Kandidat auf der Liste der für die Präsidentenstelle in Frage kommenden Personen gestanden.[980] Außer ihm waren noch der älteste Rat des Gerichts du Roi und Professor Blume aus Bonn in der engeren Wahl. Von du Roi wurde wegen seines Gesundheitszustandes wieder abgesehen.[981] Gegen die Wahl Blumes sprach immer noch das Argument, dass er das Oberappellationsgericht bereits einmal verlassen hatte. Abgesehen von dem Senat der Stadt Frankfurt hielten ihn die Senate der anderen Städte für die Präsidentenstelle auch für nicht ausreichend qualifiziert. Dagegen gab es bei Kierulff nichts Negatives einzuwenden.

Er war schon nach dem Tod Heises 1851 in der engeren Wahl für das Präsidentenamt gewesen. Bereits zu dieser Zeit berichtete der Oberappellationsrat Wunderlich, der Ostern 1842 zusammen mit Kierulff die Professur an der Universität Rostock angenommen und mit ihm in einem Spruchkollegium zusammengearbeitet hatte, über ihn: „(...) Als Lehrer und Kenner des Rechts hat Kierulff eine große Bedeutung. Sie lässt sich dahin charakterisieren, dass er aus der unendlichen Mannigfaltigkeit der Rechte gemüht ist, die einfachen leitenden Grundgedanken zu entwickeln und dann wiederum deren Herrschaft über das gesamte Rechtsgebiet bis in das Detail darzustellen. Obgleich seiner innersten Natur nach Civilist, beschränken sich doch seine Rechtskenntnisse keineswegs auf das römische, sondern umfaßen das gesamte in Deutschland geltende Recht, an deßen Einheit er aller Risse ungeachtet nicht verzweifelt. Er ist kein Leiermann von Controversen, kein Antiquitätenkrämer und kein Bücherwurm. Seine Metho-

978 Direktorial Archiv II.B.3a), No. 26, Mitteilung des Direktorialsenats Lübeck über die Wahl Kierulffs zum Präsidenten vom 9. November 1853; Gesamtinventar, A 108; Ratsarchiv Qq.10.G.5.b.; Senatsakten Cl.VII. Lit.Ma No.10 Vol.2a Fasc.1 Vol 2 Invol. 11e; *Stintzing-Landsberg*, Abt. 3, Halbband 2, Text, S. 592; *Volbehr-Weyl-Bülck-Newiger*, S. 33; *Brandis*, Lübeckische Blätter, 1894, S. 468.

979 ASA Interna, 43/2, Schreiben des Senators Arning aus Hamburg an den Syndicus Curtius in Lübeck, vom 9. August 1852; Senatsakten Cl.VII. Lit.Ma No.10 Vol.2a Fasc.1 Vol 2 Invol. 11e; siehe oben, E.II.3.

980 Siehe oben, E.II.2.b).

981 ASA Interna, 43/2, Schreiben Senator Meier an Syndicus Curtius vom 25. August 1852 und Schreiben Frankfurts an Hamburg vom 18. Januar 1853; Ratsarchiv Qq.10.G.5.b., Schreiben Hamburgs an Bremen vom 6. Oktober 1852 und vom 9. Februar 1853.

de hat die größte Ähnlichkeit mit der von Puchta, dem ersten Juristen dieses Jahrhunderts nach Savigny. Die Anerkennung welche Puchta dem angefangenen Werke von Kierulff gezollt hat, wird dadurch erhöht, daß er (...) Kierulff unter den wenigen Personen genannt hat, welche geeignet wären, ihm nachzufolgen. (...) In dem Spruchkollegium zeichneten sich die Arbeiten von Kierulff durch große Klarheit und Gediegenheit in der Entwicklung aus. (...) Kierulff gehört unbedingt zu den hervorragendsten Erscheinungen unter den Mitgliedern der Spruchkollegien, welche von 1835 bis 1850 in Göttingen, Rostock und Halle gewirkt haben (...).“[982] Damit, so Wunderlich, übertreffe der Jurist sogar die Erwartungen, die man in dieser Beziehung hegen dürfe.[983]

Trotzdem fiel den Städten die Entscheidung schwer. Nachdem sich die Senate bereits für Bornemann entschieden hatten, lehnte dieser seine Berufung ab.[984] Auch der anschließend vorgeschlagene königlich-hannoversche Staatsminister Bacmeister verzichtete auf die Übernahme des Präsidiums.[985] Schließlich einigte man sich endgültig auf die Wahl Kierulffs zum neuen Präsidenten des Oberappellationsgerichts der vier freien Städte und er wurde am 30. Dezember 1853 in sein neues Amt eingeführt, nachdem er Anfang des Monats aus dem Dienst am Großherzoglichen Oberappellationsgericht zu Rostock entlassen worden war.[986] Während seiner Amtszeit stieg die Anerkennung des Gerichts im Deutschen Bund noch weiter. Kierulff genoss im Gerichtsalltag die vollste Anerkennung seiner Räte, die insbesondere sein Taktgefühl und sein ruhiges und gesundes Urteilsvermögen an ihm schätzten.[987]

In seinem Hauptwerk „Theorie des allgemeinen Civilrechts“ ging Kierulff auf das Verhältnis von Wissenschaft und Praxis ein. Die „Theorie“ müsse sich als Bindeglied zwischen dem positiven Gesetzesstoff einerseits und der Praxis andererseits verstehen.[988] Diese wiederum verleihe dem Recht konkrete Wirklich-

---

982 ASA Interna, 42/3, Brief des Rats Wunderlich vom 5. April 1851.

983 ASA Interna, 42/3, Brief des Rats Wunderlich vom 5. April 1851.

984 Ratsarchiv Qq.10.G.5.b.; Direktorial Archiv II.B.3a), No. 12, Ablehnende Antwort Bornemanns vom 9. März 1853; ASA Interna, 43/2, Brief Hamburgs an Lübeck vom 11. März 1853; Senatsakten Cl.VII. Lit.Ma No.10 Vol.2a Fasc.1 Vol 2 Invol. 11e.

985 Ratsarchiv Qq.10.G.5.b., Auszug aus dem Bremer Senatsprotokoll vom 18. Mai 1853.

986 Direktorial Archiv II.B.3a), No. 35, Protokoll der Einführung und Vereidigung des Präsidenten vom 30. Dezember 1853; ebenso ASA Interna, 43/2; Ratsarchiv Qq.10.G.5.b., Ernennungsurkunde vom 21. November 1853; Senatsakten Cl.VII. Lit.Ma No.10 Vol.2a Fasc.1 Vol 2 Invol. 11e; Gesamtinventar, A 108, Entlassungsurkunde vom 13. Dezember 1853.

987 *Polley*, Biographisches Lexikon, Bd. 7, S. 111; *Eckert*, S. 3.

988 *Binder*, ZHR 100, S. 14; *Döhring*, S. 339; *Eckert*, S. 11.

keit.[989] Daher müsse die „Theorie" das hervorbringen, was die Praxis gebrauchen könne.[990] Diese Grundsätze versuchte der Richter auch in seiner täglichen Arbeit zu verwirklichen und orientierte sich dabei an dem von ihm aufgestellten Leitsatz „Die vollkommene Theorie ist eins mit der Praxis, indem sie konkret begreift, was diese konkret wirklich macht". Schon während seiner Zeit als Rat am Mecklenburgischen Oberappellationsgericht versuchte er diese von ihm entwickelten Grundsätze zu beherzigen. Kierulff hielt sich an die vor dem Lübecker Gericht entstandenen Gewohnheiten und war in allen Streitigkeiten wie seine Vorgänger ständiger Koreferent.[991] Nach nur einigen Wochen in seinem Amt wurde seine Arbeitsweise von einem Kollegen wie folgt beurteilt: „Seine Correlationen seien gut durchdacht und kurz gehalten. Wenn man auch im Äußeren des Geschäftsganges volle Uebung im Dirigiren noch vermisse, so zeige er doch in der Leitung der Abstimmung und der Schlußfassung der Urtheile Festigkeit und guten Tact, wie er denn überhaupt ein gesundes ruhiges Urtheil habe, was bei einem Präsidenten wohl das Nothwendigste sei."[992] Der Präsident pflegte mit den Räten ein freundschaftliches Verhältnis. Während seiner Amtszeit arbeitete er mit den Räten Pauli, Laspeyres, Wunderlich, Brandis, Voigt und Zimmermann und die allgemein herrschende Harmonie wirkte sich positiv auf die gemeinsame Arbeit aus. Kierulff präsentierte das Gericht nach außen hin souverän und verteidigte dessen herausragende Position. Dies zeigte sich beispielsweise, als ein „kleinstaatliches" Blatt in einem Artikel eine schiedsgerichtliche Entscheidung des Gerichts in Frage stellte. Der Präsident riet von einer weiteren Verfolgung der Sache durch den Staatsanwalt mit der einfachen Begründung ab, dass das „Colleg zu hoch stehe, um von so verschwindenden Worten berührt zu werden und sich berührt zu zeigen; Übelwollende werde man nicht bekehren, das Publikum, an dessen Urtheil dem Gerichte etwas liege, werde aber durch solche Artikel in seiner Achtung vor dem Collegium nicht geschwächt werden".[993]

Während seiner Präsidentschaft stellte Kierulff eine „Sammlung der Entscheidungen des Ober-Appellationsgerichts der vier freien Städte Deutschlands zu Lübeck"[994] der Jahrgänge 1865 bis 1872 in sieben Bänden zusammen.[995] Damit wurde er seinen wissenschaftlichen Fähigkeiten gerecht und das Werk erwies sich in der Praxis als sehr wertvoll. Der Inhalt der Entscheidungssammlung zeig-

989 *Binder*, ZHR 100, S. 14; *Döhring*, S. 339; *Eckert*, S. 11.
990 *Binder*, ZHR 100, S. 14; *Döhring*, S. 339; *Eckert*, S. 11.
991 *Brandis*, Lübeckische Blätter, 1894, S. 468.
992 *Brandis*, Lübeckische Blätter, 1894, S. 468.
993 *Brandis*, Lübeckische Blätter, 1894, S. 468.
994 Band 1-7 (mit Register), Hamburg 1866-1874.
995 *Wogatzky*, S. 36; *Griesebach*, S. 16; *Polley*, Biographisches Lexikon, Bd. 7, S. 112; *Döhring*, S. 346; *Brandis*, Lübeckische Blätter, 1894, S. 467.

te, dass der Präsident nach seinem Wechsel in die praktische Tätigkeit seine wissenschaftliche Arbeit nicht eingestellt hatte. Die Intention, mit der Sammlung ein „wissenschaftliches Bedürfnis" zu befriedigen, wurde insbesondere im Vorwort des ersten Bandes deutlich. Hier betonte er, es breche sich mehr und mehr die Erkenntnis Bahn, „dass die Wissenschaft gerade durch verständige Aneignung des praktischen Materials sich im höheren Grade befähigt, der Praxis einen reicheren, dem Bedürfnisse derselben wahrhaft entsprechenden, Stoff zuzuführen. Denn wie es heutzutage eine würdige Praxis nicht mehr geben kann, welche nicht die Gedanken einer vorgeschrittenen gründlicheren Wissenschaft in sich aufzunehmen weis, so wird auch nur diejenige Doctrin den Werth wahrer Wissenschaft ansprechen dürfen, welche das Material einer tüchtigen Rechtspraxis zu nutzen versteht, um ein tieferes Verständnis des Gesetzesstoffes zu gewinnen."[996] Somit sollte die von Kierulff herausgegebene Entscheidungssammlung weniger als Nachschlagewerk, sondern vielmehr als „wichtiges Hilfsmittel" zur innigeren „Durchdringung von Theorie und Praxis" dienen.[997]

Als Präsident des Oberappellationsgerichts der vier freien Städte Deutschlands trafen ihn die Einschränkungen des Zuständigkeitsbereiches durch das Ausscheiden Frankfurts 1866 und der mit der Errichtung des Bundesoberhandelsgerichts am 12. Juni 1869 verbundene Bedeutungsverlust des Gerichts in Handelssachen schmerzlich.[998] Mit der Auflösung des Oberappellationsgerichts am 1. Oktober 1879 trat Kierulff nach über 25 Jahren der Präsidentschaft in den Ruhestand.[999]

Der heute schon fast vergessene Jurist war sowohl in der Wissenschaft durch seine, wenn auch nur spärlichen, aber inhaltlich anspruchsvollen Werke, als auch in der Praxis als ein hervorragender Gerichtspräsident angesehen. Er verstand es von allen Präsidenten am besten, die von ihm entwickelten Grundsätze mit seiner Tätigkeit zu verbinden und damit den Bogen von der Rechtswissenschaft zur richterlichen Praxis erfolgreich zu spannen. Er hat die anspruchsvolle Aufgabe, seinen beiden großen Vorgängern gleichzukommen, gemeistert und konnte das hohe Ansehen des Gerichts in den über 25 Jahren seiner Präsidentschaft aufrecht erhalten.

---

996 *Eckert*, S. 13; *Kierulff*, Entscheidungen, Bd. 1, S. III.; Vorwort des Herausgebers.
997 *Eckert*, S. 13.
998 *Brandis*, Lübeckische Blätter, 1894, S. 468.
999 ASA Interna, 43/6, Versetzung des Präsidenten Kierulff und des Rats Brandis in den Ruhestand 1879; ebenso Ratsarchiv Qq.10.G.5.a.5.

4. Zusammenfassende Betrachtung

Bei den Oberappellationsgerichtspräsidenten lassen sich einige Gemeinsamkeiten feststellen. Alle drei kamen als Professoren, also aus der Universität an das Gericht. Dadurch konnte für Außenstehende leicht der Eindruck entstehen, das Oberappellationsgericht sei in Bezug auf seine Besetzung und somit auch auf seine Rechtssprüche zu theoretisch orientiert gewesen. Es darf jedoch nicht übersehen werden, dass alle Präsidenten schon vor ihrem Amtsantritt bedeutende Erfahrungen in der Praxis vorweisen konnten.

Heise hatte bereits von März 1802 bis zum Herbst 1804 praktische Erfahrungen als außerordentlicher Beisitzer des Spruchkollegiums in Göttingen sammeln können. In Heidelberg war er Beisitzer im Spruchkollegium und Mitglied des Universitätsgerichts. Schließlich war er noch als vortragender Rat im Justizdepartement Hannover tätig gewesen. Wächter war nach seinem Studium zunächst Oberjustizassessor am Kreisgericht Esslingen gewesen und hatte sich vor seinem Wechsel an das Oberappellationsgericht in der Politik engagiert. Kierulff war schon 1843 zum Rat an das mecklenburgische Oberappellationsgericht berufen worden, wo er neun Jahre später zum Vizepräsident gewählt worden war. Er war außerdem in Frankfurt als Abgeordneter Rostocks Mitglied der Nationalversammlung gewesen.

Alle Präsidenten, insbesondere jedoch Heise, der die Grundarbeit für den Erfolg des Gerichts geleistet hatte, konnten ihren individuellen Beitrag zur Fortsetzung der Arbeit leisten und das Ansehen des Gerichts noch weiter steigern.

III. Die Räte des Oberappellationsgerichts

Neben dem Präsidenten war das Gericht mit weiteren sechs Räten besetzt. Wie oben schon dargestellt wurde jede für eine Ratsstelle in Frage kommende Person von dem Oberappellationsgericht geprüft. Anschließend wurde ein Gutachten mit Proberelation an den die Berufung vornehmenden Senat gesendet.[1000]

Insgesamt arbeiteten im Laufe der Zeit 26 Räte an dem Oberappellationsgericht. Im Folgenden wird dargestellt, aus welchen vorherigen Anstellungen und mit welchen Intentionen die einzelnen Personen an die oberste Instanz kamen und inwiefern ihre Tätigkeit die Entwicklungen innerhalb des Gerichts beeinflusst haben.

1000 Siehe oben, C.II.1.

1. Die Besetzung der Ratsstellen zur Zeit der Eröffnung des Gerichts

Zusammen mit Georg Arnold Heise traten die Räte Johann Friedrich Hach für Lübeck, Burkhard Wilhelm Pfeiffer für Bremen, Gottfried Samuel Müller und Friedrich Cropp für Hamburg ihren Dienst an. Für die Einstellung der meisten dieser Personen hatte sich Heise persönlich eingesetzt und sich gezielt darum bemüht, sie für das Gericht zu gewinnen.

Die Stadt Frankfurt hatte sich bis zur Eröffnung des Oberappellationsgerichts auf keinen Rat einigen können, da die vorgeschlagenen Mitglieder dieses Amt abgelehnt hatten. Deshalb blieben diese Ratsstellen zunächst unbesetzt. Die unterschiedlichen Rechtsverhältnisse und Gewohnheiten in den einzelnen Städten erschwerten die Arbeit am Gericht erheblich. Da war es nützlich, dass Hach vor allem im lübeckischen Recht umfangreiche Kenntnis hatte, Müller bereits mit dem bremischen Recht in Berührung gekommen war, Cropp und Heise aufgrund ihrer Herkunft die hamburgischen Verhältnissen geläufig waren und Pfeiffer aufgrund seiner Tätigkeit in Kassel im Umgang mit Frankfurter Behörden vertraut war.

Somit hatte Heise ein „Team" von Richtern zusammenstellen können, das es verstand, sich den aus allen Bereichen neu aufkommenden Problemen vor Gericht zu stellen und diese meisterhaft zu lösen.

a) Johann Friedrich Hach (1820-1850)

Der Jurist Johann Friedrich Hach wurde am 12. August 1769 in Lübeck in eher bescheidene Verhältnisse geboren.[1001] Seine Eltern waren Johanna und Johann Jürgen Friedrich Hach. Der Vater war ein aus dem Holsteinischen eingewanderter Kaufmann und einer der Ältesten in dem bürgerlichen Kollegium der Rigafahrer.

Nach dem Besuch des Lübecker Katharineums begann Hach 1788 aufgrund seiner Vorfahren und der Bestimmung seiner Eltern ein Theologiestudium in Jena. Er wechselte aber schon nach dem ersten Semester mit dem festen Willen, es im Leben zu etwas zu bringen, zu den Rechtswissenschaften und studierte seit Ostern 1790 in Göttingen.[1002] Nach seiner Rückkehr nach Lübeck Ostern des folgenden Jahres übernahm er das von seinem Vater vermittelte Amt des Protokoll-

1001 Hachsches Familienarchiv, V., Vol.A, Fasc.1, No. 1, Nachricht über Hachs Geburt und Taufe; *DBE*, Band 4, S. 296; *Griesebach*, S. 8; *NDB/Ahlers*, 7. Band, S. 405; *ADB/Frensdorff*, 10. Band, S. 289; *Hundt*, S. 14; *Hagedorn*, S. 53.

1002 Hachsches Familienarchiv, V., Vol.A, Fasc.1, No. 2 und 3, Immatrikulation in Jena und Göttingen; *Kretzschmar*, Hach, S. 5 ff.; *Hach*, Mitteilungen, S. 6, 20 ff.

führers in dem bürgerlichen Kollegium der Rigafahrer.[1003] In dieser Zeit lernte er den Lübecker Syndikus und langjährigen Pfalzgrafen Dreyer kennen, der ihm aus Dankbarkeit für geleistete Hilfe kostenlos das Notariat verlieh und den Kaufmannssohn in seiner praktischen Stellung als Advokat und Notar förderte. Es war auch Dreyer, der Hach für die nähere Betrachtung der Geschichte Lübecks und ihres Stadtrechts begeistern konnte.[1004]

Es fiel dem Juristen schwer, sich in das Lübecker Gerichtswesen einzuarbeiten, denn die vielen Gerichte und ihre voneinander abweichenden Zuständigkeiten, die bei weitem nicht mit dem auf der Universität gelehrten Stoff konform waren, machten dieses Gebiet sehr unübersichtlich.[1005] Erst nach der 1792 durch Dreyer vermittelten und bei Trendelenburg in Kiel absolvierten Promotion[1006] sowie der erlangten Niedergerichtsprokuratur konnte Hach seinen beruflichen Stand festigen. Er übernahm als jüngster unter seinen Kollegen das Amt des Defensors. Durch seine pflichtbewusste und sachkundige Arbeitsweise konnte er das Vertrauen seiner Klienten gewinnen. Er besaß die Fähigkeit, Problematiken und Rechtsgrundsätze einfach, klar und für Jedermann verständlich darzustellen. Schon nach kurzer Zeit hatte sich Hach in Handelskreisen einen guten Namen gemacht und war Anwalt der angesehensten Handelshäuser in Lübeck.[1007]

Im Herbst 1797 heiratete er Justina Eleonore Rettich und bekam mit ihr insgesamt zehn Kinder.[1008] Sein Sohn Hermann Wilhelm heiratete die Tochter Georg Arnold Heises, Johanna Ernestine.[1009] Hach wurde am 31. Juli 1805 nach dem Tod des Bürgermeisters Bünekau als Rat in den Senat der Stadt Lübeck gewählt und wurde am 2. August in die öffentlichen Geschäfte der Hansestadt eingeführt.[1010] In diesem Amt machte er sich in vielen politisch schwierigen Situationen für die Stadt Lübeck verdient.

1003 *Kretzschmar*, Hach, S. 7.

1004 Zu dieser Zeit entstand ein dem väterlichen Freund Dreyer gewidmetes Heft mit dem Titel „Praktische Beiträge zur Erläuterung des in Lübeck geltenden Privatrechts" (1801), sowie etwas später eine Abhandlung zu dem Thema „Beantwortung der Frage: wann haftet nach Lübeckischem Rechte die beerbte Ehefrau für die Schulden ihres Mannes?" (1811). *ADB/Frensdorff*, 10. Band, S. 289, 291; *Hach*, Mitteilungen, S. 23 ff.

1005 *Kretzschmar*, Hach, S. 7.

1006 Hachsches Familienarchiv, V., Vol.A, Fasc.1, No. 7, Promotion in Kiel; *Hach*, Mitteilungen, S. 25.

1007 *Hundt*, S. 14; *Kretzschmar*, Hach, S. 7.

1008 Hachsches Familienarchiv, V., Vol.A, Fasc.1, No. 9, Verehelichung; *NDB/Ahlers*, 7. Band, S. 405; *ADB/Frensdorff*, 10. Band, S. 289; *Hach*, Mitteilungen, S. 29.

1009 *Ahrens*, Biographisches Lexikon, Bd. 7, S. 97; *DBA* I, 504, Nr. 53; *Schröder*, Lexikon, 3. Band, Nr. 1508, S. 163.

1010 Hachsches Familienarchiv, V., Vol.B, Fasc.1, e) und f), Gratulationsschreiben; *Hundt*, S. 14.

Im März des folgenden Jahres reiste er zusammen mit Friedrich Overbeck, dem Sohn seines Kollegen und späteren Bürgermeisters Christian Adolf Overbeck nach Regensburg, wo er an der Spitze des Direktoriums der städtischen Kurie des permanent tagenden Regensburger Reichstages stand.[1011] Der Lübecker Senator Overbeck nahm im Herbst 1809 an den auf Befehl Napoleons stattfindenden Verhandlungen über den Beitritt der Hansestädte in den Rheinbund zusammen mit dem Syndicus Curtius als Vertreter der Interessen der Stadt Lübeck teil. Hier war allerdings erfolglos über die Errichtung eines gemeinsamen obersten Gerichts für die Hansestädte diskutiert worden.[1012] Den Syndicus Curtius, der ein guter Freund Heises war und sich im Hinblick auf die Gründungsgeschichte des Oberappellationsgerichts verdient gemacht hatte, kannte Hach noch aus seiner Jenaer Zeit. Hier war er zusammen mit Curtius Mitglied des Ordens der schwarzen Brüder gewesen.[1013] Im Zusammenhang mit seiner Arbeit in Regensburg lernte Hach auf den sehr im Vordergrund stehenden Gesellschaften viele wichtige Diplomaten kennen, die ihm später immer wieder begegnen sollten.

Als Lübeck am 6. November 1806 von den Franzosen besetzt wurde, leitete Hach die Einquartierungskommission. Er setzte sich für die Verbesserung des Finanz- und Zollwesens ein, um die erdrückenden Besatzungskosten gerechter zu verteilen und arbeitete außerdem an den die Einführung des Code Napoleon vorbereitenden Maßnahmen.[1014] Erst nach der Einverleibung der Stadt in das französische Reich im Januar 1811 arbeitete Hach wieder ausschließlich als Jurist.[1015] Im selben Jahr wurde er zusammen mit seinem späteren Kollegen am Oberappellationsgericht, Christian Gerhard Overbeck, Richter an dem provisorischen Obertribunal der Franzosen.[1016] Nach der Auflösung des provisorischen Obertribunals setzten beide ihre Arbeit an dem neuen Kaiserlichen Gerichtshof in Hamburg fort.

Hach engagierte sich nach der Befreiung Lübecks am 5. Dezember 1813 für die Wiederaufnahme der Verhandlungen über die Errichtung eines gemeinsamen obersten Gerichts für die drei Hansestädte, um ihre Selbstverwaltung in der Justiz zu bewahren. Zur Vertretung der allgemeinen Interessen der Hansestädte, traf er sich auf Initiative des Bremer Senators Smidt mit diesem und dem Syndicus

1011 *DBE*, Band 4, S. 296; *Griesebach*, S. 8; *NDB/Ahlers*, 7. Band, S. 405; *ADB/Frensdorff*, 10. Band, S. 289; *Kretzschmar*, Hach, S. 11; *Hundt*, S. 14.

1012 Siehe oben, B.I.2.

1013 Siehe oben, B; E.II.1.b); *Kretzschmar*, Hach, S. 6.

1014 *NDB/Ahlers*, 7. Band, S. 405; *ADB/Frensdorff*, 10. Band, S. 290; *Kretzschmar*, Hach, S. 19 ff.

1015 Siehe oben, B.I.2; *Kretzschmar*, Hach, S. 25.

1016 *Klug*, Geschichte Lübecks, 1. Abt. S. 30, 58.

Gries aus Hamburg.[1017] Hach erreichte in den Verhandlungen eine endgültige Erklärung über die Anerkennung der Wiederherstellung der hansestädtischen Souveränität.[1018] Dabei wurde auf eine Garantieerklärung aufgebaut, die Smidt von Preußen und Österreich schon erhalten hatte.

Die Unabhängigkeit der Hansestädte und die Errichtung eines gemeinsamen obersten Gerichts waren auch Themen im Hauptquartier der Alliierten. Hach wurde im Auftrag Lübecks am 30. Januar 1814 nach der Aufforderung von Bremens Vertreter Smidt zu den Verhandlungen entsendet.[1019] Als sich beide in dem mittlerweile nach Frankreich verlegten Hauptquartier trafen, hatte Smidt auf seiner Reise bereits erfahren, dass mit der Wiederherstellung der Reichsgerichte oder einem ähnlichen Institut als letzte und oberste Instanz nicht mehr zu rechnen war.[1020] So konnten sich beide Diplomaten für die gleichen Ziele einsetzen. Durch den Bremer Vertreter hatte Hach die Gelegenheit, mit Staatsmännern wie Stein, Humboldt und Metternich ins Gespräch zu kommen.[1021] Trotz der für Hach vorteilhaften Verbindungen war sein Verhältnis zu Smidt in der Anfangszeit eher angespannt, da dieser versuchte, ihn zu lenken und zu beeinflussen. Die Diplomaten hatten zwar grundverschiedene Charakterzüge, zeichneten sich aber beide durch einen ausgeprägten Gerechtigkeitssinn aus. Smidt fiel durch seine große „geistige Universalität und Elastizität"[1022] auf, während Hach eher von ruhigem und nüchternem Gemüt war. Smidt war ein geborener Diplomat, der sich in dieser Rolle in seinem Element fühlte und durchaus den Hang zur Intrige zeigte. Hachs Gedankengänge waren dagegen viel einfacher und er bevorzugte in Konfliktsituationen eine offene Aussprache. Trotz dieser verschiedenen Charaktereigenschaften pflegten beide einen freundschaftlichen Umgang miteinander. Es gelang Hach, sich seine Unabhängigkeit und Selbstständigkeit von Smidt weitestgehend zu bewahren.[1023]

Hach folgte nach dem Einzug der Alliierten in Paris dem allgemeinen Aufbruch in die Stadt und kam dort am 12. April an, um die diplomatischen Verhandlungen weiterzuführen. Er wurde sogar von dem preußischen König empfangen, der ihm schon in einem Brief vom 11. März 1814 die Anerkennung der

---

1017 Siehe oben, B.II.1.; sowie zu Smidt E.I.

1018 Siehe oben, B.II.1.; *Hach*, Mitteilungen, S. 61; *Hundt*, S. 14; *von Bippen*, Mitteilungen, S. 125, 128/129.

1019 Hachsches Familienarchiv, V., Vol.A, Fasc.3, No. 5, Einzeldarstellung; Vol.B, Fasc.4, No. 1, Bericht über die Mission in das Hauptquartier der Alliierten; *Hundt*, S. 16; *ADB/Frensdorff*, 10. Band, S. 290; *Kretzschmar*, Hach, S. 26.

1020 Siehe oben, B.II.1.

1021 *Hach*, Mitteilungen, S. 63.

1022 *Kretzschmar*, Hach, S. 30.

1023 *Kretzschmar*, Hach, S. 31.

Selbstständigkeit der Hansestädte versichert hatte. Eine solche Versicherung gab ihm am 14. Mai 1814 auch der österreichische Kaiser. Dabei hatte er auf die Vorarbeiten Smidts zurückgreifen können, der bereits die Garantieerklärungen für die Anerkennung der Souveränität Bremens erhalten hatte.[1024] Vor ihrer Abreise aus Paris hatten die Vertreter der Hansestädte Lübeck und Bremen noch die Ehre, am 11. Juni 1814 dem neuen König von Frankreich nach dem Abschluss des Friedens die Glückwünsche der Senate ihrer Städte zu überbringen.

Nach seinem Eintreffen auf dem Wiener Kongress am 17. September 1814 konnte sich Hach im Rahmen seiner Vertretung wiederum zusammen mit Smidt für die Pläne der Hansestädte einsetzen. In seinem ersten Brief aus Wien sprach er den Wunsch aus: „(...) möchte es nur hier braf zu arbeiten geben und die Arbeit so ausfallen, daß sie uns Freude macht!“[1025] Er unterzeichnete als erster städtischer Gesandter die Wiener Schlussakte vom 15. Mai 1820 und die Deutsche Bundesakte vom 8. Juni 1815. Nach dem in Art. 12 festgelegten Zusatz stand den vier freien Städten das Recht zu, unabhängig von den Einwohnerzahlen ein gemeinsames oberstes Gericht zu errichten.[1026] Der zukünftige Rat des Lübecker Oberappellationsgerichts war somit schon vor dessen Gründung intensiv an der Entstehung beteiligt. Gerade diese frühen Verbindungen waren charakteristisch für die späteren Gerichtsräte. Personen wie Hach, der die mühsamen Verhandlungen um die Gründung genauestens kannte, setzte sich aus diesen Gründen in seiner späteren Stellung als Rat besonders für den Erhalt und Erfolg des Gerichts ein.

Seit Dezember 1815 bemühte sich Hach in Frankfurt als Mitglied der Bundesversammlung um die Eröffnung derselben und führte als erster die Stimme der städtischen Kurie mit sehr positiver Resonanz.[1027] Hier traf er auf alte Bekannte wie Smidt oder Stein. Der in Wien auf der Basis der Pläne von 1806 bereits angesprochene Gedanke des gemeinsamen obersten Gerichts für die vier freien Städte wurde von den Bevollmächtigten Hach, Danz, Smidt und Gries nun wieder aufgegriffen. Außer Gries stimmten nun alle der Notwendigkeit zu, die in der Bundesakte bestimmte Errichtung des Gerichts endlich zu verwirklichen. Insbesondere Hach drängte auf eine schnelle Umsetzung des Art. 12, denn er wollte, dass Lübeck zum Sitz des Gerichts gewählt wurde und hatte außerdem den heimlichen Wunsch, selbst Präsident zu werden.[1028] Während der gemeinsamen Be-

1024 Siehe oben, B.II.1.
1025 *Hach*, Mitteilungen, S. 64 ff.
1026 Siehe oben, B.II.2.; *Zeumer*, Nr. 218, S. 542; *Huber*, Dokumente, Band 1, Nr. 29, S. 78; *Klüber*, Quellen, S. 150, 165, 195; *Altmann*, 1. Teil, S. 75; *DBE*, Band 4, S. 296; *Griesebach*, S. 8; *ADB/Frensdorff*, 10. Band, S. 290; *Hundt*, S. 16.
1027 *DBE*, Band 4, S. 296; *Griesebach*, S. 8; *NDB/Ahlers*, 7. Band, S. 405; *Hundt*, S. 16.
1028 *Kretzschmar*, Hach, S. 67; *Hach*, Mitteilungen, S. 69.

ratungen in Hachs Wohnung in Frankfurt wurden vor allem der Sitz des Gerichts, seine Besetzung, die besonders wichtige Frage der Stellung des Gerichts zu den bereits bestehenden Instanzen der Städte und die Prozess- und Gerichtsordnung besprochen.[1029] Zu konkreten Ergebnissen kam es jedoch wegen des zögerlichen Verhaltens Frankfurts und Hamburgs noch nicht. Die Arbeit im Bundestag gefiel Hach und er schrieb seinem Freund Curtius darüber in einem Brief: „Vielleicht habe ich in meinem Leben nichts von der Erheblichkeit hervorgebracht als jene Arbeit. Es ist etwas ganz anderes für Deutschland, als für Lübeck zu arbeiten (...).“[1030]

Am 4. März 1817 verließ Hach unter Bedauern und Lobesreden der anderen Gesandten die Stadt Frankfurt, da seine dreimonatige Stimmführung abgelaufen war. Der Empfang in der Heimatstadt war feierlich und der Lübecker Senat dankte ihm für die umsichtige und würdevolle Repräsentation der Hansestadt. Anschließend wurde Hach vom November 1819 bis zum Juni 1820 zur Vertretung der Interessen der vier freien Städte auf die Wiener Ministerialkonferenzen entsandt.[1031] In diese Zeit fielen die Verzögerungen in der Stadt Frankfurt nach dem Vertragsabschluss der vier freien Städte über das gemeinsam zu errichtende oberste Gericht, welche Hach in Wien in größte Verlegenheit brachten. Man erkundigte sich bei ihm nach dem Voranschreiten der Verhandlungen. Er musste die für die Verzögerungen ursächliche Stadt Frankfurt immer wieder in Schutz nehmen, da er nicht die Absicht hatte, „eine Stadt auf Kosten der anderen in ein günstiges Licht (...) fallen“ zu lassen.[1032] Nach den Ministerialkonferenzen endete auch die diplomatische Tätigkeit des Vertreters der Hansestadt Lübeck.

Als Anfang November 1820 die Einweihung des Oberappellationsgerichts der vier freien Städte Deutschlands endlich bevorstand, eröffnete sich für Hach ein neuer Aufgabenbereich mit anderen Inhalten und Herausforderungen, die seinem Leben einen neuen Schwerpunkt geben sollten. Die Hoffnung des Senators, den Sitz des Gerichts in Lübeck einzurichten, hatte sich erfüllt, aber das heimliche Anliegen, selbst Präsident oder Mitglied zu werden, schien sich nicht zu erfüllen. Der Wunsch, am Gericht tätig zu werden, war vor allem finanziellen Ursprungs. Hach hatte zwar in seiner praktischen Tätigkeit vor seiner Wahl in den Lübecker Senat im Jahre 1805 gut verdient, für größere Rücklagen war die Zeit jedoch zu kurz gewesen. Als Senator musste er auf vier fünftel seines vorherigen Einkommens verzichten und hatte dadurch erhebliche finanzielle Einbußen. Die Familie

---

1029 Siehe oben, B.II.3.a).

1030 *Kretzschmar*, Hach, S. 76.

1031 *NDB/Ahlers*, 7. Band, S. 405; *ADB/Frensdorff*, 10. Band, S. 290; *Kretzschmar*, Hach, S. 82.

1032 ASA Interna, 5/1, No. 24, Schreiben Hachs an den Senat der Stadt Frankfurt vom 9. Januar 1820.

lebte zur Zeit der Eröffnung des Gerichts mehr oder weniger von dem Vermögen seiner Frau. Eine Berufung an das Oberappellationsgericht hätte ihm die Sorge um die Ernährung seiner weiter steigenden Kinderzahl und seiner Frau genommen.

Hach war schon immer gerne und erfolgreich als Richter am Obergericht tätig gewesen und hatte bereits viel Erfahrung in der Justiz. Er schrieb 1819 in seinem Tagebuch: „Nach der tätigen Unabhängigkeit dieses großen Richteramtes steht mein ganzer Sinn".[1033] Seinen Wunsch, Präsident des neuen Gerichts zu werden, hatte der Senator schon im Januar 1816 in Frankfurt gegenüber Smidt geäußert. Er erzählte auch nach Hamburgs Zustimmung zu den Plänen im Jahre 1818[1034] dem damaligen Bürgermeister der Stadt, Tesdorpf davon.[1035] Als er bemerkte, dass seine Aussichten auf die Präsidentenstelle nicht sehr gut waren, hoffte er, wenigstens auf eine der wenigen Ratsstellen gewählt zu werden. Allerdings war hier auch das Interesse anderer Senatoren geweckt, denen ihr aktuelles Gehalt ebenfalls zu niedrig war. Hach hoffte, dass vielleicht in der Stadt Frankfurt die Wahl auf ihn fallen werde.[1036]

Als man sich um Heise als Gerichtspräsidenten bemühte und dieser wegen seines Freundes Martin immer noch zögerte, schöpfte Hach wieder neue Hoffnung auf die Präsidentschaft. Diese zerschlug sich endgültig mit Heises Zusage am 25. Mai 1820, von der Hach auf seiner Rückreise von den Wiener Ministerialkonferenzen erfuhr.[1037] Er machte daraufhin einen Umweg zu dem zukünftigen Gerichtspräsidenten nach Hannover, um mit ihm über seine Vorstellungen und Wünsche zu sprechen. Ein Wechsel Hachs an das Oberappellationsgericht fand im Senat der Stadt Lübeck keine große Zustimmung, denn man fürchtete den Verlust des erfahrenen Senators. Teilweise wurde auch behauptet, ein solches Verhalten sei mit der Würde des Rates nicht zu vereinen.[1038] Die Situation wurde erst entschärft, als das Gehalt der Senatoren erhöht wurde, um es dem eines Oberappellationsgerichtsrates anzugleichen. Gleichzeitig erging am 5. Juli 1820 ein Beschluss mit dem Inhalt, dass Senatoren nicht auf eine Ratsstelle am Oberappellationsgericht wählbar seien.[1039] Dadurch wurde dem aufs Äußerste betrübten Hach seine Hoffnung genommen und er betrachtete den Beschluss na-

---

1033 *Kretzschmar*, Hach, S. 102.
1034 Siehe oben, B.II.3.b).
1035 *Hach*, Mitteilungen, S. 74.
1036 *Hach*, Mitteilungen, S. 75 f.
1037 Siehe oben, B.II.1.b).
1038 *Kretzschmar*, Hach, S. 101.
1039 ASA Interna, 45/1, Beschluss des Senats vom 5. Juli 1820; *Hach*, Mitteilungen, S. 77.

hezu als persönliche Verletzung angesichts der von ihm für den Senat über Jahre treu geleisteten Arbeit.

Seine Berufung zum Rat des Oberappellationsgerichts der vier freien Städte hatte Hach schließlich Heise zu verdanken, der sich für die Wahl des Senators stark machte. Hach hatte ihm in einem Brief seine Position dargestellt.[1040] Er schrieb: „Mit einigem Bedauern melde ich Ihnen -mein verehrter Freund- daß meine Hoffnung, für Lübeck zum Oberappellationsgericht berufen zu werden, ganz vernichtet ist. Sie waren bey meiner Anwesenheit in Hannover so Wohlwollend gegen mich und stimmten so ganz in dem seit langer Zeit mir liebgewordenen Wunsch, daß ich es mir nicht verzeihen könnte, wenn ich Sie nicht vertraulich von der Lage der Sache in Kenntnis setzte, um es Ihnen dann zu überlassen, ob Sie vielleicht noch etwas für meinen Wunsch thun können und wollen?"[1041] Für die Erfüllung des Wunsches hatte Heise zwei überzeugende Argumente. Zum einen fühlte er sich mit Hach persönlich verbunden, zum anderen war es ihm außerordentlich wichtig, unter den für das Gericht tätigen Räten wenigstens eine Person zu haben, die mit den Verhältnissen in den vier Städten vertraut war.[1042] So war es für Hach um so überraschender, als der Beschluss des Senates aufgehoben wurde und er am 26. August 1820 zum Oberappellationsgerichtsrat gewählt wurde.[1043] Die Aufhebung des Beschlusses wurde im Senat mit Bedenken zur Kenntnis genommen. Man befürchtete, dass bei der ohnehin schon geringen Zahl der Senatsmitglieder die Besetzung und damit auch das Gemeinwesen der Stadt zu leiden habe, falls einige Senatoren zu Gerichtsräten berufen werden würden.[1044] Der neue Oberappellationsrat bedankte sich in einem Brief vom 29. August 1820 bei Heise für seine Hilfe.[1045]

Mit der Berufung Hachs hatte Heise mit Sicherheit ein Mitglied gewonnen, das sich durch seinen jahrelangen Wunsch, am Gericht tätig zu sein, mit vollem Einsatz und Überzeugung der kommenden Arbeit stellen würde. So war eine

---

1040 Hachsches Familienarchiv V.,Vol.C., Fasc.1, No. 10a), Abschrift eines Schreibens von Hach an Heise vom 15. Juli 1820; Nachlass von Bippen, 7, 206-42, Original des Briefes vom 15. Juli 1820.

1041 Hachsches Familienarchiv V.,Vol.C., Fasc.1, No. 10a), Abschrift eines Schreibens von Hach an Heise vom 15. Juli 1820; Nachlass von Bippen, 7, 206-42, Original des Briefes vom 15. Juli 1820.

1042 *Wogatzky*, S. 30; *Kretzschmar*, Hach, S. 102.

1043 ASA Interna, 45/1, Decretum in Senatus Lubecensi vom 26. August 1820; Hachsches Familienarchiv, V., Vol. C, Fasc. 1, No. 15, Tagebuchausschnitt Hachs über die erfolgte Wahl; *Hundt*, S. 16; *Hach*, Mitteilungen, S. 77.

1044 *Kretzschmar*, Hach, S. 102.

1045 Hachsches Familienarchiv, V., Vol. C, Fasc.1, No. 16, Schreiben Hachs an Heise vom 29. August 1820.

weitere Voraussetzung für eine erfolgreiche Arbeit am Oberappellationsgericht geschaffen.

Johann Friedrich Hach konnte nach seiner Entlassung aus dem Senat und der Eröffnung des Gerichts am 13. November 1820 endlich die lang ersehnte Arbeit beginnen.[1046] Die neue Arbeitsweise vor Gericht war für ihn zunächst gewöhnungsbedürftig, was er in einem Eintrag in seinem Tagebuch bemerkte: „Zuweilen will es mir scheinen, dass man bis jetzt zu kleinlich und zu peinlich zu Werke geht, nicht rasch vorwärts geht und alles gar zu genau wahrnehmen will, woran ich bei so vielen und großen früheren Geschäften nicht gewöhnt bin."[1047] Bei Hach kam auch schnell Ernüchterung auf, als er erkannte, dass es ihm nicht so einfach fiel wie erwartet, nach 15 Jahren den bisherigen mit Ruhm und Erfolg gekrönten Wirkungskreis zu verlassen. Einige seiner ehemaligen Senatskollegen distanzierten sich von ihm oder verhielten sich gegenüber Hach sogar arrogant, was ihn besonders schmerzlich traf.[1048] Durch das neue Amt musste er zu seinem Bedauern auf die Ehrenrechte eines Senators verzichten.[1049] Tatsächlich standen viele der Senatoren Hachs eher rationaler und aufgrund seiner Familie getroffener Entscheidung kritisch gegenüber. Man war der Meinung, der neue Oberappellationsgerichtsrat hätte sich dem Wohle der Allgemeinheit und seiner Vaterstadt in seiner alten Stellung eher verdient machen können. Gerade hier zeige sich nämlich Hachs eigentliches Talent, die juristischen Kenntnisse mit einem „scharfen Blick für die Bedürfnisse des praktischen Lebens" zu verbinden.[1050]

Tatsächlich war Hach im Senat eigentlich besser aufgehoben als auf dem Richterstuhl, denn seine Fähigkeit, sich für das Gemeinwohl einzusetzen, stand nun nicht mehr im Vordergrund. Selbst der Hauptgrund des Lübeckers für den Wechsel in das Richteramt, nämlich der finanzielle Vorteil, hätte sich später in seinem alten Amt zu seinen Gunsten geändert. Es traten innerhalb des Senats Entwicklungen auf, mit denen Hach nicht hatte rechnen können. In schneller Folge starben die Bürgermeister Christian Adolph Overbeck 1821, drei Jahre später Tesdorpf und Lindenberg, so dass Hach spätestens 1824 die Möglichkeit gehabt hätte, ein Bürgermeisteramt zu übernehmen. Hier hätte er dasselbe Einkommen wie im Amt des Oberappellationsgerichtsrats bezogen.

All diese Entwicklungen führten zu einer schnellen Ernüchterung der anfänglichen Euphorie und des dringenden Wunsches Hachs, gerade am Oberappellationsgericht tätig zu sein. Er schrieb 1834 in seinem Tagebuch: „Ich wünsche mir jetzt zuweilen größere Muße und beklage deshalb die zeitraubende Geschäftsfüh-

---

1046 Direktorial Archiv I.A.4., No.2, Anlage 13 B, Entlassungsurkunde des Rats Hach.
1047 *Kretzschmar*, Hach, S. 103.
1048 *Kretzschmar*, Hach, S. 103.
1049 *Kretzschmar*, Hach, S. 103.
1050 *Kretzschmar*, Hach, S. 103.

rung in unserem Gerichte oft. Freilich würde ich jene Muße wohl gehabt haben, wenn ich nicht vor 14 Jahren aus dem Rathe getreten, sondern jetzt Bürgermeister wäre. Und ich läugne nicht, daß ich in meiner gegenwärtigen Lage, da ich, bei verkleinertem Hausstande und bei jetzt verbessertem Einkommen der Rathsmitglieder, anständig auskommen könnte, eine größere Genugthuung bei den Sorgen und Arbeiten eines Bürgermeisters wohl haben würde, als bei den monotonen und oft kleinlichen Berathungen und Arbeiten in unserem Collegium und für dasselbe (...).“[1051] Hach konnte die verpasste Chance auf das Bürgermeisteramt nie ganz vergessen, wie in einem weiteren Tagebucheintrag von 1841 deutlich wurde: „Es steigt wohl zuweilen der Gedanke in mir auf, wie viel mehr ich vielleicht wirken könnte und mit wie viel größerer Muße, wenn ich jetzt Bürgermeister wäre. Aber ich klage wahrlich nicht, sondern sage mir selbst: daß, wenn ich mich wieder in meine Lage von 1820 versetze, ich auch jetzt noch ebenso handeln würde, wie damals.“[1052]

Der Gerichtsrat erledigte die anfallenden Arbeiten mit voller Konzentration, Sorgfalt und Gewissenhaftigkeit. Er konnte auch hier mit seiner Fähigkeit, die Rechtswissenschaft mit der Praxis zu verbinden, glänzen. Trotz der Enttäuschung, die sein Ausscheiden als Senator mit sich gebracht hatte, empfand er die Arbeit am Gericht als persönlich wertvoll, was an der engen Verbundenheit Hachs mit dem Gericht durch seine Mühen in der Gründungszeit lag. Daher traf es ihn hart, als öffentlich Kritik an der Arbeitsweise des Gerichts geäußert wurde. Es machte ihn hilflos, diese auch seiner Meinung nach berechtigten Schwachstellen nicht beheben zu können. In erster Linie ging es dabei um die lange Verfahrensdauer bis zu einer endgültigen Entscheidung. Hach hatte mehrfach darauf hingewiesen, dass dies eine Folge der Gerichtsordnung sei, die wiederum nur durch Gesetz geändert werden könne.[1053] Abgesehen von diesem Ärgernis verstand er sich mit den anderen Gerichtsmitgliedern sehr gut. Hach war beispielsweise eng mit Heise befreundet und sein Sohn heiratete wie oben schon dargestellt Heises Tochter.[1054] Das Verhältnis zwischen Hach und Heise wird in einer Biographie des ersteren wie folgt beschrieben: „wer diesen beiden Männern näher gestanden hat, wird die Zartheit ihres gegenseitigen Verhältnisses oft mit Rührung bemerkt haben. Jeder wollte stets dem anderen den Vorrang lassen, Heise achtete in Hach das höhere Alter, dieser in jenem das höhere Wissen, den alles umfassenden Geist, beide schätzten sich gegenseitig als Männer voll rechtschaffenen Wollens, liebenswürdiger Sitte und offener Herzlichkeit.“[1055]

1051 *Hach*, Mitteilungen, S. 78.
1052 *Hach*, Mitteilungen, S. 79.
1053 *Kretzschmar*, Hach, S. 107; *von Bippen*, Mitteilungen, S. 234.
1054 *von Bippen*, Mitteilungen, S. 288.
1055 *von Bippen*, Mitteilungen, S. 289.

Für die Verbundenheit Hachs mit dem Gericht waren aber nicht nur seine Freundschaft zu Heise und seine Bemühungen um die Errichtung ursächlich. Er fand neben dem täglichen Amtsgeschäft noch Zeit, sich der Erforschung des Stadtrechts von Lübeck zu widmen.[1056] Im Gegensatz zu den anfänglichen Forschungen, die eher praxisorientiert waren, setzte er die Schwerpunkte nun rechtswissenschaftlich. So konnte der Oberappellationsgerichtsrat nach 20 Jahren Rechtsforschung auf der Grundlage und der Verarbeitung der ihm erreichbaren Handschriften 1839 sein Werk mit dem Titel „Das alte Lübische Recht“ fertig stellen.[1057] Mit dieser Arbeit, bei der ihn seine Söhne Hermann Wilhelm und Eduard unterstützt hatten, schaffte Hach eine Grundlage für die Erforschung dieser Thematik, indem er die verschiedenen Varianten der Entwicklung des Rechts überschaubar darstellte. Das Werk wurde als „den Anforderungen entsprechend, wie sie seit Homeyers Leistungen für den Sachsenspiegel an die Editionen deutscher Rechtsquellen zu machen ist“, beschrieben.[1058]

Hach setzte sich nicht nur für die Gerichtsarbeit und seine rechtswissenschaftlichen Interessen ein, sondern leistete daneben auch einen Beitrag zum Lübecker Gemeinwohl. Er hielt Vorträge und engagierte sich durch die dreimalige Übernahme des Direktoriums in der „Gesellschaft zur Beförderung gemeinnütziger Thätigkeit“.[1059] In seinen Vorträgen thematisierte der Dozent die juristische Praxis, das öffentliche Leben, Geschichtliches oder auch aktuelle Probleme. Damit konnte er die ihm durch das Ausscheiden aus der Senatorentätigkeit entstandene Lücke füllen. Hier hatte er wenigstens die Möglichkeit, wenn schon nicht mehr direkt, so doch wenigstens mittelbar Einfluss auf die Fragen des öffentlichen Lebens zu nehmen.[1060] Seinen Arbeitseifer konnte erst eine rheumatische Erkrankung stoppen, die ihn aber nicht davon zurückhielt, sich zum Gericht fahren zu lassen. Auf der Feier seines 80. Geburtstags äußerte sich Hach voller Zufriedenheit: „(...) in meiner Jugend ist es mir oft schwer ergangen, später erging es mir leidlich, dann immer besser und jetzt, darf ich sagen, es geht mir vortrefflich.“[1061]

1056 *Griesebach*, S. 8; *NDB/Ahlers*, 7. Band, S. 405.

1057 *Griesebach*, S. 8; *NDB/Ahlers*, 7. Band, S. 405; *ADB/Frensdorff*, 10. Band, S. 291; *Kretzschmar*, Hach, S. 105; *Krause*, S. 392.

1058 *ADB/Frensdorff*, 10. Band, S. 291.

1059 Die Übernahme des Direktoriats erfolgte in den Jahren 1825-26, 1827-30 und 1833-36; *NDB/Ahlers*, 7. Band, S. 405; *ADB/Frensdorff*, 10. Band, S. 291; *Kretzschmar*, Hach, S. 107; *Hundt*, S. 16; ASA Interna, 41/3, Schreiben des Hamburger Senats vom 18. Dezember 1824 zur ersten Übernahme; ebenso Ratsarchiv Qq.10.G.5.c.1.

1060 *Kretzschmar*, Hach, S. 104.

1061 *von Bippen*, Mitteilungen, S. 288.

Nachdem Hach bereits im Februar 1850 darum gebeten hatte, wurde er am 10. Juni 1850 nach 30 Jahren Tätigkeit für das Oberappellationsgericht der vier freien Städte im Alter von 81 Jahren in den Ruhestand versetzt.[1062] Es erfüllte den alternden Oberappellationsgerichtsrat mit großem Stolz, als ihm der Lübecker Senat als derzeitiger Direktorialsenat zu diesem Anlass die besondere Anerkennung der vier Senate aussprach und ihm in Stellvertretung seiner Geburtsstadt die große goldene Medaille „bene merenti" überreichen ließ.[1063]

Seinem Motto „erfolgreiche Arbeit und heiterer Lebensgenuss"[1064] stets treu geblieben, starb Hach am Morgen des 29. März 1857 in seiner Geburtsstadt Lübeck.[1065] Das Gericht hatte nun innerhalb einer kurzen Zeit den Verlust zweier seiner wichtigsten Persönlichkeiten zu verkraften.

b) Burkhard Wilhelm Pfeiffer (1820-1821)

Der spätere Oberappellationsgerichtsrat Burkhard Wilhelm Pfeiffer wurde am 7. Mai 1777 als ältester Sohn des Predigers, Prinzenerziehers und Theologieprofessors Johann Jakob Pfeiffer und dessen Frau Lucie Rebekka in Kassel geboren.[1066]

Nach seiner Schulzeit in Marburg von 1787 bis 1793 begann er zunächst wie sein späterer Kollege Hach ein Theologiestudium in Marburg. Doch schon nach kurzer Zeit wechselte er ebenfalls zur rechts- und staatswissenschaftlichen Fakultät. Pfeiffer zeichnete sich durch Tüchtigkeit und ein gutes Allgemeinwissen aus. Während der letzten Studiensemester lernte er Friedrich Carl von Savigny kennen, mit dem er aber nur einen lockeren Kontakt pflegte.[1067] Pfeiffer wurde

---

1062 ASA Interna, 45/1, Bitte Hachs um Versetzung in den Ruhestand vom 6. Februar 1850; ebenso Hachsches Familienarchiv, V. Vol.C, Fasc.1, No. 28; Direktorial Archiv II.C.2b), No. 13, Benachrichtigung betr. die Versetzung Hachs in den Ruhestand, vom 19. Juni 1850; ebenso Gesamtinventar, A 118 No. 1.; Ratsarchiv Qq.10.G.5.c.1.; Senatsakten Cl.VII. Lit.Ma No.10 Vol.2a Fasc.1 Vol 2 Invol. 11c. *Hagedorn*, S. 53; *ADB/Frensdorff*, 10. Band, S. 290; *Kretzschmar*, Hach, S. 107.

1063 *von Bippen*, Mitteilungen, S. 289; *Kretzschmar*, Hach, S. 108.

1064 *Kretzschmar*, Hach, S. 108.

1065 Direktorial Archiv II.C.2c), No. 1, Bericht des Gerichts über den Tod Hachs vom 31. März 1851; ebenso Gesamtinventar, A 118 No. 25; ASA Interna 45/1; Ratsarchiv Qq.10.G.5.c.1.; Senatsakten Cl.VII. Lit.Ma No.10 Vol.2a Fasc.1 Vol 2 Invol. 11c.

1066 *DBE*, Band 7, S. 639; *NDB/Welker*, 20. Band, S. 324; *ADB/Wippermann*, 25. Band, S. 633; *Hattenhauer*, FS Krause, S. 191; *Nolte*, S. 11; *Stintzing-Landsberg*, Abt. 3, Halbband 2, Noten, S. 33; *Hagedorn*, S. 54; *Hünersdorf*, Zeitschrift für deutsches Recht, S. 442; *Bovensiepen*, Pfeiffer, S. 308.

1067 Neben Constantin von Neurath, Hans von Bostel und teilweise Clemens von Brentano war Pfeiffer einer der wenigen Freunde Savignys, die dieser duzte.

1798 mit der Note „magna cum laude“ in Marburg promoviert und war seit 1799 als Archivar bei der Kasseler Regierung tätig.[1068]

Zwei Jahre später heiratete er die Tochter des hessischen Kriegsrates Kasper Harnier, Luise, und arbeitete seit 1803 als Staatsanwalt in Kassel. Nach zwei Jahren nahm er eine Stelle als Hof- und Regierungsarchivar an und stieg aufgrund seines Fleißes 1808 zum Stellvertreter des Generalprokurators beim Appellationsgericht in Kassel auf.[1069] Bis dahin hatte Pfeiffer die Rechtswissenschaft jedoch nie aus den Augen verloren. Er hatte einige Arbeiten über verschiedene Rechtskreise und Rechtsmaterien wie das römische Recht, die Patrimonialgerichtsbarkeit oder den Code Civil und über die westfälische Gerichtsverfassung veröffentlicht.[1070] Alle Veröffentlichungen waren von dem typischen und auch später beibehaltenen Stil des Verfassers geprägt. Er arbeitete ein akuelles Rechtsproblem dogmatisch und inhaltlich in Bezug auf die Bedürfnisse der Praxis auf und belegte es mit höchstrichterlichen Entscheidungen. Pfeiffer erwies sich als zuverlässiger und guter Praktiker und auch Savigny schätzte seinen Rat. Der Kontakt zu ihm brach jedoch ab, als sich Pfeiffer im Rahmen des Kodifikationsstreits[1071] zwischen Savigny und Thibaut mit seiner Schrift „Ideen zu einer neuen Zivilgesetzgebung für die deutschen Staaten“[1072] zu den Ansichten Thibauts bekannte. Hierin versuchte Pfeiffer, dem praktischen Juristen die sich im täglichen Geschäftsleben ergebenden Mängel des gegenwärtigen Rechtssystems nahezubringen und verband sie mit einigen Vorschlägen zu einer überregionalen Privatrechtskodifikation. Die Schrift erregte große Aufmerksamkeit und Pfeiffer wurde 1814 nach dem Zusammenbruch des Königreichs von Kurfürst Wilhelm I.

1068 Das Thema Pfeiffers Dissertation lautete: „Dissertatio inauguralis juridica de praelegatis“, Marburg 1798; *Hünersdorf*, Zeitschrift für deutsches Recht, S. 433; *DBE*, Band 7, S. 639; *NDB/Welker*, 20. Band, S. 324; *Nolte*, S. 11; *Bovensiepen*, Pfeiffer, S. 309.

1069 *DBE*, Band 7, S. 639; *ADB/Wippermann*, 25. Band, S. 633; *Hattenhauer*, FS. Krause, S. 192; *Nolte*, S. 18; *Stintzing-Landsberg*, Abt. 3, Halbband 2, Noten, S. 33; *Hünersdorf*, Zeitschrift für deutsches Recht, S. 433; *Bovensiepen*, Pfeiffer, S. 309.

1070 Beispielsweise: „Vermischte Aufsätze über Gegenstände des römischen und des deutschen Privatrechts“, 1802; „Über die Grenzen der Civil-Patrimonial-Jurisdiction, Ein Beitrag zum Territorial-Staatsrecht“, 1806; „Napoleon's Gesetzbuch nach seinen Abweichungen von Deutschlands gemeinen Recht erläutert“, 2 Bände, 1808-1810, zusammen bearbeitet mit seinem Bruder Franz Georg Pfeiffer; Rechtsfälle zur Erläuterung der Gerichtsverfassung und Prozessordnung Wesphalens“, Hannover 1812.

1071 *Eisenhardt*, Rdnrn. 517 ff.

1072 *DBE*, Band 7, S. 639; *ADB/Wippermann*, 25. Band, S. 633; *Nolte*, S. 18 f.; *Stintzing-Landsberg*, Abt. 3, Halbband 2, Noten, S. 33; *Hünersdorf*, Zeitschrift für deutsches Recht, S. 434.

zum Regierungsrat gewählt. Drei Jahre später nahm er eine Stelle als Gerichtsrat am kurhessischen Oberappellationsgericht in Kassel an und kehrte in die Rechtspraxis zurück.[1073] Hier stellte er in seiner „Neuen Sammlung bemerkenswerter Entscheidungen des Oberappellationsgerichts zu Cassel" die seit 1771 nicht mehr editierten Urteile des Gerichts zusammen.[1074]

Als das Oberappellationsgericht der vier freien Städte Deutschlands 1820 eröffnet wurde, wählte die Stadt Bremen Pfeiffer zum Gerichtsrat.[1075] Der Wechsel nach Lübeck kam ihm sehr entgegen, da er sich über die Frage der Gültigkeit von Verfügungen über die Staatskasse während der napoleonischen Besatzung mit dem Kurfürsten Wilhelm I. überworfen hatte.[1076] Dieser hatte in einer Verordnung vom 14. Januar 1814 alle Benachteiligungen des Staatseigentums während der westfälischen Zwischenregierung für nichtig erklärt.[1077] Nach der Auslegung sei die französische Besatzung keine völkerrechtliche Eroberung gewesen, sondern es habe sich hierbei um einen „Raubzug" gehandelt.[1078] Daher seien alle Verfügungen über die vorher aus den Staatskassen ausgeliehenen Kapitalien als gegenstandslos anzusehen.[1079] Pfeiffer hatte in seiner dem Kurfürsten gewidmeten Schrift darauf hingewiesen, dass sich der Bundestag am 30. Juli 1818 für eine entgegengesetzte Ansicht ausgesprochen hatte.[1080] Der Kurfürst reagierte darauf nur mit den Worten: „Erkennen Sie bey dem Oberappellationsgericht wie sie wollen; ich bin ja doch der Gesetzgeber und über meine Gesetze können Sie nicht hinaus."[1081] Damit geriet Pfeiffer in einen Gewissenskonflikt zwischen seiner richterlichen Stellung und wissenschaftlichen Überzeugung einerseits und seiner Pflicht als Beamter und Untertan seines Landesfürsten andererseits. Als

1073 *Griesebach*, S. 9; *DBE*, Band 7, S. 639; *NDB/Welker*, 20. Band, S. 325; *ADB/Wippermann*, 25. Band, S. 633; *Hattenhauer*, FS. Krause, S. 192; *Nolte*, S. 18; *Stintzing-Landsberg*, Abt. 3, Halbband 2, Noten, S. 33; *Hagedorn*, S. 54; *Hünersdorf*, Zeitschrift für deutsches Recht, S. 433; *Bovensiepen*, Pfeiffer, S. 309.

1074 *ADB/Wippermann*, 25. Band, S. 633; *Nolte*, S. 22; *Stintzing-Landsberg*, Abt. 3, Halbband 2, S. 34; *Bovensiepen*, Pfeiffer, S. 309.

1075 Ratsarchiv Qq.10.G.5.c.3., Einstellung Pfeiffers; Senatsakten Cl.VII. Lit.Ma No.10 Vol.2a Fasc.1 Vol.2 Invol.11 a; *Wippermann*, S. 148.

1076 *NDB/Welker*, 20. Band, S. 325; *Hattenhauer*, FS. Krause, S. 192.

1077 *ADB/Wippermann*, 25. Band, S. 633.

1078 *Hünersdorf*, Zeitschrift für deutsches Recht, S. 435; *ADB/Wippermann*, 25. Band, S. 633; *Bovensiepen*, Pfeiffer, S. 310.

1079 *Hünersdorf*, Zeitschrift für deutsches Recht, S. 435; *ADB/Wippermann*, 25. Band, S. 633; *Bovensiepen*, Pfeiffer, S. 310.

1080 „Inwiefern sind Regierungshandlungen eines Zwischenherrschers für den rechtmäßigen Regenten nach dessen Rückkehr verbindlich? Zur Berichtigung eines Versuchs einer wissenschaftlichen Prüfung der Gründe des von dem Kurhessischen Oberappellationsgericht am 27. Juni 1818 ergangenen Ausspruchs"

1081 *Hattenhauer*, FS. Krause, S. 192; *Nolte*, S. 20.

sich das Oberappellationsgericht Kassel schließlich genötigt sah, im Sinne des Kurfürsten zu entscheiden, nahm er seine Entlassung aus dem hessischen Staatsdienst am 18. Juli 1820[1082] in Kauf und folgte dem Ruf auf die Ratsstelle am Oberappellationsgericht Lübeck.[1083]

Pfeiffer hatte die Verhältnisse in Lübeck zunächst als sehr positiv empfunden. Obwohl er herzlich aufgenommen worden war und es ihm dort finanziell besser ging, blieb er nur für ein Jahr in Lübeck. Auf Drängen des Kurfürsten Wilhelm II., der sich an die Tüchtigkeit und Zuverlässigkeit Pfeiffers erinnert hatte, bat Pfeiffer schon am 28. Juli 1821 bei dem Direktorialsenat um die Entlassung aus seinem Amt.[1084]

Heise bedauerte die Rückkehr Pfeiffers in die kurhessischen Dienste nach der Bewilligung seines Entlassungsgesuchs am 3. Oktober 1821.[1085] Hier zeigte sich die große Menschlichkeit Heises, der selbst nach dem Weggang Pfeiffers mit ihm eine Brieffreundschaft pflegte und ihn 1837 im Rahmen einer zweiwöchigen Reise nach Göttingen mit seiner Tochter und seinem Kollegen Blume in Kassel besuchte.[1086] Pfeiffer schrieb kurz nach seiner Rückkehr nach Kassel über seine Zeit in Lübeck: „(...) Was in jener Zeit dem Herzen wohlgethan- treuer Freundschaft liebevolle Theilnahme- das hat sich demselben tief eingedrückt und wird darin immer lebendig aufbewahrt bleiben. Auch ist mir insonderheit von meinem collegialischen Verhältnisse, welches mich stets vollkommen befriedigte und gewiß von mir nach seinem hohen Werthe immer geschätzt wurde und noch wird, ein reicher Gewinn geblieben an Kenntnis und Erfahrung, den ich nun mit dankbarem Rückblicke meinem wiedererworbenen Vaterlande zubringe. Ihnen, ver-

---

1082 Direktorial Archiv I.A.4., No. 2, Anlage 13 D, Entlassung Pfeiffers als bisheriger Oberappellationsgerichtsrat zu Kassel vom 18. Juli 1820.

1083 Direktorial Archiv I.A.3., No. 32, Mitteilung betr. die Annahme des Rufes durch Pfeiffer vom 2. August 1820; ASA Interna, 45/2, Decretum in Senatu Lubecensi vom 1. August 1821; Ratsarchiv Qq.10.G.5.c.3., Acta betreffend die Wahl und Berufung Pfeiffers; Senatsakten Cl.VII. Lit.Ma No.10 Vol.2a Fasc.1 Vol.2 Invol.11 a; *ADB/Wippermann*, 25. Band, S. 633; *Hattenhauer*, FS. Krause, S. 192; *Stintzing-Landsberg*, Abt. 3, Halbband 2, Noten, S. 33; *Hünersdorf*, Zeitschrift für deutsches Recht, S. 435; *Bovensiepen*, Pfeiffer, S. 310.

1084 Direktorial Archiv II.C.4a), No. 1, Entlassungsgesuch des Rats Pfeiffer vom 28. Juli 1821; Ratsarchiv Qq.10.G.5.c.3., Verhandlungen betreffend die Entlassung Pfeiffers.

1085 *Hünersdorf*, Zeitschrift für deutsches Recht, S. 435; *Wippermann*, S, 152; *Bovensiepen*, Pfeiffer, S. 310; Direktorial Archiv II.C.4a), No. 9, Bewilligung des Entlassungsgesuch vom 3. Oktober 1821; ebenso ASA Interna, 45/2; ebenso Gesamtinventar, A 109 II. No. 4.

1086 Direktorial Archiv II.B.1 a), No. 6, Bericht des Präsidenten betr. eines zweiwöchigen Urlaubs für Heise und Blume zur Beiwohnung der Göttinger Jubelfeier vom 28. August 1837; *von Bippen*, Mitteilungen, S. 265.

ehrtester Herr Präsident, fühle ich mich dafür vorzüglich verpflichtet, so wie ich es nie vergessen werde, daß Ihr Vertrauen mir dort eine ausgezeichnet günstige Lage bereitet haben würde (...).“[1087]

Die Rückkehr Pfeiffers nach Kurhessen lässt sich aufgrund seiner Verbundenheit mit dem Geburtsort durchaus nachvollziehen. Er hoffte durch den Regierungswechsel auf die Durchführung grundsätzlicher Reformen, die seinen konstitutionellen Vorstellungen entsprachen.[1088] In seiner neuen Tätigkeit übernahm er wie schon sein Vater die rechtswissenschaftliche Ausbildung des Kurprinzen und wurde wieder Mitglied des höchsten Gerichtshofes für Kurhessen. Nun begann die eigentliche wissenschaftliche Arbeit Pfeiffers. In den folgenden Jahren konnte er eine Schrift mit dem Titel „Das Recht der Kriegseroberung in Bezug auf Staatscapitalien“[1089] und sein Hauptwerk „Praktische Ausführungen aus allen Teilen der Rechtswissenschaften, mit Erkenntnissen des Oberappellationsgerichts zu Cassel“[1090] in acht Bänden publizieren. Aufgrund der wenig wissenschaftlich-systematischen Orientierung seines Werkes und der engen Anlehnung an die Praxis wurde der Verfasser auch oft als „der praktische Pfeiffer“ bezeichnet, stand aber in seinem Ansehen unter den hessischen Juristen an allerhöchster Stelle.[1091] Das Hauptwerk Pfeiffers enthielt 98 umfangreiche Aufsätze, in denen das Recht aller deutschen Staaten vertieft wurde. Er forderte die Errichtung eines obersten Gerichts für den Deutschen Bund, das die durch die Aufhebung der Reichsgerichte entstandene Lücke füllen sollte. Pfeiffer machte sich außerdem für die gerichtliche Kontrolle der Hoheitsgewalt und für eine maximale Kompetenz der Ziviljustiz stark.[1092] Die „Praktischen Ausführungen“ machten es nach dem Urteil der Rechtsgelehrten und Praktiker möglich, „dem Theoretiker zur klaren Anschauung zu bringen, wie die Ergebnisse der Theorie sich in der Anwendung auf wirklich vorgekommene Fälle gestalten und dem Practiker, wie die Rechtssätze, von welchen er bei der Anwendung gebrauch macht, in der Theorie ihre Begründung finden“[1093].

Pfeiffer nahm 1830 maßgeblich an der Ausarbeitung der kurhessischen Verfassung teil,[1094] und war seit 1831 Abgeordneter und Präsident der kurhessischen

1087 *von Bippen*, Mitteilungen, S. 243.
1088 *Nolte*, S. 21.
1089 Hannover, 1824.
1090 1825-1846, Registerband 1850.
1091 *Hünersdorf*, Zeitschrift für deutsches Recht, S. 436; *NDB/Welker*, 20. Band, S. 325; *ADB/Wippermann*, 25. Band, S. 634.
1092 *Pfeiffer*, Practische Ausführungen I, 1825; II., 1828; III, 1831; *NDB/Welker*, 20. Band, S. 325; *Nolte*, S. 23.
1093 *Hünersdorf*, Zeitschrift für deutsches Recht, S. 436.
1094 Pfeiffer verfasste dazu die Schrift „Einige Worte über den Entwurf einer Verfassungs-Urkunde für Kurhessen vom 7. Dezember 1830“.

Ständeversammlung.[1095] Nach deren Auflösung blieb er im Vorstand des permanenten Ständeausschusses und wurde im Oktober 1832 zum Gerichtsrat an das Oberappellationsgericht Kassel gewählt. Kurze Zeit später wurde die Stelle des Oberappellationsgerichtspräsidenten in Kassel neu besetzt. Pfeiffer wurde aufgrund einiger Meinungsverschiedenheiten nicht berücksichtigt, obwohl er der älteste Rat des Gerichts und der angesehenste kurhessische Richter war. Daraufhin ließ er sich am 13. Juni 1843 in den Ruhestand versetzen.[1096] Trotzdem war er einer der bedeutendsten Richter, die an dem auch über seine Grenzen hinaus sehr geachteten Kurhessischen Oberappellationsgericht tätig gewesen waren. Jacob Grimm charakterisierte ihn in einem seiner Briefe als einen „braven Mann".[1097]

Das Leben Pfeiffers war durch einen ständigen Wechsel zwischen Rechtspraxis und Rechtswissenschaft geprägt. Er arbeitete fleißig und gewissenhaft sein ganzes Leben sowohl an den rechtshistorischen Publikationen, als auch am Gericht und in der Rechtspolitik. Die Nähe sowohl zur Rechtswissenschaft, als auch zur Praxis hatte er mit vielen Mitgliedern des Oberappellationsgerichts der vier freien Städte gemeinsam. Gerade diese Vielseitigkeit zeichnete die erfolgreiche Arbeit des Gerichts aus. Nachdem er noch 1851 sein letztes großes Werk mit dem Titel „Die Selbstständigkeit und Unabhängigkeit des Richteramtes, Ein Wort der ernsten Mahnung"[1098] verfasst hatte, starb Burkhard Wilhelm Pfeiffer ein Jahr später nach schon länger angegriffener Gesundheit am 4. Oktober 1852 in Kassel.

c) Gottfried Samuel Müller (1820-1842)

Ein ebenfalls mit der Eröffnung des Gerichts eingeführter Oberappellationsgerichtsrat war Gottfried Samuel Müller. Dieser wurde am 15. Januar 1776 in Löbau in der Niederlausitz wie auch Pfeiffer als Sohn eines Predigers geboren.[1099] In seinem achtzehnten Lebensjahr begann er das Jurastudium an der Universität Leipzig und nahm nach Beendigung seines Studiums eine Stelle als Hauslehrer

1095 *ADB/Wippermann*, 25. Band, S. 634; *Nolte*, S. 29; *Wippermann*, S. 209; *Hünersdorf*, Zeitschrift für deutsches Recht, S. 437 f.; *Bovensiepen*, Pfeiffer, S. 312.

1096 *Wippermann*, S. 345; *Stintzing-Landsberg*, Abt. 3, Halbband 2, Noten, S. 33; *Bovensiepen*, Pfeiffer, S. 313.

1097 *Schoof*, S. 258, Brief vom 19. März 1817.

1098 *NDB/Welker*, 20. Band, S. 325; *ADB/Wippermann*, 25. Band, S. 634; *Hattenhauer*, FS. Krause, S. 193; *Nolte*, S. 34; *Stintzing-Landsberg*, Abt. 3, Halbband 2, Noten, S. 33; *Hünersdorf*, Zeitschrift für deutsches Recht, S. 445.

1099 Gesamtinventar, A 114 No. 2.; *Schröder*, Lexikon, 5. Band, Nr. 2716, S. 406; *Hagedorn*, S. 54; *DBA* I, 868, Nr. 73; *Neuer Nekrolog*, 20. Jahrgang, 1842, Nr. 352; Neue Lübeckische Blätter, 8. Jahrgang 1842, S. 58, Nr. 7.

bei dem Grafen Brühl an. Anschließend arbeitete er als Sekretär bei der Fürstin von Anhalt-Zerbst zu Jever und zog später auf ihren Witwensitz nach Coswig.[1100]

Die eigentliche juristische Laufbahn Müllers begann nach seiner Rückkehr nach Anhalt-Zerbst, wo er von 1807 bis 1810 in der Verpflichtung der Landschaft Jever stand, die zunächst von Russland an Frankreich, dann an Holland und später wieder an Frankreich fiel. Nachdem er nach Aurich versetzt worden war, ihm aber die juristische Arbeit mehr lag als die Administration, wurde er 1809 zum Justizrat nach Jever befördert.[1101] Nach einigen Stationen in Aurich und Haag wurde Müller 1812 erster Substitut des Generalprokurators Eichhorn am kaiserlich französischen Gerichtshof.[1102] In dieser Zeit verfasste er sein Hauptwerk, ein „Practisches Handbuch des französischen Civil Prozesses". Nach dem Befreiungskrieg wurde er von dem Großherzog von Oldenburg 1814 als Gerichtsrat am Oberappellationsgericht Oldenburg angestellt.[1103]

Nachdem ihn die Stadt Hamburg 1820 in dieselbe Stellung für das Oberappellationsgericht der vier freien Städte gewählt hatte[1104], wurde Müller vom Oberappellationsgericht Oldenburg am 4. November 1820 entlassen und wechselte zu seiner Geschäftseinführung am 13. November nach Lübeck.[1105] Hier konnte er insbesondere seine Erfahrungen mit dem Bremischen Recht anwenden, die er schon am Oberappellationsgericht Oldenburg gesammelt hatte. Diese Kenntnisse waren gerade aufgrund der unterschiedlichen Verfassungen, Gesetze, Rechtsgewohnheiten und Streitwerte in den vier freien Städten in der Anfangszeit des Oberappellationsgerichts von großem Wert für die Arbeit in Lübeck.

Müller starb am 10. Februar 1842 in Lübeck an einem Schlaganfall.[1106] Sein Nachfolger auf der Ratsstelle am Oberappellationsgericht wurde Georg Friedrich

---

1100 Gesamtinventar, A 114 No. 2.; *Schröder*, Lexikon, 5. Band, Nr. 2716, S. 407; Neue Lübeckische Blätter, 8. Jahrgang 1842, S. 58, Nr. 7.

1101 *DBA* I, 868, Nr. 73; *Neuer Nekrolog*, 20. Jahrgang, 1842, Nr. 352.

1102 Gesamtinventar, A 114 No. 2.; *Wogatzky*, S. 30; *von Bippen*, Mitteilungen, S. 237; *Hagedorn*, S. 54, *Schröder*, Lexikon, 5. Band, Nr. 2716, S. 407; *DBA* I, 868, Nr. 73; *Neuer Nekrolog*, 20. Jahrgang, 1842, Nr. 352.

1103 Gesamtinventar, A 114 No. 2.; *DBA* I, 868, Nr. 73; *Neuer Nekrolog*, 20. Jahrgang, 1842, Nr. 352; Neue Lübeckische Blätter, 8. Jahrgang 1842, S. 58, Nr. 7.

1104 Direktorial Archiv I.A.3., No. 35, Mitteilung betr. der Ausfertigung der Ernennungsdrekrete für Müller und Cropp. welche die Wahl angenommen haben, vom 28. August 1820; ebenso ASA Interna, 45/3.

1105 Direktorial Archiv I.A.4., No. 2, Anlage13 C, Entlassungsurkunde des Oberappellationsrats Müller vom 17. Oktober 1820; ebenso Gesamtinventar A 1 No. 7; *von Bippen*, Mitteilungen, S. 237; *Schröder*, Lexikon, 5. Band, Nr. 2716, S. 407.

1106 Direktorial Archiv II.C.3b), No. 1, Bericht des Präsidenten vom 10. Februar 1842; ebenso Gesamtinventar A 114 No. 1; ASA Interna, 45/3, Tod Müllers; Senatsakten Cl.VII. Lit.Ma No.10 Vol.2a Fasc.1 Vol 2 Invol. 11b; *Schröder*, Lexikon, 5. Band, Nr. 2716, S. 407; *Hagedorn*, S. 54.

Ludwig Oppenheimer aus Hamburg. In der Mitteilung des Präsidenten Heise über den Tod des Rates wurde dieser Schicksalsschlag wie folgt bedauert: „(...) Die freien Städte verlieren in ihm einen Mann, der sich durch Güte des Charakters, die rechtlichste Gesinnung, lebhaften Eifer für sein Amt und unermüdeten Fleiß in Besorgung seiner Geschäfte auszeichnend, und sein plötzlicher Tod wird unvermeidlich einen sehr nachtheiligen Einfluß auf die Geschäfts-Thätigkeit des Gerichts haben müßen (...).“[1107]

d) Friedrich Cropp (1820-1832)

Der letzte mit der Eröffnung des Oberappellationsgerichts der vier freien Städte eingesetzte Rat war Friedrich Cropp. Dieser wurde am 5. Juli 1790 in Moorburg als Sohn des Pastors Paul Lorenz Cropp geboren.[1108] Der Vater hatte für fünf Jahre bei der Familie von Johann Ludwig Heise in Hamburg als Privatlehrer gearbeitet und hatte dort den späteren Oberappellationsgerichtspräsidenten Georg Arnold Heise unterrichtet.[1109] Beide Familien kannten sich also schon lange, was für Cropp später noch nützlich sein sollte.

Nach seiner Schulzeit in Hamburg begann er Ostern 1810 das Studium der Rechtswissenschaften an der Universität Göttingen und wechselte ein Jahr später nach Heidelberg.[1110] Dort traf er auf Martin, Thibaut und Heise, die zu dieser Zeit das so genannte „Heidelberger Triumvirat“ bildeten.[1111] Aufgrund der gemeinsamen Hamburger Wurzeln lernten sich Cropp und Heise bald näher kennen. Er hörte nicht nur die Vorlesungen Heises, sondern besuchte ihn auch regelmäßig zu Hause und begleitete seinen Lehrer auf eine Reise in die Schweiz.[1112] Der spätere Oberappellationsgerichtspräsident hatte für Cropp nicht nur eine Vorbildfunktion, sondern wurde ihm ein enger Freund. Hier zeigt sich wiederum, dass sich einige der später am Oberappellationsgericht tätig gewesenen Personen schon aus Studienzeiten kannten oder sogar befreundet waren.

1107 Direktorial Archiv II.C.3b), No. 1, Bericht des Präsidenten vom 10. Februar 1842; ebenso Gesamtinventar, A 114 No. 1.; Senatsakten Cl.VII. Lit.Ma No.10 Vol.2a Fasc.1 Vol 2 Invol. 11b.

1108 *DBE*, Band 2, S. 404; *Griesebach*, S. 9; *ADB/Frensdorff*, 4. Band, S. 610; *Wogatzky*, S. 31; *Stintzing-Landsberg*, Abt. 3, Halbband 2, Noten, S. 40; *Hagedorn*, S. 54; *Schröder*, Lexikon, 1. Band, Nr. 679, S. 602; *DBA* I, 210, Nr. 175.

1109 Siehe oben, E.II.1.a) und b).

1110 *Schröder*, Lexikon, 1. Band, Nr. 679, S. 602; *Stintzing-Landsberg*, Abt. 3, Halbband 2, Noten, S. 40; *ADB/Frensdorff*, 4. Band, S. 610; *DBA* I, 210, Nr. 179.

1111 Siehe oben, E.II.1.a).

1112 *ADB/Frensdorff*, 4. Band, S. 610; *von Bippen*, Mitteilungen, S. 263; *DBA* I, 504, Nr. 51.

Cropp wurde im November 1812 in Heidelberg promoviert. Seine Arbeit mit dem Titel „De praeceptis juris romani circa puniendum conatum delinquendi" (1812) wurde mit dem „Heidelberger akademischen Preis" ausgezeichnet.[1113] Mit dem zweiten Teil dieser Schrift konnte er sich habilitieren.

Im Wintersemester 1813/14 begann Cropp seine Lehrtätigkeit an der Heidelberger Universität mit einer exegetischen Vorlesung über Passagen des Corpus juris. Als Heise im Frühjahr 1814 auf wiederholtes Bitten der hannoverschen Regierung an die Göttinger Universität zurückkehrte, übernahm Cropp seine Pandektenvorlesungen.[1114] Im selben Jahr heiratete er Lisen Speirer, die Tochter des kurpfälzischen Hofkammerrats Speirer, in Heidelberg. Nach seiner Ernennung zum außerordentlichen Professor konzentrierte sich Cropp sowohl in seinen wissenschaftlichen Arbeiten, als auch in seinen Vorträgen immer mehr auf das deutsche Recht. Die Vorlesungen waren an die seines Vorgängers Heise angelehnt und verknüpften inhaltlich das römische Recht mit dem deutschen Privatrecht. Er wurde ein bekannter und begehrter Rechtslehrer und bekam 1817 Angebote aus Königsberg und Tübingen. Ein Jahr später erreichten ihn ein Ruf nach Halle für römisches und ein Ruf nach Jena für deutsches Recht. Cropp lehnte es jedoch ab, Heidelberg zu verlassen.[1115] Die badische Regierung ernannte ihn daraufhin zum ordentlichen Professor und drei Jahre später zum Hofrat, was seine finanzielle Lage deutlich verbesserte.[1116] Im Frühjahr 1818 war er entschlossen, „das römische Recht ganz aufzugeben und sich vorzugsweise auf das noch so wenig und bisher so schlecht bearbeitete deutsche Recht festzulegen".[1117] Da er keine würdige Vertretung für seine Pandektenvorlesungen fand, setzte er diese weiter fort. Cropp erweiterte die Vorträge im deutschen Privatrecht um die „Deutsche Reichs- und Rechtsgeschichte nach Eichhorn". Sein Ziel, ein umfangreiches Handbuch der deutschen Rechte zu verfassen, konnte er leider nicht mehr verwirklichen.

Im Jahre 1820 erreichte ihn ein Ruf an das Oberappellationsgericht der vier freien Städte Deutschlands. Cropp war am 28. Juni von der Stadt Hamburg aus elf Mitbewerbern nahezu einstimmig auf eine der in Lübeck erstmals zu beset-

---

1113 *DBE*, Band 2, S. 404; *ADB/Frensdorff*, 4. Band, S. 610; *Stintzing-Landsberg*, Abt. 3, Halbband 2, Noten, S. 40.

1114 *Stintzing-Landsberg*, Abt. 3, Halbband 2, Noten, S. 40; *ADB/Frensdorff*, 4. Band, S. 610.

1115 *Stintzing-Landsberg*, Abt. 3, Halbband 2, Text, S. 90.

1116 *DBE*, Band 2, S. 404; *ADB/Frensdorff*, 4. Band, S. 611; *Wogatzky*, S. 31; *Stintzing-Landsberg*, Abt. 3, Halbband 2, Noten, S. 40.

1117 *ADB/Frensdorff*, 4. Band, S. 610.

zenden Ratsstellen gewählt worden.[1118] Er galt als besonders vielseitig gebildeter Jurist mit vorzüglicher Rechtskenntnis.[1119]

Die Rückkehr in seine norddeutsche Heimat, die in Aussicht stehende ehrenvolle Tätigkeit und die enge Zusammenarbeit mit seinem Freund Heise bewegten ihn nach nur kurzer Bedenkzeit dazu, diesem Ruf zu folgen.[1120] Schon am 29. Juni hatte ihn ein Brief Heises erreicht, in dem dieser schrieb: „Ich gratuliere den Städten, dem Gerichte und mir von ganzem Herzen und hege die Hoffnung, dass ich demnächst auch Ihnen werde gratulieren dürfen."[1121] Dadurch wurde Heises Wunsch, Cropp als Rat für das neue Gericht zu gewinnen, deutlich.

Nach seiner Entlassung aus den bisherigen Verpflichtungen[1122] war Cropp der jüngste unter den neu gewählten Oberappellationsgerichtsräten und erreichte erst kurz nach seiner Ernennung das für dieses Amt vorgeschriebene Mindestalter von 30 Jahren.[1123] Seine Aufgabe als Oberappellationsgerichtsrat erledigte er gewissenhaft und fachlich vortrefflich. Trotz seiner vorherigen Arbeit als Professor war Cropp der geborene Praktiker. Unter den vier am Gericht juristisch herausragenden Räten war er der von Heise fachlich am meisten geschätzte. Heise bedauerte lediglich, dass sich Cropp ausschließlich dem deutschen Recht gewidmet hatte, was er in einem wahrscheinlich an Martin gerichteten, unvollendeten Brief zum Ausdruck brachte: „(...) Meine Collegen sind tüchtige, vortreffliche Männer, namentlich zeichnet sich Cropp, der aber freilich ganz und gar zum deutschen Rechte übergegangen ist, ganz außerordentlich aus (...)."[1124] Die Hinwendung zum Deutschen Recht wurde in der Zeit von Cropps praktischer Tätigkeit besonders deutlich. Neben seiner Arbeit am Oberappellationsgericht verfasste er die ihn auszeichnenden rechtswissenschaftlichen Werke.[1125] Er widmete sich vor al-

---

1118 Direktorial Archiv I.A.3., No. 35, Mitteilung betr. der Ausfertigung der Ernennungsdrekrete für Müller und Cropp, welche die Wahl angenommen haben, vom 28. August 1820; ASA Interna, 45/3, Mitteilung des Senats der Stadt Hamburg vom 30. Juni 1820; ebenso Ratsarchiv Qq.10.G.5.c.4.; *Stintzing-Landsberg*, Abt. 3, Halbband 2, Text, S. 90.

1119 ASA Interna, 45/3, Mitteilung des Senats der Stadt Hamburg vom 30. Juni 1820; ebenso Ratsarchiv Qq.10.G.5.c.4.; *Stintzing-Landsberg*, Abt. 3, Halbband 2, Text, S. 90.

1120 *Wogatzky*, S. 31; *ADB/Frensdorff*, 4. Band, S. 611.

1121 *ADB/Frensdorff*, 4. Band, S. 611.

1122 Direktorial Archiv I.A.4., No. 2, Anlage 13 E, Entlassungsurkunde des Rats Cropp als bisheriger Hofrat vom 9. September 1820.

1123 Siehe dazu oben, C.II.1.a); Direktorial Archiv I.A.4., No. 2, Anlage 13 L, Ernennungsdrecret des Rats Cropp.

1124 *von Bippen*, Mitteilungen, S. 230; *ADB/Frensdorff*, 4. Band, S. 611.

1125 Cropp verfasste 1825 in den von Hudtwalcker und Trummer herausgegebenen Criminalistischen Beiträgen im 2. Band eine Abhandlung über den Diebstahl nach dem älteren Recht der freien Städte Hamburg, Lübeck und Bremen, eine der ältesten

lem den „Juristischen Abhandlungen mit Entscheidungen des Oberappellationsgerichts der vier freien Städte Deutschlands", die in zwei Bänden 1827 und 1830 erschienen.[1126] Cropp hatte die Hauptarbeit an diesem Werk geleistet. Er hatte 42 der insgesamt 46 Abhandlungen verfasst, drei hatten der Präsident Heise und eine der damalige Oberappellationsgerichtssekretär Karl Wilhelm Pauli bearbeitet. Die hier dargestellten Fälle des Oberappellationsgerichts betrafen überwiegend das deutsche Privatrecht der Hansestädte und das Handelsrecht einschließlich des See- und Wechselrechts.[1127] Dabei ging es nicht um eine reine Aufzählung der vor Gericht behandelten Fälle, sondern vielmehr um eine „wissenschaftliche Erörterung einzelner praktisch wichtiger Gegenstände".[1128] Die einzelnen Inhalte waren wissenschaftlich höchst anspruchsvoll und wurden sowohl historisch, als auch dogmatisch aufgearbeitet.

Das Werk unterschied sich in diesem Punkt wesentlich von dem nur berichtenden und aufzählenden Stil der Rechtspraktiker und eröffnete eine neue Art der wissenschaftlichen Arbeit. Nach der Veröffentlichung des ersten Bandes äußerte sich Schrader aus Tübingen mit Begeisterung: „Solche Vereinigung lebendiger Anschauung der wirklichen Welt mit der tiefsten Kenntnis der Theorie muss unsere Studien trefflich fördern. Möchte sie sich häufiger finden!"[1129] Ähnlich beurteilte er am 15. Juni 1832 in einem Brief an Heise auch den zweiten Band der Sammlung: „Ihnen und Ihrem Freund Cropp verdanke ich die Mittheilung eines neuen Bandes Ihrer Abhandlung, die ich, wo ich darauf geführt werde, stets mit besonderem Interesse und Belehrung lese. Mögen unsere Schriftsteller sich ein solches gegenseitiges Durchdringen tiefer und umfassender theoretischer Kenntnisse und des schärfsten praktischen Blickes zum Muster nehmen!"[1130] Auch der Senator Dunze aus Bremen äußerte sich gegenüber Heise nur löblich: „Über die von Ihnen und Herrn Rath Cropp herausgegebenen juristischen Abhandlungen schreibt mir mein Freund Eichhorn wörtlich folgendes: Diese Rechtsfälle scheinen mir in Inhalt und Behandlungsart wirklich das Beste, was wir von solchen

---

Monographien der neueren germanistischen Literatur. Diese Arbeit zeichnete sich vor allem dadurch aus, dass sie sich zwar auf die deutschrechtlichen Quellen stützte, aber dennoch die Verbindungen zu dem übrigen Material aufzeigte.

1126 *Georg Arnold Heise, Friedrich Cropp*, Juristische Abhandlungen mit Entscheidungen des Oberappellationsgerichts der vier freien Städte Deutschlands, Band 1 und 2, Hamburg 1827; *Stintzing-Landsberg*, Abt. 3, Halbband 2, Text, S. 91, *von Bippen*, Mitteilungen, S. 273; *Döhring*, S. 346; *Wogatzky*, S. 31; *Bekker*, Vier Pandektisten, S. 162; Näheres dazu siehe schon oben, E.II.1.b).

1127 *ADB/Frensdorf*, 4. Band, S. 612; *Stintzing-Landsberg*, Abt. 3, Halbband 2, Text, S. 91.

1128 *Stintzing-Landsberg*, Abt. 3, Halbband 2, Text, S. 91.

1129 *von Bippen*, Mitteilungen, S. 273.

1130 *von Bippen*, Mitteilungen, S. 273.

Schriften besitzen, und benehmen mir fast den Muth, einmal mit ähnlichen Ausarbeitungen hervorzutreten. (...) Wahrlich die freien Städte haben von ihrem Oberappellationsgerichte alle Ehre!"[1131] Die Bedeutung der Entscheidungssammlung zeigte sich beispielsweise darin, dass Thöl sie als Grundlage für sein Handelsrechtslehrbuch benutzte.[1132]

Das Werk zeichnete sich durch ein tiefes Durchdringen der problematischen Materie sowie durch ein genaues Verständnis für die Bedürfnisse der Parteien aus. Dies lag vor allem an der engen Zusammenarbeit von Cropp und Heise. Beide verstanden sich sowohl privat, als auch im Gerichtsalltag und ergänzten sich in ihren Gedankengängen. So wie der eine mehr Romanist war, war der andere mehr Germanist und wo der eine eher eine gesamte Problematik zu überblicken gewohnt war, hatte der andere ein Talent für die Einzelheiten.[1133] Ein in Aussicht gestellter dritter Band der Abhandlungen, der inhaltlich die „Erbgüter und die Vergabungen von Todeswegen" behandeln sollte, erschien nicht mehr.[1134] Die „Juristischen Abhandlungen" waren das bedeutendste Werk von Cropp. Es verhalf ihm zu großer Bewunderung unter den Kollegen und steigerte wiederum nach außen hin das Ansehen des Oberappellationsgerichts. So konnte er seinen Beitrag zum Erfolg des neuen Gerichts leisten. Betrachtet man die umfangreiche wissenschaftliche Tätigkeit Cropps neben seiner Arbeit am Oberappellationsgericht in Lübeck, so ist es doch verwunderlich, dass gerade Heise sein eigenes Untätigbleiben mit der erdrückenden Arbeitsbelastung am Gericht rechtfertigte.[1135] Es müssen wohl doch andere Gründe, beispielsweise Heises Bescheidenheit oder die Auffassung, er könne damit ja doch nichts bewegen, ursächlich für sein Verhalten gewesen sein.

Cropp erarbeitete außerdem 1829 ein Gutachten über den Entwurf der Frankfurter Wechselordnung. Die „Geschichte der bürgerlichen Streitigkeiten in Hamburg seit der Mitte des 17. Jahrhunderts bis zur festen Begründung der jetzigen Verfassung dieser freien Stadt, in den Jahren 1710-1712" wurde erst nach dem Tode Cropps veröffentlicht.[1136] Als die Cholera Anfang der 30er Jahre Deutschland erreichte, erkrankte er an der Epidemie und starb am 8. August 1832 in sei-

---

1131 *von Bippen*, Mitteilungen, S. 273 f.

1132 Siehe oben, C.II.3.b)aa).

1133 *Stintzing-Landsberg*, Abt. 3, Halbband 2, Text, S. 90 f.

1134 *ADB/Frensdorff*, 4. Band, S. 612; *Stintzing-Landsberg*, Abt. 3, Halbband 2, Text, S. 92.

1135 Siehe oben, E.II.1.a).

1136 abgedruckt in: Lübeckische Blätter, 4. Jahrgang 1838, Nr. 21, S. 162 ff.; Nr. 22, S. 169 ff.; Nr. 23, S. 177 ff.; Nr. 24, S. 185 ff.; Nr. 25, S. 195 ff.; *ADB/Frensdorff*, 4. Band, S. 612; *Stintzing-Landsberg*, Abt. 3, Halbband 2, Noten, S. 40.

nem Haus.[1137] Der Tod seines Kollegen bedeutete für Heise nicht nur persönlich einen sehr großen Verlust. Cropp war neben Lüder und Schweppe bereits der dritte Gerichtsrat, der innerhalb der letzten zehn Jahre verstorben war. Mit Cropp verbanden Heise außerdem eine glückliche Zeit in Heidelberg und zwölf Jahre intensiver Arbeit am Oberappellationsgericht. Darüber hinaus hatte auch das ähnliche Interesse an der Wissenschaft die beiden Juristen nicht nur fachlich über die Jahre eng verknüpft. Dies wurde in Heises Anzeige über den Tod des Kollegen an den Direktorialsenat deutlich: „Er war in aller Hinsicht ein vortrefflicher Mann, und sein Tod ist ein unersetzlicher Verlust für die Wissenschaften, für das Gericht, für seine Collegen und Freunde, und vor allem für mich, der ihn wie seinen Sohn geliebt hat."[1138]

Friedrich Cropp hatte viele gegensätzliche Vorlieben und Eigenschaften. Ihn interessierte sowohl das römische, als auch das deutsche Recht; er verstand sich hervorragend in allgemeinrechtlichen Dingen, vertiefte sich aber oft in die Quellen des lübeckischen Rechts. Cropp galt als hervorragender Wissenschaftler und als Praktiker wurde ihm nachgesagt „ein fester männlicher Erst im Rechte" zu sein, „der das weichliche Billigkeitsgefühl zurückweist, aber doch die volle Aufmerksamkeit für die Erscheinungen und Bedürfnisse des ihn umgebenden wirklichen Lebens behält".[1139] Dieser unermüdliche Einsatz des Gerichtsrates in der Praxis und das trotzdem nicht fehlende Interesse an der Rechtswissenschaft waren charakteristisch für eine am Oberappellationsgericht maßgebende Persönlichkeit.

2. Die weiteren Räte des Oberappellationsgerichts Lübeck

Außer den vier erstbesetzten Räten Hach, Müller, Pfeiffer und Cropp wurden insgesamt 22 weitere Juristen auf die jeweiligen freien Ratsstellen des Oberappellationsgerichts der vier freien Städte berufen.

1137 Direktorial Archiv II.C.5b), No. 1, Mitteilung des Oberappellationsgerichts über den Tod des Rats Cropp; ebenso ASA Interna, 47/2; Gesamtinventar, A 113 No. 1; Ratsarchiv Qq.10.G.5.c.4; Senatsakten Cl.VII. Lit.Ma No.10 Vol.2a Fasc.1 Vol.2 Invol.11 a.

1138 Direktorial Archiv II.C.5b), No. 1, Mitteilung des Oberappellationsgerichts über den Tod des Rats Cropp; ebenso ASA Interna, 47/2; Gesamtinventar, A 113 No. 1.; Ratsarchiv Qq.10.G.5.c.4.

1139 *Stintzing-Landsberg*, Abt. 3, Halbband 2, Text, S. 90; *ADB/Frensdorff*, 4. Band, S. 612.

a) Noch während der Amtzeit Georg Arnold Heises berufene Räte

In den ersten Jahren nach der Gründung hatte sich das Gericht einigen Herausforderungen bei der Besetzung der Räte zu stellen. Der erst 1821 berufene Oberappellationsgerichtsrat Lüder starb schon zwei Jahre nach seinem Amtsantritt und auch sein Kollege Schweppe verstarb einige Jahre später. Pfeiffer kehrte nach einem Jahr am Oberappellationsgericht in die kurhessischen Dienste zurück und auch Gruner zog schon 1826 nach nur vier Jahren wieder zurück in seine Heimat.[1140] Cropp starb 1832 wie oben dargestellt an Cholera.

Gerichtspräsident Heise suchte hartnäckig nach adäquatem Ersatz für die jeweilige Ratsstelle.[1141] Der Erfolg für die Mühen des Präsidenten war nicht nur in seiner Beharrlichkeit und seinem Gespür für die richtige Besetzung begründet. Heise pflegte einen regen, fast schon aufdringlichen Briefwechsel mit allen neu ernannten Kollegen und mit denen, die für eine freie Ratsstelle in Betracht kamen. Er besuchte potentielle Räte, obwohl er die Stadt nur ungern verließ. Für seine Briefe war vor allem sein persönlicher Stil charakteristisch. Auf diesem Weg konnte Heise auch Schweppe Mut zusprechen, dessen Frau kurz vor seinem Umzug nach Lübeck gestorben war. Dass dem Präsidenten die Besetzung des Gerichts sehr am Herzen lag und oft große Sorge bereitete, zeigte sich in einem Brief an einen Freund im Dezember 1821: „(...) Daß der gehoffte baldige Eintritt des neu erwählten O.-A.-R. Schweppe auf eine sehr traurige Weise durch den Tod seiner jungen Frau verzögert worden ist, werden Sie schon erfahren haben. Auch in Bremen ist [für den ausgetretenen Pfeiffer] noch keine Wahl getroffen. So wird die Aussicht, das Gericht endlich vollständig besetzt zu sehen, immer weiter hinausgerückt und, da überdies Lüder fast fortwährend krank ist, so häufen sich die Rückstände- das Kreuz und Leid aller Präsidenten- unvermeidlich (...).“[1142]

Insgesamt wurden während Heises Präsidentschaft zwölf Ratsstellen neu besetzt. Unter den Räten befanden sich die vier ehemaligen Schüler des Präsidenten Overbeck, Blume, Pauli und Du Roi. Im Jahre 1821 traten Arnold Ludwig Georg Christian Phillip Lüder und Albrecht Schweppe für die Stadt Frankfurt ihr Amt an. Ein Jahr später folgte Carl Gustav Adolph Gruner für Bremen. Christian Gerhard Overbeck wurde 1824 als neuer Gerichtsrat eingesetzt und auch dessen alter Freund Georg August Wilhelm Du Roi trat 1826 das Richteramt am Oberappellationsgericht an. Vier Jahre später wurde Ignatz Maria Goll Mitglied der obersten Instanz. Besonders hervorzuheben ist der 1833 berufene Friedrich Blume,

1140 *Griesebach*, S. 9.
1141 Siehe oben, E.II.1.b).
1142 *von Bippen*, Mitteilungen, S. 242 f.

der 1843 das Werk mit dem Titel „Die Gerichtsordnung für das Oberappellationsgericht der vier freien Städte Deutschlands nebst den darauf bezüglichen Gesetzen der einzelnen Städte und den allgemeinen Verfügungen des Gerichts" verfasste. Er folgte später einem Ruf auf eine Professorenstelle nach Bonn. Schließlich wurden 1842 noch Georg Friedrich Ludwig Oppenheimer, 1843 Karl Wilhelm Pauli, 1846 Ernst Arnold Theodor Laspeyres und Ludwig Heinrich Wiederhold und schließlich kurz vor Heises Tod 1850 noch Gottlieb Walter Agathon Wunderlich auf freie Ratsstellen berufen.

aa) Arnold Ludwig Georg Christian Philipp Lüder (1821-1823) und Albrecht Schweppe (1821-1829)

Da die von der freien Stadt Frankfurt ernannten Räte ihre Berufung abgelehnt hatten, blieben diese zwei Ratsstellen bei der Eröffnung des Oberappellationsgerichts der vier freien Städte Deutschlands am 13. November 1820 zunächst unbesetzt. Dies änderte sich erst ein Jahr später, als Frankfurt die Juristen Arnold Ludwig Georg Christian Phillip Lüder und Albrecht Schweppe für dieses Amt bestimmte.

Lüder wurde am 27. September 1784 in Hannover geboren und war fürstlich lübeckischer Regierungsrat in Eutin.[1143] 1820 erreichte ihn der Ruf an das Oberappellationsgericht und der ehemalige Regierungsrat nahm die Wahl zum Oberappellationsgerichtsrat durch die Stadt Frankfurt an.[1144] Er wurde am 19. Mai 1821 aus seinem alten Dienstverhältnis entlassen.[1145] Nach seiner Amtseinführung am 12. April 1821 konnte Lüder diese Aufgabe nicht lange ausüben.[1146] Er starb schon am 28. Januar 1823 in Lübeck, nachdem er krank von einer Reise aus Baden zurückgekehrt war.[1147] Schon vor der Reise hatte er den Anforderungen des Gerichtsalltags nicht gerecht werden können, weshalb er von einigen Kollegen kritisiert worden war. Als die Leiche Lüders nach seinem Tod obduziert wurde, zeigten sich jedoch „bedeutende innere Fehler", die auf eine bereits bei

1143 *von Bippen*, Mitteilungen, S. 238; *Griesebach*, S. 9.

1144 Direktorial Archiv II.C.6a), No. 1, Anzeige der Annahme der Wahl Lüders vom 4. Januar 1821, ebenso ASA Interna, 45/4; Ratsarchiv Qq.10.G.5.c.2; Senatsakten Cl.VII. Lit.Ma No.10 Vol.2a Fasc.1 Vol.2 Invol.11 a.

1145 Ratsarchiv Qq.10.G.5.c.2.

1146 Direktorial Archiv II.C.6a), No. 11, Einführungsprotokoll Lüders vom 12. April 1821; ebenso ASA Interna, 45/4; Gesamtinventar, A 109 I. No. 5.; Ratsarchiv Qq.10.G.5.c.2.

1147 Direktorial Archiv II.C.6c), No. 1, Mitteilung über den Tod des Rats Lüder vom 31. Januar 1823; ebenso Gesamtinventar, A 110 I. No. 1; ASA Interna, 45/4, Mitteilung vom 6. Februar 1823; Ratsarchiv Qq.10.G.5.c.2.; Senatsakten Cl.VII. Lit.Ma No.10 Vol.2a Fasc.1 Vol.2 Invol.11 a.

seiner Einstellung bestehende Erkrankung hinwiesen und ihm eine ordentliche Arbeit unmöglich gemacht hatten.[1148] Damit war der Oberappellationsgerichtsrat „in jeder Hinsicht und von jedem Vorwurf freizusprechen".[1149]

Albrecht Schweppe wurde am 21. Mai 1783 in Nienburg geboren.[1150] Er hatte seit 1800 Rechtswissenschaften an der Universität Göttingen studiert und wurde dort 1803 promoviert und habilitiert.[1151] Zwei Jahre später folgte er einem Ruf an die Universität Kiel, wo er 1814 zum ordentlichen Professor ernannt wurde. Schweppe war auch Beisitzer der Juristenfakultät.[1152] Nach vier Jahren Lehrtätigkeit in Kiel wechselte er an die Universität Göttingen und hielt dort Vorlesungen im Pandektenrecht, in der Rechtsgeschichte und im Zivilprozessrecht in Anlehnung an Martins Lehrbuch.[1153]

Bevor die Stadt Frankfurt Schweppe 1821 in das Amt des Gerichtsrates am Oberappellationsgericht der vier freien Städte wählte, war zunächst Professor Mittermeier aus Bonn in der engeren Wahl für diese Stelle gewesen.[1154] Man einigte sich aber im Ergebnis auf Schweppe, der zu seiner Amtseinführung am 8. Januar 1822 nach Lübeck umzog.[1155] Nach nur wenigen Jahren am Oberappella-

---

1148 Direktorial Archiv II.C.6c), No. 1, Mitteilung über den Tod des Rats Lüder vom 31. Januar 1823; ebenso Ratsarchiv Qq.10.G.5.c.2.

1149 Direktorial Archiv II.C.6c), No. 1, Mitteilung über den Tod des Rats Lüder vom 31. Januar 1823; ebenso Ratsarchiv Qq.10.G.5.c.2.

1150 Hier weichen die Angaben voneinander ab, teilweise wird auch der 22. Mai als Geburtsdatum angegeben.

1151 *Lübker/Schröder*, Lexikon, 2. Abteilung, Nr. 1095, S. 563; *Strauch*, Einleitung, S. LXV; das Thema seiner von Gustav Hugo betreuten Dissertation lautete „De querela inofficiosi testamenti".

1152 *Stintzing-Landsberg*, Abt. 3, Halbband 2, Noten, S. 125; *Volbehr-Weyl-Bülck-Newiger*, S. 32; *Hagedorn*, S. 54; *Lübker/Schröder*, Lexikon, 2. Abteilung, Nr. 1095, S. 563; *von Bippen*, Mitteilungen, S. 238; *Strauch*, Einleitung, S. LXV; *DBA* I, 1164, Nr. 158 ff.; *Hamberger*, 3. Band, S. 435; Senatsakten Cl.VII. Lit.Ma No.10 Vol.2a Fasc.1 Vol.2 Invol. 11 a, Schreiben Frankfurts an Hamburg vom 28. August 1821.

1153 *ADB/Eisenhart*, 33. Band, S. 414; *Stintzing-Landsberg*, Abt. 3, Halbband 2, Noten, S. 125; *Hagedorn*, S. 54; *Strauch*, Einleitung, S. LXV; *DBA* I, 1164, Nr. 158 ff.; Senatsakten Cl.VII. Lit.Ma No.10 Vol.2a Fasc.1 Vol.2 Invol. 11 a, Schreiben Frankfurts an Hamburg vom 28. August 1821.

1154 Direktorial Archiv II.C.7a), No. 3, Anzeige der Annahme des Rufes des Professors Schweppe vom 2. Oktober 1821; ASA Interna, 45/4, Mitteilung der Stadt Frankfurt über die Wahl Schweppes vom 28. August 1821; Gesamtinventar, A 109 III. No. 2, Mitteilung über die erfolgte Ernennung Schweppes vom 9. November 1821; Ratsarchiv Qq.10.G.5.c.2.

1155 Direktorial Archiv II.C.7a), No. 21, Protokoll der Einführung des Rats Schweppe vom 8. Januar 1822; ebenso ASA Interna, 45/4; Senatsakten Cl.VII. Lit.Ma No.10 Vol.2a Fasc.1 Vol.2 Invol.11 a.

tionsgericht starb Schweppe im Alter von 47 Jahren am 23. Mai 1829 in der Hansestadt.[1156] Er galt als eher schwierige und unangenehme Person und er war „wegen seiner Anmaßung und literarischen Rauflust geradezu verschrien".[1157] Trotzdem wurde in seiner Todesanzeige des Gerichts noch recht positiv betont: „Wir verlieren in ihm einen uns höchst werthen Collegen, welcher sich eben so hohen wie gründlichen Kenntnissen, als durch scharfsinniges Urtheil auszeichnete, und in jeder Hinsicht ein achtungsvolles Andenken verdient."[1158]

Seine Werke fanden allgemein keine große Achtung, denn es wurden ihm geschichtliche Ungenauigkeiten vorgeworfen.[1159] In seiner richterlichen Tätigkeit hatte Schweppe jedoch den Ruf eines ausgezeichneten Rechtsgelehrten.[1160]

bb) Carl Gustav Adolph Gruner (1822-1826)

Die Stadt Bremen besetzte 1822 die Ratstelle des nach Kassel zurückgekehrten Rates Pfeiffer neu und wählte den am 21. Dezember 1778 in Leipzig geborenen Carl Gustav Adolph Gruner.[1161] Dieser stammte wie sein Kollege Cropp ebenfalls aus einer Pfarrersfamilie.

Er begann 1797 das rechtswissenschaftliche Studium an der Universität von Jena und besuchte unter anderem Vorlesungen von Reinhardt, Hufeland und Feuerbach. Drei Jahre später wechselte er nach Leipzig, examinierte dort mit Prädikat und wurde am 13. Dezember 1805 promoviert. Gruner wurde 1814

1156 Direktorial Archiv II.C.7b), No. 1, Anzeige des Gerichts über den Tod des Rats Schweppe vom 25. Mai 1829; ebenso Gesamtinventar, A 112 No. 1; Senatsakten Cl.VII. Lit.Ma No.10 Vol.2a Fasc.1 Vol.2 Invol.11 a; Werke Schweppes: „Entwurf eines Systems der Pandekten" (1806); „Das System des Concurses der Gläubiger nach dem gemeinen in Deutschland geltenden Rechte", (1812); „Römische Rechtsgeschichte und Rechtsalterthümer mit erster vollständiger Rücksicht auf Gajus und die Vaticanischen Fragmente" (1822); „Das römische Privatrecht in seiner heutigen Anwendung" (1828-33).

1157 *Strauch*, Einleitung, S. LXV; *Stintzing-Landsberg*, Abt. 3, Halbband 2, Noten, S. 125.

1158 Direktorial Archiv II.C.7b), No. 1, Anzeige des Gerichts über den Tod des Rats Schweppe vom 25. Mai 1829; ebenso Gesamtinventar, A 112 No. 1.

1159 Mackeldey beurteilt Schweppes „Römische Rechtsgeschichte" äußerst negativ, Walter Friedrich Clossius berichtete in einem Brief vom 26. Dezember 1824 an Egid von Löhr, dass das Lehrbuch des Juristen als Vorlesungsgrundlage in St. Petersburg diene; *Strauch*, Teil XVII, S. 156.

1160 *Neuer Nekrolog*, 7. Jahrgang, 1829, Nr. 196.

1161 *Neuer Nekrolog*, 9. Jahrgang, 1831, 2. Teil, Nr. 317, S. 875; *Hagedorn*, S. 54; *von Bippen*, Mitteilungen, S. 238.

Universitätssyndikus in Leipzig.[1162] Hier bearbeitete er die Urteile über die bei den akademischen Gerichten anhängigen Streitigkeiten.[1163] Drei Jahre später wurde er von den Handelsdeputierten in Leipzig zum Konsulent des Handelsstandes gewählt.[1164] Hier zeichnete sich Gruner insbesondere durch das Talent aus, „ein Chaos von commerciellen und technischen Gegenständen und Daten ganz zu durchdringen, zu ordnen und in einer klaren übersichtlichen Form mit einer solchen Leichtigkeit und Anmut, mit so viel Freimut und Ruhe, mit so viel Bescheidenheit und Haltung"[1165] zu bearbeiten. Diese Fähigkeit konnte er auch mit seiner Arbeit am Oberappellationsgericht der vier freien Städte verknüpfen. Während seiner Zeit in Leipzig verfasste Gruner die Börsen- und die Mäklerordnung. Seine letzten großen Arbeiten vor dem Wechsel nach Lübeck waren der Entwurf einer neuen Wechselordnung und eine Schrift mit dem Titel „Ueber das Retorsionsprinzip, als Grundlage eines deutschen Handelssystems, 1820".[1166] Beide Werke zeigten sein juristisches Wissen gerade in Handelssachen.

Der Bremer Senator Dunz reiste 1822 im Auftrag der Hansestadt nach Leipzig, um einen adäquaten Ersatz für den im Jahr zuvor nach Kassel zurückgekehrten Oberappellationsgerichtsrat Pfeiffer zu suchen. Gruner war wegen seines guten Rufes vor allem in Handelssachen und auf Hauboldts Empfehlung in das Interesse der Stadt Bremen gerückt.[1167] Nachdem man eine konkrete Anfrage an ihn gerichtet hatte, nahm Gruner das Angebot an, stellte aber einige Bedingungen, die er sich aufgrund seines außerordentlichen Rufes als Handelsrechtler erlauben zu können glaubte.[1168] Er bestand beispielsweise auf dem Verzicht auf die eigentlich vorgeschriebene Proberelation. Diese Ausnahme wurde ihm zugestanden, nachdem der Präsident Heise Gruners Dissertation gelesen hatte und daraufhin betonte, ein Beitritt Gruners sei ein Gewinn für das Oberappellationsgericht der vier freien Städte. Infolgedessen wurde dieser von der Stadt Bremen zum

---

1162 ASA Interna, 46/2, Schreiben Bremens vom 29. Dezember 1821; Senatsakten Cl.VII. Lit.Ma No.10 Vol.2a Fasc.1 Vol.2 Invol.11 a.

1163 ASA Interna, 46/2, Schreiben Bremens vom 29. Dezember 1821; Senatsakten Cl.VII. Lit.Ma No.10 Vol.2a Fasc.1 Vol.2 Invol.11 a.

1164 *Griesebach*, S. 10; *Hagedorn*, S. 54; *Neuer Nekrolog*, 9. Jahrgang, 1831, 2. Teil, Nr. 317, S. 878.

1165 *Neuer Nekrolog*, 9. Jahrgang, 1831, 2. Teil, Nr. 317, S. 878.

1166 ASA Interna, 46/2, Schreiben Bremens vom 29. Dezember 1821; Senatsakten Cl.VII. Lit.Ma No.10 Vol.2a Fasc.1 Vol.2 Invol.11 a; *Neuer Nekrolog*, 9. Jahrgang, 1831, 2. Teil, Nr. 317, S. 879.

1167 Direktorial Archiv II.C.8a), No. 1, Anzeige über die Annahme der Wahl von Gruner zum Oberappellationsrat vom 1. Februar 1822; ASA Interna, 46/2, Schreiben Bremens vom 29. Dezember 1821.

1168 Ratsarchiv Qq.10.G.5.c.3., Schreiben Gruners vom 25. Februar 1822; *Neuer Nekrolog*, 9. Jahrgang, 1831, 2. Teil, Nr. 317, S. 880.

Oberappellationsgerichtsrat berufen.[1169] Zuvor hatte der Senator Hudtwalcker bereits eine konkrete Anfrage des Oberappellationsgerichts abgelehnt.[1170]

Der Abschied aus Leipzig fiel Gruner angesichts der Ehre, die ihm von Seiten des Handelsstandes der Stadt zukam, sehr schwer, doch der herzliche und achtungsvolle Empfang in der Hansestadt stimmte ihn versöhnlich.[1171] Er bemerkte, dass die Tätigkeit als Oberappellationsgerichtsrat seinen Vorstellungen entsprach und darüber hinaus der dortige Aufenthalt seiner angegriffenen Gesundheit gut tat. Am 17. September 1822 wurde der neue Oberappellationsgerichtsrat Gruner in sein Amt eingeführt und begann im Herbst 1822 seine Arbeit.[1172] Er zeichnete sich insbesondere durch seine umfassende Rechtskenntnis und durch seine praktische Erfahrung auf dem Gebiet des Handelsrechts aus. Er bearbeitete die schwierigsten und umfangreichsten Fälle auf diesem Rechtsgebiet. Dabei zeichnete er sich durch Fleiß und eine genaue und sorgfältige Arbeitsweise aus.[1173]

Gruner beschränkte sich in Lübeck jedoch nicht nur auf sein Richteramt. Er engagierte sich auch außerhalb des Gerichts durch Mitgliedschaften in der Bibelgesellschaft und in der „Gesellschaft zur Beförderung gemeinnütziger Thätigkeit".[1174] In dieser hatten schon seine Kollegen Hach und Overbeck zeitweise das Direktorium übernommen.[1175] Mit den anderen Räten des Gerichts ging Gruner ebenfalls freundschaftlich um, was den Gerichtsalltag erleichterte.

Nach einigen Jahren erreichte den Oberappellationsrat der Ruf, als Hof- und Justizrat und als Mitglied der Landesregierung nach Dresden zu wechseln.[1176] König Friedrich August hatte nämlich schon während Gruners Aufenthalt in Leipzig dessen Vorzüge bemerkt. Obwohl es ihm schwer fiel, die Stadt und die Verhältnisse, in die er sich gerade erst eingelebt hatte, schon wieder zu verlassen, bat er Heiligabend 1825 um die Entlassung aus seinem Amt und folgte den war-

1169 Gesamtinventar, A 109 IV. No. 1, Anzeige der Berufung Gruners vom 8. Januar 1822; Ratsarchiv Qq.10.G.5.c.3; Senatsakten Cl.VII. Lit.Ma No.10 Vol.2a Fasc.1 Vol.2 Invol.11 a.

1170 Ratsarchiv Qq.10.G.5.c.3., Schreiben Hudtwalckers vom 13. November 1821; Senatsakten Cl.VII. Lit.Ma No.10 Vol.2a Fasc.1 Vol.2 Invol.11 a.

1171 *Neuer Nekrolog*, 9. Jahrgang, 1831, 2. Teil, Nr. 317, S. 881.

1172 Direktorial Archiv II.C.8a), No. 17, Protokoll der Einführung und Vereidugung des Rats Gruner vom 17. September 1822; ebenso ASA Interna, 45/2; Gesamtinventar, A 109 IV. No. 15; Senatsakten Cl.VII. Lit.Ma No.10 Vol.2a Fasc.1 Vol.2 Invol.11 a; Ratsarchiv Qq.10.G.5.c.3.; Ernennungsurkunde, Ratsarchiv Qq.10.G.1.b.No.8. 60.

1173 *Neuer Nekrolog*, 9. Jahrgang, 1831, 2. Teil, Nr. 317, S. 882.

1174 *Neuer Nekrolog*, 9. Jahrgang, 1831, 2. Teil, Nr. 317, S. 882.

1175 Siehe unten, E.III.2.a)cc).

1176 *Neuer Nekrolog*, 9. Jahrgang, 1831, 2. Teil, Nr. 317, S. 883.

tenden Herausforderungen in seinem „Vaterland".[1177] Sowohl für die neu gewonnenen Freunde, als auch für das Gericht war dieser Verlust schwer, was in dem Schreiben des Direktorialsenats zu Lübeck vom 15. Februar deutlich wurde: „(...) Schmerzlich fühlen sich sämtliche Senate dadurch getroffen, in der Person des Herrn Oberappellations Rathes dem gemeinschaftliche Tribunal ein sehr verdientes Mitglied entzogen zu sehen (...)."[1178] Auch Heise betont nach der Abreise Gruners in einem Brief an den Direktorialsenat: „Die allgemein anerkannten vortrefflichen Eigenschaften dieses Mannes werden gewiß sein Andenken noch lange bei uns aufrecht erhalten!"[1179] Die Anerkennung für Gruners Dienste wurde auch dadurch deutlich, dass ihm noch später in Dresden sein Anteil an einer rückwirkenden Gehaltserhöhung von 1824 für die Räte trotz seines Austritts weiter ausgezahlt wurde.[1180]

Der Empfang Gruners in seiner Heimat war herzlich, da seine Freunde und Verwandten nicht mit einer schnellen Rückkehr gerechnet hatten. Seine Vielseitigkeit in rechtlichen Dingen und seine Lebenserfahrung bewirkten, dass er in den verschiedensten Bereichen für seine Regierung in Kommissionen und bei Beratungen eingesetzt wurde. Gruner arbeitete eine neue Gewerbeordnung aus und hatte die schwierige und ehrenvolle Aufgabe, die im Voigtland und im erzgebirgischen Kreis ausgebrochenen Unruhen zu schlichten. Diese Herausforderung lag ihm wegen seines Gerechtigkeitssinns und seiner furchtlosen Ruhe ganz besonders. Als Dank wurde ihm von der Regierung das „Ritterkreuz des sächsischen Civilverdienstordens" verliehen.[1181] Gruner übernahm verschiedene Aufgaben bei der Erarbeitung neuer Gesetze für Sachsen und engagierte sich verstärkt für die Trennung von Justiz und Verwaltung.

Im Sommer 1831 wurde ihm noch das Direktorium des königlichen Oberkonsistoriums übertragen, bevor er am 8. Oktober 1831 in Dresden starb.[1182] Der Bremer Oberappellationsgerichtsrat Carl Gustav Adolph Gruner war wiederum eine der Personen, die aus der Rechtspraxis an das Oberappellationsgericht der vier freien Städte gekommen waren. Er zeichnete sich wie viele andere seiner

---

1177 Direktorial Archiv II.C.8b), No. 1, Entlassungsgesuch Gruners vom 24. Dezember 1825; ASA Interna, 46/2, Decretum in Senatu Lubecensi vom 28. Dezember 1825; Ratsarchiv Qq.10.G.5.c.3.; Senatsakten Cl.VII. Lit.Ma No.10 Vol.2a Fasc.1 Vol.2 Invol.11 a.

1178 Gesamtinventar, A 111 I. No. 2, Schreiben an Gruner vom 15. Februar 1826.

1179 Ratsarchiv Qq.10.G.5.c.3., Brief Heises an den Direktorialsenat vom 10. Mai 1826.

1180 Direktorial Archiv II.C.8c), Nachzahlung der Gehaltserhöhung seit 1824 für den entlassenen Oberappellationsrat Gruner; ASA Interna, 46/2, Decretum in Senatu Lubecensi vom 10. Mai 1826; Ratsarchiv Qq.10.G.5.c.3.

1181 *Neuer Nekrolog*, 9. Jahrgang, 1831, 2. Teil, Nr. 317, S. 884.

1182 *Griesebach*, S. 10; *von Bippen*, Mitteilungen, S. 238; *Hagedorn*, S. 54; *Neuer Nekrolog*, 9. Jahrgang, 1831, 2. Teil, Nr. 317, S. 885.

Kollegen durch die Fähigkeit aus, eine angenehme und effektive Arbeitsatmosphäre am Gericht zu schaffen und zu erhalten. Gruner leistete durch sein umfassendes Fachwissen im Handelsrecht einen wichtigen Beitrag zu dem Erfolg des Oberappellationsgerichts in diesem Bereich. So passte er sowohl persönlich, als auch fachlich in die Reihe der am Gericht tätig gewesenen Personen.

cc) Christian Gerhard Overbeck (1824-1846)

Der am 28. Mai 1824 von der Stadt Bremen neu eingeführte Oberappellationsgerichtsrat Christian Gerhard Overbeck wurde am 5. Januar 1784 in Lübeck geboren.[1183] Sein jüngerer Bruder war der Maler Friedrich Overbeck und beide waren die Söhne des Lübecker Bürgermeisters Christian Adolph Overbeck, der am 9. März 1821 starb. Dies hatte für das Oberappellationsgericht selbst keine weitere Bedeutung, jedoch betraf es Hach, der, wäre er nicht an das Gericht gewechselt, möglicherweise für ein Bürgermeisteramt in Betracht gekommen wäre.[1184]

Christian Gerhard Overbeck besuchte das Katharineum in Lübeck, bevor er ab 1803 Rechtswissenschaften an der Universität Jena studierte. Daneben widmete er sich geschichtlichen, philosophischen und naturwissenschaftlichen Themen.[1185] Hier traf er auf seinen Lehrer Thibaut, an dessen musikalischen Abenden er teilnahm. Als dieser 1805 nach Heidelberg wechselte, folgte Overbeck ihm, um sein Studium und die Freundschaft mit Thibaut fortzusetzen.[1186] In Heidelberg war er auch ein Schüler des späteren Oberappellationsgerichtspräsidenten Heise, mit dem er sich ebenfalls anfreunden konnte. Am 20. August 1806 wurde Overbeck unter dem Rektorat Martins in Heidelberg promoviert und konnte mit seiner in Latein geschriebenen Dissertation sein juristisches Talent unter Beweis stellen.[1187]

Nach seiner Rückkehr nach Lübeck arbeitete er dort 1807 als Advokat und Notar und wurde wenige Monate später zum Justitiar des St. Johannisklosters gewählt.[1188] Noch im Oktober wurde er von dem Schonenfahrer-Collegium zum Protokollführer ernannt und am 9. Dezember 1808 als „Kasse-Protocollist und

---

1183 *von Bippen*, Mitteilungen, S. 238; *Hagedorn*, S. 54 f.; *Behn*, Overbeck S. 57; *Neuer Nekrolog*, 24. Jahrgang, 1846, Nr. 250; *Hagedorn*, S. 55.

1184 Siehe oben, E.III.1.a).

1185 *Neuer Nekrolog*, 24. Jahrgang, 1846, Nr. 250.

1186 *Behn*, Overbeck, S. 58; *Neuer Nekrolog*, 24. Jahrgang, 1846, Nr. 250.

1187 Der Titel der Dissertation lautete: de collocatione depositi tam regularis quam irregularis in concursu creditorum; Familienarchiv Overbeck, 6/1.

1188 Familienarchiv Overbeck, 6/2, Zulassung zum Notariat; 6/3, Justitiariat des St. Johannisklosters.

Registrator“ vereidigt.[1189] In diesen unterschiedlichen Tätigkeitsfeldern der juristischen Praxis zeichnete sich Overbeck durch Zuverlässigkeit, Gründlichkeit und Gewissenhaftigkeit aus und wurde durch seine dem Gemeinwesen zugeneigte Arbeitsweise in Lübeck immer beliebter.[1190] Zwei Jahre später heiratete er die Tochter eines holsteinischen Gutsbesitzers, Magdalene Auguste Justine Rehbeniz.

Während der napoleonischen Besatzung konnte Overbeck seinen gewohnten Tätigkeiten nicht mehr nachgehen. Er war stattdessen 1811 als „juge suppléant“ beim Kaiserlich Französischen Tribunal angestellt und war Advokat beim kaiserlichen Gerichtshof in Hamburg.[1191] Im Rahmen der Einführung der französischen Gesetzgebung verfasste er eine Abhandlung mit dem Titel „Ueber die Fortdauer der Gültigkeit älterer Hypotheken auf Mobilien, namentlich der Hypothekwechsel, nach neuerem Rechte“.[1192] Ab März 1813 war Overbeck Aktuar am Landgericht, wo er während der 11 Jahre seiner Anstellung sehr beliebt war.[1193] Aufgrund seiner Hilfsbereitschaft wurde er 1814 Mitglied der Unterstützungskommission für die vertriebenen Hamburger und zeigte auch dort unermüdlichen Eifer und bereitwillige Aufopferung. Im Februar 1819 wurde Overbeck Protokollführer und Sekretär des Kommerzkollegiums zu Lübeck, wo er sein geschäftliches Talent auch in der Förderung kaufmännischer Interessen unter Beweis stellen konnte.

Nachdem durch den Tod des Oberappellationsgerichtsrates Lüder am 23. Januar 1823 eine Richterstelle am Oberappellationsgericht der vier freien Städte unbesetzt war, hoffte Overbeck auf seine Berufung. Grund dafür waren der hervorragende Ruf des Gerichts und die Hoffnung, mit seinem ehemaligen Lehrer und alten Freund aus Heidelberger Zeiten Heise zusammenarbeiten zu können. Zunächst fiel die Wahl des Bremer Senats jedoch auf Dr. Georg Carl Ludwig Murtfeldt.[1194] Obwohl dieser bereits seine Zustimmung gegeben hatte, lehnte er

1189 Familienarchiv Overbeck, 6/4, Amt des Protokollisten des Schonenfahrer-Kollegiums; 6/5, Protokoll bei der Stadtkasse.

1190 *Behn*, Overbeck, S. 58; *Neuer Nekrolog*, 24. Jahrgang, 1846, Nr. 250.

1191 Familienarchiv Overbeck, 6/6, Anstellung als juge suppleant am Tribunal 1. Instanz in Lübeck; *Klug*, Geschichte Lübecks, 1. Abt., S. 30; *Griesebach*, S. 10.

1192 *Hagedorn*, S. 54; *Griesebach*, S. 10; *Behn*, Overbeck, S. 58; *Neuer Nekrolog*, 24. Jahrgang, 1846, Nr. 250.

1193 Familienarchiv Overbeck, 6/7, Aktuariat am Landgericht; *Hagedorn*, S. 54; *Griesebach*, S. 10.

1194 Gesamtinventar, A 110 No. 2, Anzeige der Wahl Murtfeldts vom 10. August 1823; ASA Interna, 46/3, Schreiben Bremens vom 5. Juli 1823; Senatsakten Cl.VII. Lit.Ma No.10 Vol.2a Fasc.1 Vol.2 Invol.11 a; Ratsarchiv Qq.10.G.5.c.3., Personalakte Murtfeldts.

eine Berufung einige Zeit später doch wieder ab.[1195] Er sah sich durch die seitdem veränderten Familienverhältnisse und wegen seiner engen Verbindung mit der Vaterstadt genötigt, in Bremen zu bleiben.[1196]

Nach der Absage Murtfeldts bestimmte der Bremer Senat am 4. Oktober 1823 auf die Empfehlung Schweppes[1197] den Kieler Professor Falck für dieses Amt.[1198] Doch die rechtswissenschaftliche Fakultät in Kiel wollte einen Wechsel ihres Kollegen nicht hinnehmen. Sie wandte sich mit einer Eingabe „Allerunterțänigste Bitte der Rechtsbeflissenen in Kiel" vom 4. November 1823 an den König von Dänemark, der dann mittels einer Gehaltserhöhung den weiteren Aufenthalt Falcks in Kiel sichern konnte.[1199] Folglich zog auch Falck nach vorangegangenem Einverständnis seine Zusage wieder zurück.[1200] Nun wurde der Praktiker Christian Gerhard Overbeck, wenn auch erst an dritter Stelle, von der Stadt Bremen in das Amt des Oberappellationsgerichtsrates gewählt.[1201] Dieser freute sich sehr über die Entscheidung des Senats und wurde am 28. Mai 1824 in sein neues Amt eingeführt.[1202]

Overbeck zeichnete sich durch seinen starken Charakter und sein juristisches Talent aus, weshalb er unter seinen Kollegen hoch geachtet war. Lediglich das Gefühl, durch die richterliche Tätigkeit dem eigentlichen, praktischen Leben der Hansestadt entzogen zu sein und ihrem Wohl dadurch nicht mehr unmittelbar

---

1195 Ratsarchiv Qq.10.G.5.c.3., Schreiben Murtfeldts vom 30. August 1823; Gesamtinventar, A 110 No. 6, Anzeige des erfolgten Rücktritts Murtfeldts vom 13. September 1823; Familienarchiv Overbeck, 6/8, Brief an Overbeck vom 3. September 1823; Ratsarchiv Qq.10.G.1.b.No.8.72, Schreiben an Bremens Senator Meier vom 16. September 1823.

1196 ASA Interna, 46/3, Schreiben Bremens vom 10. September 1823; Ratsarchiv Qq.10.G.5.c.3., Schreiben Murtfeldts vom 30. August 1823.

1197 Ratsarchiv Qq.10.G.5.c.3.; Brief Schweppes vom 21. Februar 1821.

1198 ASA Interna, 46/3, Schreiben Bremens vom 4. Oktober 1823; ebenso Ratsarchiv Qq.10.G.5.c.3.; Senatsakten Cl.VII. Lit.Ma No.10 Vol.2a Fasc.1 Vol.2 Invol.11 a; Gesamtinventar, A 110 No. 7, Anzeige der Wahl des Professors Falck vom 18. November 1823; *Wohlhaupter*, Kieler Blätter, 3. Heft, S. 179.

1199 *Wohlhaupter*, Kieler Blätter, 3. Heft, S. 179; *Liepmann*, S. 125.

1200 Ratsarchiv Qq.10.G.5.c.3., Schreiben Falcks vom 24. November 1823.

1201 Direktorial Archiv II.C.9a), No. 2, Nachricht der Absage des Professors Falck und der Ernennung Overbecks zu Rat vom 21. Januar 1824; ebenso ASA Interna 46/3; Senatsakten Cl.VII. Lit.Ma No.10 Vol.2a Fasc.1 Vol.2 Invol.11 a; Gesamtinventar A 110 No. 8; Familienarchiv Overbeck, 6/8; Ratsarchiv Qq.10.G.5.c.3., Anzeige der definitiven Ernennung Overbecks vom 7. April 1824.

1202 Direktorial Archiv II.C.9a), No. 10, Protokoll der Einführung und Ernennung Overbecks vom 28. Mai 1824; Gesamtinventar, A 110 No. 21; Ratsarchiv Qq.10.G.5.c.3.; ASA Interna 46/3, Anzeige derselben; Senatsakten Cl.VII. Lit.Ma No.10 Vol.2a Fasc.1 Vol.2 Invol.11 a; *von Bippen*, Mitteilungen, S. 238; *Behn*, Overbeck, S. 58; *Neuer Nekrolog*, 24. Jahrgang, 1846, Nr. 250.

dienen zu können, gaben dem Gerichtsrat zu denken. Als 1833 der Syndicus Gütschow verstarb, hoffte Overbeck, dessen berufliche Stellung einnehmen und sich den öffentlichen Angelegenheiten der Hansestadt widmen zu können. Die Verhandlungen führten jedoch zu keinem zufriedenstellenden Ergebnis und er engagierte sich weiter in seinem Amt als Gerichtsrat.[1203]

Stattdessen fand sich ein anderer Weg der Förderung des Gemeinwesens. Overbeck wurde in den Jahren 1830 bis 1832 und 1836 bis 1839 zum Direktor der „Gesellschaft zur Beförderung gemeinnütziger Thätigkeit" gewählt. Sein Kollege Hach hatte bereits durch die dreimalige Übernahme des Direktoriums und durch regelmäßige Vorträge seinen Beitrag zum Lübecker Gemeinwohl geleistet. Auch der Oberappellationsgerichtsrat Gruner war Mitglied in der Gesellschaft.

Overbeck konnte sich neben seiner Tätigkeit als Oberappellationsrat im Herbst 1842 durch die Mitarbeit an der Revision der lübeckischen Verfassung für seine Heimatstadt verdient machen.[1204] Hier überzeugte er durch „die Freude an der Arbeit, durch die schonende Aufdeckung von Mängeln des Staatswesens" und durch effektive Reformvorschläge.[1205] Overbeck erörterte offen die bestehenden Verhältnisse und stellte seine Ansichten überzeugend dar. Er besaß eine scharfe Auffassungsgabe und ein Gespür für das richtige Urteil. Meinungsverschiedenheiten löste er meist friedlich, indem er den Parteien die jeweiligen Argumente darlegte und einen Vergleich vorschlug. Gerade diese Eigenschaften zeichneten ihn in seinem Amt als Oberappellationsgerichtsrat aus. In den Neuen Lübeckischen Blättern hieß es: „Mit aufopfernder Liebe hat er sein Leben, seine ganze Kraft dem Dienste unseres Gemeinwesens gewidmet, ein Muster und Vorbild für alle Zeiten."[1206]

Christian Gerhard Overbeck starb am 29. Januar 1846 in Lübeck, nur drei Monate nachdem sein schwer erkrankter Kollege Goll in den Ruhestand versetzt wurde. In der Todesanzeige an den Direktorialsenat wurde der Gerichtsrat als rechtschaffender Charakter von gemeinnütziger Gesinnung und von unermüdlichem Fleiß beschrieben, der „gründliche Kenntnis und ein treffendes Urteil" besaß.[1207] Für Heise war der Verlust Overbecks besonders schmerzlich, denn er hatte in ihm über einen langen Zeitraum einen treuen Freund gefunden und des-

---

1203 *Behn*, Overbeck, S. 58; *Neuer Nekrolog*, 24. Jahrgang, 1846, Nr. 250.

1204 *Neuer Nekrolog*, 24. Jahrgang, 1846, Nr. 250; *Behn*, Overbeck, S. 59.

1205 *Behn*, Overbeck, S. 59.

1206 *Behn*, Overbeck, S. 57; *Neuer Nekrolog*, 24. Jahrgang, 1846, Nr. 250.

1207 Direktorial Archiv II.C.9d), No. 1, Mitteilung über den Tod des Oberappellationsrat Overbeck vom 29. Januar 1846; ebenso Gesamtinventar, A 117 No. 1; Ratsarchiv Qq.10.G 5.c.2.

sen Frau war für seine Kinder wie eine zweite Mutter.[1208] Dies lag vor allem an Overbecks Offenherzigkeit gegenüber allen Freunden, aus der er die Kraft für seine tägliche Arbeit schöpfte. Die durch Overbecks Tod entstandene Lücke unter den Oberappellationsgerichtsräten wurde durch Ludwig Heinrich Wiederhold aus Marburg geschlossen.[1209]

dd) Georg August Wilhelm du Roi (1826-1853)

Georg August Wilhelm du Roi, wurde am 11. Mai 1787 als Sohn eines Juristen in Braunschweig geboren.[1210] Während seines Studiums der Rechtswissenschaften in Göttingen und Heidelberg machte er Bekanntschaft mit Heise und war eng mit Overbeck befreundet. Du Roi habilitierte sich 1815 in Heidelberg und begleitete anschließend als Generalauditor das braunschweigische Truppenkorps auf seinen Feldzügen nach Belgien und Frankreich.[1211] Vier Jahre später wurde er Hofrat und Mitglied des Landgerichts zu Wolfenbüttel, kam also trotz seines Professorentitels ebenfalls aus einer praktischen Tätigkeit nach Lübeck.[1212] Du Roi wurde auf die Ratsstelle des in seine Heimat zurückgekehrten Oberappellationsgerichtsrates Gruner gewählt.[1213] Nach seiner endgültigen Wahl wurde er am 11. Oktober 1826 am Oberappellationsgericht der vier freien Städte eingeführt.[1214] Aufgrund der langen Freundschaft zwischen du Roi und Overbeck arbeiteten beide sehr erfolgreich und gerne zusammen.[1215]

1208 *von Bippen*, Mitteilungen, S. 270.

1209 Siehe unten, E.III.2.a)hh).

1210 *ADB/Spehr*, 5. Band, S. 489; *Hagedorn*, S. 55; *Griesebach*, S. 10.

1211 ASA Interna, 46/4, Schreiben Bremens vom 27. Mai 1826; *Griesebach*, S. 10; *ADB/Spehr*, 5. Band, S. 489.

1212 ASA Interna, 46/4, Schreiben Bremens vom 27. Mai 1826; Ratsarchiv Qq.10.G.5.c.3.; Senatsakten Cl.VII. Lit.Ma No.10 Vol.2a Fasc.1 Vol.2 Invol.11 a; *Stintzing-Landsberg*, Abt. 3, Halbband 2, Text, S. 35; *Hagedorn*, S. 55; Griesebach, S. 10.

1213 ASA Interna, 46/4, Schreiben Bremens vom 27. Mai 1826; Gesamtinventar, A 111 II. No. 1, Anzeige der erfolgten Ernennung du Rois vom 1. Juli 1826; Ratsarchiv Qq.10.G.5.c.3., Anzeige des Lübecker Senats von der erfolgten Ernennung vom 4. Juni 1826.

1214 Ratsarchiv Qq.10.G.5.c.3., Anzeige der Annahme der Wahl des Hofrats du Roi vom 21. Juni 1826; ebenso Senatsakten Cl.VII. Lit.Ma No.10 Vol.2a Fasc.1 Vol.2 Invol.11 a; Direktorial Archiv II.C.10a), No. 1 und No. 15, Protokoll der Einführung und Vereidigung des Rats du Roi vom 11. Oktober 1826; ebenso Ratsarchiv Qq.10.G.5.c.3.; ASA Interna, 46/4, Ernennungsurkunde vom 4. Oktober 1826; *Hagedorn*, S. 55; *ADB/Spehr*, 5. Band, S. 489; *Stintzing-Landsberg*, Abt. 3, Halbband 2, Text, S. 35.

1215 *von Bippen*, Mitteilungen, S. 264.

Anfang September 1853 erkrankte Georg August Wilhelm du Roi und starb am 2. November 1853 in Lübeck als ältester Rat des Oberappellationsgerichts.[1216] In den von Thöl in Göttingen herausgegebenen „Ausgewählten Entscheidungsgründen des Oberappellationsgerichts der vier freien Städte" sind zahlreiche von ihm verfasste Urteile und Erkenntnisse zu finden. Zusammen mit Heise arbeitete du Roi 25 Jahre am Oberappellationsgericht. Er beschrieb das Wirken des Präsidenten wie folgt: „Seine Leitung der Discussion und Abstimmungen im Oberappellationsgerichte zeichnete sich aus theils durch eine höchst vielseitige, man kann wohl sagen, allseitige Rechtskenntnis, welche ihm ihrem ganzen Umfange nach in einem jeden Augenblicke sogleich zu Gebote stand, theils durch eine ungemeine Klarheit der Darstellung, durch welche er die Mitglieder des Gerichts in den Stand setzte, auch die verwickeltsten Sachen zu übersehen und erschöpfend zu beurteilen."[1217]

ee) Ignatz Maria Goll (1830-1848) und Friedrich Blume (1833-1843)

Nach du Roi wurde der Jurist Ignatz Maria Goll im September 1829 auf die durch den verstorbenen Oberappellationsgerichtsrat Schweppe frei gewordene Ratsstelle berufen.[1218] Goll war am 20. Januar 1774 in Wetzlar geboren worden und bis 1806 am Reichskammergericht als Prokurator und Advokat tätig gewesen.[1219] Somit war er bereits mit der Gerichtspraxis vertraut, als er an das Oberappellationsgericht der freien Städte kam. Bevor er von der Stadt Frankfurt zum Gerichtsrat an das Oberappellationsgericht gewählt worden war, arbeitete er als Advokat in Frankfurt. Mit Goll war die Wahl wiederum auf einen Rechtspraktiker gefallen. Er wurde am 26. Februar 1830 in sein Amt eingeführt.[1220]

Als das Oberappellationsgericht sein 25. Jubiläum feierte, konnte der Gerichtsrat zu seinem eigenen Bedauern nicht an den Feierlichkeiten teilnehmen, da er seit Anfang Februar 1845 durch eine halbseitige Lähmung ans Bett gefesselt war. Zum allgemeinen Bedauern besserte sich sein Zustand nur langsam und er

---

1216 Direktorial Archiv II.C.10c), No. 1, Mitteilung über den Tod des Rats du Roi vom 4. November 1853; ebenso ASA Interna 51/1; Gesamtinventar, A 121 No. 1; Senatsakten Cl.VII. Lit.Ma No.10 Vol.2a Fasc.1 Vol 2 Invol. 11c.

1217 *von Bippen*, Mitteilungen, S. 311 f.

1218 Direktorial Archiv II.C.11a), No. 1, Anzeige der Berufung des Rats Goll an die Stelle des verstorbenen Schweppe vom 29. September 1829; ebenso vom 1. September 1829, ASA Interna, 47/1; Ratsarchiv Qq.10.G.5.c.2; Senatsakten Cl.VII. Lit.Ma No.10 Vol.2a Fasc.1 Vol.2 Invol.11 a.

1219 *Griesebach*, S. 10; *Hagedorn*, S. 55; *von Bippen*, Mitteilungen, S. 239.

1220 ASA Interna, 47/1, Protokoll der Einführung und Vereidigung; ebenso Gesamtinventar, A 112 No. 18a; Direktorial Archiv II.C.11a) No. 14.; Ratsarchiv Qq.10.G.5.c.2; Senatsakten Cl.VII. Lit.Ma No.10 Vol.2a Fasc.1 Vol.2 Invol.11 a.

konnte zeitweise sogar nicht mehr sprechen.[1221] Aus diesem Grund sahen sich die Senate schließlich gezwungen, Ignaz Maria Goll 1846 nach erfolgreicher Arbeit für das Oberappellationsgericht der vier freie Städte in den Ruhestand zu versetzen.[1222] Aufgrund der hohen Arbeitsbelastung des Gerichts konnte man auf keine Arbeitskraft verzichten und hatte nun die Möglichkeit, die Ratsstelle neu zu besetzen. Dem erkrankten Gerichtsrat wurde sein Gehalt weitergezahlt und zu seiner Vertretung wurde ein siebtes Mitglied berufen, wobei die Wahl auf Ernst Arnold Theodor Laspeyres fiel.[1223] Goll starb am 24. Februar 1848 in Lübeck.[1224]

Drei Jahre nach Ignatz Maria Goll ernannte die Stadt Hamburg Friedrich Blume zum Oberappellationsgerichtrat. Er wurde am 29. Juni 1797 in Hamburg geboren.[1225] Während seines Studiums in Göttingen von Ostern 1817 bis Herbst 1818, in Berlin bis Herbst 1819 und schließlich in Jena war er unter anderem Schüler von Hugo, Eichhorn, Martin, Savigny und dem späteren Gerichtspräsidenten Heise.[1226] Während dieser Zeit faszinierten ihn insbesondere Heises Vorlesungen. Blume wurde nach seiner Promotion[1227] am 3. Januar 1820 in Göttingen habilitiert.

Mit seiner Abhandlung „Über die Ordnung der Fragmente in den Pandektentiteln", die im Herbst 1820 in der „Zeitschrift für geschichtliche Rechtswissenschaft" erschien, erhielt er sehr schnell europaweite Anerkennung unter den Rechtswissenschaftlern.[1228] Aus diesem Grund wurde von ihm behauptet, er habe mit seinem juristischen Erfolg so angefangen, „wie mancher wünschen sollte zu endigen".[1229] Blume arbeitete nach seiner Habilitation kurz als Anwalt in seiner

---

1221 Gesamtinventar, A 116 No. 1; Bericht über den Zustand Golls vom 25. Juli 1845.

1222 Direktorial Archiv II.C.11c), Krankheitszustand des Rats Goll und infolge davon Beschlussmachung wegen Anstellung eines siebten Rats; ebenso ASA Interna, 47/1; *von Bippen*, Mitteilungen, S. 269.

1223 Senatsakten Cl.VII. Lit.Ma No.10 Vol.2a Fasc.1 Vol 2 Invol. 64.

1224 Direktorial Archiv II.C.11d), No. 1, Mitteilung über den Tod des Rats Goll vom 25. Februar 1848; ebenso ASA Interna, 47/1, Gesamtinventar, A 116 No. 22; Ratsarchiv Qq.10.G.5.c.2; Senatsakten Cl.VII. Lit.Ma No.10 Vol.2a Fasc.1 Vol 2 Invol. 64.

1225 *Stintzing-Landsberg*, Abt. 3, Halbband 2, Noten, S. 127; *Strauch*, S. 150, Fn. 453; *Hagedorn*, S. 55; *von Bippen*, Mitteilungen, S. 239; *Wenig*, S. 27; *Schröder*, Lexikon, 1. Band 1, Nr. 331, S. 274.

1226 *Schröder*, Lexikon, 1. Band, Nr. 331, S. 274; *Griesebach*, S. 10; *ADB/Stintzing*, 2. Band, S. 734; *Wenig*, S. 27.

1227 Die Dissertation Blumes hatte den Titel „de geminatis et similibus quae in digestis inveniuntur capitibus".

1228 *Stintzing-Landsberg*, Abt. 3, Halbband 2, Text, S. 294; *ADB/Stintzing*, 2. Band, S. 734.

1229 *Stintzing-Landsberg*, Abt. 3, Halbband 2, Text, S. 294.

Heimatstadt, bevor er von Savigny und Hugo auf die Rechtswissenschaft aufmerksam gemacht wurde.

Vom 20. März 1821 bis zum 22. September 1823 unternahm Blume eine wissenschaftliche Reise nach Italien und beschäftigte sich dort mit der Erforschung des Inschriften- und Handschriftenbestandes der Bibliotheken Italiens.[1230] Die Ergebnisse dieser Reise verarbeitete Blume in seinem Werk „Iter Italicum". Noch während seiner Italienreise wurde er durch die Vermittlung Savignys in Halle am 29. Mai 1823 zum außerordentlichen und zwei Jahre später zum ordentlichen Professor ernannt.[1231] Zu dieser Zeit heiratete er Luise Reil, die Tochter eines bekannten Mediziners und gab die Pläne weiterer Reisen nach Frankreich und England auf. Blume nahm 1831 einen Ruf nach Göttingen an und war dort seit 1833 als Professor und Richter tätig.

Im Alter von sechsunddreißig Jahren wurde er auf Vorschlag seiner Heimatstadt Hamburg von dem Oberappellationsgericht der vier freien Städte zum Nachfolger auf die freie Stelle des verstorbenen Gerichtsrates Cropp berufen.[1232] Blume nahm die Wahl am 15. Januar 1833 an und ging nach Lübeck, obwohl er sich in Göttingen eigentlich wohl fühlte und enge Freundschaften mit Dahlmann, Otfried Müller oder den Brüdern Grimm pflegte.[1233] Die zwei schließlich Ausschlag gebenden Argumente für einen Wechsel in die Hansestadt waren die Auffassung Blumes, sich dem Dienst seiner Heimat nicht entziehen zu können und die Freude, dort seinen ehemaligen Lehrer und jetzigen Präsidenten des Gerichts Heise, wiederzutreffen.[1234] Mit diesem und seiner Familie war er in Lübeck sehr eng befreundet. So reiste Blume beispielsweise im Herbst 1837 zusammen mit Heise und dessen Tochter zu der Hundert-Jahr-Feier der Gründung der Göttinger Universität.[1235]

1230 *ADB/Stintzing*, 2. Band, S. 734.

1231 *Schröder*, Lexikon, 1. Band, Nr. 331, S. 275; *Strauch*, S. 150, Fn. 453; *ADB/Stintzing*, 2. Band, S. 734.

1232 ASA Interna 47/2, Präsentation Blumes vom 12. Dezember 1832; ebenso Ratsarchiv Qq.10.G.5.c.4.; Senatsakten Cl.VII. Lit.Ma No.10 Vol.2a Fasc.1 Vol.2 Invol.11 a; Direktorial Archiv II.C.12a), No. 4, Mitteilung der Ernennung des Rats Blume vom 10. April 1833; *Schröder*, Lexikon, 1. Band, Nr. 331, S. 275.

1233 Ratsarchiv Qq.10.G.5.c.4., Mitteilung des Hamburger Senats vom 10. April 1833; Senatsakten Cl.VII. Lit.Ma No.10 Vol.2a Fasc.1 Vol.2 Invol.11 a; *ADB/Stintzing*, 2. Band, S. 734.

1234 *Stintzing-Landsberg*, Abt. 3, Halbband 2, Noten, S. 127.

1235 Direktorial Archiv II.B.1a), No. 6, Bericht des Präsidenten betr. des Urlaubs zwecks Beiwohnung der Göttinger Jubelfeier; ASA Interna, 47/2, Decretum in Senatu Lubecensi vom 30. April 1837; *von Bippen*, Mitteilungen, S. 265.

Die Einführung und Vereidigung des neuen Gerichtsrates fand am 6. Juni 1833 statt.[1236] Während der Zeit am Oberappellationsgericht der vier freien Städte kam Blume nicht zu wissenschaftlichen Arbeiten, da er sich auf die praktische Arbeit konzentrierte, die ihn zeitlich sehr in Anspruch nahm. Gerade dieser Grund und der immer stärker werdende Wunsch Blumes, wieder akademisch tätig zu werden, veranlassten ihn dazu, nach zehnjähriger Amtszeit am Oberappellationsgericht den Direktorialsenat Ende Oktober 1842 um seine Entlassung zu bitten.[1237] Er wollte einem Ruf auf eine Professorenstelle an die Universität nach Bonn folgen.[1238]

Bei seinem Abschied aus der Hansestadt widmete Blume dem Gerichtspräsidenten Heise seine durch erläuternde Bemerkungen und Beilagen bereicherte Ausgabe der „Gerichtsordnung für das Oberappellationsgericht der vier freien Städte nebst den darauf bezüglichen Gesetzen der einzelnen Städte und den allgemeinen Verfügungen des Gerichts".[1239] Blume konnte sich durch seine das oberste Gericht betreffenden Werke hervorheben und seinen Beitrag zu der Weiterentwicklung des Gerichts leisten.

Seine Arbeit in Bonn war deutlich von seiner Zeit am Oberappellationsgericht beeinflusst. So umfassten seine Vorlesungen neben den Pandekten auch den Zivil- und Kriminalprozess, das Kirchenrecht und die juristische Enzyklopädie.[1240] Er blieb auch in Bonn als Mitarbeiter des Spruchkollegiums praktisch tätig und konnte dort seine am Oberappellationsgericht gesammelten Erfahrungen anwenden.

Friedrich Blume war ein besonders schreibfreudiger Jurist. Seine Werke beschäftigten sich überwiegend mit kirchenrechtlichen Themen.[1241] Durch seine

---

1236 Direktorial Archiv II.C.12a), No. 10, Protokoll der Einführung und Vereidigung des Rats Blume vom 6. Juni 1833; ebenso ASA Interna, 47/2; Gesamtinventar, A 113 No. 19; Ratsarchiv Qq.10.G.5.c.4.

1237 Direktorial Archiv II.C.12c), No. 1, Entlassungsgesuch des Rats Blume vom 27. Oktober 1842; ebenso ASA Interna 47/2; Gesamtinventar, A 115 No. 1; Ratsarchiv Qq.10.G.5.c.1.; Senatsakten Cl.VII. Lit.Ma No.10 Vol.2a Fasc.1 Vol 2 Invol. 11b.

1238 *Schröder*, Lexikon, 1. Band, Nr. 331, S. 275; *Strauch*, S. 150, Fn. 453; *von Bippen*, Mitteilungen, S. 239, 268; *Wenig*, S. 27.

1239 Auf einige der Bemerkungen wird auch in dieser Arbeit vereinzelt Bezug genommen.

1240 *Wenig*, S. 27.

1241 Hier eine Aufzählung einiger Arbeiten Blumes: Über die Ordnung der Fragmente in den Pandektentiteln, 1820; Grundriß der Vorlesungen über den allgemeinen Zivilprozeß mit einer Vorrede über die wissenschaftliche Behandlung desselben, 1821; Iter Italicum, 1824, 1827, 1830, 1836; Über des Tilius Sammlung germanischer Volksrechte, 1834; Westgotische Antiqua, 1847; Enzyklopädie der in Deutschland geltenden Rechte, 1847, 1854, 1863; Ausgabe der Kirchenordnung vom 5. März 1835, 1854; Codex des rheinischen evangelischen Kirchenrechts, 1870.

Arbeiten wurde er schon sehr früh zu einem der geachtetsten Rechtshistoriker seiner Zeit. Abschließend ist festzuhalten, dass Blume trotz seines Ruhms in seinem praktischen Wirken am Gericht als sehr bescheiden galt. Trotzdem oder gerade deshalb war er sehr geachtet. Er starb am 5. November 1874 in Bonn.[1242]

ff) Georg Friedrich Ludwig Oppenheimer (1842-1853) und Karl Wilhelm Pauli (1843-1876)

Zum Nachfolger des verstorbenen Oberappellationsgerichtsrates Müller bestimmte die Stadt Hamburg Georg Friedrich Ludwig Oppenheimer.[1243] Dieser wurde in der Hansestadt am 15. November 1805 als Sohn eines Bankiers geboren.[1244] Nach seinem Studium arbeitete er 14 Jahre als Anwalt in Hamburg. In dieser Zeit erhielt er aufgrund seiner umfassenden Rechtskenntnis „den Beifall der Gerichte und die Achtung des Publikums".[1245] Der Direktorialsenat wählte ihn am 25. April 1842 auf die freie Ratsstelle und er wurde am 31. August 1842 als Rat am Oberappellationsgericht eingeführt.[1246] Auch bei Oppenheimer war die Wahl somit auf einen Praktiker gefallen. Nach zehn Jahren, am 9. Juni 1853, bat der Jurist den Direktorialsenat um seine Entlassung aus dem Amt. Er wurde in den Ruhestand versetzt.[1247]

Oppenheimer übernahm 1860 die Stelle von Versmann in den Beratungen für die Zweite Lesung des gemeinsamen Handelsgesetzbuches. Er starb am 7. Oktober 1884 in Lübeck.[1248]

Karl Wilhelm Pauli wurde am 18. Dezember 1792 in der Hansestadt Lübeck als Sohn eines lübeckischen Kaufmannes geboren.[1249] Nach seiner Schulzeit ging

---

1242 *ADB/Stintzing*, 2. Band, S. 734; *Wenig*, S. 27.

1243 ASA Interna, 47/3, Präsentation Oppenheimers vom 6. April 1842; ebenso Ratsarchiv Qq.10.G.5.c.4.; Senatsakten Cl.VII. Lit.Ma No.10 Vol.2a Fasc.1 Vol 2 Invol. 11b; Direktorial Archiv II.C.13a), No. 3, Anzeige der Bereitwilligung Oppenheimers zur Annahme der Wahl vom 20. April 1842.

1244 *Hagedorn*, S. 55; *Griesebach*, S. 11; *von Bippen*, Mitteilungen, S. 239.

1245 ASA Interna, 47/3, Präsentation Oppenheimers vom 6. April 1842; ebenso Ratsarchiv Qq.10.G.5.c.4.

1246 Direktorial Archiv II.C.13a), No. 17, Mitteilung der erfolgten Verpflichtung und Einführung Oppenheimers vom 1. September 1842; ASA Interna, 47/3, Protokoll der Verpflichtung und Einführung; Gesamtinventar, A 114 No. 4., No. 26.; Senatsakten Cl.VII. Lit.Ma No.10 Vol.2a Fasc.1 Vol 2 Invol. 11b.

1247 Direktorial Archiv II.C.13d), No. 1, Entlassungsgesuch des Rats Oppenheimer vom 9. Juni 1853; ebenso ASA Interna, 47/3; Gesamtinventar, A 120 No. 1; Senatsakten Cl.VII. Lit.Ma No.10 Vol.2a Fasc.1 Vol 2 Invol. 11c.

1248 Lübeckische Blätter, 26. Jahrgang 1884, Nr. 81, S. 496.

1249 *Poel*, S. 2; *Hagedorn*, S. 55; *ADB/Frensdorff*, 25. Band, S. 262; *von Bippen*, Mitteilungen, S. 239.

er nach Tübingen, um dort ab Ostern 1811 Rechtswissenschaften zu studieren. Die folgenden zwei Jahre beschreibt er als die wohl glücklichsten seiner Jugend. Pauli bezeichnete die Stadt als seine geistige Heimat und überlegte sogar im Alter, wieder dorthin zurückzukehren.[1250] Das Studium betrieb er ernsthaft erst ab Herbst 1814 in Göttingen, nach seiner Teilnahme an den Freiheitskriegen.[1251] In Göttingen war Pauli unter anderem ein Schüler Heises, den er dort näher kennen lernte. Nach seinem Examen wurde er am 13. April 1816 promoviert und zog anschließend zurück in seine Heimatstadt Lübeck, um als Rechtsanwalt zu arbeiten. Er hoffte aber insgeheim auf ein öffentliches Amt, da ihn die Advokatentätigkeit nicht zufrieden stellte. Schon 1817 war Pauli von der „Gesellschaft zur Beförderung gemeinnütziger Thätigkeit", die sich mit der Geschichte Lübecks beschäftigte, zum Sekretär gewählt worden und hielt zahlreiche Vorträge.[1252] In dieser Gesellschaft übernahmen später die Räte Hach und Overbeck zeitweise das Direktorium und auch Gruner war Mitglied der Gesellschaft.[1253]

Als das Oberappellationsgericht der vier freien Städte am 13. November 1820 feierlich eröffnet wurde, nahm Pauli mit Freude die ihm angebotene Stelle als Gerichtssekretär an.[1254] Schon ein Jahr vorher war bei dem Bremer Senator Meier ein Empfehlungsschreiben eingegangen, in dem es hieß: „(...) Bei seinen Kenntnissen und seiner Arbeitsamkeit bin ich überzeugt, daß man das Amt in gute Hände übergeben würde (...). Ich freue mich dafür dieser Gelegenheit, ihn mit seinen Wünschen bei Dir einzuführen, und bitte Dich, ihn darin nach Deiner Überzeugung zu unterstützen (...)."[1255] Pauli berichtete gelegentlich, wie es aus seiner Sicht zu der Wahl gekommen war: „Als Protokollführer bei der Gesellschaft zur Beförderung gemeinnütziger Thätigkeit verfuhr ich sehr genau hinsichtlich der Aufzeichnung des Vorgetragenen. So auch namentlich in Betreff eines Vortrages über den Stecknitz-Canal. Der Syndicus Gütschow bat mich in irgend einer Veranlassung um dieses Protokoll, und in Folge dessen bin ich Secretair beim Ober-Appellationsgericht geworden (...)."[1256] Diese Aufgabe erledigte er sehr gewissenhaft und er fühlte sich wie geschaffen für dieses Amt. Pauli freute sich, nicht mehr als Advokat tätig sein zu müssen, hatte neben seinen

---

1250 *von Bippen*, Mitteilungen, S. 175; *ADB/Frensdorff*, 25. Band, S. 262.
1251 *Stintzing-Landsberg*, Abt. 3, Halbband 2, Noten, S. 41.
1252 *ADB/Frensdorff*, 25. Band, S. 264.
1253 Siehe oben, E.III.1.a) zu Hach, E.III.2.a)bb) zu Gruner und E.III.2.a)cc) zu Overbeck.
1254 Direktorial Archiv I.A.3., No. 30, erstes Angebotsschreiben vom 29. Juli 1820; *Griesebach*, S. 11; *von Bippen*, Mitteilungen, S. 227; *Stintzing-Landsberg*, Abt. 3, Halbband 2, Noten, S. 41; *Poel*, S. 59.
1255 Ratsarchiv, Qq.10.G.1.b.No.8,11., Brief an Senator Meier vom 13. Juni 1819.
1256 *Poel*, S. 59.

Pflichten genug Zeit für rechtswissenschaftliche Arbeiten und konnte trotzdem an allen Beratungen des Gerichts teilnehmen. Manchmal überließ ihm Präsident Heise sogar Akten zur Anfertigung einer Relation. In einem Brief an seine Mutter antwortete Pauli auf ihre Frage wie ihm denn sein Amt gefalle mit folgenden Worten: „(...) es ist ein Amt, das mir, so lange ich allein stehe, mehr einträgt, als ich verzehren kann, (...) ein Amt, das außerdem wenige, wenn auch nicht gerade sehr angenehme, doch auch nicht unangenehme Geschäfte giebt; das: nicht unangenehm, liegt darin, daß sie, wenn auch nicht sehr viel geistige Thätigkeit erheischen, noch Stoff dazugeben; denn habe ich gleich selbst nicht viel zu produciren und zu erforschen, so habe ich um so viel mehr Veranlassung, manchem juristisch interessanten, von Anderen Erforschten nachzudenken,- wie viele meiner Bekannten beneiden mir nicht das Glück, an allen Discussionen der Gerichtsmitglieder Theil nehmen zu können- das: nicht unangenehm liegt ferner auch darin, daß meine Geschäfte weder zu den mechanischen, noch zu den innerlich zerreissenden gehören, deren ich als Advokat bis zum Ekel hatte. Das nicht sehr angenehme derselben ist nun aber, daß sie meinen Geist nicht sehr beschäftigen (...).“[1257]

Unter anderem auf Wunsch Heises wurde Pauli 1843 wegen seiner fachlichen Stärke von der Stadt Lübeck auf die Stelle Blumes berufen, der einem Ruf an die Universität Bonn gefolgt war.[1258] Man wollte Pauli schon lange vorher auf eine Ratsstelle setzen, doch das unter den Städten wechselnde Wahlrecht verhinderte eine Ernennung. Als die Spekulationen um eine Beförderung Paulis erstmals zu ihm durchdrangen, war er zunächst sehr skeptisch über die in Aussicht stehende neue Aufgabe. „Ich habe Gründe, die mich fast wünschen lassen, zu bleiben, was ich bin, wo ich alle Zeit und Kräfte, die ich als Rath ganz und ausschließlich dazu würde anwenden müssen, den Augiasstall der Themis auszumisten. (...) Uebrigends darfst Du die obigen Ausdrücke, womit ich die Thätigkeit unseres Gerichtes bezeichnet, nicht mißverstehen. Ich stelle das Richteramt an sich sehr hoch, und wer es begehrt, der begehrt ein großes Ding. Allein bei einem höchsten Gericht, wo die Referenten die Akten dreier Instanzen, ja oft ganze Berge von Akten, und welcher Akten excerpieren müssen, nur damit dem formellen Rechte Genüge geschehe, wird nach dem gegenwärtigen Standpunkt unserer Rechtspflege das Richteramt auf eine traurige Weise verkümmert. Dazu kommt, daß nach der Art, wie die Sachen hier behandelt werden, man den Mist immer treten Muß,

---

1257 *Poel*, S. 59.

1258 Ratsarchiv Qq.10.G.5.c.1., Vorschlag Blumes, Schreiben an Lübeck vom 11. Februar 1843; Direktorial Archiv II.C.14a), No. 9, Anzeige der Wahl vom 22. April 1843; ebenso ASA Interna, 48/1; Senatsakten Cl.VII. Lit.Ma No.10 Vol.2a Fasc.1 Vol 2 Invol. 11b.

ohne Aussicht, je zu Ende zu kommen (...).“[1259] Nach der Wahl war für Pauli dann aber doch ein lang ersehnter Wunsch wahr geworden. Er betonte in einigen Briefen, das Amt sage ihm mehr und mehr zu und die geistige Arbeit bereite ihm Freude.[1260] Pauli wurde am 4. Juli 1843 in sein neues Amt eingeführt.[1261] Die Stelle des Sekretärs übernahm der ebenfalls aus Lübeck stammende Eduard Haltermann.

In seinem Kollegium mit bekannten Juristen wie Heise, Hach und Cropp nahm Pauli an allen Beratungen teil und konnte dort sein umfassendes rechtliches Wissen anbringen. Daneben fand er vor allem in den Gerichtsferien noch Zeit, sich wissenschaftlich zu engagieren und beschäftigte sich insbesondere mit der Geschichte und dem Recht seiner Heimatstadt.

Pauli leistete am Oberappellationsgericht hervorragende juristische Arbeit, die er bis zum Ende gewissenhaft und erfolgreich ausführte. Er verfasste auch eine der insgesamt 46 Abhandlungen der von Heise und Cropp herausgegebenen „Juristischen Abhandlungen mit Entscheidungen des Oberappellationsgerichts der vier freien Städte Deutschlands“.[1262] Als der Gerichtspräsident Heise am 6. Februar 1851 starb, hielt Pauli als ein enger Freund des Präsidenten eine treffende Erinnerungsrede an dessen Grab.[1263] Pauli blieb bis zu seiner Erkrankung im Jahre 1869 mit höchster Anerkennung an dem Oberappellationsgericht tätig und beteiligte sich an der von dem neuen Präsidenten Kierulff herausgegebenen „Sammlung der Erkenntnisse des Ober-Appellationsgerichts“. Am 30. August 1876 bat der 84-jährige Gerichtsrat schließlich um die Versetzung in den Ruhestand und wurde am 15. November nach 56 Jahren im Dienst des Oberappellationsgerichts pensioniert.[1264]

1259 *Poel*, S. 81.

1260 *Poel*, S. 81 f.

1261 Direktorial Archiv II.C.14a), No. 17, Schrift über die Einführung und Vereidigung vom 6. Juli 1843; ebenso ASA Interna, 48/1; Gesamtinventar, A 115 No. 12.; Ratsarchiv Qq.10.G.5.c.1; Senatsakten Cl.VII. Lit.Ma No.10 Vol.2a Fasc.1 Vol 2 Invol. 11b.

1262 Siehe oben, E.III.1.d); das Thema der Abhandlung Paulis war prozessualrechtlich und trug den Titel „sententiae duae conformes“.

1263 Siehe oben, E.II.1.a).

1264 Direktorial Archiv II.C.14c), No. 6, Gesuch Pauli um Versetzung in den Ruhestand vom 30. August 1876; ebenso Ratsarchiv Qq.10.G.5.c.1; ASA Interna, 48/1, Senatsbeschluss vom 15. November 1876; Gesamtinventar A 127 No. 1, Direktorialrescript vom 14. Dezember 1876; Bürgerschaftsarchiv D.2.Nr.17, Mitteilung des Senats vom 7. November 1876; Senatsakten Cl.VII. Lit.Ma No.10 Vol.2a Fasc.1 Vol 3 Invol. 39.

Pauli starb nur wenige Monate vor der Auflösung des obersten Gerichts am 18. März 1879 nach längerer Krankheit in seiner Heimatstadt.[1265] Über seine Arbeit am Oberappellationsgericht betonte er immer, dass er es als angenehm empfinde, „durch die Verbindung mit gründlich gebildeten, zum Theil sehr ausgezeichneten Männern von wissenschaftlicher Ausbildung" zusammen zu arbeiten „und dann möchte ich auch meine Lage wegen der angenehmen Muße, die sie gewährt, mit keiner anderen vertauschen."[1266] In der Mitteilung des Direktorialsenats an Pauli über seine Versetzung in den Ruhestand wurde „dem hochverdienten Manne, der seit der Einsetzung des höchsten Gerichtshofes demselben angehört und seinen Amtspflichten vom 13. November 1820 ab als Secretair; vom 4. Juli 1843 ab als Rath stets, so lange es seine Kräfte gestatteten, mit unermüdlichem Eifer und mit Auszeichnung erfüllt, der auch durch wissenschaftliche Leistungen sich als Rechtsgelehrter in hervorragender Weise bewährt hat, ihm volle und warme Anerkennung und den Dank der drei freien Hansestädte hiermit" ausgesprochen.[1267]

Pauli war als lübeckischer Altertumsforscher und Germanist bekannt geworden und zeichnete sich seit seiner Jugend durch Geistlichkeit und tiefe Religiösität aus.[1268] Schon kurz nach seiner Heirat wurde er Vorsteher der reformierten Kirche und übernahm 1832 die Redaktion für das neue Gesangbuch der lübeckischen Gemeinde. Um die Stadt Lübeck machte er sich 1834 durch das Auffinden der abhanden gekommenen lübischen Ober- und Niederstadtbücher verdient. Deren Inhalte verarbeitete er in seinen „Abhandlungen aus dem lübischen Recht" sehr anschaulich und überaus verständlich und stellte dabei einen Bezug zu den geltenden Rechtssätzen her.[1269] Ein weiteres viel gelobtes Werk Paulis mit dem Titel „Lübische Zustände im Mittelalter" stellte das Städtische Leben am Anfang des 14. Jahrhundert dar und galt als Vorbild der volkstümlichen Behandlung rechtshistorischer Gegenstände.[1270] Der scharfe Blick für „das Echte und das Un-

---

1265 Direktorial Archiv II.C.14.d), No. 1, Anzeige des eingetretenen Todes des Rats Pauli vom 25. März 1879; ebenso ASA Interna, 48/1; Ratsarchiv Qq.10.G.5.c.1.; *ADB/Frensdorff*, 25. Band, S. 266; *Poel*, S. 101; *Stintzing-Landsberg*, Abt. 3, Halbband 2, Noten, S. 41.

1266 *Poel*, S. 74.

1267 Ratsarchiv, Qq.10.G.5.c.1., Brief des Direktorialsenats an Pauli vom 7. Dezember 1876.

1268 *ADB/Frensdorff*, 25. Band, S. 265.

1269 Abhandlungen aus dem lübischen Recht, vier Abteilungen, 1837, 1840, 1841 und 1865, hier waren auch zahlreiche bisher unveröffentlichte Materialien abgedruckt.

1270 Lübische Zustände im Mittelalter, erster Teil 1842, zweiter Teil 1872 und dritter Teil 1878.

echte, das Alte und das Neue, die Regel und die Ausnahme" wurde nicht nur in den Werken Paulis, sondern auch in seinem praktischen Arbeiten deutlich.[1271]

Er hatte einmal geäußert, der dogmatische Teil der juristischen Wissenschaft ohne die Anwendung desselben interessiere ihn nicht besonders.[1272] In seinem Amt als Oberappellationsgerichtsrat konnte Pauli seine Fähigkeit eben in der praktischen Anwendung des Rechts unter Beweis stellen.

gg) Ernst Adolf Theodor Laspeyres (1846-1869)

Der Sohn eines Berliner Fabrikbesitzers und Kaufmannes Ernst Adolf Theodor Laspeyres wurde am 9. Juli 1800 in eine Familie mit ursprünglich spanischer oder portugiesischer Abstammung geboren.[1273] Nach den ersten Jahren auf einer Privatschule wurde Laspeyres an dem Friedrich-Werderschen Gymnasium unterrichtet, das unter seinem Direktor August Ferdinand Bernhardi sehr angesehen war. Die dort vermittelte streng historisch-humanistische Bildung prägte seine konservative Einstellung, seine Berufswahl und sein Interesse an der Lektüre klassischer Literatur.[1274]

Während der Jahre 1818 bis 1822 widmete sich Laspeyres dem Studium der Rechtswissenschaften und besuchte besonders interessiert die Vorlesungen Savignys.[1275] Er pflegte während der Studienzeit sogar persönlichen Kontakt zu seinem Professor. Laspeyres bezeichnete sich stolz als dessen Schüler. Am 22. Oktober 1821 wechselte er für ein Jahr an die Georg August Universität in Göttingen und kehrte anschließend zum Militärdienst wieder nach Berlin zurück. Es folgten am 23. Dezember 1824 die Dissertation[1276] und einige Wochen später die Habilitation an der Universität Berlin.[1277] Anschließend hielt Laspeyres dort Vorlesungen im Kirchenrecht, deutschen Privatrecht und Forstrecht. Er wurde am

1271 *ADB/Frensdorff*, 25. Band, S. 264.

1272 *Poel*, S. 73.

1273 *Hagedorn*, S. 55; *ADB/Laspeyres*, 17. Band, S. 739; *Stintzing-Landsberg*, Abt. 3, Halbband 2, Noten, S. 150; *Griesebach*, S. 11; Lübeckische Blätter, 11. Jahrgang 1869, Nr. 17, S. 90.

1274 *ADB/Laspeyres*, 17. Band, S. 739. *Stintzing-Landsberg*, Abt. 3, Halbband 2, Text, S. 330.

1275 Lübeckische Blätter, 11. Jahrgang 1869, Nr. 17, S. 90; *Stintzing-Landsberg*, Abt. 3, Halbband 2, Noten, S. 150; *Griesebach*, S. 11.

1276 Die Dissertation Laspeyres trug den Titel „Dissertatio inauguralis canonicae computationis et nuptiarum propter sanguinis propinquitatem ab ecclesia christiana prohibitarum sistens historiam" und umfasste 104 Seiten.

1277 Lübeckische Blätter, 11. Jahrgang 1869, Nr. 17, S. 90; *Stintzing-Landsberg*, Abt. 3, Halbband 2, Noten, S. 150.

23. Januar 1830 in seiner Heimatstadt zum außerordentlichen Professor ernannt.[1278]

Als der spätere Oberappellationsgerichtsrat Friedrich Blume[1279] 1831 einem Ruf nach Göttingen folgte und Halle verließ, wurde Laspeyres am 22. März zum ordentlicher Professor für deutsches Privat- und Kirchenrecht und zum Nachfolger Blumes auf dessen Stelle berufen.[1280] Die folgenden 13 Jahre hielt er in Halle Vorlesungen in deutscher Rechtsgeschichte, deutschem Privatrecht, Kirchenrecht und preußischem Landrecht. Anschließend wurde er durch eine Kabinettsorder vom 8. April 1844 aus dem preußischen Staatsdienst entlassen und auf die Stelle des verstorbenen Feuerbach berufen, um an der Universität Erlangen deutsches Privatrecht und deutsche Staats- und Rechtsgeschichte zu unterrichten.[1281] Ausserdem hielt er Vorlesungen im Handelsrecht, im Wechselrecht und im Lehnsrecht, denn auf diesem Gebiet hatte sich Laspeyres einen besonderen Namen machen können.

Anfang 1846 erreichte ihn der Ruf des Oberappellationsgerichts der vier freien Städte Deutschlands. Laspeyres war von der Stadt Frankfurt als Nachfolger für den verstorbenen Oberappellationsgerichtsrat Goll vorgeschlagen worden, nachdem er dem Gericht von Savigny empfohlen worden war.[1282] Am 8. April 1846 wurde er aus dem bayerischen Staatsdienst entlassen und am 12. August 1846 in Lübeck an dem gemeinschaftlichen Oberappellationsgericht eingeführt.[1283] Mit seiner Wahl hatte sich das Gericht nach den eher praktisch orientierten Räten Goll, Blume und Pauli bei der Neubesetzung der Ratsstelle nun für einen Rechtswissenschaftler entschieden.

Laspeyres verfügte über umfassende Kenntnisse in allen Rechtsgebieten, insbesondere dem Staats-, Lehns- und Kirchenrecht. In seiner täglichen Arbeit erwog er den Sachverhalt mit allen Gesichtspunkten sehr genau und hielt an dem,

---

1278 *ADB/Laspeyres*, 17. Band, S. 739.

1279 Siehe oben, E.III.2.a)ee).

1280 *Krause*, S. 392; *Hagedorn*, S. 55; *Griesebach*, S. 11; *Stintzing-Landsberg*, Abt. 3, Halbband 2, Noten, S. 150; Lübeckische Blätter, 11. Jahrgang 1869, Nr. 17, S. 90.

1281 *Krause*, S. 392; *Hagedorn*, S. 55; *Stintzing-Landsberg*, Abt. 3, Halbband 2, Noten, S. 150.

1282 Siehe oben, E.III.2.a)ee); Direktorial Archiv II.C.15a), No. 7, Vorschlag des Professors Laspeyres als Rat vom 10. Februar 1864; ebenso ASA Interna, 48/2; Gesamtinventar, A 116 No. 4; Bericht der erfolgten Wahl vom 25. April 1846; Ratsarchiv Qq.10.G.5.c.2.; Senatsakten Cl.VII. Lit.Ma No.10 Vol.2a Fasc.1 Vol 2 Invol. 11b.

1283 Direktorial Archiv II.C.15a), No. 23, Protokoll der Einführung vom 12. August 1864; ASA Interna, 48/2, Entlassungsurkunde; Gesamtinventar, A 116 No. 17., 18.; Ratsarchiv Qq.10.G.5.c.2.; Senatsakten Cl.VII. Lit.Ma No.10 Vol.2a Fasc.1 Vol 2 Invol. 11b.

was er dann für richtig befand, hartnäckig fest. Aus diesem Grund verkomplizierte sich eine Zusammenarbeit mit ihm oft. Durch seine umfassende Kenntnis im römischen Recht ergänzte er sich im Gerichtsalltag hervorragend mit Pauli, der eher mit den deutschrechtlichen Stadtrechten vertraut war. Laspeyres erledigte nicht nur seine gerichtlichen Aufgaben sehr gewissenhaft und wurde aufgrund seiner Tüchtigkeit geschätzt, sondern interessierte sich auch intensiv für seine Heimat. Er nahm am öffentlichen Leben der Hansestadt lebhaft teil, indem er sich durch Mitgliedschaften in der „Gesellschaft zur Beförderung gemeinnütziger Thätigkeiten“, dem Verein für Lübecker Geschichte oder dem Kunstverein engagierte.[1284] In ersterem hatten schon Hach und Overbeck das Direktorium übernommen, Pauli war als Sekretär tätig gewesen und Gruner war ebenfalls Mitglied. Laspeyres war ein sehr geselliger Gerichtsrat, der die Interessen seiner Kollegen teilte und diese gerne privat in sein Haus einlud. Er ließ dort Theateraufführungen veranstalten oder feierte mit Kollegen und dem Präsidenten Heise den Jahreswechsel.[1285] Es zeigt sich ein weiteres Mal, dass sich die Aktivitäten der Gerichtsräte nicht nur auf die Arbeit am Gericht beschränkten, sondern sich auch im Privatleben Gemeinsamkeiten finden lassen. Laspeyres übernahm nach Heises Tod sogar die Verantwortung für dessen Nichte und Pflegetochter Luise Isenbart.[1286]

Bedingt durch die berufliche Belastung erlitt Laspeyres am 10. Februar 1862 einen Schlaganfall und konnte sein Amt als Oberappellationsgerichtsrat nicht mehr ausüben.[1287] In einem Gutachten über seinen Krankheitszustand wurde ihm zwar die Fähigkeit zu jeder geistigen Arbeit bescheinigt, andererseits aber „(...) gibt das Gutachten mit der nämlichen Bestimmtheit zu erkennen, daß die Kraft zu einem andauernden Arbeiten, zu unbehindertem vollen Gebrauche seiner geistigen Kräfte ihm noch fehle, und schließlich wird noch hinzugefügt, es sei sehr schwer zu präcisieren, wie lange Zeit vergehen könne, bis das Maaß der früheren Kraft wiedererlangt sein werde, es lasse sich nach dem bisherigen Verlaufe der Krankheit mit Wahrscheinlichkeit annehmen, daß der Zeitraum eines oder vielleicht mehrerer Jahre vergehen werde, bis der Kranke einer regelmäßigen und

1284 *ADB/Laspeyres*, 17. Band, S. 740; *Stintzing-Landsberg*, Abt. 3, Halbband 2, Noten, S. 150.

1285 *von Bippen*, Mitteilungen, S. 25; Lübeckische Blätter, 11. Jahrgang 1869, Nr. 17, S. 90.

1286 Direktorial Archiv II.C.15d), Regelung zur Übernahme der Cura Sexus über die Nichte und Pflegetochter des verstorbenen Präsidenten Heise, Lusie Isenbart; ASA Interna, 41/3; Ratsarchiv Qq.10.G.5.c.2.

1287 Direktorial Archiv II.C.15e), No. 1, Bericht über die Krankheit des Rats Laspeyres vom 12. April 1862; ebenso ASA Interna, 48/2; Gesamtinventar, A 122 No. 1; Bürgerschaftsarchiv D.2.Nr.7, Mitteilung des Senats an die Bürgerschaft vom 24. April 1863; Senatsakten Cl.VII. Lit.Ma No.10 Vol.2a Fasc.1 Vol 2 Invol. 11f.

dauernd angestrengten geistigen Tätigkeit sich werde unterziehen können (...)."[1288]

Aus diesem Grund ernannten die Städte den siebten Oberappellationsgerichtsrat Drechsler vorzeitig zu seinem Stellvertreter, ohne dass Laspeyres seine Amtstellung aufgeben und auf sein Gehalt verzichten musste.[1289] Er zog 1865 zurück nach Halle, wo er am 15. Februar 1869 starb.[1290] Der Oberappellationsgerichtsrat Drechsler rückte automatisch in die Stelle des Verstorbenen als sechster Rat auf.

hh) Ludwig Heinrich Wiederhold (1846-1850)

Der spätere Oberappellationsgerichtsrat Ludwig Heinrich Wiederhold stammte aus einer hessischen Familie und wurde am 25. November 1801 in Rinteln als Sohn eines Staatsrechtsprofessors geboren.[1291] Er beschäftigte sich in seiner Jugendzeit mit der Dichtkunst und veröffentlichte sogar einige Novellen und Gedichte in verschiedenen Zeitschriften.

Auf Wunsch seines Vaters studierte Wiederhold seit 1819 an der Landesuniversität in Marburg und später in Göttingen Rechtswissenschaften. Hier zeigte sich schnell sein großes Talent für die juristische Praxis. Aus diesem Grund wurde er 1824 Assessor beim Obergericht in Rinteln und ein Jahr später nach Fulda versetzt, wo er seine erste Schrift verfasste.[1292] Wiederhold ging 1830 nach Ha-

---

1288 Ratsarchiv Qq.10.G.5.c.2., Bericht über den Krankheitszustand Laspeyres von dem Präsidenten Kierulff vom 9. März 1863.

1289 Direktorial Archiv II.C.15f), Stellung des Rats Laspeyres zum Gericht nach Erwählung eines siebten Rats; Gesamtinventar, A 122 No. 4; Ernennung Drechslers vom 30. November 1863; Ratsarchiv Qq.10.G.5.c.2., Mitteilung des Senats an die Bürgerschaft vom 24. April 1863.

1290 Direktorial Archiv II.C.15h), No. 1, Bericht über den Tod des Rats Laspeyres am 20. Februar 1869; ebenso ASA Inerna, 48/2; Gesamtinventar, A 122 No. 42; Ratsarchiv Qq.10.G.5.c.2.; Lübeckische Blätter, 11. Jahrgang 1869, Nr. 17, S. 90; Senatsakten Cl.VII. Lit.Ma No.10 Vol.2a Fasc.1 Vol 3 Invol. 17a. Hier eine Aufzählung einiger Arbeiten von Laspeyres: Über die Entstehung und älteste Bearbeitung der libri feudorum, Berlin 1830; Lex salica ex variis quae supersunt recensionibus, Halle 1833; Geschichte und heutige Verfassung der katholischen Kirche Preußens, Halle 1840; System des preußischen Privatrecht zum Gebrauche bei Vorlesungen, Halle 1843; Die Rechte des eingeboren Mecklenburgischen Adels, Halle 1844; Bernardi Papiensis Faventini episcopi summa decretalium, 1860.

1291 *Hagedorn*, S. 56; *ADB/Brandt*, 42. Band, S. 388; *Griesebach*, S. 12; *von Bippen*, Mitteilungen, S. 239.

1292 Die Schrift mit dem Titel „Grundlinien des Verhältnisses der Gerichte zu den Verwaltungs- und Finanzbehörden Kurhessens" (1827) befasste sich eingehend mit der Umsetzung der eingeführten Trennung von Justiz und Verwaltung.

nau und veröffentlichte dort seine inhaltlich gegen Savignys Lehren gerichteten, juristisch erfolgreichsten Abhandlungen.[1293] In der folgenden Zeit engagierte er sich auch politisch, wurde zur Streitschlichtung in die Grafschaft Wächtersbach entsandt und erhielt von der hessischen Regierung die Aufforderung, als Mitglied und Referent in das Staatsministerium einzutreten. Dies lehnte der mittlerweile am Obergericht in Kassel tätige Obergerichtsrat jedoch ab. Dadurch fiel er bei dem Kurprinzen in Missgunst. Bei seiner Wahl in die Ständeversammlung wurde ihm daher die nötige Zustimmung zum Eintritt verweigert. Im Jahre 1833 wurde Wiederhold an das Obergericht nach Marburg versetzt.[1294]

Dort beschäftigte er sich mit praktischen Problemen und insbesondere mit der Verkürzung der sich meist lange hinziehenden Prozesse. Wiederhold veranlasste eine Reihe von Gesetzen, die das materielle Recht verbesserten. Die Universität Marburg verlieh ihm für seine Dienste die Ehrenpromotion. Wiederhold war schon entschlossen, die ihm dort angebotene Professur anzunehmen, als ihn 1846 der Ruf der freien Stadt Frankfurt auf die durch den Tod des Gerichtsrates Overbeck frei gewordene Ratsstelle an das Oberappellationsgericht der vier freien Städte in Lübeck erreichte.[1295]

Bevor sich das Gericht für ihn entschieden hatte, waren der Anfrage des Oberappellationsgerichts an Professor Francke aus Göttingen und an den Geheimen Justizrat Günste aus Kassel bereits Absagen erteilt worden.[1296] Letzterer führte zur Begründung aus, nach reiflicher Überlegung zu dem Schluss gekommen zu sein, den ihn erwartenden Aufgaben am Gericht nicht gewachsen zu sein.[1297]

1293 *ADB/Brandt*, 42. Band, S. 388; *von Bippen*, Mitteilungen, S. 239; Die Abhandlungen wurden unter dem Titel „Das interdictum Uti possidetis und die Operis novi nunciatio" (1831) veröffentlicht.

1294 *Hagedorn*, S. 56; *ADB/Brandt*, 42. Band, S. 389; *von Bippen*, Mitteilungen, S. 239; in diese Zeit fallen auch Wiederholds Abhandlungen mit den Titeln „Bemerkungen über die actio finium regundorum" und „Von der Schenkung auf den Todesfall".

1295 Direktorial Archiv II.C.16a), No. 18, Vorschlag des Obergerichtsrats Wiederhold als neuen Oberappellationsrat vom 9. Mai 1846; Gesamtinventar, A 117 No. 10., Reskript, betr. die Berufung Wiederholds vom 13. Juli 1846; Ratsarchiv Qq.10.G.5.c.2.; Senatsakten Cl.VII. Lit.Ma No.10 Vol.2a Fasc.1 Vol 2 Invol. 11b; *Griesebach*, S. 12; *von Bippen*, Mitteilungen, S. 239.

1296 Direktorial Archiv II.C.16a), No. 4, Anzeige der Ablehnung Franckes und Wahl des Justizrates Günste vom 31. März 1846 und No. 10, Anzeige des Rücktritt des Justizrats Günste vom 11. Mai 1846; ebenso ASA Interna, 49/1; Gesamtinventar, A 117 No. 5.; Senatsakten Cl.VII. Lit.Ma No.10 Vol.2a Fasc.1 Vol 2 Invol. 11b.

1297 Direktorial Archiv II.C.16a), No. 10, Anzeige des Rücktritt des Justizrats Günste vom 11. Mai 1846; ebenso ASA Interna, 49/1; Gesamtinventar, A 117 No. 5.; Senatsakten Cl.VII. Lit.Ma No.10 Vol.2a Fasc.1 Vol 2 Invol. 11b.

Der Obergerichtsrat Wiederhold nahm die Wahl an und betrachtete die neue Tätigkeit als eine Herausforderung. Seine Ernennung erfolgte am 29. September und er wurde am 8. Dezember 1846 in sein Amt eingeführt. Wiederhold war den neuen Aufgaben durchaus gewachsen und hob sich unter den Gerichtsmitgliedern durch besonderen Fleiß hervor.[1298] Georg Arnold Heise vertraute ihm bedingungslos. Anfang 1848 wurde Wiederhold von der Stadt Lübeck auf die Frankfurter Nationalversammlung entsendet[1299], was Präsident Heise sehr bedauerte. Er verlor hierdurch wieder einen tüchtigen Mitarbeiter des Gerichts. Wiederhold wurde in Frankfurt herzlich empfangen und leistete dort hervorragende Arbeit in den Ausschüssen.[1300] Mit dieser Aufgabe hatte sich der Gerichtsrat jedoch offensichtlich übernommen, denn wenige Monate später kehrte er krank in die Hansestadt zurück. Einen Ruf des kurhessischen Oberappellationsgerichts musste Wiederhold zu seiner Enttäuschung aufgrund seiner schlechten körperlichen Verfassung ablehnen.

Ludwig Heinrich Wiederhold erholte sich nie mehr ganz von den Folgen seiner engagierten Arbeitsweise und starb am 8. März 1850. Er hatte schon längere Zeit weder Relationen anfertigen noch an den Sitzungen des Gerichts teilnehmen können.[1301] Der Oberappellationsgerichtsrat war ein offener und unbestechlicher Charakter. In der Todesanzeige des Gerichts an den Direktorialsenat wurde der Verlust Wiederholds von dem Präsidenten sehr bedauert, „da der Verstorbene sich in der kurzen Zeit, die er an unseren Arbeiten Theil genommen, durch seine Kenntnisse, Humanität und große Rechtlichkeit, bereits große Achtung bei seinen sämtlichen Collegen erworben hatte".[1302]

1298 Direktorial Archiv II.C.16a), No. 31, Protokoll der Einführung und Vereidigung vom 8. Dezember 1846; ASA Interna, 49/1, Ernennungsurkunde; Gesamtinventar, A 117 No. 25; Senatsakten Cl.VII. Lit.Ma No.10 Vol.2a Fasc.1 Vol 2 Invol. 11b.

1299 Direktorial Archiv II.C.16b), Beurlaubung Wiederholds aufgrund seiner Wahl zum lübeckischen Abgeordneten für die Deutsche Nationalversammlung; ASA Interna, 49/1, Korrespondenz der Senate.

1300 *ADB/Brandt*, 42. Band, S. 389; *Griesebach*, S. 12; *von Bippen*, Mitteilungen, S. 288.

1301 Direktorial Archiv II.C.16c), No. 1, Mitteilung über den Tod des Rats Wiederhold vom 10. März 1850; ebenso ASA Interna, 49/1; Gesamtinventar, A 119 No. 1.; Ratsarchiv Qq.10.G.5.c.3.; Senatsakten Cl.VII. Lit.Ma No.10 Vol.2a Fasc.1 Vol 2 Invol. 11c.

1302 Direktorial Archiv II.C.16c), No. 1, Mitteilung über den Tod des Rats Wiederhold vom 10. März 1850; ebenso ASA Interna 49/1; Gesamtinventar, A 119 No. 1.; Ratsarchiv Qq.10.G.5.c.3.; Senatsakten Cl.VII. Lit.Ma No.10 Vol.2a Fasc.1 Vol 2 Invol. 11c.

ii) Gottlob Walther Friedrich Agathon Wunderlich (1850-1878)

Der Lübecker Gerichtsrat Gottlob Walther Friedrich Agathon Wunderlich arbeitete unter allen drei Präsidenten des Oberappellationsgerichts. Er war zwar nur kurze Zeit unter Heise tätig, erlebte aber die gesamte Amtszeit von Wächter und war bis kurz vor der Auflösung des Gerichts unter dem Präsidenten Kierulff beschäftigt. Wunderlich wurde am 12. März 1810 als ältester Sohn eines dortigen Philologieprofessors in Göttingen geboren.[1303]

Nach seiner Schulzeit widmete er sich zunächst der Philologie, wandte sich aber mehr und mehr den Rechtswissenschaften zu. Nach erfolgreichem Studium mit anschließender Dissertation 1832[1304] sowie der Habilitation im folgenden Jahr wurde Wunderlich Dozent in Göttingen und trat gleichzeitig in den praktischen Staatsdienst ein.[1305] Er wechselte 1837 nach Berlin, folgte aber schon ein Jahr später einem Ruf als Professor für römisches Recht nach Basel. Dort widmete er sich den Studien mittelalterlicher Prozesse, welche mit einigen Reisen nach Paris verbunden waren.[1306] Von Basel wechselte Wunderlich 1842 an die Universität Rostock und arbeitete erst als Mitglied, dann als Ordinarius des dortigen Spruchkollegiums.[1307] Damit konnte er sein schon in Göttingen begonnenes praktisches Engagement fortführen. Nach nur fünf Jahren erreichte Wunderlich ein Ruf nach Halle. Da er dort eine umfassendere Lehrtätigkeit zu erwarten hatte, wechselte er ein weiteres Mal die Universität.[1308] Hier lehrte er, bis sich ihm im Jahre 1850 eine neues Tätigkeitsfeld eröffnete.

Die Stadt Lübeck hatte Wunderlich zum Gerichtsrat an dem Oberappellationsgericht der vier freien Städte auf die Stelle des in den Ruhestand getretenen Rates Hach vorgeschlagen, nachdem sowohl Thöl aus Göttingen, als auch Friedrich August Liebe aus Braunschweig eine Anstellung an dem Gericht abgelehnt

---

1303 *Jhering*, Jahrbücher, 17. Band, S. 146; *Hagedorn*, S. 56; *ADB/Eisenhart*, 44. Band, S. 311; *Stintzing-Landsberg*, Abt. 3, Halbband 2, Noten, S. 213; *von Bippen*, Mitteilungen, S. 240.

1304 Der Titel der Dissertatio philologica-juridica lautete: „de antiqua literarum obligatione".

1305 *Griesebach*, S. 12; *Jhering*, Jahrbücher, 17. Band, S. 147; *Strintzing-Landsberg*, Abt. 3, Halbband 2, Noten, S. 213; *von Bippen*, Mitteilungen, S. 240.

1306 Als Ergebnis dieser Arbeiten erschienen folgende Werke: Joannis Andreae Summula de processu judicii, 1840; Tancredi summa de matrimonio, 1841; Anecdota, quem processum civilem spectant: Bulgarus, Damasus, Bonaguida, 1841.

1307 *Hagedorn*, S. 56; *Jhering*, Jahrbücher, 17. Band, S. 147; *Strintzing-Landsberg*, Abt. 3, Halbband 2, Noten, S. 213; *von Bippen*, Mitteilungen, S. 240.

1308 *ADB/Eisenhart*, 44. Band, S. 312; *Jhering*, Jahrbücher, 17. Band, S. 148; *Griesebach*, S. 12; *von Bippen*, Mitteilungen, S. 240.

hatten.[1309] Thöl war zwar sehr interessiert, er wollte aber die begonnenen juristischen Werke vollenden.[1310] Liebe fühlte sich seinem Vaterland zu sehr verpflichtet.[1311] In dem Vorstellungsschreiben der Stadt Lübeck wurde über Wunderlich hervorgehoben, er habe sich in Rostock und Halle durch „eine vielseitige juristische Bildung, vereinigt mit großer practischer Gewandtheit bewährt".[1312] In einem Brief an den Hamburger Senat hieß es ebenso: „(...) Professor Agathon Wunderlich zu Halle genießt den Ruf eines vielseitig gebildeten und practisch gewandten Rechtsgelehrten (...)."[1313]

Wunderlich, der schon immer gern in der Praxis gearbeitet hatte und daher eher Praktiker als Rechtswissenschaftler war, sagte zu und wurde am 13. November 1850, am Tage des 30jährigen Jubiläums des Oberappellationsgerichts, in sein Amt eingeführt.[1314] In einem Brief an Laspeyres wurde der neue Gerichtsrat als „ein unermüdlicher und dabei ein rascher Arbeiter, der unter den Acten aufräumt, daß es eine Freude ist" bezeichnet.[1315] Er galt als mit der Praxis ebenso vertraut wie mit der Wissenschaft. Der Verfasser betonte, das Oberappellationsgericht werde, „wenn es die Wahl auf ihn lenken könnte, eine ganz vortreffliche Acquisition an ihm machen".[1316]

Wunderlich widmete sich insbesondere dem Handelsrecht und arbeitete neben seinen Pflichten an einer Sammlung von Entscheidungen des Gerichts. Sein Werk mit dem Titel „Die Jurisprudenz des Oberappellationsgerichtes der vier freien Städte Deutschlands in Wechselsachen 1821-1857, nebst Anhang aus der Juris-

---

1309 Ratsarchiv Qq.10.G.5.c.1, Anzeige der Wahl Liebes vom19. Juni 1850; Direktorial Archiv II.C.17a), No. 5, Anzeige, dass Liebe die Berufung abgelehnt hat und die Wahl auf Wunderlich gefallen ist, vom 24. Juli 1850; ebenso Senatsakten Cl.VII. Lit.Ma No.10 Vol.2a Fasc.1 Vol 2 Invol. 11c; Ratsarchiv Qq.10.G .5.c.1; ASA Interna, 50/1, Brief Thöls vom 15. Juni 1850; Gesamtinventar, A 118 No. 3, Direktorialrescript, betr. Die Wahl Wunderlichs vom 26. August 1850.

1310 ASA Interna, 50/1, Brief Thöls vom 15. Juni 1850.

1311 Brief Liebes vom 15. Juli 1850.

1312 Ratsarchiv Qq.10.G.5.c.1., Brief von Lübeck an den Senat der Stadt Bremen vom 24. Juli 1850.

1313 Ratsarchiv Qq.10.G.5.c.1., Brief von Lübeck an den Senat der Stadt Hamburg vom 31. Juli 1850; Senatsakten Cl.VII. Lit.Ma No.10 Vol.2a Fasc.1 Vol 2 Invol. 11c.

1314 Direktorial Archiv II.C.17a), No. 21, Anlage A, Protokoll der Einführung und Verpflichtung des Rats Wunderlich vom 13. November 1850; ebenso ASA Interna 50/1; Gesamtinventar, A 118 No. 21.; Ratsarchiv Qq.10.G.5.c.1; Senatsakten Cl.VII. Lit.Ma No.10 Vol.2a Fasc.1 Vol 2 Invol. 11c.

1315 Brief an Laspeyres vom 21. April 1850, Ratsarchiv Qq.10.G.1.b.No.8,158.

1316 Brief an Laspeyres vom 21. April 1850, Ratsarchiv Qq.10.G.1.b.No.8,158.

prudenz des Handels- und Obergerichtes zu Hamburg in Wechselsachen" konnte im November 1855 veröffentlicht werden.[1317]

Wunderlich bedauerte das Ausscheiden der Stadt Frankfurt aus dem Verbund der freien Städte. Die Errichtung des Leipziger Oberhandelsgerichts 1869, aufgrund dessen das Oberappellationsgericht einen enormen Kompetenzverlust erlitt, beobachtete er mit Sorge.[1318] Als seine Kollegen Johann Friedrich Voigt und Carl August Eduard Drechsler als Gerichtsrat und Vizepräsident an das neue Bundesoberhandelsgericht in Leipzig übertraten, dachte auch Wunderlich zeitweise über einen solchen Schritt nach.[1319] Er konnte sich aber im Ergebnis nicht dazu entschließen.

Im Sommer 1871 reiste Jhering, der Gründer der Jahrbücher für die Dogmatik des römischen und deutschen Privatrechts, durch Lübeck. Er konnte Wunderlich bei dieser Gelegenheit überzeugen, sich redaktionell an den Jahrbüchern zu beteiligen. Die Mitarbeit des Gerichtsrats war jedoch nur spärlich, denn außer einem einzigen anonymen Beitrag im 13. Band beschränkte sich diese nur auf Wunderlichs Namensangabe auf den Titelblättern der Zeitschrift.[1320] Wunderlich hatte grundsätzlich Schwierigkeiten, Kritik zu verarbeiten. Dies zeigte sich, als er aus Angst vor strengen Beurteilungen seine 1846 fertig gestellte Sammlung von „Rechtssprüchen und Gutachten der Juristen-Facultät Rostock" anonym veröffentlichte. Seine Arbeit am Oberappellationsgericht wurde durch diese Schwäche jedoch nicht beeinträchtigt. Er kannte sich auf dem Gebiet des Altertums bestens aus, besaß eine ausführliche philologische Bildung und tiefgehende rechtswissenschaftliche Kenntnisse. Sein ausgedehntes und jederzeit abrufbares Wissen im römischen Recht drückte er durch zahlreiche Zitate römischer und griechischer Schriftsteller in seinen Briefen aus.[1321]

Seit 1870 verschlechterte sich der Gesundheitszustand Wunderlichs und er litt vor allem an einer Lähmung seiner rechten Hand und des Arms.[1322] Acht Jahre

---

1317 Es folgten noch weitere Sammlungen und Werke Wunderlichs: Die Jurisprudenz des Ober-Appellations-Gerichts der vier freien Städte Deutschlands in bürgerlichen Rechtssachen aus Lübeck 1848-55, 2 Bände, Bremen 1866; Heises Handelsrecht. Nach dem Originalmanuskript, Frankfurt 1858; Biblioteca Wunderlichiana: Altera editio, Halle 1858.

1318 *Jhering*, Jahrbücher, 17. Band, S. 150.

1319 Siehe oben, D.III.3.

1320 *Griesebach*, S. 13; *Jhering*, Jahrbücher, 17. Band, S. 145; *ADB/Eisenhardt*, Bd. 44, S. 313.

1321 *Strintzing-Landsberg*, Abt. 3, Halbband 2, Noten, S. 214; *Jhering*, Jahrbücher, 17. Band, S. 146.

1322 Ratsarchiv Qq.10.G.5.c.1., verschiedene Gutachten des behandelnden Arztes Dr. Pabst über das genaue Krankheitsbild Wunderlichs vom 28. November 1875, 28. April 1876 und 12. September 1877; Senatsakten Cl.VII. Lit.Ma No.10 Vol.2a

später musste er aus diesen Gründen nach mehrfacher Beurlaubung den Direktorialsenat um seine Versetzung in den Ruhestand bitten, die am 8. März 1878 erfolgte.[1323] Am 21. November 1878 starb Gottlob Friedrich Walther Agathon Wunderlich in Lübeck.[1324] In seinem Nachruf beschrieb Jhering ihn als „eher eigenartigen Charakter“. Es erklärt Wunderlichs Probleme mit Kritik an seiner Person, wenn Jhering ihn als „durch andere Meinungen leicht beirrbar“ charakterisiert.[1325] Er schreibt über Wunderlich: „Dürfte ich hier statt des Nachrufes an einen Mann der Wissenschaft eine psychologische Studie geben, der Verstorbene würde einen interessanten Stoff dazu liefern.“[1326] Wunderlich war zwar leicht reizbar, zeichnete sich aber in seiner Arbeit durch ein offenes Wesen, Strebsamkeit und Gründlichkeit aus. Er hatte eine schnelle Auffassungsgabe, die ihm eine zügige Aktenbearbeitung ermöglichte, wodurch er die Arbeit am Oberappellationsgericht vorantreiben konnte. Seine Referate in Hamburger Strafsachen galten unter den Richtern als mustergültig.[1327]

jj) Zwischenbetrachtung

Zusammenfassend kann hier festgehalten werden, dass von den zu Heises Amtszeit tätig gewesenen 16 Oberappellationsgerichtsräten insgesamt sechs, nämlich Müller, Cropp, Lüder, Schweppe, Overbeck und Wiederhold auch als Mitglieder desselben starben. Die drei Räte Pfeiffer, Gruner und Blume hatten das Gericht aus den jeweiligen oben genannten Gründen wieder verlassen. Hach und Goll waren wegen Krankheit und Altersschwäche emeritiert worden. Als der Oberappellationsgerichtspräsident Heise starb, waren fünf seiner damaligen Kollegen noch in ihrem Amt, nämlich du Roi, Oppenheimer, Pauli, Laspeyres und Wunderlich.

Fasc.1 Vol 3 Invol. 6 b und d, Beurlaubung des Rats Wunderlich aufgrund seines Gesundheitszustandes.

1323 Direktorial Archiv II.C.17e), wiederholter Antrag Wunderlichs um Versetzung in den Ruhestand und g), Versetzung Wunderlichs in den Ruhestand; ebenso ASA Interna 50/3 und 50/8; Gesamtinventar, A 126 No. 5. und 11; Ratsarchiv Qq.10.G.5.c.1.; Senatsakten Cl.VII. Lit.Ma No.10 Vol.2a Fasc.1 Vol 3 Invol. 20, abgelehnter Antrag um Versetzung in den Ruhestand von 1870; Bürgerschaftsarchiv D.2.Nr.18, Mitteilung des Senats vom 8. März 1878.

1324 Direktorial Archiv II.C.17h), No. 1, Mitteilung über den Tod des Rats Wunderlich vom 23. November 1878; ebenso Gesamtinventar, A 126 No. 17; Ratsarchiv Qq.10.G.5.c.1.; *Strintzing-Landsberg*, Abt. 3, Halbband 2, Noten, S. 213.

1325 *Jhering*, Jahrbücher, 17. Band, S. 152.

1326 *Jhering*, Jahrbücher, 17. Band, S. 152.

1327 *Görtz*, S. 591.

Die drei Präsidenten Heise, Wächter und Kierulff kamen aus einer vorherigen Professorentätigkeit, wobei alle drei bereits Erfahrungen in der Praxis aufweisen konnten. Insbesondere Kierulff war vorher schon Vizepräsident des mecklenburgischen Oberappellationsgerichts gewesen. Die erstbesetzten Räte waren mit Ausnahme der Professoren Schweppe und Cropp erfahrene Praktiker. Die sowohl während der Amtszeit Heises, als auch nach seinem Tod eingesetzten Oberappellationsgerichtsräte kamen ebenfalls größtenteils aus einer praktischen Tätigkeit. Lediglich Blume, Laspeyres und Wunderlich wechselten direkt von den jeweiligen Universitäten an das Oberappellationsgericht. Selbst die Gerichtsmitglieder, die direkt von den Universitäten an das Gericht kamen, waren alle Mitglieder von Spruchkollegien gewesen. Sie hatten dort bereits praktische Erfahrungen gesammelt und waren mit den Prozessgang vertraut. Damit kann und muss der damals wie heute teilweise kursierende Irrglaube entkräftet werden, das Gericht habe nur aus unpraktischen Professoren bestanden, die vor ihrer Zeit am Oberappellationsgericht der vier freien Städte keine praktischen Erfahrungen gemacht hätten.

Der Großteil der Gerichtsräte arbeitete nicht nur zusammen, sondern gestaltete auch die Freizeit gemeinsam. Man besuchte sich gegenseitig, um miteinander zu essen oder traf sich in Vereinen.[1328] Es blieb also nicht bei dem Umgang am Arbeitsplatz, sondern man pflegte die persönlichen Beziehungen und schloss teilweise enge Freundschaften. Dies war vor allem das Verdienst von Heise, der auf die außergerichtlichen Beziehungen großen Wert legte und diese durch regelmäßige Einladungen pflegte. Als er starb, war das Gericht durch ihn auf dem Höhepunkt seines Ruhmes und seiner Anerkennung.

b) Die Gerichtsräte unter Wächter und Kierulff

Nachdem Georg Arnold Heise 1850 sein Amt nicht weiter ausüben konnte und in Carl Georg von Wächter am 12. August 1851 ein würdiger Nachfolger für den Präsidentenstuhl des Oberappellationsgerichts gefunden worden war, traten noch 10 Räte in den Dienst des Gerichts.

Der Obergerichtsrat **Wilhelm Wibel** aus Oldenburg war von dem Senat der Stadt Bremen für die freie Stelle des in den Ruhestand getretenen Oberappellationsgerichtsrates Wiederhold vorgeschlagen und gewählt worden.[1329] Man

1328 Zu nennen ist hier die „Gesellschaft zur Beförderung gemeinnütziger Thätigkeiten“, in der beispielsweise Hach, Overbeck, Laspeyres, Gruner und Pauli Mitglieder waren.

1329 Direktorial Archiv II.C.18a), No. 1, Präsentation des Obergerichtsrats Wibel für die erledigte Ratsstelle vom 10. Mai 1850; ASA Interna, 49/2, Korrespondenz hinsichtlich der Wahl Wibels; Ratsarchiv Qq.10.G.5.c.3., Senatsprotokoll vom 27.

stellte jedoch fest, dass Wibel in Oldenburg zwar als „ein Mann von bedeutenden Fähigkeiten, von gründlichen Kenntnissen, von Geist, Feuer, Energie und Gewandtheit, der als Jurist und Richter sehr geachtet und dessen Wirksamkeit in seinem Collegium als in hohem Grade anregend anerkannt (...)“[1330] galt, jedoch hatte er auch zweifelhafte Seiten. Wibel besitze „ein gefährliches Maß an Phantasie und Leidenschaftlichkeit, eine ungezügelte Eitelkeit und bei einem tiefen Bedürfnis persönlicher Geltung eine sehr empfindliche Reizbarkeit“.[1331] Seinem Charakter fehle es an „innerer Festigkeit und Wahrheit“.[1332]

Wibels schlechter Ruf basierte auf dem „intimen Verkehr mit einer Familie unter seiner Bildung und den vertrauten Umgang mit einer Frau, deren guter Ruf sehr angefochten war.“[1333] Es handelte sich dabei um die Ehefrau des Oldenburgers Meier, mit der er schon „bei Lebzeiten des Mannes (...) ein unerlaubtes Verhältnis (...) unterhalten haben“ sollte, was des öfteren Anlass zu öffentlichem Ärgernis gegeben hatte.[1334] Sogar „ den Kindern in der Schule diente dies Verhältniß zum Spott“.[1335] Wibel galt zwar als gutmütig und sehr bescheiden in seinen Ansprüchen, war jedoch „durch seine Bekanntschaft mit diesem leidlichen, üppigen (...) Weibe, welche den übertriebensten Luxus macht, in die schwersten Schulden gestürzt. (...) Als Jurist gilt er in Oldenburg, als Mensch ist die Achtung vor ihm unter Null“.[1336] Auch in einem anderen Brief heißt es, Wibel „stecke bis über beide Ohren in Schulden“.[1337] Es hielt sich sogar hartnäckig das Gerücht, dass Wibel dem Ehemann dieser Frau, als dieser wegen „eines Cassen-Defekcts in Untersuchung genommen“ wurde, mittels eines falschen Passes zur Flucht verholfen habe.

Aus diesen Gründen äußerten die Senate der Städte Lübeck und Frankfurt Zweifel an der Qualifikation Wibels und es wurde von der Wahl abgesehen.[1338] Dies führte zu einer lebhaften Auseinandersetzung zwischen dem Bremer Senat

---

April 1850; Bürgerschaftsarchiv D.2.Nr.1, Mitteilung des Senats an die Bürgerschaft vom 27. April 1850; Senatsakten Cl.VII. Lit.Ma No.10 Vol.2a Fasc.1 Vol 2 Invol. 11c.

1330 Ratsarchiv Qq.10.G.5.c.3., Brief vom 30. April 1850.

1331 Ratsarchiv Qq.10.G.5.c.3., Brief vom 30. April 1850.

1332 Ratsarchiv Qq.10.G.5.c.3., Brief vom 30. April 1850.

1333 Ratsarchiv Qq.10.G.5.c.3., Brief vom 30. April 1850.

1334 Ratsarchiv Qq.10.G.5.c.3., Brief vom 30. April 1850.

1335 ASA Interna, 49/2.

1336 ASA Interna, 49/2.

1337 Senatsakten Cl.VII. Lit.Ma No.10 Vol.2a Fasc.1 Vol 2 Invol. 11c, Brief von Carl Petersen vom 26. April 1850.

1338 Direktorial Archiv II.C.18a), No. 2, ablehnede Antwort des Lübeckischen Senats vom 26. Juni 1850, und No. 4, ablehnende Antwort des Frankfurter Senats vom 9. Juli 1859.

und der Bürgerschaft, die bloße Gerüchte oder einen etwas auffälligen Lebenswandel nicht für ausreichend hielten, um die Einstellungsvoraussetzung „von unbescholtenem Lebenswandel" zu verneinen.[1339] Im Ergebnis konnte sich der Senat der Stadt Bremen durchsetzen und stellte stattdessen den Staatsrat **Christian Friedrich Hermann Brandis** aus Meiningen vor.[1340]

Dieser war seit 1840 Rat bei dem Landgericht zu Hildburghausen. Ein Jahr später wurde er nach Meiningen an das Ministerium versetzt, um dort als geheimer Referendar das Referat in Justizsachen zu übernehmen.[1341] Das Oberappellationsgericht Jena hatte ihn schon 1844 als Rat vorgeschlagen, allerdings hatte Brandis auf Wunsch des Herzogs den Ruf abgelehnt. Drei Jahre später wurde er zum verantwortlichen Mitglied des Ministeriums ernannt und trat 1848 als Vorsitzender der Justiz- und Kulturabteilung in das neue Ratsministerium ein. Seit 1849 war er selbstständig und lebte von einzelnen Aufträgen des Ministeriums in Gesetzgebungssachen.[1342] Für ihn sprachen die wohlwollenden Beurteilungen, die der Bürgermeister Smidt über ihn eingezogen hatte und die Empfehlung Heises vom 26. Januar 1851. Dieser schrieb nämlich noch kurz vor seinem Tod: „Unter allen mir genannten Candidaten würde ich, soweit meine Kunde und mein Urteil reicht, diesem den Vorzug geben. Seine Schrift über den Ungehorsam im Prozess und seine Abhandlung im 6. Bande des Rheinischen Merkurs sind ganz vorzügliche Arbeiten, und ich würde schon früher auf ihn aufmerksam gemacht haben, wenn ich bei seiner Stellung in Meiningen daran hätte denken können, daß er einen Ruf hierher anzunehmen geneigt sein werde."[1343]

Brandis erhielt die Zustimmung der Senate, nahm die Wahl an und wurde am 13. Juni 1851 verpflichtet und eingeführt.[1344] Allerdings erkrankte er schon 1855

1339 Ratsarchiv Qq.10.G.5.c.3., Beschluss der Bürgerschaft vom 4. Dezember 1850; Mitteilung des Senats an die Bürgerschaft vom 17. Dezember 1850; Beschluss der Bürgerschaft vom 15. Januar 1851, Mitteilung des Senats an die Bürgerschaft vom 28. Januar 1851; ebenso Bürgerschaftsarchiv D.2.Nr.1, Mitteilung des Senats an die Bürgerschaft vom 4. November 1850.

1340 Direktorial Archiv II.C.18a), No. 6, Präsentation des Staatsrats Brandis vom 14. Februar 1851; ebenso ASA Interna, 49/2; Ratsarchiv Qq.10.G.5.c.3.; Gesamtinventar, A 119 No. 2, Berufung Brandis vom 10. Februar 1857; Senatsakten Cl.VII. Lit.Ma No.10 Vol.2a Fasc.1 Vol 2 Invol. 11c.

1341 Ratsarchiv Qq.10.G.5.c.3., Bericht vom 12. Februar 1851.

1342 Ratsarchiv Qq.10.G.5.c.3., Bericht vom 12. Februar 1851.

1343 Ratsarchiv Qq.10.G.5.c.3., Schreiben Heises vom 26. Januar 1851.

1344 Direktorial Archiv II.C.18a), No. 27, Bericht betr. die erfolgte Verpflichtung und Einführung des Rats Brandis vom 14. Juni 1851; ebenso ASA Interna 49/2; Gesamtinventar, A 119 No. 19.; Ratsarchiv Qq.10.G.5.c.3.; Senatsakten Cl.VII. Lit.Ma No.10 Vol.2a Fasc.1 Vol 2 Invol. 11c.

und musste daher beurlaubt werden.[1345] Schließlich wurde er 1879 zusammen mit Präsident Kierulff mit der Auflösung des Gerichts in den Ruhestand versetzt.[1346] Christian Friedrich Hermann Brandis starb am 22. Februar 1893.[1347]

Zwei Jahre nach seiner Einstellung, am 15. Dezember 1853, vereidigte das Oberappellationsgericht **Johann Friedrich Voigt** aus Hamburg. Er besetzte die Stelle des in den Ruhestand entlassenen Gerichtsrates Oppenheimer.[1348] Der gebürtige Hamburger hatte zu diesem Zeitpunkt bereits 25 Jahre Berufserfahrung als Anwalt. Er hatte sich durch Fleiß, Geschicklichkeit und Gerechtigkeit einen sehr guten Ruf als Praktiker und die Achtung der Gerichte erarbeitet.[1349] Diese Eigenschaften zeichneten ihn auch als Gerichtsrat aus. Als 1869 in Leipzig das Bundesoberhandelsgericht errichtet wurde, erreichte ihn eine Berufung zum Gerichtsrat an dasselbe und er bat um seine Entlassung.[1350] Voigt verließ im Juli 1870 das Oberappellationsgericht der vier freien Städte.[1351]

Kurz nach Voigt trat am 16. Juni 1854 Professor **Ernst Wilhelm Lois Carl Zimmermann** aus Basel seinen Dienst am Oberappellationsgericht an.[1352] Er rückte auf die Stelle des verstorbenen Gerichtsrats du Roi. Zimmermann war am 31. Januar 1812 in Rüsselsheim geboren worden. Seine Bekanntheit basierte auf einigen seiner juristischen Abhandlungen. Er hatte 1848 eine Stelle als Obergerichtsrat an dem Obergericht in Marburg angenommen.[1353] Doch schon zwei Jahre später musste er aufgrund der politischen Vorgänge in Kurhessen von diesem

---

1345 Direktorial Archiv II.C.18b), No. 1, Schreiben betr. ein Beurlaubungsgesuch des Rats Brandis vom 6. September 1855; Ratsarchiv Qq.10.G.5.c.3., Schreiben des Direktorialsenats vom 6. September 1855.

1346 Direktorial Archiv II.B.3h), Versetzung des Rats Brandis in den Ruhestand; Ratsarchiv Qq.10.G.5.c.3., Auszug aus dem Senatsprotokoll vom 13. Mai 1879.

1347 Ratsarchiv Qq.10.G.5.c.3., Anzeige des Ablebens von Brandis vom 5. April 1893.

1348 Direktorial Archiv II.C.19a), No. 14, Protokoll der Vereidigung und Einführung vom 15. Dezember 1859; ebenso ASA Interna, 51/1; Ratsarchiv Qq.10.G.5.c.4., Abschrift der Ernennungsurkunde vom 29. November 1853; Senatsakten Cl.VII. Lit.Ma No.10 Vol.2a Fasc.1 Vol 2 Invol. 11c.

1349 Direktorial Archiv II.C.19a), No. 1, Vorstellung Voigts für die erledigte Ratsstelle vom 5. September 1853; ebenso ASA Interna, 51/1; Ratsarchiv Qq.10.G.5.c.4.

1350 ASA Interna 51/1, Entlassungsgesuch vom 20. Juni 1870; Ratsarchiv Qq.10.G.5.c.4., Auszug aus dem Senatsprotokoll vom 21. Juni 1870; Senatsakten Cl.VII. Lit.Ma No.10 Vol.2a Fasc.1 Vol 3 Invol. 17c.

1351 Direktorial Archiv II.C.19c), Entlassung Voigts; ebenso ASA Interna 51/1; Gesamtinventar, A 123 No. 1; Senatsakten Cl.VII. Lit.Ma No.10 Vol.2a Fasc.1 Vol 3 Invol. 17c.

1352 Direktorial Archiv II.C.20a), No. 18, Protokoll betr. die Verpflichtung und Ernennung des Rats Zimmermann vom 16. Juli 1854; ebenso ASA Interna 51/2; Senatsakten Cl.VII. Lit.Ma No.10 Vol.2a Fasc.1 Vol 2 Invol. 11c.

1353 Ratsarchiv Qq.10.G.5.c.3., Bericht der Justizkommission.

Amt zurücktreten und wurde Dozent an der Universität Marburg. Im Jahre 1852 erreichte Zimmermann ein Ruf an die Universität Basel, wo er Vorlesungen im Römischen Recht und Zivilprozess hielt, bevor er vom Senat der Stadt Bremen am 17. Dezember 1853 als Oberappellationsgerichtsrat vorgeschlagen worden war.[1354] Für Zimmermann sprachen sein „geeignetes Lebensalter" und dass er den Ruf „gerne annehmen" würde.[1355] Er genoss sowohl in Hamburg, als auch in Lübeck allgemeine Anerkennung. Oberappellationsgerichtsrat Brandis kannte ihn persönlich und betonte dieser habe durch seine Persönlichkeit und seine gründliche juristische Bildung einen äußerst vorteilhaften Eindruck auf ihn gemacht.[1356] Zimmermann hatte sich bereits durch einige Abhandlungen auch wissenschaftlich hervorgehoben und konnte „glänzende" Zeugnisse vorweisen.

Im Jahre 1872 erkrankte er für längere Zeit schwer[1357], bevor der Präsident Kierulff dem Direktorialsenat am 7. Mai 1877 den Tod des Rates Zimmermann mitteilen musste.[1358]

Es folgte eine längere Pause von zehn Jahren, bevor **Carl August Eduard Drechsler** vom Senat der Stadt Frankfurt zum Oberappellationsgerichtsrat gewählt wurde.[1359] Nach seiner Einführung am 2. Mai 1864 übernahm er als siebter Rat die Stellvertretung des erkrankten Gerichtsrates Laspeyres bis zu dessen Tod.[1360] Drechsler war ehemaliger Bürgermeister der Stadt Parchim und war am Oberappellationsgericht Rostock für die Besetzung einer Ratsstelle schon in der

---

1354 Direktorial Archiv II.C.20a), No. 1, Vorschlag des Professor Zimmermann für die erledigte Ratsstelle vom 17. Dezember 1853; ebenso ASA Interna, 51/2; Ratsarchiv Qq.10.G.5.c.3.; Gesamtinventar, A 121 No. 2, Berufung Zimmermanns vom 9. Januar 1854; Bürgerschaftsarchiv D.1.Nr.3, Protokoll über die Wahl vom 16. Dezember 1853.

1355 Ratsarchiv Qq.10.G.5.c.3., Bericht der Justizkommission.

1356 Ratsarchiv Qq.10.G.5.c.3., Bericht der Justizkommission.

1357 Direktorial Archiv II.C.20c), No. 1, Präsidialbericht betr. die Erkrankung des Rats Zimmermann vom 17. Mai 1872; Gesamtinventar, A 121 No. 23; Ratsarchiv Qq.10.G.5.c.3.; Senatsakten Cl.VII. Lit.Ma No.10 Vol.2a Fasc.1 Vol 3 Invol. 1e und Invol. 30, Erkrankung des Rats Zimmermann.

1358 Direktorial Archiv II.C.20d), No. 1, Mitteilung über den Tod des Rats Zimmermann vom 8. Mai 1877; ebenso ASA Interna 51/2; ebenso Gesamtinventar, A 121 No. 24.

1359 ASA Interna, 51/3, Mitteilung Frankfurts vom 6. November 1863; Ratsarchiv Qq.10.G.5.c.2; Senatsakten Cl.VII. Lit.Ma No.10 Vol.2a Fasc.1 Vol 2 Invol. 11f.

1360 Direktorial Archiv II.C.21a), No. 20, Bericht über die Einführung und Verpflichtung des Rats Drechsler vom 7. Mai 1864; ebenso ASA Interna, 51/3; Gesamtinventar, A 122 No. 4, Ernennung Drechslers vom 30. November 1863; Senatsakten Cl.VII. Lit.Ma No.10 Vol.2a Fasc.1 Vol 2 Invol. 11f.

engeren Wahl gewesen.[1361] Er war dem Oberappellationsgericht als ein Mann von „hoher Bedeutung, ausgezeichneten Kenntnissen und praktischer Durchbildung“ empfohlen worden.[1362] Im Oktober 1867 wurde Drechsler zum Bedauern seiner Kollegen vom Direktorialsenat beurlaubt, um als Mitglied der Kommission an den Arbeiten zur einer Zivilprozessordnung des Norddeutschen Bundes teilzunehmen.[1363] Drei Jahre später erhielt er einen Ruf als Vizepräsident an das Bundesoberhandelsgericht in Leipzig. Angesichts der absehbaren Auflösung des Oberappellationsgerichts verließ Drechsler das Gericht der vier freien Städte im März 1870.[1364]

Erst sechs Jahre später wurden die durch den Wechsel der Räte Voigt und Drechsler an das Bundesoberhandelsgericht frei gewordenen Stellen neu besetzt. Der Senat der Stadt Hamburg schlug 1870 die Professoren **Dr. Carl Friedrich Rudolf Heinze** aus Leipzig und **Christian David Rudolph Schlesinger** aus Göttingen für die freien Ratsstellen vor.[1365]

Schlesinger kam aus Hamburg und hatte dort von 1853 bis 1857 als Anwalt gearbeitet. Er kam daher ursprünglich aus der Rechtspraxis. Im Jahre 1862 wurde er in Göttingen habilitiert und anschließend zum ordentlichen Professor in Marburg berufen. Hier lagen seine Schwerpunkte im Handelsrecht und in den Pandekten und er war Mitglied des dortigen Spruchkollegiums. Schlesinger hatte bereits einige wissenschaftliche Schriften veröffentlicht. Friedrich Rudolph Heinze war schon vor seiner Professorenstelle in Leipzig 1856 am Oberappellationsge-

---

1361 Direktorial Archiv II.C.21a), No. 1, Mitteilung der Stadt Frankfurt über die auf den Bürgermeister Drechsler gefallene Wahl, vom 6. November 1863; ebenso Ratsarchiv Qq.10.G.5.c.2.

1362 Direktorial Archiv II.C.21a), No. 1, Mitteilung der Stadt Frankfurt über die auf den Bürgermeister Drechsler gefallene Wahl, vom 6. November 1863; ebenso Ratsarchiv Qq.10.G.5.c.2.

1363 Direktorial Archiv II.C.21c), No. 1, Antrag auf Beurlaubung des Rats Drechsler wegen dessen Teilnahme an den Arbeiten einer Kommission zur Entwerfung einer Prozessordnung in bürgerlichen Rechtsstreitigkeiten für die Staaten des Norddeutschen Bundes vom 5. Oktober 1867; Gesamtinventar, A 75, Direktorialrescript an den Präsidenten Kierulff vom 21. Oktober 1867; A 122 No. 38 ff.; ASA Interna 51/3; Ratsarchiv Qq.10.G.5.c.2.; Senatsakten Cl.VII. Lit.Ma No.10 Vol.2a Fasc.1 Vol 3 Invol. 6a.

1364 Direktorial Archiv II.C.21d), Entlassung Drechslers; ebenso ASA Interna 51/3; Gesamtinventar, A 124 No. 1.; Ratsarchiv Qq.10.G.5.c.2.; Senatsakten Cl.VII. Lit.Ma No.10 Vol.2a Fasc.1 Vol 3 Invol. 17b.

1365 Direktorial Archiv II.C.23a), No. 1, Mitteilung der Berufung der Professoren Schlesinger und Heinze an das Gericht für die an das Bundesoberhandelsgericht berufenen Räte Voigt und Drechsler vom 18. Juli 1870; ebenso ASA Interna 52/1; Gesamtinventar, A 123 No. 2, Direktorialrescript betr. die Wahl Schlesingers vom 11. August 1870; Ratsarchiv Qq.10.G.5.c.4.

richt Dresden tätig gewesen und dadurch mit der juristischen Praxis vertraut. Er zog jedoch kurze Zeit später seine Zusage gegenüber den Senaten der vier Städte wieder zurück.[1366] Eine genauere Begründung dafür lässt sich aus den Personalakten nicht entnehmen. Daraufhin wurde der Professor Richard Eduard John aus Göttingen an das Oberappellationsgericht berufen. Dieser war vor seiner Anstellung in Göttingen bereits Professor an den Universitäten in Königsberg und Kiel gewesen.[1367] Er verfügte über praktische Erfahrung, denn John war in Göttingen Mitglied des dortigen Spruchkollegiums gewesen. Auch John war bereits wissenschaftlich tätig gewesen. Der Hauptgrund für seine Ernennung war jedoch seine umfassende Kenntnis im Strafrecht, denn die Mitglieder des Gerichts hatten sich die Berufung eines Strafrechtlers gewünscht. John war „allgemein hochgeschätzt" und galt als einer der „anerkanntesten Criminalisten".[1368] Am 2. September 1870 nahm John die Wahl zum Oberappellationsgerichtsrat an[1369] und am 28. September 1870 folgte auch Schlesinger dem Ruf des Oberappellationsgerichts. Beide wurden am 18. Oktober 1870 zusammen verpflichtet und eingeführt.[1370]

Schon Ende 1875 erreichte John ein Ruf auf die Stelle des verstorbenen Professors Zachariae. Aus diesem Grund bat er den Direktorialsenat um seine Entlassung, um zum 1. April 1877 zurück an die Universität Göttingen zu wechseln.[1371] Auch Schlesinger reichte am 3. Mai 1879, einige Monate vor der Auflösung des Oberappellationsgerichts, sein Entlassungsgesuch beim Direktorialsenat ein.[1372] Er hatte einen Ruf auf eine Ratsstelle am Reichsgericht erhalten.

1366 Direktorial Archiv II.C.23a), No. 5, Mitteilung der Zurückziehung der Zusage des Professors Heinze vom 9. August 1870; Ratsarchiv Qq.10.G 5.c.4; Senatsakten Cl.VII. Lit.Ma No.10 Vol.2a Fasc.1 Vol 3 Invol. 17e.

1367 Direktorial Archiv II.C.22a), No. 1, Präsentation des Professors John durch Hamburg vom 18. August 1870; ebenso ASA Interna 52/1.

1368 Senatsakten Cl.VII. Lit.Ma No.10 Vol.2a Fasc.1 Vol 3 Invol. 17e, Schreiben des Senators Weber vom 19. August 1870.

1369 Direktorial Archiv II.C.22a), No. 5, Anzeige der Annahme der Wahl des Professors John vom 2. September 1870; ebenso ASA Interna, 52/1.

1370 Direktorial Archiv II.23a), No. 14, Anzeige der erfolgten Ernennung Schlesingers vom 28. September 1870, No. 21, Protokoll der Einführung und Verpflichtung der Räte Schlesinger und John vom 18.Oktober 1870; ebenso ASA Interna 52/1; Gesamtinventar, A 123 No. 7.; A 124 No. 8; Senatsakten Cl.VII. Lit.Ma No.10 Vol.2a Fasc.1 Vol 3 Invol. 17e.

1371 Direktorial Archiv II.C.22c), Entlassung des Rats John; ebenso ASA Interna, 52/1; Gesamtinventar, A 125 No. 1.; Ratsarchiv Qq.10.G.5.c.4., Entlassungsgesuch Johns vom 20. Dezember 1875; Senatsakten Cl.VII. Lit.Ma No.10 Vol.2a Fasc.1 Vol 3 Invol. 37.

1372 Direktorial Archiv II.C.23c), No. 1, Entlassungsgesuch des Rats Schlesinger vom 3. Mai 1879 aufgrund seiner Erwählung zum Reichsgerichtsrat; ASA Interna 52/1, Entlassung Schlesingers; ebenso Ratsarchiv Qq.10.G.5.c.4.

Nachdem Oberappellationsgerichtsrat John das Gericht verlassen hatte, war dem Bremer Direktorialsenat zwar die Möglichkeit gegeben, auf Grundlage des § 1 des Zusatzvertrages zu dem Vertrag wegen Beibehaltung des Oberappellationsgerichts als gemeinschaftlichen obersten Gerichtshof vom 13. Juli 1870[1373] die freie Stelle nicht neu zu besetzen, jedoch beschloss man wegen des Personalmangels von dieser Möglichkeit abzusehen.[1374] Außer dem Präsidenten gehörten dem Gericht zu dieser Zeit nur zwei vollbeschäftigte Mitglieder an, da alle anderen entweder beurlaubt oder erkrankt waren. Der Hamburger Senat schlug den Appellationsrat **Carl August Ludwig Friedrich Lehmann** aus Oldenburg für die freie Stelle des nach Göttingen zurückgekehrten Rates John vor.[1375] Präsident Kierulff hatte auf diesen für das Amt besonders qualifizierten Juristen hingewiesen, da in der gegenwärtigen Situation des Gerichts ein erfahrener Praktiker einer akademischen Persönlichkeit vorzuziehen sei.[1376]

Der am 9. November 1833 im Großherzogtum Oldenburg geborene Lehmann hatte seit 1853 an den Universitäten Heidelberg und Göttingen studiert. Sein Staatsexamen bestand er mit „Zeugnissen ersten Charakters" und wurde 1860 „Hilfsrichter" und außerordentliches Mitglied am Obergericht in Oldenburg.[1377] Er war als Staatsanwalt und Untersuchungsrichter tätig, bevor er 1868 zum Amtsrichter in Ahrensböck ernannt wurde.[1378] Schon sein Vater war Oberjustizrat in Oldenburg gewesen. Seit 1874 war Lehmann Mitglied des Appellationssenates des Oberappellationsgerichts in Oldenburg und übte wiederholt das Amt des

1373 Siehe oben, D.III.3.

1374 Direktorial Archiv II.C.24a), No. 1, Mitteilung des Entlassungsgesuch und Vorschlag, die Stelle zügig neu zu besetzen vom 28. Januar 1876; Ratsarchiv Qq.10.G.5.c.1., Bericht des Präsidenten Kierulff vom 3. Juli 1876 und Qq.10.G.5.c.4.

1375 Direktorial Archiv II.C.24a), No. 6, Präsentation Lehmanns vom 18. Februar 1876; ebenso ASA Interna, 52/2; Ratsarchiv Qq.10.G.5.c.4.; Gesamtinventar, A 125 No. 2, Rescript vom 4. März 1876; Senatsakten Cl.VII. Lit.Ma No.10 Vol.2a Fasc.1 Vol 3 Invol. 38.

1376 Direktorial Archiv II.C.24a), No. 6, Präsentation Lehmanns vom 18. Februar 1876; ebenso ASA Interna, 52/2; Ratsarchiv Qq.10.G.5.c.4.; Gesamtinventar, A 125 No. 2, Rescript vom 4. März 1876; Senatsakten Cl.VII. Lit.Ma No.10 Vol.2a Fasc.1 Vol 3 Invol. 38.

1377 Direktorial Archiv II.C.24a), No. 6, Präsentation Lehmanns vom 18. Februar 1876; ebenso ASA Interna, 52/2; Ratsarchiv Qq.10.G.5.c.4.; Gesamtinventar, A 125 No. 2, Rescript vom 4. März 1876; Senatsakten Cl.VII. Lit.Ma No.10 Vol.2a Fasc.1 Vol 3 Invol. 38.

1378 Direktorial Archiv II.C.24a), No. 6, Präsentation Lehmanns vom 18. Februar 1876; ebenso ASA Interna, 52/2; Ratsarchiv Qq.10.G.5.c.4.; Gesamtinventar, A 125 No. 2, Rescript vom 4. März 1876; Senatsakten Cl.VII. Lit.Ma No.10 Vol.2a Fasc.1 Vol 3 Invol. 38.

Schwurgerichtspräsidenten aus. Er wurde als rasch arbeitend, „unbescholten", in seiner Wissenschaft vertraut und als ruhige Person charakterisiert.[1379] Durch verschiedene wissenschaftliche Abhandlungen über zivil- und strafrechtliche Probleme hatte sich Lehmann einen Namen machen können. Am 22. Mai 1876 erfolgte die Einführung und Verpflichtung des neuen Oberappellationsgerichtsrates.[1380] Zwei Jahre später bat er wieder um Entlassung aus seinem Amt, da er zum „Mitglied der Recurscommission des Socialistengesetzes" gewählt worden war.[1381]

Nachdem Oberappellationsgerichtsrat Pauli im August 1876 in den Ruhestand getreten war, wurde im Dezember Obergerichtsrat **Carl Ernst August Ludwig Hoppenstedt** aus Hannover von der Stadt Hamburg für dessen Stelle vorgeschlagen.[1382] Der 42-jährige Jurist war noch unverheiratet und daher aus Sicht des Gerichts in günstigen äußeren Verhältnissen. Er war in Osnabrück, Göttingen, Hannover und Stade als Amtsrichter, Untersuchungs-, Prozess-, Konkurs-, und Handelsregisterrichter tätig gewesen, verfügte also über eine umfangreiche praktische Erfahrung.[1383] Seine Examina hatte er mit dem Prädikat „ausgezeichnet" bestanden.[1384] Seit dem 1. Juni 1868 war er Mitglied des Obergerichts Hannover. Hoppenstedt galt als außerordentlich juristisch begabt, überaus fleißig und wurde sogar als „Zierde eines jeden Gerichts" bezeichnet.[1385] Er selbst schrieb über sich: „Ich bin mit Lust und Liebe dem richterlichen Beruf ergeben, arbeite gern, bestrebe mich, meine Pflichten zu Zufriedenheit der Beteiligten zu erfüllen

---

1379 Direktorial Archiv II.C.24a), No. 6, Präsentation Lehmanns vom 18. Februar 1876; ebenso ASA Interna, 52/2; Ratsarchiv Qq.10.G.5.c.4.; Gesamtinventar, A 125 No. 2, Rescript vom 4. März 1876; Senatsakten Cl.VII. Lit.Ma No.10 Vol.2a Fasc.1 Vol 3 Invol. 38.

1380 Direktorial Archiv II.C.24a), No. 24, Protokoll der Einführung und Verpflichtung Lehmanns vom 22. Mai 1876; ebenso ASA Interna, 52/2; Gesamtinventar, A 125 No. 9.

1381 Direktorial Archiv II.C.24b), Wahl Lehmanns in die Rekurskommission des Socialistengesetzes; Ratsarchiv Qq.10.G.5.c.4., Akte betreffend die Berufung des Rats Lehmann zum Eintritt in die Recurscommission des Sozialistengesetzes.

1382 Direktorial Archiv II.C.25a), No. 1, Präsentation Hoppenstedts vom 15. Dezember 1876; ebenso ASA Interna 52/3; Gesamtinventar, A 127 No. 3.; Ratsarchiv Qq.10.G.5.c.4.

1383 Ratsarchiv Qq.10.G.5.c.4., Bericht an den Bremer Senat vom 15. Dezember 1876; Senatsakten Cl.VII. Lit.Ma No.10 Vol.2a Fasc.1 Vol 3 Invol. 40.

1384 Senatsakten Cl.VII. Lit.Ma No.10 Vol.2a Fasc.1 Vol 3 Invol. 40, Brief Hoppenstedts vom 21. November 1876.

1385 Direktorial Archiv II.C.25a), No. 1, Präsentation Hoppenstedts vom 15. Dezember 1876; ebenso ASA Interna, 52/2; Gesamtinventar, A 127 No. 3; Senatsakten Cl.VII. Lit.Ma No.10 Vol.2a Fasc.1 Vol 3 Invol. 40, Brief des Präsidenten des Königlichen Obergerichts in Hannover vom 6, Dezember 1876.

und hoffe, dem wichtigen und ehrenvollen Amte eines Hanseatischen obersten Richters einigermaßen gerecht zu sein."[1386] Es war keine Überraschung, dass man sich unter den Senaten der Städte über die Wahl Hoppenstedts zum neuen Oberappellationsgerichtsrat einig war und er nach seiner Zusage am 5. April 1877 in den Gerichtsalltag eingeführt wurde.[1387] Als mit der Umsetzung der Reichsjustizgesetze die Auflösung des Oberappellationsgerichts unmittelbar bevorstand, wählte der Senat der Stadt Lübeck Hoppenstedt zum zukünftigen Präsidenten des zum 1. Oktober neu errichteten Landgerichts.[1388] Aus diesem Grund wurde er nach seinem Gesuch an den Direktorialsenat vom 11. Mai 1879 aus dem Justizdienst der freien Hansestädte zu dem Auflösungsdatum entlassen, um anschließend in sein neues Amt wechseln zu können.[1389]

Das letzte vor Auflösung des Oberappellationsgerichts der freien Hansestädte durch den Senat der Stadt Bremen gewählte Mitglied war der Bremer Richter **Georg Heinrich Ritter**.[1390] Er sollte den am 7. Mai 1877 verstorbenen Oberappellationsgerichtsrat Zimmermann ersetzen. Ritter war 1873 zum Zeichen seiner Anerkennung als einer der jüngsten Obergerichtsräte der Provinz Hannover zum Königlich Preußischen Appellationsgerichtsrat in das Appellationsgericht zu Ehrenbreitstein versetzt worden.[1391] Anschließend wählte man ihn zum Mitglied des Bremer Obergerichts.[1392] Neben seiner richterlichen Tätigkeit hatte er sich auch der wissenschaftlichen Arbeit gewidmet und bereits mehrere Schriften veröffentlicht. Die hervorragenden Zeugnisse Ritters führten zu seiner Einstellung zum 11. Oktober 1877 am Oberappellationsgericht der freien Hansestädte.[1393] Mit der

---

1386 Senatsakten Cl.VII. Lit.Ma No.10 Vol.2a Fasc.1 Vol 3 Invol. 40, Brief Hoppenstedts vom 21. November 1876.

1387 Direktorial Archiv II.C.25a), No. 15, Protokoll der Einführung Hoppenstedts vom 5. April 1877; ebenso ASA Interna 52/3; Senatsakten Cl.VII. Lit.Ma No.10 Vol.2a Fasc.1 Vol 3 Invol. 40.

1388 Ratsarchiv Qq.10.G.5.c 4., Akte betreffend den Rat Hoppenstedt bei seinem Übertritt in den Justizdienste der Stadt Lübeck als Präsident des dortigen Landgerichts.

1389 Direktorial Archiv II.C.25b), Entlassung Hoppenstedts; ebenso ASA Interna 52/3.

1390 Direktorial Archiv II.C.26a), No. 2, Präsentation des Richters Ritter durch den Bremer Senat vom 24. August 1877; ebenso Gesamtinventar, A 75 und A 128, No. 1, Ernennungsdrecret vom 13. September 1877; ASA Interna 52/4; Ratsarchiv Qq.10.G.5.c.3.

1391 Direktorial Archiv II.C.26a), No. 2, Präsentation des Richters Ritter durch den Bremer Senat vom 24. August 1877; ebenso Gesamtinventar, A 75 und A 128, No. 1, Ernennungsdecret vom 13. September 1877; ASA Interna 52/4.

1392 Direktorial Archiv II.C.26a), No. 2, Präsentation des Richters Ritter durch den Bremer Senat vom 24. August 1877; ebenso Gesamtinventar, A 75 und A 128, No. 1, Ernennungsdecret vom 13. September 1877; ASA Interna 52/4.

1393 Direktorial Archiv II.C.26a), No. 16, Protokoll der Einführung Ritters vom 11. Oktober 1877; ebenso Ratsarchiv Qq.10.G.5.c.3.

Auflösung des Gerichts wurde Ritter zum Präsidenten des von den Stadtstaaten Lübeck, Hamburg und Bremen unter der Bezeichnung „Hanseatisches Oberlandesgericht" gemeinsam durch Übereinkunft vom 30. Juni 1879 errichteten Obergerichts mit Sitz in Hamburg ernannt.

Als am 1. Oktober 1879 im Rahmen der Reichsjustizgesetze die neue Gerichtsordnung eingeführt und damit die gesamte deutsche Rechtspflege grundlegend umgestaltet worden war, blieb wie schon dargestellt kein Platz mehr für das gemeinsame oberste Gericht. Zu dieser Zeit war das Oberappellationsgericht noch mit den Räten Brandis, Schlesinger, Lehmann, Hoppenstedt und Ritter sowie dem Präsidenten Kierulff besetzt. Brandis wurde wegen seiner Erkrankung in den Ruhestand versetzt, Schlesinger zum Rat am Reichsgericht gewählt, Lehmann war zum Mitglied in die „Recurskommission des Sozialistengesetzes" ernannt worden, Hoppenstedt wurde zum Präsidenten des neuen Landgerichts und Ritter zum Präsidenten des Hanseatischen Oberlandesgerichts gewählt. So waren für die letzten Räte akzeptable Lösungen für ihren Verbleib nach der Auflösung des Gerichts gefunden worden. Kierulff trat wie oben dargestellt in den Ruhestand.[1394]

Zusammenfassend kann zu den unter den Präsidentschaften Wächters und Kierulffs berufenen Gerichtsräten bemerkt werden, dass die schon unter Heise festgelegten, ungeschriebenen Kriterien für die Einstellung neuer Räte nicht nur weiterhin berücksichtigt, sondern sogar noch verschärft wurden. Es handelte sich ohne Ausnahme um Persönlichkeiten, die sowohl Erfahrungen in der Praxis aufweisen konnten, als auch rechtswissenschaftlich tätig gewesen waren und größtenteils eigene juristische Veröffentlichungen vorlegen konnten. Unter der Präsidentschaft Heises handelte es sich im Gegensatz dazu bei den eingestellten Personen entweder um einen Praktiker oder um einen Wissenschaftler. Später wurde jedoch vermehrt auf die Vielseitigkeit der juristischen Fähigkeiten der jeweiligen Person geachtet. Insofern wurden die Anforderungen sogar noch höher gestellt. Es war schwer, Juristen zu finden, die hervorragende rechtswissenschaftliche Kenntnisse besaßen, aber darüber hinaus auch praktische Erfahrungen vorweisen konnten. Statt wie unter dem ersten Präsidenten Wissenschaftler und Praktiker erst mit der Arbeit am Gericht zusammenzubringen, wurde nun verstärkt darauf geachtet, diese beiden Voraussetzungen schon in der einzustellenden Person selbst vereint zu wissen. Die Wahl fiel außerdem durchweg auf Juristen, die sich bereits einen gewissen Namen gemacht hatten. Diese Bekanntheit hatte wiederum zur Folge, dass einige Gerichtsräte wegen ihnen angebotener neuer juristischer Herausforderungen das Gericht schon nach nur kurzer Zeit wieder verließen.

1394 Siehe oben, E.II.3.a).

Im Ergebnis war das ohnehin schon strenge Auswahlverfahren für Gerichtsräte noch weiter perfektioniert worden. Gleich blieb immer das Ziel, den Erfolgsweg des Gerichts fortzuführen.

c) Zusammenfassende Betrachtung

Die Beweggründe der einzelnen Personen, Mitglied des Oberappellationsgerichts zu werden, waren unterschiedlichster Art. Einige Räte hatten sich mit ihrem Heimatland überworfen und hofften auf Ablenkung oder einen beruflichen Neuanfang am Gericht. Andere suchten die neue Herausforderung im praktischen Bereich oder fühlten sich persönlich mit dem Gericht oder der Stadt Lübeck verbunden. Letzteres galt beispielsweise für Hach, der schon an den Gründungsverhandlungen für das Gericht maßgeblich beteiligt gewesen war und sogar auf die Präsidentenstelle gehofft hatte. Durch diese Bemühungen fühlte er sich persönlich mit der obersten Instanz verbunden. Dies hatte zur Folge, dass sich der Rat aus tiefster Überzeugung engagierte und sich für eine positive Entwicklung des Gerichts einsetzte. Die tiefe Verbindung mit der Heimatstadt Lübeck brachte auch Overbeck an das Oberappellationsgericht, wodurch er hoffte, sich um das Wohl der Stadt verdient machen zu können. Ein für Hach und natürlich viele andere Gerichtsmitglieder nicht unbeachtliches Argument für eine Anstellung am Oberappellationsgericht war der finanzielle Vorteil. Pfeiffer wechselte dagegen an das Oberappellationsgericht, weil er sich im Zwiespalt mit seinem Landesherren befand, den er so umgehen zu können meinte. Im Gegensatz dazu war es der Landesherr Gruners, der nicht auf dessen Vorzüge verzichten wollte und ihn nach kurzer Tätigkeit an dem obersten Gericht wieder zurück in seine Heimat beorderte.

Ein Umzug nach Lübeck und die Gewöhnung an völlig neue Lebensverhältnisse hielt einige von den Senaten vorgeschlagene Juristen davon ab, einen Ruf an das Oberappellationsgericht anzunehmen. Man wollte sich nicht neuen Lebensgewohnheiten, neuen Sitten, Bräuchen und klimatischen Verhältnissen anpassen. Aus diesen Gründen wollten vor allem Familienväter nicht an das Oberappellationsgericht der vier freien Städte wechseln. Manche Gerichtsmitglieder wie Wächter oder Gruner wurden in Lübeck niemals richtig heimisch und entschlossen sich daher schnell zu einer Rückkehr in ihre alten Verhältnisse. Gleiches galt nicht nur für die bereits am Gericht tätigen Personen, sondern auch für potentielle Anwärter auf eine Ratsstelle. Teilweise wurde aus denselben Gründen das angebotene Amt gar nicht erst angenommen. Dies wird in einem an den Präsidenten Heise gerichteten Brief eines Freundes, den dieser für das Gericht zu gewinnen versuchte, deutlich: „(...) Seien Sie überzeugt, daß ich den hohen Werth Ihres persönlichen Umgangs, die ehrenvolle Auszeichnung, Mitglied Ihres

Collegii zu werden, die Vorzüge welche das ganze Dienstverhältnis unverkennbar darbietet, in vollem Maße zu würdigen weiß. Stets wird mir die Erinnerung an die Stunden, die ich einst in Ihrer Nähe, auch späterhin mit Cropp verlebte, zu den freudigsten meines Lebens gehörten, und der Gedanke, daß jene Stunden wiederkehren könnten, hat es mir, ich rede wahrlich ohne Heuchelei, hauptsächlich erschwert, mich verneinend zu äußern. Was mich dem ungeachtet, nach reiflicher Überlegung, hierzu bewog, war, unverholen gesprochen, daß ich mich nicht stark genug fühlte, so mancherlei Bande für immer zu zerreißen, die mich an dem heimatlichen Boden festhalten. Ich tadle darum keineswegs den, der Ähnliches über sich gewinnt, darf mich nun aber einmal nicht zu solchen festeren Gemüthern rechnen, die es weniger kostet, bisher gewohnte Verhältnisse mit neuen auszutauschen. Mir könnte es, vorzüglich in späteren Jahren, leicht geschehen, daß ich, was ich verlassen hätte, schmerzlich vermißte, und ich wäre dann mir selbst, noch mehr aber Anderen, die sich theilnehmend um mich bekümmerten, zur unerträglichen Last (...).“[1395]

Dieser Trend ließ später deutlich nach und eine Anpassung an das norddeutsche Leben und Klima fiel den neuen Gerichtsmitgliedern und deren Familien leichter. Dies lag wohl vor allem daran, dass das Oberappellationsgericht zu einem bekannten und beliebten Gericht wurde und es eine Ehre war, dort zu arbeiten. Ein Angebot auf eine Ratsstelle und die damit verbundene ruhmreiche Zukunft überwogen schließlich die anfänglichen Bedenken.

Bemerkenswert sind auch die engen Freundschaften, die vor allem unter Heises Präsidentschaft unter den Mitgliedern entstanden. Diese basierten oft schon auf früheren Bekanntschaften, die am Oberappellationsgericht neu vertieft wurden. So entstand Heises Freundschaft zu Cropp schon in den Tagen, als dessen Vater als Hauslehrer bei der Familie Heise arbeitete. Später trafen sich beide als Professor und Student in Heidelberg wieder, unternahmen gemeinsame Reisen oder trafen sich im Haus des späteren Präsidenten. Ähnliches galt für den Oberappellationsgerichtsrat Overbeck, der Heise ebenfalls aus gemeinsamen Heidelberger Zeiten kannte. Er freute sich bei seinem Amtsantritt regelrecht darauf, mit seinem ehemaligen Lehrer und alten Freund Heise zusammenzuarbeiten. Auch der Oberappellationsgerichtsrat Blume kannte und bewunderte Heise schon seit seiner Studentenzeit in Göttingen und freute sich auf ein Wiedersehen mit seinem damaligen Professor.

Die enge freundschaftliche Beziehung zwischen den Oberappellationsgerichtsräten Overbeck und du Roi sollte nicht unerwähnt bleiben. Sie war durch die sich ergänzende Arbeitsweise beider Räte für das Gericht besonders wertvoll. Auch Gruner gehörte zu den Persönlichkeiten, die durch freundschaftliche Be-

---

1395 *von Bippen*, Mitteilungen, S. 243 f.

ziehungen das gute Arbeitsklima am Gericht zu fördern wussten. Es gab aber abgesehen von den engen Freundschaften auch rein familiäre Verbindungen zwischen den Gerichtsmitgliedern. Einer der Söhne Hachs, Hermann Wilhelm, heiratete die Tochter Heises, Johanna Ernestine, wodurch verwandschaftliche Beziehungen entstanden.

Bei der Auswahl der Gerichtsräte wurden deren Lebenslauf und die jeweilige Liste der Veröffentlichungen den Senaten der vier Städte zugesandt und von diesen genau geprüft. Auf die Überprüfung wurde viel Wert gelegt und die lange Zeit, die die Korrespondenz zwischen den Städten in Anspruch nahm, gern in Kauf genommen. Die Zeit war ein wichtiger Faktor. Eine unbesetzte Stelle konnte schnell zu einem grundsätzlichen Problem für das Gericht werden, denn dies bedeutete eine höhere Arbeitsbelastung für die verbliebenen Gerichtsräte. Man befand sich also ständig in dem Konflikt, möglichst schnell eine Neubesetzung der vakanten Stelle vorzunehmen, aber die Personen auch genau überprüfen zu wollen. Eine schnelle Neubesetzung ließ sich wegen der hohen Ansprüche an die in Frage kommenden Personen nicht immer umsetzen, da man sich nicht auf Kompromisse einlassen wollte.

Um so zügiger und unkomplizierter wurde dann verfahren, wenn ein Kandidat die Wahl zum Gerichtsrat angenommen hatte. Das Gericht ging teilweise so weit, dass wie bei Gruner Ausnahmen von der gesetzlich vorgeschriebenen Proberelation gemacht wurden. Die Umzugskosten der betreffenden Person wurden übernommen und vereinzelt bemühte sich sogar Heise persönlich um die Unterbringung ganzer Familien.

Abschließend kann festgehalten werden, dass es sich bei den Präsidenten des Oberappellationsgerichts durchweg sowohl um hervorragende Rechtswissenschaftler als auch um erfahrene Praktiker handelte. Viele der bekannten Juristen dieser Zeit waren für einen längeren oder zumindest kurzen Zeitraum am Oberappellationsgericht der vier freien Städte tätig. Hier trafen Mitglieder des Richterstandes und der Advokatur, von denen sich einige auch durch ihre wissenschaftlichen Arbeiten einen Namen gemacht hatten, mit Vertretern der Rechtswissenschaft, unter denen sich viele bekannte Vertreter der damaligen Jurisprudenz befanden, zusammen. Nur durch diese Mischung, durch die engen, teilweise tiefen freundschaftlichen Beziehungen und durch das außerordentliche juristische und allgemeine Fachwissen der Mitglieder war es dem Gericht möglich, einen so großen Erfolg zu verzeichnen und sich über einen so langen Zeitraum als oberster Gerichtshof im Deutschen Bund zu behaupten.

F. Abschließende Betrachtung

Diese Untersuchung stellt die Erfolgsgeschichte des Oberappellationsgerichts der vier freien Städte Deutschlands insbesondere im Hinblick auf die dort tätig gewesenen Persönlichkeiten dar. Die Betrachtung des Gerichts mit dem Fokus auf seine Besetzung vergegenwärtigt, wie groß die Bedeutung der erfolgreichen Zusammenarbeit und die richtige Zusammenführung einzelner Juristen für die Entwicklung des Gerichts und seine Wirkung innerhalb des Deutschen Bundes waren. Nur auf diesem Wege konnte es den Erwartungen der Städte und des Bundes gerecht werden.

Trotz der während der Gründung des Oberappellationsgerichts auftretenden Hindernisse war es diesem schnell möglich, seine Position gegenüber den Städten zu finden und immer mehr zu festigen. Den in ihrer rechtsprechenden Gewalt bisher fast uneingeschränkten Senaten der Städte stand seit 1820 eine selbstständige Justizbehörde mit unabhängigen Richtern gegenüber. Die anfängliche Skepsis und das reservierte Verhalten der beteiligten Städte legten sich mit der weiteren Entwicklung des Gerichts. Durch seine fachlich beachtliche und wegweisende Rechtsprechung konnte es sich innerhalb Deutschlands in kürzester Zeit einen hervorragenden Ruf verschaffen und sich aus der Unterordnung zu den Senaten lösen. Das Oberappellationsgericht schaffte es, trotz der verschiedenen Rechtsquellen in den einzelnen Städten zu einer einheitlichen Rechtsprechung zu finden. Seine Entscheidungen hatten eine hohe Bedeutung auch für das materielle Recht. Aus diesen Gründen wurde die oberste Instanz dazu bestimmt, die Aufgaben als Austrägalinstanz innerhalb des Deutschen Bundes wahrzunehmen. Mit der wachsenden Anerkennung des Gerichts wuchs schließlich auch das Vertrauen der Senate in die neue Instanz. Das Oberappellationsgericht wurde daher für Entscheidungen von Streitigkeiten zwischen Senat und Bürgerschaft und zur Auslegung von Verfassung und Gesetzen ermächtigt. Durch die Unabhängigkeit von den Senaten wurde letztlich der von Beginn an angestrebte Grundsatz der Selbstverwaltung verwirklicht. Ein weiterer Höhepunkt war die in der Verfassung des Norddeutschen Bundes und des Deutschen Reiches festgelegte Bestimmung, für gegen den Bund oder das Reich gerichtete Hochverrats- oder Landesverratssachen seit 1867 als Spruchbehörde zuständig zu sein.

Das Oberappellationsgericht der vier freien Städte Deutschlands konnte durch seine Rechtsprechung einen nicht zu unterschätzenden Einfluss auf die Entwicklung des Rechts, insbesondere des Handelsrechts nehmen. Dabei steht in erster

Linie der erste Präsident Heise im Mittelpunkt, der entscheidenden Einfluss auf die Gesamtentwicklung des Gerichts hatte. Zusammen mit seinem Kollegen Cropp nahm er in den „Juristischen Abhandlungen" inhaltlich Stellung zu den rechtlichen Fragen dieser Zeit. Hier wurden juristische Probleme im Hinblick auf Geschichte, Dogmatik und Rechtsvergleichung vertieft, die weit über die eigentlichen Urteile hinausgingen und aus diesem Grund dort keinen Platz gefunden hatten. Große Juristen wie beispielsweise Thöl ließen sich dadurch in ihren Gedankengängen inspirieren. Es waren jedoch nicht nur die Arbeiten von Heise und Cropp, sondern auch die zahlreichen Werke einiger anderer Gerichtsmitglieder wie Blume, Wunderlich oder der heute eher unbekannten Juristen Pauli und Laspeyres, die durch ihre Arbeiten ihren Beitrag zu der Entwicklung des Handelsrechts in dem Deutschland jener Zeit leisten konnten.

Die allgemeine Anerkennung, die dem Oberappellationsgericht von den vier Städten entgegengebracht wurde, spiegelte sich besonders deutlich in dem letzten Direktorialreskript des Hamburger Senats vom 24. September 1879 an das Gericht wider.[1396] Dass dieses Reskript ausgerechnet von der Stadt Hamburg stammte, die sich anfangs vehement gegen die Errichtung des Gerichts gesträubt hatte, beweist um so mehr, dass die gemeinsame oberste Instanz im Ergebnis alle Erwartungen erfüllen und alle Kritiker überzeugen konnte. So heißt es in dem Reskript: „(...) Das Oberappellationsgericht hat während seines vieljährigen Bestehens nicht nur der Rechtspflege früher der verbündeten vier freien Städte, später der drei freien Hansestädte sowie in Austrägalsachen vielen befreundeten Nachbarstaaten ersprießlichste Dienste geleistet, sondern es hat auch durch die Gründlichkeit der Erwägungen seiner Urtheile, der gesamten Rechtswissenschaft und Rechtsprechung eine Quelle ihrer Fortentwicklung eröffnet, welche sowohl an den Pflegestätten derselben, als auch in weiteren Kreisen der Rechtskundigen, freudige Anerkennung gefunden, und dem Gerichte selbst eine hervorragende Stelle unter den höchsten Tribunalen Deutschlands gesichert hat." Im Folgenden wurde die erfolgreiche Arbeit der bereits vor ihrer Tätigkeit am Gericht hoch angesehenen Mitglieder besonders hervorgehoben, die die Wissenschaft förderten und sie praktisch anwandten. Anschließend wurde allen Gerichtsmitgliedern ein besonderer Dank ausgesprochen: „Bei dem bevorstehenden Aufhören der Thätigkeit dieses hochansehnlichen Gerichts fühlen daher die Senate der freien Hansestädte sich gedrungen, dem bisherigen gemeinschaftlichen Oberappellationsgerichte, und insbesondere dessen gegenwärtigen verdienstvollen Mitgliedern, für ihre demselben gewidmet gewesene erfolgreiche Wirksamkeit und treue Amts-

1396 Direktorial Reskript vom 24. September 1879, Gesamtinventar, A 83, letztes Dokument; Ratsarchiv Qq.10.G.30.

führung die aufrichtigste Anerkennung, sowie, Namens ihrer Städte, den wärmsten Dank auszusprechen (...).“[1397]

Damit wurde kurz vor der Auflösung des Oberappellationsgerichts besonders deutlich, wie groß die Bewunderung für die am Gericht tätig gewesenen Personen war und wie hoch sie aufgrund ihrer Leistung im Stellenwert der einzelnen Städte standen. Die gemeinsame oberste Instanz war ein wichtiges Bindeglied zwischen den Hansestädten geworden. Die Auflösung des Gerichts wurde in den Städten allgemein mit Bedauern aufgenommen, denn es fiel ein „Vorzeigeobjekt der Rechtspflege“ weg. Es kann durchaus behauptet werden, dass es sich bei diesem Gericht um den wohl ersten „inoffiziellen Bundesgerichtshof“ handelte. Sowohl das Reichsoberhandelsgericht, als auch das Reichsgericht sind als Rechtsnachfolger des Oberappellationsgerichts anzusehen.

Die in der Einleitung aufgeführten Bezeichnungen des Gerichts von Windscheid als „wohl erster deutscher Gerichtshof“[1398], von Jhering als „den gelehrten Gerichtshof Deutschlands“ und von Savigny als „ein Muster der Rechtspflege“ beschreiben das Oberappellationsgericht sehr treffend. Zum Abschluss soll nun ein Auszug aus dem von keinem geringeren als Jhering verfassten Nachruf für den Oberappellationsgerichtsrat Gottlob Friedrich Walther Agathon Wunderlich zitiert werden, in dem das Oberappellationsgericht wie folgt beurteilt wird: „So konnte man das Lübecker Oberappellationsgericht als den gelehrten Gerichtshof Deutschlands bezeichnen, und die deutsche Wissenschaft hat die Probe, zu der sie hier in Verbindung mit der Praxis berufen ward, mit Ruhm bestanden; die Lübecker Urteile gehörten zu denjenigen, denen der Praktiker wie der Theoretiker in gleicher Weise Anerkennung zollte, es fanden sich darunter wahre Meisterstücke, gleichmäßig nach Form und Inhalt, Leistungen, die auf wenigen Seiten ganz dickleibige Monographien aufwogen.“[1399]

1397 Direktorial Reskript vom 24. September 1879, Gesamtinventar, A 83, letztes Dokument; Ratsarchiv Qq.10.G.30.

1398 *Görz*, S. 591.

1399 *Jhering*, Jahrbücher, Band 17, S. 156.

Anhang

Gerichtsordnung für das gemeinschaftliche Ober-Appellationsgericht der vier Freien Städte Deutschlands, Lübeck, Frankfurt, Bremen und Hamburg. Auf Befehl des Hochedlen und hochweisen Raths publiziert den 10. August 183.

Erster Abschnitt
Verfassung und innere Einrichtung des Ober-Appellationsgerichts

I. Sitz des Gerichts
§ 1 Das gemeinschaftliche Ober-Appellationsgericht der vier Freien Städte, errichtet in Gemäßheit des zwölften Artikels der deutschen Bundesakte, hat in der Freien Stadt Lübeck seinen Sitz.

II. Personal des Gerichts
§ 2. Das Personal des Gerichts ist folgendes: ein Präsident, sechs Räthe, ein Secretair, die erforderliche Kanzlisten und Gerichtsboten.

III. Ernennung des Personals
§ 3. Die Ernennung des Präsidenten, der Räthe und des Secretairs geschieht nach einer, unter den vier Städten getroffenen Uebereinkunft.
Das Gericht ernennt die Kanzlisten und Gerichtsboten nach Vorschrift derselben Übereinkunft, und zwar aus Angehörigen der Städte.

IV. Anstellungs-Erfordernisse und Prüfungen
§ 4 Zum Präsidenten oder Rath kann nur ein Rechtsgelehrter ernannt werden, welcher von christlicher Religion und unbescholtenem Lebenswandel ist; er muß ein Deutscher seyn, und das dreißigste Jahr seines Alters vollendet haben.

§ 5. Er darf nicht mit einem stimmführenden Mitgliede des Ober-Appellationsgerichts in gerader Linie, oder in der Seitenlinie bis zum vierten Grade einschließlich, verwandt oder verschwägert, auch nicht Ehemann oder Stiefmutter, oder Stiefsohn der Ehefrau desselben, ferner nicht dessen Stiefschwiegervater, Stiefschwiegersohn oder Frauen-Schwester-Mann seyn.

Dieses Hinderniß wird auch nach dem Tode der Person, durch welche das Verhältniß begründet worden, als fortdauernd angesehen.
Tritt nach seiner Ernennung durch Heirat zu einem andern stimmführenden Mitgliede des Gerichts in das Verhältniß eines Stiefvaters, Stiefschwiegervaters, Stiefschwiegersohns, Schwiegersohns oder Schwagers, so ist er seine Stelle niederzulegen verbunden.
In Hinsicht dieser ausschließenden Verwandtschaftsgrade ist die halbe Geburt der vollen Geburt gleich zu achten.

§ 6. Wer zum Präsidenten ernannt werden soll, muß bereits in einem deutschen Justizcollegium zweiter oder höherer Instanz oder in einem deutschen Spruchcollegium Sitz und Stimme gehabt haben. Die Mitglieder des Ober-Appellationsgerichts selbst sind zwar zu dieser Stelle auch wahlfähig, jedoch dürfen keine Bewerbungen von Seiten derselben Statt finden.

§ 7. Jeder anzustellende Rath muß sich einer vom Ober-Appellationsgericht vorzunehmenden Prüfung, womit auch die Aufgabe einer Probe-Relation verbunden wird, unterziehen. Das Gericht hat einen gutachterlichen Bericht über diese Prüfung, nebst der Probe-Relation, dem Senate, von welchem die Berufung geschehen ist, zu dessen definitiver Entschließung, einzusenden, welcher alsdann die anderen Senate davon in Kenntnis setzt.
Wer bereits in einem deutschen Justizcollegium Sitz und Stimme gehabt, oder auf einer deutschen Academie die Stelle eines ordentlichen öffentlichen Lehrers der Rechte bekleidet hat, ist der Prüfung nicht unterworfen, hat jedoch eine Probe-Relation zu liefern.

§ 8. Wer zum Secretair ernannt werden soll, muß das 25ste Jahr eines Alters vollendet haben, Rechtsgelehrter und Angehöriger einer der vier Städte, von christlicher Religion und unbescholtenem Lebenswandel seyn, eine angemessene Caution leisten und, wenn es von den Senaten verlangt wird, eine Prüfung sich unterwerfen.
Dieselben Erfordernisse treten ein bei dem ersten Kanzlisten, als gesetzlichen Stellvertreter des Secretairs.

V. Einführung und Beeidigung.

§ 9. Die Einführung und Beeidigung des Präsidenten, der Räthe und des Secretairs geschieht von einer Commission der vier Senate. Jedoch kann auch, nach jedesmaliger Uebereinkunft der Senate, in deren Auftrage, die Einführung und Beeidigung des Präsidenten und der Räthe durch eine Commission des Senates

der Stadt, wo das Gericht seine Sitz hat, so wie die des Secretairs durch das Gericht selbst geschehen.
Die Kanzlisten und die Gerichtsboten werden von dem Ober-Appellationsgerichte beeidigt.

§ 10. Präsident, Räthe und Secretair, wie auch die Kanzlisten und Gerichtsboten, leisten, außer ihrem Amts-Eide, allen vier Städten den Eid der Treue dahin:
Ich gelobe und schwöre zu Gott,
daß ich den vier Freien Städten und deren Senaten getreu und hold seyn, das Beste der Städte befördern und ihren Schaden abwenden will.
So wahr mir Gott helfe.
Der Amts-Eid ist folgender:
1) für den Präsidenten:
Ich gelobe daß ich, so lange ich bey dem gemeinschaftlichen Ober-Appellationsgerichte der vier Freien Städte Präsident seyn werde, diesem Gerichte so, wie es dieser wichtige Beruf erfordert, vorstehen, bey allen dahin gelangenden Sachen jederzeit ohne Ansehen der Person, sie seyen Arme oder Reiche, ohne Furcht, ohne Rücksicht auf Vortheil oder Nachtheil, einzig das Recht vor Augen haben, und die Ober-Appellationsgerichts-Ordnung, so wie deren fernere Bestimmungen, und die dadurch vorgeschriebenen Gesetze und Normen, nach meinem besten Wissen und Gewissen befolgen und zur Anwendung bringen will.
Ich will auch auf die getreue Amtsführung der Räthe, des Secretairs und des Kanzleypersonals, auf die möglichst gründliche und schnelle Behandlung der an das Gericht gelangenden Sachen halten, die bey etwanigen Unregelmäßigkeiten dem Directorial-Senate schuldige Anzeige sey und unverholen verfügen, und auf Alles, was zur Verbesserung des Gerichts beitragen kann, mein Augenmerk richten.
2) für die Räthe:
Ich gelobe daß ich, so lange ich bey dem gemeinschaftlichen Ober-Appellationsgerichte der vier Freien Städte Rath seyn werde, bey den an dieses Gericht gelangenden Sachen ohne Ansehen der Personen, sie seyen Arme oder Reiche, ohne Furcht, ohne Rücksicht auf Vortheil oder Nachtheil, einzig das Recht vor Augen haben, die Ober-Appellationsgerichts-Ordnung, so wie deren fernere Bestimmungen, und die dadurch vorgeschriebenen Gesetze und Normen, nach meinem besten Wissen und Gewissen befolgen und zur Anwendung bringen, wie auch die mir anvertrauten Geschäfte möglichst gründlich und schnell behandeln will.
Der Secretair, die Kanzlisten und Gerichtsboten werden nach den festgesetzten Eidesformeln verpflichtet. Es bleibt dem Ober-Appellationsgericht vorbehalten, nach vorgängiger Genehmigung von Seiten des Directoral-Senats, die durch Umstände etwa erforderten Abänderungen in diesen Eidesformeln vorzunehmen.

VI. Besondere Verhältnisse der Mitglieder des Gerichts in Rücksicht ihres Amtes

§ 11. Zur Leistung des Eides der Treue und des Amts-Eides wird derjenige, welcher zum Präsidenten oder Rath ernannt ist, nicht eher zugelassen, als bis er nachgewiesen hat, daß jedes persönliche Unterthans-Verhältniß, so wie jede Bürger-, Amts- oder Dienst-Verbindung, worin er vorher stand, aufgehoben sey.
Präsident, Räthe und Secretair dürfen von früher erhaltenen Dienst- oder Ehrentiteln keinen Gebrauch machen, auch ferne keine Ehren-Auszeichnung irgend einer Art von fremden Regierungen annehmen.

§ 12. Sie dürfen keine Advocaturgeschäfte treiben, keine Rechtsgutachten ertheilen, keine Vollmachten übernehmen, auch kein Nebenamt verwalten, wohin jedoch unentgeldliche Geschäftsverwaltungen für kirchliche und wissenschaftliche Zwecke, so wie bey gemeinnützigen und Wohltätigkeits-Anstalten, so weit sie, nach der Verfassung und nach gesetzlicher Bestimmung jeder Stadt, dazu berufen werden können, nicht zu rechnen sind.
Sie können Vormundschaften und Curatelen nur für Frauen und Kinder der Mitglieder der Gerichts und überdies nur für solche Personen annehmen, die mit ihnen so nahe verwandt sind, daß sie in deren Angelegenheiten als Richter nicht würden stimmen können.

§ 13. Das Gericht hat den Rang unmittelbar nach dem Senate jeder Stadt, oder nach der Commission, welche die Gesamtheit der Senate vertritt. Der Rang der Räthe unter sich bestimmt sich nach dem Zeitpunkt der Ernennung.

§ 14. Präsident und Räthe erhalten mit Ableistung des Eides der Treue, für sich, ihre Ehefrauen, und ihre alsdann noch unter ihrer väterlichen Gewalt stehenden Kinder, das Bürgerrecht in allen vier Städten unentgeldlich. Jedoch haben die Söhne derselben, wenn sie volljährig geworden und aus der väterlichen Gewalt getreten sind, zu wählen, ob und in welcher der Städte sie Bürger seyn wollen, und ist durch diese Wahl ihr Bürgerrecht in den anderen drei Städten aufgehoben.

§ 15. Dem Präsidenten, den Räthen und dem Secretair kann ihre Stelle nur durch Urtheil und Recht genommen werden.

VII. Gerichtsstand der Mitglieder des Gerichts.

§ 16. Das Personal der Gerichts ist in Civil-, Criminal- und Polizey-Sachen, so wie in kirchlichen und administrativen Angelegenheiten, den ordentlichen Behörden der Stadt, wo das Gericht seinen Sitz hat, kraft beständigen Auftrages der

Senate der anderen Städte, wie auch dem in jeder Stadt geltenden Rechte, unterworfen, jedoch mit folgenden Beschränkungen:
1) Alle zum Personal der Gerichts Gehördende und ihre Ehefrauen behalten die Befugniß zu Schenkungen und letzten Willensordnungen, auch über Erbgüter, in soweit ihnen solche Befugniß bis zu ihrem Eintritte in das Personal des Ober-Appellationsgerichts zugestanden. Diese Befugniß erstreckt sich, unter alleiniger Ausnahme der ihnen oder ihren Ehefrauen aus Lübeck oder Hamburg angefallenen Erbgüter, sowohl auf die Güter, welche sie bey jenem Eintritte besaßen oder besitzen, als auch auf diejenigen, die ihnen später angefallen sind oder künftig anfallen.
2) Gelangt eine Civil- oder Criminalsache, welche den Präsidenten oder einen Rath betrifft, an das Ober-Appellationsgericht, so muß von Amtswegen das Erkenntniß eines auswertigen Spruchcollegiums eingeholt werden. Die Kosten der Acten-Versendung werden aus der Sustentationscasse des Gerichts bestritten, welcher dagegen die Urtheilsgebühren zu gut kommen.
3) In Criminalfällen in Dienstsachen aber ist durch die ordentliche Behörde, nach vorgängiger Verständigung mit dem Präsidenten oder dem Gerichte, nur die erste nothwendige Einleitung zur Untersuchung zu treffen, und werden sodann von den Senaten, auf Antrag des Directorial-Senats, die erforderlichen Anordnungen zur Untersuchung und Entscheidung erlassen werden.

VIII. Advocaten und Procuratoren.

§ 17. Zur Einreichung der Partheischriften und zur Empfangnahme der Decrete und Urtheile sind sechs Procuratoren angestellt. Sie werden vom Ober-Appellationsgerichte aus den dazu sich anmeldenden Advocaten der Städte gewählt.

§ 18. Die Advocatur am Ober-Appellationsgerichte steht sämmtlichen in den Städten immatriculierten Advocaten ausschließlich frey. Dagegen ist sie ihnen untersagt, wenn ihnen in ihrer eigenen Stadt die Praxis untersagt wird. Jeder neu immatriculierte Advocat hat seiner ersten Eingabe bei dem Ober-Appellationsgerichte eine Bescheinigung seiner Befugniß zur Advocatur beizufügen.

§ 19. Wer sich fälschlich als Verfasser einer Schrift angiebt, ist in eine Strafe von fünf bis zwanzig Thalern zu nehmen.

§ 20. Bedarf es für das Verfahren bei dem Ober-Appellationsgerichte der Bestellung eines Advocaten von Amtswegen, so hat das Ober-Appellationsgericht deshalb in der Regel das betreffende Ober-Appellationsgericht zu requirieren, oder, wenn dieses, nach der besonderen Beschaffenheit des Falls, nicht einschreiten konnte, die Bestellung des Advocaten selbst vorzunehmen.

§ 21. Das Ober-Appellationsgericht hat das Recht, gegen einen Advocaten wegen Statt gefundener Disciplinar-Vergehen eine Geldstrafe bis zu 50 Rthlrn., so wie eine Suspension von der Praxis bei dem Ober-Appellationsgerichte bis zu drei Monaten zu verhängen. Tritt jedoch der Fall eines sich zu einer weiteren Untersuchung und strengeren Bestrafung eignenden Vergehens ein, so hat es davon dem Senate derjenigen Stadt, in welcher der Advocat immatriculirt ist, unter vollständiger Mittheilung der betreffenden Actenstücke, eine Anzeige zu machen, damit Derselbe die nach dem daselbst geltenden Gesetzen geeigneten Maaßregeln veranlassen könne.

IX. Gerichtsferien.

§ 22. Das Ober-Appellationsgericht wird, außer den Sonntagen und den in der Stadt seines Sitzes angeordneten Festtagen, vom 22sten Julius bis zum 31sten August, beide Tage mit eingerechnet, Ferien haben.

§ 23. Summarische oder sonst ihrer Natur nach eilige Sachen können, nach dem Ermessen des Gerichts, auch während der Ferien eingeleitet oder fortgesetzt und, falls die zur Abgebung eines Erkenntnisses erforderliche Zahl von fünf Mitgliedern vorhanden ist, auch während derselben entschieden werden.

§ 24. Während der Ferien müssen, zum Behuf einstweiliger Verfügungen in solchen Sachen, wobey dringende Gefahr auf dem Verzuge haftet, nach einer abwechselnden Reihenfolge, mindestens drey stimmführende Mitglieder des Gerichts anwesend bleiben, so daß einer in der Stadt selbst, wo das Gericht seinen Sitz hat, die anderen beiden wenigstens in solcher Nähe sich aufhalten, daß sie spätestens in zweimal vier und zwanzig Stunden herbeikommen können.

§ 25. Der Präsident darf sich, außer in den Ferien, nur auf höchstens acht Tage von dem Orte des Gerichts entfernen, und muß sodann dem ältesten Rathe die Leitung der Geschäfte übertragen.
Er kann, außer den Ferien, einzelnen Räthen nur auf höchstens vierzehn Tage Urlaub ertheilen.
Wünscht er selbst oder wünscht ein Rath, dringender Ursachen wegen, auf länger Zeit einen Urlaub, so muß er denselben für sich oder für den darauf antragenden Rath bey dem Directorial-Senate nachsuchen.
Die Beurlaubung des Secretairs und des Kanzleypersonals bleibt dem Präsidenten, und zwar bei beträchtlicher Dauer nach Rüchsprache mit dem Gerichte, anheimgestellt.

X. Verhältniß des Gerichts zu der Gesamtheit der Senate.

§ 26. Die Aufsicht über das Gericht, dessen öffentliche Verhältnisse und dessen Geschäftsgang übt, nach der Reihenfolge der Städte, alljährlich wechselnd Einer der vier Senate in deren gemeinschaftlichem Namen, als Directorial-Senat. Das Directorium wechselt mit dem Anfange der Ferien des Gerichts.

§ 27. Der jedesmalige Directorial-Senat ist das verfassungsmäßige Organ für alle Verhältnisse des Gerichts zu der Gesammtheit der Senate. An Ihn erstattet das Gericht seine Berichte in allen dasselbe betreffenden Angelegenheiten, und durch Ihn wird es mit dem erforderlichen Bescheide versehen.

Er sorgt für die Aufrechterhaltung aller bestehenden Einrichtungen und erläßt die dazu nöthigen Verfügungen. In allen sonstigen Angelegenheiten verfährt Er in Gemäßheit des durch Ihn zu veranlassenden gemeinsamen Beschlusses der Senate.

Die Directorial-Erlasse an das Ober-Appellationsgericht ergehen in Rescriptsform, werden von dem präsidirenden Herrn Bürgermeister des Directorial-Senats unterzeichnet und von einem Secretrair contrasigniert.

§ 28. Das Archiv der Directorial-Verhandlungen steht unter Aufsicht des Senats der Stadt, wo das Gericht seinen Sitz hat. Der abgehende Directorial-Senat wird demselben die in dem Jahre beendigten Verhandlungen, so wie den anderen Senaten eine Abschrift der darüber aufzunehmenden Registratur, die unerledigten Verhandlungen aber dem zunächst folgenden Directorial-Senate mittheilen.

XI. Verhältniß des Gerichts zu den einzelnen Senaten.

§ 29. Von einem einzelnen Senate werden weder dem Gerichte, noch einzelnen Mitgliedern desselben, Befehle, Weisungen oder Instructionen ertheilt. Indeß können in Betreff der bei dem Ober-Appellationsgerichte anhängigen Sachen Beförderungsschreiben von Seiten der einzelnen Senat erlassen werden. Auch kann ein einzelner Senat bei Gegenständen der Civil- und Criminal-Gesetzgebung ein Gutachten des Gerichts fordern. Ferner kann er die Prüfung derjenigen Rechtsgelehrten, welche bei Ihm die Aufnahme als Advocaten nachsuchen, dem Gerichte übertragen.

§ 30. Das Ober-Appellationsgericht ist befugt und verpflichtet, die Mängel und Unzuträglichkeiten, welche ihm in dem Justizgange oder in der Justizverwaltung der einzelnen Städte, bei den vor ihm Statt gefundenen Verhandlungen, bemerklich geworden sind, dem betreffenden Senate durch einen Bericht anzuzeigen und sich über deren angemessenste Abstellung gutachterlich zu äußern.

XII. Gemeine Bescheide. Bekanntmachungen in den Städten.
§ 31. Das Gericht ist befugt, gemeine Bescheide, nach Bestätigung derselben von Seiten des Directorial-Senats, welcher zuvor mit den anderen Senaten darüber communiciren wird, zu erlassen.

§ 32. Dergleichen Gemeine Bescheide, so wie andere das Gericht betreffende der allgemeinen Kenntniß bedürfende Angelegenheiten und Verfügungen, namentlich auch die Rubriken der vom Ober-Appellationsgerichte entschiedenen Rechtssachen, sind monatlich in jeder Stadt auf die geeignete Weise zur öffentlichen Kunde zu bringen. Das Gericht hat die Einsendung solcher Bekanntmachungen an die Kanzley jeder Stadt zu bewirken.

XIII. Visitationen des Gerichts.
§ 33. Visitationen des Ober-Appellationsgerichts geschehen durch eine Commission der vier Senate regelmäßig alle fünf Jahre.
Die Anordnung einer außerordentlichen Visitation hängt von der Bestimmung der Senate ab.
Der Abgeordnete des Directorial-Senats hat bei Visitationen den Vorsitz. Der gemeinschaftliche Bericht der Commission wird jedem der vier Senate vorgelegt.

Zweiter Abschnitt.
Competenz des Ober-Appellationsgerichts.

I. Bei Appellationen in Civilsachen.
§ 34. Das Ober-Appellationsgericht ist für alle diejenigen privatrechtlichen Streitigkeiten als letzte Instanz competent, welche nach den besonderen Verfassungen und Ordnungen jeder Stadt oder, in Ermangelung sich hieraus ergebender specieller Bestimmungen, nach gemeinem deutschen Prozeßrechte, mittels Appellation von den einzelnen Obergerichten der Städte dahin gelangen können.
Dasselbe gilt auch in Ansehung der Extrajudicial-Appellation.

§ 35. Die Frage, in welchen Fällen der Appellation nur die Devolitiv-Wirkung zustehe? ist ebenfalls nach den Prozeßvorschriften der einzelnen Städte und, in deren Entstehung, nach gemeinsamen Rechte zu entscheiden.

§ 36. Bey der Beurtheilung der Appellationssumme ist nur auf den Nennwerth der Beschwerde zu sehen, wenn auch das wirkliche Interesse des Appellanten weniger betragen sollte.

II. Bei dem Rechtsmittel der weiteren Vertheidigung in Criminalsachen.

§ 37. Gegen alle von den Obergerichten der Städte, nach deren besonderer Gerichtsverfassung, in erster Instanz abgegebene Erkenntnisse in Criminalsachen kann die Berufung an das Ober-Appellationsgericht, vermöge des Rechtsmittels der weiteren Vertheidigung, eintreten.

§ 38. Es bleibt den Bestimmungen jeder Stadt überlassen, ob und in welchen schwereren Criminalfällen diese Berufung nothwendig eintreten muß, wie auch, ob und in welchen Fällen das Erkenntniß des Ober-Appellationsgerichts dem Senate der Stadt vorzulegen ist, um dasselbe zu bestätigen oder den Umständen nach zu mildern.

§ 39. Das Begnadigungsrecht bleibt lediglich dem Senate vorbehalten. Das Ober-Appellationsgericht kann jedoch die Ausübung desselben, unter Anführung der dafür sprechenden Gründe, dem Senate in einem Schreiben empfehlen, welches den Acten bei deren Rücksendung beyzufügen ist.

§ 40. In Frankfurtischen Criminalsachen steht, in sofern der accusatorische Prozeß eingeleitet worden, sowohl dem Ankläger, als auch dem Angeklagten die Berufung an das Ober-Appellationsgericht frey, nicht minder dem Denuncianten, wenn in Denunciationsfällen der Criminal-Gerichtshof verweigert hat, im Wege der Criminal-Untersuchung zu verfahren.
Da nach der Justizverfassung der Freien Stadt Hamburg in eigentlichen Criminalfällen der accusatorische Prozeß schon durch zwei Instanzen Statt findet, so ist auf sie die obige Bestimmung nicht anwendbar, sondern in Hinsicht ihrer diese Berufung an das Ober-Appellationsgericht in Criminalsachen ausgeschlossen. Indessen ist bey unmittelbaren Verbrechen gegen den Staat, als solchen dem Angeklagten die Berufung an das Ober-Appellationsgericht gestattet.

III. Bey Nichtigkeitsbeschwerden.

§ 41. Die Nichtigkeitsbeschwerde gegen Erkenntnisse oder Verfügungen der Obergerichte muß bei dem Ober-Appellationsgericht angestellt werden. Sie ist an keine Appellationssumme gebunden, jedoch nur dann zulässig, wenn sie auf einen wesentlichen Mangel in Hinsicht der Gerichtspersonen, oder der Personen von Partheien, oder des gerichtlichen Verfahrens, sich begründet.

§ 42. Sie hat keine Suspensiv-Wirkung, falls nicht entweder das Ober-Appellationsgericht die einstweilige Einstellung der ferneren Verhandlungen verordnet, oder auch aus der Vollziehung des als nichtig angefochtenen Erkenntnisses und aus dem Fortgange der Verhandlungen ein unersetzlicher Nachtheil entstehen würde.

Ist das Daseyn oder Nicht-Daseyn eines solchen Nachtheils außer Zweifel, so hat das Gericht, bei welchem auf die Vollstreckung des Erkenntnisses oder auf ein Verbot derselben angerufen wird, sofort selbst über die begehrte Suspensiv-Wirkung zu entscheiden. Erscheint aber dem Gerichte die Beurtheilung dieses Punktes zweifelhaft, so hat dasselbe dem Querulanten eine kurze, nach Beschaffenheit der Sache und der Entfernung auf acht Tage bis höchstens vier Wochen zu bestimmende Frist zur Ausbringung einer Inhibition des Ober-Appellationsgerichts nachzulassen und während derselben die Vollziehung des anzufechtenden Erkenntnisses nicht zu gestatten, nach erfolglosem Ablaufe der Frist jedoch mit der Vollziehung, auf Anrufen der Gegen-Partheyen ohne Aufenthalt zu verfahren.

Auch kann das Ober-Appellationsgericht verfügen, daß die Vollstreckung des als nichtig angefochtenen Erkenntnisses nur gegen Caution oder andere Sicherungsmaaßregeln erfolge.

IV. Bey einfachen Beschwerden.

§ 43. Beschwerden gegen den Richter (simplices querelae), namentlich auch Beschwerden über verzögerte oder verweigerte Justiz, sind bey dem Ober-Appellationsgericht zulässig, wenn sie gegen ein Obergericht entweder unmittelbar, oder wegen der von demselben nicht geleisteten Abhülfe der Beschwerde gegen ein Untergericht, erhoben werden und der Beschwerdeführer zugleich nachweiset, daß er auf Abstellung der Beschwerde bey dem Obergerichte ohne Erfolgt angetragen habe.

§ 44. Der Fall, wo durch rechtliches Erkenntniß eine Klage, weil keine Justizsache vorliege, abgewiesen worden ist, eignet sich nicht zur einfachen Beschwerde und kann nur mittelst der Appellation an das Ober-Appellationsgericht gebracht werden.

§ 45. Für die Freie Stadt Frankfurt bleibt es in Fällen der verweigerten oder verzögerten Justiz der Wahl der Partheien überlassen, ob sie sich an das Ober-Appellationsgericht oder, statt dessen, sogleich unmittelbar an den Senat wenden wollen.

§ 46. Für die Freie Stadt Hamburg dient in Betreff der einfachen Beschwerde die Verordnung über die Appellabilität der Sachen zur nächsten Richtschnur.

V. Den Incidentpunkten.

§ 47. Incidentpunkte, welche in einer bei dem Ober-Appellationsgerichte anhängigen Sache entstehen, sind ebenfalls bei diesem Gerichte anzubringen; doch bleibt es dessen Ermessen überlassen, die Sache, mit oder ohne Acten, an die frühere Instanz zurückzuüberweisen.

In Fällen, wo Gefahr auf dem Verzuge haftet, kann das Incidentgesuch bei dem Richter erster Instanz angebracht und von diesem das Nöthige verfügt werden.

VI. Als Austrägal-Instanz.

§ 48. In Beziehung auf die Austrägal-Instanz ist das Ober-Appellationsgericht, in Gemäßheit des Beschlusses der hohen Bundesversammlung vom 16. Junius 1817, allen Verpflichtungen der übrigen deutschen obersten Gerichte unterworfen, und wird es daher auf die diesen Gegenstand betreffenden Zustimmungen verwiesen.

Dritter Abschnitt.
Geschäfts- und Prozeßgang bei dem Ober-Appellationsgerichte

A. Geschäftsgang

I. Leitung des Geschäftsganges.

§ 49. Der Präsident und bei dessen Abwesenheit oder sonstigen Verhinderung, der älteste Rath hat die Leitung des gesammten Geschäftsganges. Er hat namentlich auf die getreue Erfüllung der Amtspflichten von Seiten der Räthe, des Secretairs, der Procuratoren, der Kanzlisten und Gerichtsboten zu achten und bey allen Mißbräuchen, in sofern er nicht deren Abhülfe sofort bewirken kann, einen gemeinsamen Beschluß des Gerichts, zur eigenen Abstellung derselben in Gemäßheit der bestehenden Vorschriften, oder zu einem Berichte an den Directorial-Senat , zu veranlassen.

§ 50. Von ihm werden die eingehenden Briefe erbrochen, mit dem Tage des Empfangs bezeichnet und einem der Räthe zum Vortrage zugestellt, oder von ihm selbst in der nächsten Sitzung zur Beschlußnahme vorgelegt. Er vertheilt die Acten, und zwar nach möglichster Gleichheit, unter die Referenten.

§ 51. Der Präsident hat über alle bei dem Ober-Appellationsgerichte angebrachte Rechtssachen, so wie über die zur Relation ausgegebenen und zum Vortrage gekommenen Sachen, Verzeichnisse zu führen. Ueber alle Eingaben und eingekommene Briefe, so wie über alle ausgefertigte Verfügungen und Schreiben, wird er an der Kanzley Einreichungs- und Ausfertigungs-Register führen und pünktlich fortsetzen lassen.

II. Sitzungen.
§ 52. Sitzungen des Gerichts finden regelmäßig am Dienstage, Donnerstage und Sonnabende statt; außerordentliche Sitzungen werden, je nachdem es die Geschäfte erfordern, vom Präsidenten besonders angesetzt.

§ 53. Ueber alle an das Gericht gelangende Briefe und Eingaben können die Beschlüsse nur in Sitzungen, nicht aber durch Circular-Abstimmungen, gefaßt werden. Die Beschlüsse des Gerichts sind in das Gerichtsprotocoll einzutragen.

III. Gegenwart der Mitglieder.
§ 54. In den Sitzungen müssen der Regel nach sämmtliche Mitglieder nebst dem Secretair gegenwärtig seyn; die Fehlenden sind jedesmal im Protocoll zu bemerken.

§ 55. Urtheile, durch welche über die Zulässigkeit oder den Grund der angebrachten Beschwerden definitiv erkannt wird, so wie Bescheide, welche die Appellation oder sonstige Beschwerdeführung, ohne Mittheilung an den Gegner, sofort verwerfen, können nur in Gegenwart des Präsidenten, oder seines Stellvertreters, und von wenigstens vier Räthen abgegeben werden.

§ 56. In den Fällen, da wegen einer Vacanz oder wegen einer unvermeidlichen Verhinderung einzelner Mitglieder des Gerichts obige Stimmenzahl nicht vorhanden wäre, ist bei Abgebung der vorgedachten Urtheile und Bescheide die Gegenwart des Präsidenten oder seines Stellvertreters und dreier Räthe genügend.
Es wird jedoch hierbei vorausgesetzt, daß zuvor jedesmal die möglichste Sorgfalt und die zweckdienlichsten Mittel angewandt worden, um die vorschriftsmäßige Anwesenheit von wenigstens fünf stimmführenden Mitgliedern zu bewirken.

§ 57. Beruhet der Mangel der vorgeschriebenen Zahl von fünf Stimmen allein oder zum Theil auf einem vorübergehenden Grunde, so kann das Gericht in der verminderten Zahl nur dann entscheiden, wenn zur Zeit, da die Sache zum Vortrage kommen müßte, keine Aussicht vorhanden ist, daß schon nach drei Wochen jener Mangel gehoben seyn würde.

§ 58. In den Fällen, wo in der verminderten Zahl entschieden wird, müssen die Acten nebst der Relation und, wenn eine besondere Correlation Statt gefunden hat, auch mit dieser letzteren, vor der endlichen Abstimmung, unter sämmtlichen Mitgliedern des Gerichts, welche in dieser Sache stimmfähig sind, circulieren.

§ 59. Das Gericht hat in jedem einzelnen Falle dem Directorial-Senate davon Anzeige zu machen, daß und aus welchen Gründen die Zahl von fünf Stimmen nicht vorhanden gewesen sey.

IV. Fälle des Austretens einzelner Mitglieder.

§ 60. In folgenden Fällend darf weder der Präsident, noch einer der Räthe, sein Amt in der Sache ausüben, noch bei der Relation und Abstimmung gegenwärtig seyn:

1) wenn er selbst, seine Ehefrau oder seine Kinder irgend ein, wenn auch nur mittelbares Interesse bei dieser Sache haben, und eben so wenig, wenn er, wegen besonderer Beziehung zu den Partheien oder zu der Streitsache dabei betheiligt ist.

Jedes Mitglied hat es dem Gerichte anzuzeigen, wenn ihm ein Verhältniß bekannt ist, wodurch in Ansehung seiner Person einer dieser Fälle begründet werden möge, und wird sodann in seiner Abwesenheit durch ordentliche Abstimmung darüber entschieden, ob dieses Verhältniß wichtig genug sey, um eine Ausschliessung von der Mitwirkung bei der Sache zuzulassen;

2) wenn er zu der Parthei in einem der im § 5 angegebenen Verhältnisse steht;

3) wenn er mit dem Sachwalter der Parthei, ihrem Vormunde, ihrem Curator, oder mit dem den Prozeß führenden Bevollmächtigen in grader Linie verwandt, verschwägert, oder auch wenn er Bruder einer dieser Personen ist. In diesen Fällen schließt ihn solches jedoch nur von der Gegenwart bei der Abstimmung und Beschlußnahme, nicht aber von der übrigen Amtsführung aus.

§ 61. Der Secretair darf sein Amt nicht ausüben, wenn er selbst an der Sache Theil hat, oder mit einer der Partheien in grader Linie oder im zweiten Grade der Seitenlinie verwandt oder verschwägert ist.

V. Relation, Correlationen und Abstimmungen.

§ 62. In allen Fällen, in welchen über die Zulässigkeit oder den Grund der angebrachten Beschwerden definitiv erkannt, oder die Appellation oder sonstige Beschwerdeführung, ohne Mittheilung an den Gegner, sofort verworfen, muß schriftlich referirt werden, ausgenommen, wenn die Verwerfung wegen klarer, formeller Unzulässigkcit erfolgt. Dem Ermessen des Präsidenten bleibt es jedoch überlassen, in Fällen, welche hiernach im Allgemeinen keine schriftliche Relation erfordern, unter besonderen Umständen eine solche anzuordnen.

§ 63. In Criminalsachen muß die Relation jederzeit schriftlich geschehen.

§ 64. In wichtigen und verwickelten Civilsachen, so wie in erheblichen Criminalfällen, muß eine besondere schriftliche Correlation Statt finden. In den Fällen, in welchen es keiner besonderen schriftlichen Correllation bedarf, ist jedoch, nach sorgfältiger Durchsicht der Acten, eine mündliche Correlation zu erstatten, und wird solche von dem Präsidenten entweder selbst übernommen oder Einem der Räthe übertragen.

§ 65. Bey Criminalfällen, in welchen durch das vorige Urtheis auf zehnjähriges Gefängniß oder auf eine härtere Strafe erkannt ist, müssen die Acten mit Relation und Correlation, vor der endlichen Abstimmung, bei den Mitgliedern des Gerichts circuliren. Dieses kann überhaupt bei besonders schwierigen Civil- und Criminalsachen vom Präsidenten angeordnet werden.

§ 66. Bey zweifelhaften Fällen, so wie bey getheilten Meinungen, hat der Präsident, vor der endlichen Abstimmung, eine freie mündliche Erörterung unter den Mitgliedern zu veranlassen.

§ 67. Die Abstimmung geschieht nach einer wechselnden Folge und zwar also, daß zuerst vom Referenten, hierauf von den übrigen Räthen abwärts vom Referenten, nach diesen aber von dem Präsidenten und von den auf ihn folgenden Räthen bis zum Referenten zurück, gestimmt wird.

§ 68. Bei den im § 55. erwähnten Erkenntnissen und Bescheiden sind, außer dem Beschlusse, auch die einzelnen von dem Beschlusse abweichenden Bestimmungen, ihrem wesentlichen Inhalte nach, in das Protocoll zu tragen.

§ 69. Relation und schriftlich abgestattete Correlation bleiben in der Registratur des Gerichts.

VI. Beförderung der Relationen.

§ 70. Der Regel nach muß in jeder zum Erkenntnisse stehenden Civil- und Criminalsache die Relation binnen vier Wochen nach dem Actenschlusse, oder bei Criminalacten, nach deren Eingange, die Correlation aber in den nächsten drei Wochen dem Präsidenten zugestellt werden. Es ist dem Präsidenten jedoch überlassen, in dringenden Sachen kürzere Termine festzulegen, so wie in besonders verwickelten Sachen längere Termine zu gestatten.

§ 71. Nach Einreichung der Relation oder, falls eine besondere Correlation statt gefunden hat, nach Eingang dieser letzteren, muß die Sache von dem Präsidenten in der nächsten Woche zum Vortrage befördert werden; wobei Sachen, deren Entscheidung Beschleunigung erfordert, vorzugsweise zu berücksichtigen sind.

VII. Stimmgleichheit.

§ 72. Sollte in Hauptpunkten Stimmgleichheit eintreten, so müssen die Acten mit der Relation und, wenn eine besondere Correlation Statt gefunden hat, auch mit dieser letzteren, unter sämmtlichen Mitgliedern circulieren. Hierauf muß die Sache in möglichst vollständigem Gerichte wiederum vorgelegt werden.

§ 73. Entsteht alsdann abermals Stimmengleichheit, so wird, wenn die eine der geäußerten Meinungen bereits ein bestimmtes Präjudiz des Ober-Appellationsgerichts für sich hat, nach dieser Meinung erkannt, bei Ermangelung eines solchen Präjudizes aber das angefochtene Erkenntniß, in sofern es den Punkt bereits in derselben Lage entschied, bestätiget; sonst aber entscheidet in Criminalsachen die für den Angeschuldigten mildere Meinung, in Civilachen hingegen übereinstimmendes Votum des Referenten und Correferenten und, im Falle der Verschiedenheit der Meinungen, diejenige, für welche der Präsident oder sein Stellvertreter sich erklärt.

Für die Freie Stadt Lübeck gilt die besondere Vorschrift, daß vor Anwendung dieser letzteren Entscheidungsart, so wie überhaupt bei eintretender Stimmgleichheit, in den aus dieser Stadt an das Ober-Appellationsgericht gelangenden Sachen von demselben jedesmal ein vorgängiger Vergleichs-Versuch zwischen den Partheien anzuordnen ist.

§ 74. Nach denselben Grundzügen ist auch eine Stimmgleichheit in reinen Nebenpunkten zu erledigen. Jedoch bedarf es bei dieser weder einer vorgängigen Circulation der Acten, noch einer abermaligen Erörterung der Sache in einer neuen Sitzung.

VIII. Abfassung und Ausfertigung des Erkenntnisses.

§ 75. Der Referent hat den Entwurf des Erkenntnisses der Relation beizufügen. Nach der Genehmigung des Entwurfs ist derselbe von sämmtlichen Mitgliedern, welche an dem Beschlusse Theil genommen, zu unterschreiben und vom Secretair unter dem Tage der Unterschrift in das Gerichts-Protocoll einzutragen; hiernächst wird das Erkenntniß nebst den Entscheidungsgründen in der Kanzley ausgefertigt.

§ 76. Die Entscheidungsgründe sind, nachdem sie dem Beschlusse des Gerichts gemäß entworfen worden, in Einer der nächsten Sitzungen vorzulegen.

§ 77. es bleibt dem Gerichte überlassen, in einfachen Sachen, in welchen nicht über den Inhalt von Beschwerden erkannt worden, die Entscheidungsgründe in das Urtheil selbst einrücken zu lassen.

IX. Form der Ausfertigungen.

§ 78. Das Gericht unterzeichnet sich in allen Ausfertigungen:
„Das Ober-Appellationsgericht der vier Freien Städte Deutschlands".

§ 79. Die Erkenntnisse haben die Eingangsformel:
„ In Appellations- (Untersuchungs-) Sachen N.N. erkennt das Ober-Appellationsgericht der vier Freien Städte Deutschlands für Recht ..."
und die Schlußformel:
„ Urkundlich unter dem Siegel des Ober-Appellationsgerichts der vier Freien Städte Deutschlands und der gewöhnlichen Unterschrift, gegeben zu... den...".

§ 80. Alle Berichte und Briefe, alle Requisitionen und Mittheilungen an die Obergerichte der Städte, alle Verfügungen an die Angehörigen des Gerichts, werden von dem Präsidenten unterschrieben und von dem Secretair contrasignirt. Die Ausfertigungen der Erkenntnisse und Bescheide sind von dem Secretair allein zu unterzeichnen.

X. Geschäftsführung des Secretairs.

§ 81. Der Secretair hat außer denjenigen Geschäften, welche schon aus der Natur seines Amtes, so wie aus einzelnen Vorschriften dieser Gerichtsordnung, wie auch der Stempel- und Gebühren-Taxe, sich ergeben annoch folgende Obliegenheiten:

1) über das Kanzley-Personal, dessen Vorstand derselbe ist, die Aufsicht zu führen;

2) das Gerichtssiegel zu verwahren und gewissenhaft zu gebrauchen;

3) wie in Dienstsachen im allgemeinen, so auch namentlich hinsichtlich der Person des Referenten, des Inhalts der noch nicht publicirten Erkenntnisse und des Spruchcollegiums, an welches die Acten versandt worden sind, alle Verschwiegenheit zu beobachten;

4) in Fällen, wo das mindeste Bedenken obwaltet, keine Acten-Einsicht ohne Erlaubniß des Präsidenten zu gestatten und diese Einsicht immer nur in seiner eigenen oder eines Kanzlisten Gegenwart geschehen zu lassen; wobei zuvor die Relationen von den Acten abzusondern sind.

Ihm wird bei dem Antritte seines Amtes eine besondere Instruction zugefertigt.

B. Prozeßgang

XI. Entscheidungsquellen.
§ 82. Das Ober-Appellationsgericht hat bei seinen Erkenntnissen in Civil- und Criminalsachen die in den Freien Städten geltenden Particular-Gesetze und rechtlichen Gewohnheiten, und in deren Entstehung das in den Städten recipirte gemeine Recht, mit Inbegriff der in denselben vor Auflösung der ehemaligen deutschen Reichsverfassung aufgenommenen Reichsgesetze, anzuwenden.
Die in jeder Stadt erscheinenden Verordnungen werden dem Gerichte mitgetheilt.

1. Verfahren in Civilsachen.
a. Allgemeine Bestimmungen.

XII. Schriftliches Verfahren. Einreichung der Schriften.
§ 83. Die Verhandlung bei dem Ober-Appellationsgerichte geschieht in allen Sachen schriftlich.

§ 84. Alle Eingaben der Partheien sind von einem Procurator einzureichen, mit Ausnahme der Gesuche, welche die Bestellung eines Procurators selbst bezwekken oder eine Beschwerde über den bisherigen Procurator enthalten.

§ 85. Jede Eingabe muß von dem Procurator, mit Beifügung des Namens des Concipienten, unterschrieben, auf der Kanzley des Ober-Appellationsgerichts eingereicht und von dieser, nachdem der Tag der Einreichung darauf bemerkt worden, noch denselben oder den folgenden Tag, nebst den zu der Sache gehörenden auf der Kanzley befindlichen Actenstücken, dem Präsidenten zugestellt werden.

§ 86. Der Procurator hat zugleich eine Abschrift der Eingabe und der Anlagen, welche sich nicht schon bei den Voracten befinden, oder welche die Gegenparthei nicht sonst schon besitzt, beizufügen und die Anlagen, deren Mittheilung an den Gegner nicht erforderlich ist, auf der Abschrift der Original-Eingabe namhaft zu machen.

§ 87. Die Rubrik der Eingaben ist möglichst genau und vollständig einzurichten und in allen Schriften gleichförmig beizubehalten; auch sind im Falle einer Streitgenossenschaft die mehreren Streitgenossen, wenigstens bei der ersten Schrift, die dem Gerichte übergeben wird, sämmtlich einzeln zu benennen.

§ 88. Sollte sich im Laufe des Verfahrens vor dem Ober-Appellationsgerichte eine Veränderung in der Person der Partheien ereignen, so ist davon in der nächsten Schrift oder, wenn keine solche mehr einzureichen ist, mittels einer besonderen Eingabe dem Gerichte die Anzeige zu machen.

§ 89. In Ansehung der äußeren Form der Eingaben sind die in der Procuratur-Ordnung enthaltenen Vorschriften zu befolgen.

XIII. Bestellung eines Procurators.

§ 90. Die Bestellung eines Procurators geschieht mittelst Einreichung einer Vollmacht, welche von der Parthei, oder von ihrem zu den Acten legitimierten Bevollmächtigten, ausgestellt und nach der am Orte der Ausstellung eingeführten Form beglaubigt seyn muß.

§ 91. Die Einreichung der Vollmacht muß, bei Vermeidung einer Geldstrafe von zehn Thalern, spätestens bey der ersten von der Parthey am Ober-Appellationsgerichte vorzunehmenden Handlung geschehen.

§ 92. Die von einem Stellvertreter der Parthey ausgestellten Vollmachten bleiben auch nach dessen Tode oder Abgange, bis zum Widerrufe, gültig.

XIV. Infinuationen.

§ 93. Alle Erkenntnisse und Bescheide sind innerhalb dreier Tage, auf Betrieb des Secretairs ausgefertigt, mit Beifügung der Schriften, deren Mittheilung verordnet ist, nach vorgängiger Collationierung derselben, den Procuratoren der Partheien durch einen Gerichtsboten zu instruieren.

§ 94. Die Infinuation muß von dem Gerichtsboten in sein Infinuationsbuch eingetragen und aus diesem auf den bei den Acten befindlichen Erkenntnissen und Bescheiden von Einem der Kanzlisten verzeichnet werden.

§ 95. Hat eine Parthei noch keinen Procurator bestellt, und bedarf es einer Infinuation an dieselbe, so ist vom Ober-Appellationsgerichte, mittels einer Requisition an das betreffende Obergericht, die Infinuation zu bewirken, auch nach Beschaffenheit der Umstände und namentlich alsdann, wenn bereits eine Auflage zur Bestellung eines Procurators unbefolgt geblieben ist, der Parthei ein solcher von Amtswegen zu ernenne.

§ 96. Auch während des Laufs der Ferien können Infinuationen gültigerweise vorgenommen werden.

XV. Fristen.

§ 97. Alle Fristen bei dem Verfahren vor dem Ober-Appellationsgerichte laufen vom Tage der Infinuation, diesen nicht mitgerechnet.

§ 98. In Ansehung der Versäumung von Nothfristen gelten die Grundsätze des gemeinen deutschen Prozesses.

§ 99. Alle anderen Fristen sind zwar gleichfalls peremtorisch; jedoch kann das Gericht den mit deren Ablauf eintretenden Rechtsnachtheil alsdann erst aussprechen, wenn der Gegner darauf angetragen hat, vor der Parthei aber kann bis zum Schlusse der Kanzley an demselben Tage, an welchem in der Sitzung des Ober-Appellationsgerichts die Ausschließung decretirt wird, das Versäumte noch nachgeholt werden.

§ 100. Diejenigen Fristen, bei denen die Androhung der Präclusion nicht angemessen wäre, sind bei einer Geldstrafe vorzuschreiben.

§ 101. Hat das Gericht bei seiner Auflage ausdrücklich verfügt, daß, im Falle der Nichtbefolgung, nach Ablauf der Frist ohne weiteres entweder in der Sache fortgefahren, oder die angedrohte Geldstrafe von Amtswegen beigetrieben werden solle, so bedarf es überall keiner Ungehorsams-Entschuldigung.

§ 102. Fristen, die an einem Sonn- oder Feiertage ablaufen, (§ 22) sind als bis zum nächsten Werktage, diejenigen aber, deren Ablauf während der Gerichtsferien, oder in den ersten acht Tagen nach denselben, eintritt, als bis zum achten Tage nach den Ferien, nämlich bis zum 8. September, diesen mit eingerechnet, erstreckt anzusehen.

§ 103. Das Gericht hat die Befugniß, in besonders dringenden Fällen die gesetzlichen Fristen abzukürzen, und in den ihrer Natur nach eiligen und zu einer Verhandlung in den Ferien geeigneten Sachen zu bestimmen, daß die Fristen ungeachtet der Ferien ablaufen sollen.

§ 104. Der Freien Stadt Bremen bleiben, in Ansehung der aus Bremen an das Ober-Appellationsgericht gelangenden Sachen, besondere Verfügungen wegen des Fristenlaufs in den Ferien vorbehalten.

§ 105. Wenn eine Sache während eines Jahres, nach vergeblichem Ablaufe der letzten Frist, gänzlich liegen geblieben seyn sollte, so können die bei dem Ober-Appellationsgerichte verhandelten Acten reponirt und die Voracten zurückgesandt werden. Wird aber, selbst nach zurückgesandten Voracten, die Sache fortgesetzt, so bedarf es deshalb allein weder einer besonderen Wiederaufnahme des Rechtsstreits, noch der neuen Bestellung eines Procurators.

XVI. Mißbrauch von Rechtsmittel.

§ 106. Dem Mißbrauch der Rechtsmittel, welcher nach den Gesetzen jeder Stadt zu beurtheilen ist, hat das Ober-Appellationsgericht an den Partheien durch Geldstrafen und, im Fall der Zahlungsunfähigkeit, durch Gefängnißstrafen zu ahnden. Gegen die Sachführer hat es im Falle eines solchen Mißbrauchs ebenfalls Geldstrafen bis zu 50 Rthlrn. zu erkennen, auch nach Beschaffenheit der Umstände die im § 21. ausgesprochenen Maaßregeln in Anwendung zu bringen.

XVII. Advocatur- und Procuratur-Gebühren.

§ 107. Das Ober-Appellationsgericht hat die Rechnungen festzustellen, welche in den vor ihm verhandelten Sachen von den Advocaten und Procuratoren übergeben werden, auch wegen Zahlung derselben das Nöthige zu verfügen.

§ 108. Wenn Streitigkeiten über Zahlungsverbindlichkeit, ausser dem Betrage der Ansätze selbst, zwischen Parthei und Sachverwalter entstehen, bleibt dem Ober-Appellationsgerichte die Befugniß, solche Streitigkeiten, den Umständen nach, selbst zu entscheiden oder an den Richter erster Instanz zu verweisen.

§ 109. In Hinsicht der Advocatur-Gebühren ist die Taxe jeder Stadt zu Grunde zu legen, übrigens aber nicht sowohl die Bogenzahl, als vielmehr der innere Gehalt einer Schrift zu berücksichtigen.

§ 110. Die Kosten der Feststellung eingereichter Advocatur- und Procuratur-Rechnungen hat in der Regel der zur Zahlung der Rechnung verpflichtete Theil zu tragen, der Implorant hingegen alsdann, wenn die Feststellung ohne hinreichenden Grund nachgesucht wird, oder wenn die Rechnung ohne hinreichenden Grund nachgesucht wird, oder wenn die Rechnung unrichtige oder bedeutend übertriebene Ansätze enthält.

XVIII. Armenrecht.

§ 111. Derjenige, dem schon in der vorigen Instanz das Armenrecht ertheilt war, genießt auf sein Ansuchen auch bei dem Ober-Appellationsgerichte einstweilige Befreiung von Stempel- und Gerichtsgebühren, worüber jedoch für den Fall, da der Gegner die Kosten zu bezahlen hätte oder die Parthei selbst solche zu berichtigen fähig werden sollte, an der Kanzlei Rechnung zu halten ist.

§ 112. Wird das Armenrecht erst in der Ober-Appellations-Instanz nachgesucht, so kann es nur auf das Zeugniß des betreffenden Obergerichts ertheilt werden. Das Ober-Appellationsgericht kann aber, bis zu seiner Entscheidung über das Gesuch, die Gebühren creditiren.

§ 113. Den Armen-Partheien wird vom Ober-Appellationsgerichte ein Procurator von Amtswegen, zur einstweiligen unentgeltlichen Wahrnehmung der dort vorgefallenen Geschäfte, bestellt.

b. Verfahren bei Appellation.

XIX. Einwendung.
§ 114. Die Einwendung der Appellation geschieht bei dem Obergerichte, von welchem das beschwerende Erkenntniß abgegeben worden, und zwar in der durch die Gerichtsordnung jeder Stadt vorgeschriebenen Frist und Form.

§ 115. In dem darauf abzugebenden Bescheide hat das Obergericht den Tag der Einwendung zu bemerken und die Mittheilung der Einwendungsschrift an den Appellanten zur Nachricht zu verordnen, in sofern derselbe nicht bei der Einwendung gegenwärtig gewesen ist.

XX. Beschwerde über den Bescheid auf die Einwendung.
§ 116. Verwirft das Obergericht die Appellation als unzulässig oder versagt es ihr bloß die Suspensiv-Wirkung, so hat es die Rechtsgründe in dem Bescheide anzuführen.

§ 117. Es findet dagegen eine Beschwerde bei dem Ober-Appellationsgerichte nur dann Statt, wenn sie innerhalb vier Wochen vom Tage der Publication oder Infinuation jedes Bescheides bei dem Ober-Appellationsgerichte angebracht wird.

§ 118. Der Beschwerdeführer hat das abschlägige Decret des Obergerichts nebst dem angefochtenen Erkenntnisse und dessen Entscheidungsgründen, sämmtlich in beglaubigter Form, beizubringen, zugleich auch, und zwar bei Vermeidung der Desertion, seine Beschwerden in der Hauptsache speciell anzuführen, Letzteres selbst in dem Falle, da das Urtheil seinem ganzen Inhalte nach zum Gegenstande der Beschwerde gemacht wird.

§ 119. Nachdem das Ober-Appellationsgericht sowohl von dem Obergerichte Einsendung der Acten gefordert, als auch die Gegenparthei gehört hat, in sofern es das Eine oder das Andere, oder auch Beides, für erforderlich erachtet, erkennt es über die Zulässigkeit der Appellation und deren Suspensiv-Wirkung.

§ 120. Findet es die Appellation zwar formell zulässig, jedoch die Beschwerden anscheinend unbegründet, so kann es dem Appellanten auch sofort die Rechtfertigung seiner Beschwerden aufgeben.

§ 121. Die Beschwerdeführung über das abschlägige Decret des Obergerichts hat, in sofern nicht aus dem Fortgange der Verhandlung ein unersetzlicher Nachtheil entstehen würde (in welcher Beziehung das Obergericht nach Anleitung des § 42. verfahren kann), keine Suspensiv-Wirkung, so lange nicht das Ober-Appellationsgericht die Einstellung des Verfahrens anordnet. Auch kann es verfügen, daß die Vollziehung nur gegen Caution oder gegen andere Sicherungsmaaßregeln erfolge.

§ 122. Die Bestimmungen der §§ 116. bis 121 einschließlich und § 129., wodurch für Beschwerden über den Bescheid auf die Einwendung eine besondere, dem Verfahren über die Beschwerden in der Sache selbst vorausgehende Verhandlung festgesetzt wird, finden keine Anwendung in den Sachen, die von Frankfurt aus an das Ober-Appellationsgericht gelangen. In diesen tritt vielmehr, gleichviel, ob der eingelegten Berufung von dem Frankfurtischen Appellationsgerichte gar nicht oder doch nicht vollständig deserirt worden, lediglich dasselbe Verfahren ein, welches für Appellationen, deren Einlegung ohne Einschränkung deserirt worden, in den §§ 123. bis 128. einschließlich vorgeschrieben ist.

XXI. Einführung und Rechtfertigung.

§ 123. Wird der Appellation vom Obergerichte deserirt, so muß dieselbe, bei Strafe der Desertion, für Lübeck und Hamburg innerhalb sechs Wochen, für Frankfurt und Bremen aber innerhalb acht Wochen, vom Tage der Publication oder Infinuation des angefochtenen Erkenntnisses, bei dem Ober-Appellationsgerichte eingeführt und zugleich gerechtfertigt werden.

§ 124. Der auf die Einwendung der Appellation erfolgte Bescheid und das angefochtene Erkenntniß nebst den Entscheidungsgründen, wenn diese besonders abgegeben worden, sind der Appellations-Einführung, und zwar sämmtlich in beglaubigter Ausfertigung, beizufügen. Hat der Appellant dies versäumt, wo wird vom Ober-Appellationsgerichte, zur Ergänzung des Mangels, annoch eine kurze Frist, bei Strafe der Desertion, gesetzt, zugleich aber wider den Sachführer, welchem die Versäumung zur Last fällt, eine angemessene Geldstrafe verhängt.

§ 125. Nur aus bescheinigten, dringenden und in den Verhältnissen der Sache oder der betreffenden Personen gegründeten Ursachen kann das Gericht, außer der gesetzlichen, noch weitere den Umständen nach möglichst kurze Frist zur Rechtfertigung ertheilen, in sofern der Appellant seiner Einführungsschrift die Beschwerden gegen das Erkenntniß beigefügt hat.

§ 126. Ueberhäufte Geschäfte oder auch Reisen des Sachführers begründen keine Fristgesuche.

§ 127. Wird die Frist vom Gerichte verweigert oder bringt der Appellant in der ihm gestatteten Frist seine Rechtfertigung nicht ein, so ist er nach Ablauf der gesetzlichen oder der ihm gestatteten Frist mit der Rechtfertigung ausgeschlossen, und wird es so angesehen, als ob er auf die bisher verhandelten Acten submittirt habe.

§ 128. Die Appellation wird, nach Ablauf der gesetzlichen Frist, für desert erklärt, wenn der Appellant bei Einführung derselben seine Beschwerde nicht namhaft gemacht hat.

§ 129. War der Appellation vom Obergerichte nicht deserirt, so läuft die Rechtfertigungsfrist vom Tage der Infinuation des Erkenntnisses, durch welches vom Ober-Appellationsgerichte die Appellation für zulässig erklärt ist. Versäumt der Appellant die Frist, so ist er der Rechtfertigung sofort verlustig und es wird so angesehen, als habe er auf die bisher verhandelten Acten submittirt.

XXII. Befugniß zu neuem Vorbringen.

§ 130. Neue Thatumstände und darauf gegründete Einreden, so wie neue Beweismittel, sind bei dem Ober-Appellationsgerichte nur dann zulässig, wenn sie erst nach der Zeit, wo sie hätten beigebracht werden müssen, neu entstanden oder doch neu aufgefunden worden sind. Unter dieser Voraussetzung aber sind sie, wenn ihnen sonst kein Rechtsgrund entgegensteht, ungeachtet des aus der Einlassung oder weiteren Verhandlung folgenden Ausschusses und ungeachtet des Ablaufs der peremtorischen Beweis- oder Gegenbeweis-Frist, noch zulässig.

§ 131. Die gedachte neue Entstehung oder neue Auffindung muß auf Verlangen der Gegenparthei entweder bescheinigt oder doch, in sofern das Gericht solches für genügend erachtet, von der Parthei oder ihrem Sachführer, oder auch von Beiden beeidigt werden.
Für die Freie Stadt Frankfurt gilt in Ansehung der Zulässigkeit des Eides die Bestimmung des § 10. der dortigen Provocations-Ordnung vom 22. July 1788.

§ 132. Findet das Ober-Appellationsgericht das neue Vorbringen unzulässig oder unerheblich, so hat es dasselbe ohne weiteres selbst zu verwerfen. Erachtet es dagegen dasselbe für zulässig, und in die Entscheidung der Sache wesentlich eingreifend, so hat es das neue Vorbringen zur etwanigen weiteren Instruction und abermaligen Entscheidung in der Hauptsache an die erste Instanz zurückzuverweisen.

XXIII. Verwerfung der Appellation.

§ 133. Ueberzeugt sich das Ober-Appellationsgericht nach eingereichter Einführungs- oder Rechtfertigungsschrift, auch allenfalls nach vorgängiger Abforderung und Einsicht der Voracten von der gänzlichen Unstatthaftigkeit der Appellation, oder von Versäumung der Nothfristen, oder von dem offenbaren Ungrunde der Beschwerde, so kann es die Appellation sogleich verwerfen.

XXIV. Vernehmung des Appellanten.

§ 134. Wird die Appellation vom Ober-Appellationsgerichte angenommen, so hat es das vom Appellanten Eingereichte, worauf die Annahme der Appellation beschlossen worden, dem Appellanten mitzutheilen, zur Vernehmlassung binnen einer Frist, die für Lübeck und Hamburg auf sechs Wochen, für Frankfurt und Bremen aber auf acht Wochen bestimmt wird. Nur unter den § 125. vorgeschriebenen Voraussetzungen kann weitere Frist verstattet werden.

XXV. Adhäsion.

§ 135. Die Adhäsion ist nur gegen diejenigen Theile des Erkenntnisses zulässig, über welche sich auch der Appellant beschwert hat.

§ 136. Die Adhäsion muß bei Verlust derselben spätestens in der Vernehmlassung des Appellanten geschehen.

§ 137. Erachtet das Gericht die Adhäsion nicht sofort für unbegründet, so hat es dem Appellanten, jedoch nur über die Adhäsionsbeschwerden, eine Erklärung, mit angemessener Fristbestimmung, aufzuerlegen.

XXVI. Requision der Acten.

§ 138. Gleichzeitig mit Erlassung des Mittheilungs-Bescheides requirirt das Ober-Appellationsgericht, falls es nicht schon früher geschehen wäre, bei dem Obergerichte die Einsendung der Acten.

§ 139. Die Einsendung der Acten muß, nach vorgängiger Inrotulation, mit Beifügung der Entscheidungsgründe, in sofern sie nicht in dem Erkenntnisse selbst enthalten sind, innerhalb vier Wochen nach der Requisition erfolgen.

§ 140. Sollte das Obergericht mit Einsendung der Acten zögern, so hat das Ober-Appellationsgericht, nach fruchtlos gebliebener Erinnerung an das Obergericht, die Anzeige davon dem betreffenden Senate zu machen.

§ 141. Für den Fall, da in einer bei dem Ober-Appellationsgerichte angebrachten Sache das Verfahren in erster Instanz fortgeht, gedachtes Gericht jedoch die Voracten einfordert, hat derjenige, welcher die Sache bei demselben angebracht hat, dem Verzuge und den Auslagen sich zu unterwerfen, die mit der etwa erforderlichen Abschrift dieser Voracten verbunden sind.
Sind für die Entscheidung der bei dem Ober-Appellationsgerichte anhängigen Rechtssachen connexe Acten eines anderen Rechtsstreites erforderlich, worin eine besondere Verhandlung noch fortdauert, so sind dieselben oder die einzelnen nothwendigen Actenstücke aus denselben zur in beglaubigter Abschrift, und zwar auf Kosten des antragenden Theiles, beizubringen. Wird die Beibringung von Amtswegen verfügt, so sind die Kosten der Abschriften von den streitenden Theilen gemeinschaftlich vorzuschießen.

XXVII. Actenversendung.

§ 142. Sollte eine Parthei bei dem Ober-Appellationsgerichte von der im 12. Artikel der Bundesacte gestatteten Actenversendung zur Abfassung des End-Urtheils Gebrauch machen wollen, so hat sie, bei Verlust dieser Befugnis, darauf spätestens in der Rechtfertigungsschrift oder in der Vernehmlassung anzutragen.

§ 143. Alle durch die Actenversendung veranlaßte Kosten fallen der nachsuchenden Parthei allein zur Last. Sie hat die dazu erforderliche Summe, welche vom Gerichte mit Ansetzung einer Frist zu deren Erlegung bestimmt wird, im Voraus, zur künftigen Berechnung, beizubringen. Wird innerhalb der Frist die Summe nicht eingeliefert, so ist, ohne daß es einer Ungehorsams-Beschuldigung bedarf, die Parthei der Befugniß zur Actenversendung verlustig. Das Erkenntniß wird sodann vom Ober-Appellationsgerichte selbst erlassen.

§ 144. Die Inrotulation der Acten geschieht an der Kanzlei, in Gegenwart der Procuratoren der Partheien, deren jede gegen zwei Spruch-Collegion excipiren kann.

§ 145. Ausser den § 16. und § 173. erwähnten Fällen findet von Amtswegen keine Actenversendung statt.

§ 146. Das Spruchcollegium, an welches die Acten zu schicken sind, wird durch einen Beschluß des ganzen Gerichts bestimmt. Dieser Beschluß wird in ein abgesondertes Protocoll gebracht, welches bis zur Rückkehr der Acten versiegelt zu halten ist.

§ 147. Die zurückkommenden Acten werden ohne Zuziehung der Procuratoren entsiegelt. Das dabei befindliche Urtheil, nebst den Entscheidungsgründen, wird auf gewöhnliche Weise bekannt gemacht. Es bleibt übrigens der Parthei oder ihren Procuratoren unbenommen, die Ausfertigung mit dem bey den Acten liegenden Originale zu vergleichen.

XXVIII. Actenschluß und etwa erforderliche Vervollständigung.

§ 148. Mit der Vernehmlassung des Appellanten oder der Erklärung des Appellanten auf die gegnerische Adhäsion sind die Acten in der Regel zwar geschlossen; es bleibt indeß dem Ober-Appellationsgerichte überlassen, nach Befinden eine Replik und eine Duplik besonders zu gestatten, oder von den Partheien eine Erklärung über bestimmt aufzugebende Puncte, auch, sofern es nach der Prozeßklage überhaupt noch zulässig ist, die Vorlegung bestimmter in den Acten angeführter und zur Entscheidung der Sache erforderlicher Urkunden zu verlangen.
Das hierauf Beigebrachte ist sodann der andern Parthei, den Umständen nach zur Gegenerklärung oder zur Nachricht mitzutheilen.

§ 149. Das Ober-Appellationsgericht kann, zur Vervollständigung der Instruction, Local-Untersuchungen verordnen oder Berichte von Sachverständigen fordern, und zu diesem Zwecke Requisitionsschreiben an das Obergericht erlassen.

XXIX. Zurückverweisung der Sache.

§ 150. Das Ober-Appellationsgericht verweiset, nachdem es über die Beschwerden, es sey nun bestätigend oder abändernd, erkannt hat, die Sache an das Gericht erster Instanz oder an das Obergericht, wenn die Prozeßklage dies erfordern sollte, und hat zu diesem Behufe sämmtliche Voracten und sein Erkenntniß, nebst den Entscheidungsgründen, dem Obergerichte einzusenden.

XXX. Attentate.

§ 151. Bei Beschwerden über Attentate hat das Ober-Appellationsgericht nach gemeinrechtlichen Bestimmungen zu verfahren.

§ 152. Zu Attentaten sind die zur augenblicklichen Abwendung einer den Streitgegenstand bedrohenden Gefahr erlassenen richterlichen Provisional-Verfügungen nicht zu rechnen.

XXXI. Beschwerden in Ansehung der Vollstreckung.

§ 153. Beschwerden über Verzögerung oder Ueberschreitung der Gränze bei der Vollstreckung eines Erkenntnisses des Ober-Appellationsgerichts gegen das Gericht, welches durch die Remission der Sache mit der Vollstreckung beauftragt worden, sind bei dem Ober-Appellationsgerichte anzubringen.

§ 154. Findet das Ober-Appellationsgericht die Beschwerden begründet, so hat es zu deren Abhülfe das Erforderliche mittels Requisition an das betreffende Obergericht zu verfügen, auch nöthigenfalls durch einen Bericht an den Senat die Einschreitung der oberaufsehenden Staatsgewalt zu veranlassen.

§ 155. Vorstehende Anordnungen erstrecken sich auf alle endliche Entscheidungen des Ober-Appellationsgerichts, welche nicht lediglich eine Bestätigung des vorigen Urtheils enthalten.

XXXII. Wiedereinsetzung in den vorigen Stand gegen versäumte Fristen.

§ 156. Gesuche um Wiedereinsetzung in den vorigen Stand gegen Versäumung der Appellations-Nothfristen müssen bei dem Ober-Appellationsgerichte angebracht und, bei Verlust der Restitution, nicht nur mit allen zu gehöriger Einführung der Appellation erforderlichen Actenstücken und Urkunden, sondern auch zugleich mit der Rechtfertigung der Beschwerde verbunden sein.

§ 157. Restitutions-Gesuche gegen Versäumung solcher Fristen, welche nicht als Nothfristen anzusehen sind, müssen mit einer vollständigen Nachholung des Versäumten verbunden seyn; und hat übrigens das Gericht solche Gesuche nach gemeinrechtlichen Grundsätzen zu beurtheilen.

§ 158. Restitutions-Gesuche sind überall nicht weiter zulässig, wenn von der Zeit an, da der Nachsuchende in den Fall kam, auf die Wiedereinsetzung anzutragen, die ursprüngliche Frist abermals versäumt worden ist.

§ 159. Die Restitution darf nur nach vorgängiger Vernehmung der Gegenparthei bewilligt werden.

§ 160. Ist die Frist durch die Schuld des Advocaten oder des Procurators versäumt, so ist zwar, wenn dies gehörig erwiesen oder doch in beträchtlichem Grade wahrscheinlich gemacht, auch, falls das Gericht solches für nöthig erachtet, von der Parthei eidlich erhärtet worden, zur Abwendung des der Parthei daraus erwachsenden Nachtheils, die Restitution zuzulassen, gegen den schuldigen Advocaten oder Procurator aber immerhin eine Strafe zu erkennen, die, nach dem Grade der Fahrlässigkeit, bis zu 50 Rthlrn. gesteigert werden kann; auch tritt ihn überdies allemal der Kosten-Ersatz an beide Partheien aus eignen Mitteln.

c.

XXXIII. Verfahren bei Extrajudicial-Appellationen.

§ 161. Die Einwendung der Extrajudicial-Appellation, wo solche an sich zulässig ist (§ 34.), geschieht binnen der für gewöhnliche Appellationen geltenden Nothfrist durch eine Eingabe bei dem Obergerichte, in welcher eine specielle Anführung der Beschwerden enthalten seyn muß.

§ 162. Das weitere Verfahren ist im Allgemeinen dasselbe, wie bei gewöhnlichen Appellationen, namentlich findet dabei dieselbe Einführungs- und Rechtfertigungs-Frist statt.

§ 163. Der Appellationslibell wird, falls die Beschwerden nicht sofort zu verwerfen sind, dem Obergerichte mitgeteilt, damit es die Voracten einsende und, nach deren Eingang die Sache für beschlossen angenommen wird.

d.

XXXIV. Verfahren bei Nichtigkeits-Beschwerden.

§ 164. Die Nichtigkeits-Beschwerde gegen Erkenntnisse oder Verfügungen des Obergerichts muß bei dem Ober-Appellationsgerichte eingeführt und gerechtfertigt werden. Dies muß binnen einer Nothfrist geschehen, die auf acht Wochen, vom Tage der Publication oder Infinuation des beschwerenden Bescheides angerechnet, bestimmt wird, für den Fall aber, da der Grund der Nichtigkeit dem Beschwerdeführer ohne seine Schuld damals noch nicht bekannt gewesen wäre, erst mit dem Tage erlangter Kenntniß dieses Grundes ihren Anfang nimmt.

§ 165. Nach Ablauf von zehn Jahren, vom Tage der Eröffnung eines Obergerichtlichen Erkenntnisses oder Bescheides angerechnet, ist überall keine Nichtigkeits-Beschwerde dagegen weiter zulässig, auch alsdann nicht, wenn erst später die Kenntniß des Grundes der Nichtigkeit erlangt wird.

§ 166. Eben so unzulässig ist es für die Parthei, welche bis zum Erlasse des als nichtig angefochtenen Erkenntnisses an den Verhandlungen Theil genommen hat, wie für deren allgemeine oder besondere Nachfolger, nach Ablauf dieser Fristen die angebliche Nichtigkeit auch nur als Einrede geltend zu machen.

§ 167. Das Ober-Appellationsgericht kann die Voracten sofort vom Obergerichte einfordern und ohne dessen Erklärung, auch ohne vorgängige Vernehmung der Gegenparthei, die Beschwerde verwerfen, sofern es deren Unstatthaftigkeit oder Grundlosigkeit aus den bisherigen Verhandlungen entnimmt. Im Fall es aber hiezu sich nicht bewogen findet, hat es die Beschwerde der Gegenparthei zur Beantwortung und nach Eingang derselben, oder nach Ablauf der dazu vorgeschriebenen Frist, sämmtliche Verhandlungen, nebst den etwa bereits eingeforderten Voracten, dem Obergerichte mitzuteilen, welches seine Erklärung darüber, unter Beifügung aller Acten, innerhalb drei Wochen, für Frankfurt aber innerhalb sechs Wochen, einsendet. Es wird sodann vom Ober-Appellationsgerichte über die angebliche Nichtigkeit erkannt.

e.

XXXV. Verfahren bei einfachen Beschwerden.

§ 168. Einfache Beschwerden gegen ein Obergericht hat das Ober-Appellationsgericht, in sofern es dieselben nicht sofort verwerflich erachtet, dem Obergerichte zu seiner Erklärung mitzuteilen, die binnen drei Wochen, für Frankfurt aber binnen sechs Wochen abzugeben ist.

§ 169. Das Ober-Appellationsgericht kann die Einsendung der Voracten von dem Obergerichte requiriren und dem Gegner des Beschwerdeführers eine Vernehmlassung auferlegen.

§ 170. Findet das Ober-Appellationsgericht hiernächst die Beschwerde begründet, so hat es zu deren wirksamer Beseitigung, mittelst eines Berichts an den betreffenden Senat, worin auf die den Umständen angemessenen Verfügungen anzutragen ist, die Einschreitung der oberaufsehenden Staatsgewalt zu veranlassen, auch den Beschwerdeführer vor dem Antrage zu benachrichtigen.

§ 171. Das Ober-Appellationsgericht hat auch dann dem Senate zu berichten, wenn nach Ablauf jener Frist die Erklärung des Obergerichts nicht eingegangen seyn sollte.

§ 172. Bey einfachen Beschwerden gegen das Obergericht der Freien Stadt Hamburg wird, wenn der Senat die Ansicht des Ober-Appellationsgerichts nicht für gegründet halten würde, die definitive Bestimmung nach Maaßgabe des Art. 6 Tit.2 und des Tit. 7 des zur Hamburgischen Grundverfassung gehörenden Reglements der Rath- und Bürger-Convente vom Jahre 1710 erfolgen, und das Ober-Appellationsgericht in den Stand gesetzt werden, dem Querulanten die Anzeige, daß die Frage zur verfassungsmäßigen Berathung vorbehalten bleibe, spätestens in vier Wochen, nachdem der Senat den Bericht des Ober-Appellationsgerichts erhalten, zu machen.

f. Gesuche und Rechtsmittel in Bezug auf Erkenntnisse des Ober-Appellationsgerichts.

XXXVI. Declarationsgesuche.

§ 173. Ueber Gesuche und Erklärungen eines vom Ober-Appellationsgerichte abgegebenen Erkenntnisses hat dieses Gericht, etwa nach Vernehmung des Gegners, selbst zu entscheiden. Ist aber ein solches Erkenntniß von einem auswärtigen Spruchcollegium abgefaßt worden, so hat das Ober-Appellationsgericht die Entscheidung der Verfasser des vorigen Urtheils durch abermalige Verschickung der Acten zu veranlassen, in sofern es das Declarationsgesuch nicht ganz unbegründet achten sollte.

XXXVII. Nichtigkeits-Beschwerden.

§ 174. Die Nichtigkeits-Beschwerde gegen Erkenntnisse und Verfügungen des Ober-Appellationsgerichts ist unter denselben Bedingungen, welche bei Nichtigkeits-Beschwerden gegen ein Obergericht vorgeschrieben sind (§ 41.), zulässig.
Sie hat ebenfalls keine Suspensiv-Wirkung, falls nicht entweder der Directorial-Senat die einstweilige Einstellung der ferneren Verhandlungen verordnet, oder auch aus der Vollziehung des als nichtig angefochtenen Erkenntnisses und aus dem Fortgange der Verhandlungen ein unersetzlicher Nachtheil entstehen würde.
Ist das Daseyn oder Nicht-Daseyn eines solchen Nachtheils außer Zweifel, so hat das Gericht, bei welchem auf die Vollstreckung des Erkenntnisses oder auf ein Verbot derselben angerufen wird, sofort selbst über die begehrte Suspensiv-Wirkung zu entscheiden. Erscheint aber dem Gerichte die Beurtheilung dieses Punktes zweifelhaft, so hat dasselbe dem Querulanten eine kurze, nach Beschaffenheit der Sache und der Entfernung auf acht Tage bis höchstens vier Wochen zu bestimmende Frist, zur Ausbringung einer Inhibition des Directorial-Senates, nachzulassen und während derselben die Vollziehung des anzufechtenden Erkenntnisses nicht zu gestatten, nach erfolglosem Ablaufe der Frist jedoch mit der Vollziehung, auf Anrufen der Gegen-Parthei, ohne Aufenthalt zu verfahren.

Auch kann der Directorial-Senat verfügen, daß die Vollziehung der als nichtig angefochtenen Entscheidung nur gegen Caution oder gegen andere Sicherungsmaaßregeln erfolge.

§ 175. Diese Beschwerde muß binnen acht Wochen, für Frankfurt aber binnen zwölf Wochen, nach Infinuation des angeblich nichtigen Bescheides bei dem Directorial-Senate angebracht werden; wobei übrigens dieselben Bestimmungen gelten, welche in Ansehung des Anfangs dieser Frist, ferner des Ablaufs von zehn Jahren und der Unzulässigkeit des späteren Vorschützens der angeblichen Nichtigkeit als einer Einrede, in den §§ 164-167 für das Verfahren bei Nichtigkeits-Beschwerden, gegen Erkenntnisse oder Verfügungen eines Obergerichts, angeordnet werden.

§ 176. Nach Mittheilung der Beschwerde an die Gegenparthei zur Erwiderung, fordert der Directorial-Senat von dem Ober-Appellationsgerichte einen innerhalb sechs Wochen einzureichenden Bericht.
Demnächst wird von den Senaten, nach vorab eingeholter gutachterlicher Meinung eines auswärtigen Spruch-Collegiums, die Entscheidung über die behauptete Nichtigkeit erlassen.

§ 177. In Fällen des Mißbrauchs dieser Nichtigkeits-Beschwerde, werden die den Partheien und Sachführern in den §§ 21. und 106. angedrohten Strafen eintreten.

XXXVIII. Einfache Beschwerden.
§ 178. Einfache Beschwerden (simplices querelae) gegen das Ober-Appellationsgericht sind mit Bescheinigung, daß der Antrag, auf deren Abhülfe bei dem Ober-Appellationsgerichte ohne Erfolg geblieben sey, an den Directorial-Senat zu bringen, welcher von dem Ober-Appellationsgerichte Bericht fordern, auch den Umständen nach die Gegenparthei vernehmen und demnächst einen Beschluß der Senate über die ferneren Verfügungen veranlassen wird.

§ 179. Es kann aber überall keine Beschwerde über Justiz-Verweigerung begründen, wenn das Ober-Appellationsgericht, nach erfolgtem hinreichenden Gehör des Beschwerdeführers, seine Rechtshülfe deshalb abschlägt, weil die Sache nicht an dasselbe erwachsen sey.

XXXIX. Wiedereinsetzung in den vorigen Stand.
§ 180. Das außerordentliche Rechtsmittel der Wiedereinsetzung in den vorigen Stand gegen Erkenntnisse des Ober-Appellationsgerichts findet statt, wenn das Erkenntniß auf falschen Urkunden, falschen Zeugen-Aussagen oder auf Gutach-

ten von Sachverständigen, welche als untergeschoben oder als absichtlich wahrheitswidrig angefochten werden, gegründet ist, oder wenn gegen einen nothwendigen Haupt-Eid neue Beweismittel aufgefunden sind.

§ 181. Der Implorant muß dieses Rechtsmittel innerhalb acht Wochen, nachdem er die Thatsachen, worauf die von ihm angegebene Falschheit beruht, erfahren oder die neuen Beweismittel aufgefunden hat, bey dem Ober-Appellationsgerichte einführen und zugleich, oder in der ihm dazu vom Gerichte gestatteten weiteren Frist, rechtfertigen; auch hat er eidlich zu erhärten, daß er dasjenige, was er dem Restitutionsgesuche zu Grunde legt, vor jenen acht Wochen nicht gewußt oder nicht aufgefunden habe, in sofern dieses nicht schon aus dem Zusammenhange der Umstände sich klar ergeben sollte.

§ 182. Das Ober-Appellationsgericht hat, falls nicht das Rechtsmittel als sofort verwerflich sich darstellt, den Imploraten zu vernehmen und, wenn es sodann dasselbe für zulässig erachtet, nach Erledigung der etwa vorgängig gemachten Auflagen, die Restitution auszusprechen und die Sache zum ferneren Verfahren an das Gericht erster Instanz zu verweisen.

§ 183. Dieses Rechtsmittel hat keine Suspensiv-Wirkung; es wäre denn, daß aus dem Fortgange der Verhandlungen ein unersetzlicher Nachtheil entstehen, oder auch das Ober-Appellationsgericht die Vollziehung hemmen oder nur unter Sicherungsmaßregeln gestatten würde.

§ 184. Nach Ablauf von zehn Jahren, die mit dem Tage der Eröffnung eines Erkenntnisses des Ober-Appellationsgerichts beginnen, ist überall keine Wiedereinsetzung in den vorigen Stand gegen dasselbe weiter zulässig, und alsdann nicht, wenn erst später die Kenntniß des Restitutionsgrundes erlangt wird.

§ 185. Eben so unzulässig ist es, nach Ablauf der achtwöchigen oder zehnjährigen Frist den Restitutionsgrund auch nur als Einrede geltend zu machen.

§ 186. Für die Freie Stadt Frankfurt gelten hinsichtlich des ausserordentlichen Rechtsmittels der Wiedereinsetzung in den vorigen Stand gegen Erkenntnisse des Ober-Appellationsgerichts die Bestimmungen der §§ 15., 16. und 17. der dortigen Provocations-Ordnung vom 22. Juli 1788.

§ 187. In Ansehung der prätorischen Restitution gegen richterliche Erkenntnisse bliebt es bei den Bestimmungen des gemeinen Rechts, wobei in den geeigneten

Fällen das etwa zur Anwendung kommende statutarische Recht der einzelnen Städte zu berücksichtigen ist.

2.

XL. Prozeßgang in Strafsachen.

§ 188. In Criminalsachen findet kein Verfahren bei dem Ober-Appellationsgerichte Statt (falls nicht die oben zu Anfang des § 40. für die Freie Stadt Frankfurt enthaltenen besonderen Bestimmungen eine Ausnahme hiervon begründen), indem das Obergericht die Acten nebst dem Erkenntnisse, den Entscheidungsgründen, in sofern dieselben besonders abgegeben sind, und der eingereichten weiteren Vertheidigung, binnen vierzehn Tagen nach deren Einreichung bei dem Ober-Appellationsgerichte einsendet, welches sodann die Acten mit dem in letzter Instanz gefällten Urtheile dem Obergerichte remittiert.

Das Ober-Appellationsgericht kann indeß ärztliche Gutachten, wie auch Berichte sonstiger Kunst- und Sachverständiger, entweder unmittelbar, oder auch vermöge Requisitionsschreiben, sich ertheilen lassen.

§ 189. Erachtet es eine Vervollständigung der Untersuchung für nothwendig, so verseiset es zu diesem Behufe und zur nachträglichen Vernehmung des Vertheidigers oder des Inculpaten, unter Bezeichnung der weiter aufzuklärenden Punkte, die Sache an das Obergericht.

Demnächst wird, nach erfolgter Rücksendung der Acten an das Ober-Appellationsgericht, von diesem entweder das Erkenntniß in letzter Instanz erlassen oder die Sache, zur abermaligen Prüfung und Entscheidung in erster Instanz, an das Obergericht verwiesen.

§ 190. Bei einfachen Beschwerden und Nichtigkeitsklagen in Criminalsachen ist nach Analogie obiger Bestimmungen in Civilsachen zu verfahren.

Quellen- und Literaturverzeichnis

I. Verzeichnis der Quellen

1. ungedruckte Quellen

a) Archiv der Hansestadt Lübeck

aa) Altes Senatsarchiv der Hansestadt Lübeck zum Gerichtswesen, Interna (zitiert als: ASA Interna)

1.-5.	Verhandlungen über die Errichtung des Oberappellationsgerichts.
6.	Einsetzungskommission.
8.	Provisorische Gerichtsordnung.
10.-14.	Revision der provisorischen Gerichtsordnung und erste Visitation.
15.-17.	Revision der provisorischen Gerichtsordnung und zweite Visitation.
18., 19.	Dritte Visitation.
20.	Vierte Visitation.
21.-23.	Fünfte Visitation.
24., 25.	Sechste Visitation.
26.-28.	Siebte Visitation.
29.	Das Gericht als Austrägal- und Kompromissinstanz.
31.	Das Gericht als Entscheidungsinstanz zwischen Rat und Bürgerschaft.
32.	Öffentlichkeit und Mündlichkeit des Verfahrens, Funktion eines Kassationshofes.
33.-35.	Zu Kompetenz und Prozessgang.
36.	Ausscheiden Frankfurts.
37.	Direktorium I.
41.	Personal: Allgemeines.
42.	Präsident I.
43.	Präsident II.
45.- 51	Oberappellationsgerichtsräte II. bis IX.
61.	Kanzlei, Aktenversendung.
63.- 66.	Monatliche Bekanntmachungen 1820-1840.

bb) Gesamtinventar der Akten des Oberappellationsgerichtes der vier Freien Städte Deutschlands (zitiert als: Gesamtinventar)

A. 1: Errichtung des Oberappellationsgerichts.
A. 67: Feier des 25.- und 50.-jährigen Bestehens.
A. 70: Redigierung verschiedener Verordnungen (Präsidialakte) enthaltend: Aktenversendung, Zulassung von Zeugen und Beweismitteln, Änderung der Oberappellationsgerichtsordnung, 1848.
A. 75: Korrespondenz mit dem Präsidenten Kierulff, insbesondere Direktorialsachen (Präsidialakte), 1855-1870.
A. 78: Zuständigkeit und Prozessgang in Strafsachen nach Einführung des auf öffentlicher Anklage beruhenden mündlichen Verfahrens, 1865-1871.
A. 79: Acta officialia betreffend die Konstituierung des Oberappellationsgerichtes als Oberappellationsgericht der freien Hansestädte 1867.
A. 80: Auslieferung der noch nicht erledigten Frankfurter Prozesssachen an das Obertribunal Berlin, 1866-1867.
A. 81: Errichtung eines obersten Handelsgerichts für den Norddeutschen Bund, 1869-1870 No. 14 Schreiben des Bremer Direktorialsenates vom 4. August 1869.
A. 83: Aufhebung des Gerichts 1877-1879.
A. 84: Direktoriatswechsel 1822-1866.
A. 85-89: 1. bis 5. Visitation 1824, 1830, 1836, 1841, 1847.
A. 91: 6. Visitation 1853, 1852-1855.
A. 93: 7. Visitation 1859. Aussetzung weiterer Visitationen, 1859-1861.
A. 101: Wahlberechtigung der Gerichtsmitglieder zur neuorganisierten Lübecker Bürgerschaft, 1848.
A. 105: Tod des Präsidenten Heise 1851.
A. 106: Ernennung von Professor von Wächter zum Präsidenten, Glückwunsch des Gerichts zu dessen 50jährigen Amtsjubiläum, 1851-1872.
A. 107: Entlassung des Präsidenten von Wächter 1852.
A. 108: Ernennung des Präsidenten Kierulff 1853-1854.
A. 109: Ernennung der Räte Lüder, Schweppe und Gruner, Entlassung des Rats Pfeiffer.
A. 110: Ernennung der Räte Murtfeldt, Prof. Falck und Overbeck 1823/24.
A. 111: Entlassung des Rats Gruner, Berufung des Rats du Roi, 1826.
A. 112: Tod des Rats Schweppe, Berufung des Rats Goll 1829-1830.
A. 113: Tod des Rats Cropp, Berufung des Rats Blume 1823-1833.
A. 114: Tod des Rats Müller, Wahl des Rats Oppenheimer, 1842.
A. 115: Entlassung des Rats Blume, Wahl des Rats Dr. Pauli, 1842/43.

A. 116: Krankheit und Tod des Rats Goll, Ernennung des Rats Laspeyres, 1845-1848.

A. 117: Tod des Rats Overbeck, Berufung des Rats Marcus Martin Günste, Rücktritt des Rats Günste, Berufung des Rats Wiederhold, 1846.

A. 118: Versetzung des Rats Hach in den Ruhestand, Berufung des Rats Professor Wunderlich, 1850/51.

A. 119: Tod des Rats Wiederhold, Berufung des Rats Brandis, 1850/55.

A. 120: Entlassung des Rat Oppenheimer, Wahl des Rat Voigt.

A. 121: Tod des Rats du Roi, Berufung des Rats Professor Zimmermann, Erkrankung des Rats Dr. Zimmermann, 1853/54, 1872-77.

A. 122: Krankheit des Rats Laspeyres, Ernennung des Rats Drechsler, 1862-1869.

A. 123: Entlassung des Rats Voigt, Berufung des Rats Professor Schlesinger, 1870, 1874.

A. 124: Entlassung des Rats Drechsler, Berufung des Rats Professor John.

A. 125: Entlassung des Rats Professor John, Berufung des Rats Lehmann, 1876.

A. 126: Vermehrung des Gerichtspersonals, Versetzung des Rats Professor Wunderlich in den Ruhestand, 1876-1878.

A. 127: Pensionierung und Tod des Rats Pauli, Wahl des Rats Hoppenstedt, 1876-1879.

A. 128: Wahl des Rats Ritter, 1877.

A. 239: Das Verfahren bei Aktenversendung.

A. 241: Das Gerichtsgebäude.

A. 281: Dem Gericht in den Verfassungen von Lübeck und Bremen von 1848 und 1849 zugewiesene Entscheidung über Streitfälle zwischen Senat und Bürgerschaft, 1848-51.

A. 284: Austrägalsache Krone Preußen gegen Krone Bayern wegen der von der Fürstin Berkeley, Witwe des letzten Markgrafen von Ansbach und Bayreuth, in Anspruch genommenen Witwenpension.

A. 286: Kompromisssache Herzog von Anhalt-Cöthen gegen Herzog von Hessen, wegen der Dotalgelder der Erbprinzessin von Anhalt-Cöthen.

A. 288: Austrägalsache Krone Bayern gegen Großherzogtum Baden wegen des Eigentums an einer von der Freifrau von Herding heimgezahlten Schuld.

A. 290: Austrägalsache Großherzogtum Baden gegen Krone Bayern wegen der Vertretung der kurpfälzischen Parteiobligationen.

A. 292: Austrägalsache zwischen dem Königreich Preußen, dem Königreich Hannover, dem Großherzogtum Mecklenburg-Strelitz, dem Herzogtum Braunschweig und dem Herzogtum Anhalt-Bernburg wegen einer

Forderung von der Lossow'schen Familien-Stipendien-Stiftung an die ehemalige Deutschordens-Ballei Sachsen.

A. 294: Kompromisssache Krone Preußen gegen Fürstentum Schaumburg-Lippen wegen Zehnten und Gefällen von Stiften und Klöstern in den Fürstentümern Minden und Paderborn.

A. 295: Kompromisssache Großherzogliche Mecklenburgische Landesregierung gegen Corps der Städte des Mecklenburgischen und Wendischen Kreises wegen einer den hamburgischen Güterbestättern Kühn&Co zu Horst erteilten Konzession.

A. 297: Kompromisssache Krone Sachsen gegen Großherzogtum Sachsen-Weimar wegen der Territorialzugehörigkeit einiger Parzellen des erzgebirgischen Kreises.

A. 298: Kompromisssache Krone Preußen gegen Kurfürstentum Hessen wegen der Landeshoheit über die Ottenberger und Fülmer Marsch sowie einige Grundstücke am Hartler Berge.

A. 313: Austrägalsache Kurfürstentum Hessen gegen Fürstentum Waldeck wegen Pension des ehemaligen Postmeisters Schulze in Pyrmont.

A. 314: Kompromisssache Schleswig-Holsteinische Statthalterschaft gegen die Städte Hamburg und Bremen wegen Vergütung von Verpflegungskosten.

A. 315: Austrägalsache Königlich Hannoversche Regierung gegen Fürstlich Lippische Regierung wegen Forderung aus einem Darlehen des Hildesheimer Kreuzstiftes an den Grafen Simon von der Lippe.

A. 316: Kompromisssache über den Konflikt zwischen Mitgliedern des Landtages für die Herzogtümer Coburg und Gotha wegen der Zuständigkeit dieses gemeinsamen Landtages hinsichtlich der Gesetzgebung über einen zu errichtenden gemeinsamen Appellhof.

A. 317: Kompromisssache Krone Sachsen gegen Fürstlich Preußische Regierung älterer Linie wegen der Landeshoheit über drei Waldgrundstücke am linken Göltepschufer.

A. 322: Gutachten zu den Vorschlägen des Bremer Senats wegen Bestimmungen des Gerichts zum Kassationshof in Schwursachen.

A. 323: Gutachten über die in den freien Städten beabsichtigte Reform des Strafverfahrens, in specie die Kompetenz des Oberappellationsgerichts und den Prozessgang in Strafsachen.

A. 330: Die Erledigung rückständiger Entscheidungen und mögliche Verhütung künftiger Anhäufung solcher Rückstände, 1847-51. No. 7 Direktorialrescript vom 4. Juli 1850.

cc) Direktorialarchiv für die Angelegenheiten des Ober-Appellationsgerichtes der vier freien Städte Deutschlands (zitiert als: Direktorialarchiv)

I.A.1 Erste Besprechung der Herren Abgeordneten von Lübeck, Bremen und Hamburg, zu Hamburg 1817, zu der Errichtung eines Oberappellationsgerichts für die vier freien Städte Deutschlands.

I.A.2 Weitere Beratungen zu Hamburg über Errichtung des vierstädtischen Oberappellationsgerichts nach Grundlage des unter dem 17. Dezember 1817 vereinbarten Entwurfs über die Organisation und Gerichtsordnung des Gerichts 1819.

I.A.3 Verhandlungen seit der Übereinkunft vom 30. Juli 1819 bis zur feierlichen Eröffnung des Gerichts am 13. November 1820, insonderheit die erste Besetzung des Gerichts betreffend.

I.A.4 Einsetzung und feierliche Eröffnung des Gerichts, sowie überhaupt sämtliche Verhandlungen der zu diesem Zwecke angeordneten gemeinschaftlichen Kommission der vier Senate und Korrespondenz unter den Senaten selbst zur Genehmigung in den der in den Abschlussberichten der Kommission gemachten Anträge.

I.A.5 Vertrag der Hansestädte unter sich wegen Beibehaltung des Oberappellationsgerichts als obersten Gerichtshof unter der Ernennung Oberappellationsgericht der freien Hansestädte, und mit Preußen wegen des Ausscheiden Frankfurts aus dem Verbande des Gerichts.

I.A.6 Übereinkunft der freien Hansestädte betreffend die Aufhebung des Oberappellationsgerichts.

I.A.7 Korrespondenz des Gerichts mit den Senaten der Städte hinsichtlich der Auflösung des Oberappellationsgerichts.

I.B.4 Verhandlungen der in Beziehung auf Revision der Gerichtsordnung und sonstigen Anordnungen für das Oberappellationsgericht vom 1. Juli bis 2. August 1824 in Lübeck statt gehabten Zusammenkunft der Herren Abgeordneten sämtlicher vier Städte. No. 1 Original Kommissionsprotokolle I bis XXXXV, Lübeck, 1. Juli - 2. August 1824.

I.B.2 Interpretation einiger Stellen der provisorischen Gerichtsordnung.

I.B.15 Nebenverhandlungen der im Jahr 1847 vom 6. September bis 8. Oktober versammelt gewesenen Visitationskommission.

I.B.17 Nebenverhandlungen der im Jahre 1854 vom 11.-29. September in Lübeck versammelt gewesenen Visitationskommission.

I.B.19 Nebenverhandlungen der im Jahre 1860 vom 18. Mai bis 7. Juni in Lübeck versammelt gewesenen Visitationskommission.

I.B.20 Antrag des Senats zu Hamburg auf Erteilung der Befugnis an jede Stadt, lediglich durch ihre eigene Gesetzgebung 1. die Kompetenz des Oberappellationsgerichts hinsichtlich einzelner Klassen von Rechtsfragen und Rechtsmitteln zu beschränken 2. die für sie bestehenden Ausnahmen von der Gerichtsordnung zu beseitigen.

I.B.21 Verhandlungen wegen Beseitigung der vorhandenen Rückstände und wegen Verhütung künftiger.

I.B.24 Bestimmungen über die Kompetenz des Oberappellationsgerichts und der Prozessgang in Strafsachen nach Einführung des auf öffentliche Anklage beruhenden Verfahrens.

I.C.6 Übereinkunft in Betreff der Kompetenz des Oberappellationsgerichts und der Prozessgang bei demselben und Einführung des auf öffentlicher Anklage beruhenden mündlichen Verfahrens in Strafsachen, vollzogen zu Lübeck, den 11. Juli, zu Frankfurt, zu Bremen, den 26. Juli, zu Hamburg, den 3. Juli 1865.

I.C.8 Vertrag unter den drei Hansestädten wegen Beibehaltung des Oberappellationsgerichts als obersten Gerichtshof, geschlossen am 30. November 1866, ratifiziert zu Bremen 1. März 1867, zu Hamburg 7. März 1867, Lübeck 13. März 1867.

I.C.11 Übereinkunft unter den drei freien Hansestädten betreffend die Aufhebung des Oberappellationsgerichts, abgeschlossen zu Bremen, den 29. November 1878, vollzogen zu Lübeck, den 17. März 1879, zu Bremen den 22. März 1879, zu Hamburg, den 14. März 1879.

I.E.1 Übergang des Direktoriums von Lübeck auf Frankfurt.

I.E.2 Übergang des Direktoriums von Frankfurt auf Bremen.

I.E.3 Übergang des Direktoriums von Bremen auf Hamburg.

I.D. Lokal des Gerichts.

II.B.1.-3. Präsidenten Dr. Heise, Dr. von Wächter und Dr. Kierulff.

II.C.2.-26 Oberappellationsräte Hach, Müller, Pfeiffer, Cropp, Lüder, Schweppe, Gruner, Overbeck, du Roi, Goll, Blume, Oppenheimer, Pauli, Laspeyres, Wiederhold, Wunderlich, Brandis, Voigt, Zimmermann, Drechsler, John, Schlesinger, Lehmann, Hoppenstedt und Ritter.

IV.C.8. Beseitigung der Rückstände, Verlängerung der Maßregel der Aktenversendung.

V.A. bis V.G. erste bis siebte Visitation in den Jahren 1824, 1830, 1836, 1841, 1847, 1854, und 1860.

V.H. Aussetzung der im Jahr 1865 abzuhaltenden Visitation.

VI.A.c) Acta betreffend die Entscheidung des Oberappellationsgerichts bei beharrlicher Meinungsverschiedenheit zu Lübeck und Bremen zwischen Senat und Bürgerschaft.

VI.B.1. Austrägalsache betreffend die zwischen der Krone Preußen und Bayern streitige Verpflichtung zur Verantwortung des Witthums der Frau Fürstin Berkeley, Witwe des letzten Markgrafen von Ansbach und Beireuth.

VI.B.2. Austrägalsache betreffend die zwischen Bayern einerseits und Baden andererseits streitige Zustimmung derjenigen Regierung, welche die kurpfälzischen Partialobligationen in Ansehung der noch streitigen 60 pb zu vertreten habe.

VI.B.3. Austrägalsache betreffend das zwischen der Krone Bayern und dem Großherzogtum Baden streitigen Eigentum an einer von der verwitweten Freifrau von Herding geb. Gräfin St. Martin zu Mannheim zurückzuzahlenden Schuld an Kapital und Zinsen.

VI.B.4. Kompromisssache zwischen dem Großherzog von Hessen und dem Herzog von Anhalt-Köthen wegen der Dotalgelder der verstorbenen Erbprinzessin von Anhalt-Köthen.

VI.B.5. Austrägalsache zwischen den Regierungen des Königreichs Preußen, Königreichs Hannover, Großherzogtums Mecklenburg Schwerin, Großherzogtums Braunschweig und Herzogtums Anhalt Bernburg, wegen einer Forderung der von Lossow`schen Familien-Stipendien Stiftung zu Magdeburg, an die vormalige Deutschordens Ballei-Sachsen.

VI.B.6. Austrägalsache zwischen dem Kurfürstentum Hessen und dem Kurfürstentum Waldeck, wegen Bezahlung der Pension des ehemaligen Postmeisters Schulze zu Pyrmont.

VI.B.7. Kompromisssache der Schleswig-Holsteinischen Statthalterschaft zu Kiel und den Hansestädten Lübeck, Bremen und Hamburg wegen Differenzierung über eine Forderung für die Verpflichtung der von diesen Städten auf Anordnung der Schleswig-Holsteinischen Landen zu Hälfte gesandten Kavallerie während der Monate März bis Juli 1849.

VI.B.8. Kompromisssache zwischen der Großherzoglich Mecklenburg Schwerinischen Regierung und den Großherzoglichen Städten Mecklenburgischen und Wendischen Kreises wegen einer den Güterbestättern Kühne erteilten Konzession.

VI.B.9. Kompromisssache zwischen der Königlich Preußischen Regierung und dem fürstlich Schauenburg-Lippischen Gouvernment, wegen Differenzen über von verschiedenen Stiften und Klöstern aus dem Fürstentum Schauenburg Lippe bezogenen Zehnten und Gefällen.

VI.B.10. Kompromisssache zwischen der Königlich Preußischen und Kurfürstlich Hessischen Regierung wegen der Landeshoheit über die auf dem linken Ufer gelegenen Ottenberger und Fülmer Marsch.

VI.B.11. Kompromisssache zwischen der Königlich-Sächsischen und der Großherzoglich Sachsen-Weimeranischen Regierung wegen der Territorialzugehörigkeit der innerhalb des Erzgebirgischen Kreises des Königreich Sachsens gelegenen Landesparzellen.

VI.B.12. Austrägalsache zwischen der Königlich Hannoverschen Regierung und der fürstlich Lippischen Regierung wegen einer Darlehensforderung des ehemaligen Kreuzstifts zu Hildesheim an den Grafen Simon von der Lippe aus dem Jahre 1613.

VI.B.13. Kompromisssache in einem Kompetenzkonflikt unter den zum gemeinschaftlichen Landtagsabgeordneten der beiden Herzogtümer Coburg und Gotha.

VI.B.14. Kompromissarische Entscheidung in einer zwischen der Königlich-Sächsischen Regierung älterer Linie entstandenen Streitigkeit über die Landeshoheit an gewissen Grenzdistrikten.

VI.B.15. Schiedsrichterliche Entscheidung einer zwischen den Königlichen Regierungen zu Preußen und Sachsen wegen der Berlin-Dresdner Eisenbahn bestehenden Streitigkeit No. 14 Schiedsspruch des Oberappellationsgerichts vom 28. Juni 1877.

VII. Nichtigkeitsbeschwerden wider Erkenntnisse des Oberappellationsgerichts.

dd) Hachsches Familienarchiv

V. Dr. jur. Johann Friedrich Hach
Vol. A. Persönliches.
Vol. B. Ratsstand.
Vol. C. Oberappellationsgericht.

ee) Familienarchiv Overbeck

Christian Gerhard Overbeck,
6. Personalpapiere.

b) Staatsarchiv der Hansestadt Bremen

aa) Ratsarchiv der Hansestadt Bremen
(zitiert als: Ratsarchiv)

Qq.10.B.16. Das nach 1806 aufgehobene Reichsgericht, statt der Appellation an selbiges eingeführte Rechtsmittel der Revision und der Suplikation.

Qq.10.C. Errichtung des Justizwesens nach der französischen Zeit und neuere Gerichtsordnungen.

Qq.10.G.
1. Errichtung und Organisation des Oberappellationsgerichts und Verhandlungen darüber bis zur Installation 1820.
2. Ober-Appellations-Gerichtsordnungen.
5. Personal des Gerichts.
   a) Generalia.
   b) Der Präsident.
   c) Die Räte.
10. Aktenversendung.
15. Übersicht der Geschäfte des Oberappellationsgerichts ab 1821 und ferner auch monatliche Bekanntmachungen darüber von Seiten des Oberappellationsgerichts.
16. Visitation des Oberappellationsgericht im Jahre 1824.
17. Visitationen des Oberappellationsgerichts.
   a) zweite Visitation im Jahre 1830.
   b) dritte Visitation im Jahre 1836.
   c) vierte Visitation im Jahre 1841.
   d) fünfte Visitation im Jahre 1847.
   e) sechste Visitation im Jahre 1854.
   f) siebte Visitation im Jahre 1860.
23. Das Oberappellationsgericht als Austrägalinstanz.
   a) für den Deutschen Bund, desgleichen als Schiedsgericht für Streitigkeiten zwischen Senaten und Bürgerschaften der freien Städte bis 1866.
   b) für Streitigkeiten zwischen Staaten des deutschen Reichs.
27. Feier des Jubiläums der Einsetzung des Gerichts 1845 und 1870.
28. Ausscheiden Frankfurts aus der Gemeinsamkeit des Gerichts und dadurch veranlasste Übereinkünfte der drei Hansestädte unter sich und mit Preußen.
30. Aufhebung des Gerichts.

bb) Archivalien der Bürgerschaft der Hansestadt Bremen (zitiert als: Bürgerschaftsarchiv)

D.1.Nr. 39 Hanseatisches Oberlandesgericht.

D.2.Nr. 1 Wahl des Obergerichtsrats Wibel, Beanstandung derselben und Anzeige des Senats über die von ihm vorgenommene neue, auf den Staatsrat Brandis in Meiningen gefallene Wahl.

D.2.Nr. 3 Wahl des Professors Zimmermann zu Basel zum Oberappellationsgerichtsrat an Stelle des verstorbenen Rats du Roi.

D.2.Nr. 7 Anstellung eines Oberappellationsgerichtsrats.

D.2.Nr. 10 Beibehaltung des Oberappellationsgerichts zu Lübeck als gemeinschaftliches höchstes Gericht der freien Hansestädte.

D.2.Nr. 17 Pensionierung des Oberappellationsgerichtsrats Dr. Carl Wilhelm Pauli.

D.2.Nr. 18 Pensionierung des Oberappellationsgerichtsrats Dr. Wunderlich.

D.2.Nr. 20 Übereinkunft betreffend die Aufhebung des Oberappellationsgerichts.

cc) Familienarchiv von Bippen
(zitiert als Nachlass von Bippen)

7, 206-41 Personalpapiere Georg Arnold Heise.

7, 206-42 Briefe an Georg Arnold Heise.

c) Staatsarchiv der Hansestadt Hamburg

Hamburger Senatsakten 111-1
(zitiert als Senatsakten)

Cl.VII Lit.Ma No. 10 Vol.2a Fasc.1.

Vol.1 I No. 1 Auszüge aus den Protokollen des Senatus Hamburgensis, die Errichtung und Organisation des Oberappellationsgerichts betreffend, vom 29. Juni 1814 bis 16. Juli 1821.

No. 2 Druckschriften, welche für und wider die Errichtung des Oberappellationsgerichts erschienen sind.

No. 5 Acta, betreffend die von dem Kaufmann Samuel Heinrich Hallersleben über die Hamburger Justizverwaltung erfolgten Beschwerden und seiner Proklamation bei dem Bundestag wegen der Errichtung eines Oberappellationsgerichts.

Vol.1 II. No. 1 a Korrespondenz mit den Senaten der freien Städten Lübeck, Bremen und Frankfurt über die Errichtung einer dritten obersten Gerichtsinstanz, vom 29. Juli 1814 bis 18. Juni 1817.

No. 2 a Akta, betreffend die Oberappellationsgerichtsordnung, Akten der Senate und der Bürgerschaft vom 25. Juli 1817 bis 14. April 1819.

No. 4 a Verhandlungen unter den vier Städten nach erfolgter Ratifikation der Übereinkunft und der provisorischen Gerichtsordnung des Gerichts, die fernere Organisation des Gerichts und die Wahlen des Präsidenten und des Sekretärs betreffend, von März bis September 1820.

c Akten, die Wahl und Berufung der zu Räten bei dem Oberappellationsgericht erwählten Männer betreffend.

g Akten, betreffend die Installierung des Oberappellationsgerichts zu Lübeck, insbesondere die Berichte des Senators Schlüter, die Protokolle und der Schlussbericht der Einsetzungekommission.

Vol. 2, Invol. 9 Akten betreffend den Übergang des Direktoriums in Angelegenheiten des Oberappellationsgerichts.

Invol. 11 Akten, betreffend die Wahlen und Entlassungen oder Absterben der Herren Räte des Oberappellationsgerichts zu Lübeck.

Invol. 15 Verhandlungen über die Aussetzung der ersten Visitation des Oberappellationsgerichts bis zum Jahr 1823 und gleichzeitiger Ansetzung der Konferenz über eine definitive Gerichtsordnung.

Invol. 30 Anzeige des Direktorialsenats zu Frankfurt, dass das Oberappellationsgericht von der Bundesversammlung zur Austrägalinstanz berufen wurde, Akten der Streitigkeit von 1827-1830.

Invol. 34 Akte zur Wahl des Oberappellationsgerichts zur Schiedsinstanz in der Streitigkeit zwischen dem Großherzog von Hessen und dem Herzog von Anhalt-Cöthen wegen der Dotalgelder der verstorbenen Erbprinzessin.

Invol. 38 Kommissions- und Visitationsprotokolle des Jahres 1830.

Invol. 44 Akte, betreffend die Austrägalsache der Lossoff'schen Familienstiftung, 1837.

Invol. 47 Kommissarischer Bericht über die dritte, im Jahre 1836 gehaltene Visitation des gemeinschaftlichen Oberappellationsgerichts.

Invol. 52 Akte zur vierten Visitation des Oberappellationsgerichts im Jahre 1841.

Invol. 60 Akte, betreffend die Feier des 25jährigen Bestehens des Oberappellationsgerichts am 13. November 1845.

Invol. 64 Akte, die unheilbare Krankheit des Rates Goll betreffend, sowie der aus diesem Grund erfolgten Ernennung eines siebten Rates 1845; Tod des Rates Goll.

Invol. 67 Akte zur fünften Visitation des Oberappellationsgerichts im Jahre 1847.

Invol. 74 Verhandlungen betreffend die Ermächtigung des Oberappellationsgerichts zur Übernahme der Entscheidung über Auslegung der Verfassung bei differierender Ansicht des Senats und der Bürgerschaft in Lübeck 1848, desgleichen für Bremen 1849/50.

Invol. 79 Erwählung des Oberappellationsgericht als Austrägalinstanz in der Streitsache zwischen Hannover und Lippe, 1852.

Invol. 87 Akte zur sechsten Visitation des Oberappellationsgerichts im Jahre 1854.

Invol. 97 Ermächtigung des Oberappellationsgerichts zur Übernahme der Entscheidung über Auslegung gesetzlicher Bestimungen bei vorhandener Meinungsverschiedenheit zwischen Senat und gesetzgebenden Körper in Frankfurt, 1856/1857.

Invol. 117 Akten betreffend die Verhandlungsprotokolle von Wilhelmshöhe vom 29. Juli 1857.

Invol. 118 Akte, betreffend die Ermächtigung des Oberappellationsgerichts zur Übernahme der Entscheidung von Meinungsverschiedenheiten zwischen Senat und Bürgerschaft in Hamburg, 1859/60.

Invol. 120 Akte zur siebten Visitation des Oberappellationsgerichts im Jahre 1860.

Invol. 126 Akte, betreffend die Aussetzung der achten Visitation des Oberappellationsgerichts für die Jahre 1865/1866.

Vol. 3, Invol. 1 Akte, betreffend das Ausscheiden der freien Stadt Frankfurt durch deren Einverleibung in Preußen und Fortbestehen des Oberappellationsgerichts zu Lübeck als oberster Gerichtshof für die übrigen drei freien Hansestädte.

Invol. 6 Akte, betreffend die Beurlaubungen der Mitglieder des Oberappellationsgerichts ab 1867.

Invol. 15 Akte, betreffend die in Anlas der Errichtung des Bundesoberhandelsgerichts durch Übereinkunft der freien Hansestädte in Leipzig auf den Fortbestand des Oberappellationsgerichts getroffenen Abänderungen und Zusätze zu den Hanseatischen Verträgen über das Oberappellationsgericht vom 30. November 1866 und zu der Oberappellationsgerichtsordnung.

Invol. 17 Akte, betreffend die Wahlen, Entlasungen und Ableben von Räten des Oberappellationsgerichts der freien Hansestädte.

Invol. 20 Akte, betreffend das abgelehnte Gesuch des Rats Wunderlich um Versetzung in den Ruhestand von 1870.

Invol. 21 50jähriges Jubiläum des Oberappellationsgerichts 1870.

Invol. 30 Anzeige von der Erkrankung des Rats Zimmermann, 1872.

Invol. 37 Entlassung des Rats John nach Göttingen.

Invol. 38 Die von hamburgischer Seite erfolgte Wahl des Oberappellationsgerichtsrats Lehmann in Oldenburg und dessen Einführung in sein Amt.

Invol. 39 Akte, betreffend die wiederholten Gesuche des Rats Wunderlich um Versetzung in den Ruhestand, Pensionierung des Rats Pauli und Wiederwahl eines Rats unter einstweiliger Beurlaubung Wunderlichs.

Invol. 40 Wahl des bisherigen Obergerichtsrats Hoppenstedt in Hannover zum Oberappellationsgerichtsrat an die Stelle des pensionierten Pauli.

2. gedruckte Quellen

Anderson, *Christian Daniel,* Sammlung der Verordnungen der freien Hansestadt Hamburg seit deren Wiederbefreiung im Jahre 1814.

Behn, *Theodor,* Sammlung von Drucksachen zur Reform desGerichtswesens des Senats, Band 2, 1851-1860, Band 3, 1860-1863, *zitiert als*: Behn, Sammlung.

Blume, *Friedrich,* Die Gerichtsorganisation für das Oberappellationsgericht der vier freien Städte Deutschlands nebst den darauf bezüglichen Gesetzen der einzelnen Städte und den allgemeinen Verfügungen des Gerichts, Hamburg 1843.

Bruhn, *C.A.T.*, Sammlung von Entscheidungen des Oberappellationsgerichts zu Lübeck in Lübecker Rechtssachen, herausgegeben von C.A.T. Bruhn, erster und zweiter Band, Lübeck 1858.

Kierulff, *Johann Friedrich,* Sammlung der Entscheidungen des Ober-Appellationsgerichts der freien Hansestädte zu Lübeck, Band I-VII, Lübeck, bis 1872.

Klüber, *Johann Ludwig,* Quellen-Sammlung zu dem öffentlichen Recht des teutschen Bundes, 3. Auflage 1830, *zitiert als*: Klüber, Quellen.

Möller, *Peter Carl,* Sammlung von Gesetzen und Verordnungen der Freien Hansestadt Bremen, Bremen 1927.

Provisorische Gerichtsordnung, Für das gemeinschaftliche Ober-Appellationsgericht der vier freien Städte Lübeck, Frankfurt, Bremen und Hamburg; Auf Befehl des hochedlen und hochweisen Rathes, publiziert den 7. Juli 1820, Hamburg 1820.

Verhandlungen des Reichstages des Norddeutschen Bundes, Stenographische Berichte über die Verhandlungen des Reichstages des Norddeutschen Bundes im Jahre 1867, von der Eröffnungssitzung am 14. Februar und der Ersten bis zur Fünfunddreißigsten und Schlusssitzung am 17. Mai 1876, von S. 1-734, Berlin 1876.

Volksbote für Lübeck und die Grenznachbarn, 1851, Nr. 16, 1864, Nr. 18.

Wedekind, *C.A.*, Jahrbuch für die Hanseatischen Departements, insbesondere für das Departement der Elb-Mündungen, Hamburg 1812.

Zeumer, *Karl,* Quellensammlung zur Geschichte der Deutschen Reichsverfassung in Mittelalter und Neuzeit, 2. Auflage, Tübingen 1913, in: Heinrich Triepel in Verbindung mit Hermann Rehm, Karl Freiherr von Stengel, Walter Schücking, Karl Zeumer, Quellensammlung zum Staats-, Verwaltung-, und Völkerrecht, 2. Band, Tübingen 1913.

Aus der Sammlung der Lübeckischen Bekanntmachungen und Verordnungen:

1. Band, 1813/1814, Lübeck 1821
- Nr. 1, S. 1: Proklamation, die provisorische Wiedervereinigung des vormaligen Senats betreffend.
- Nr. 52, S. 64: Bekanntmachung über den Wiedereintritt der in hiesiger Stadt und deren Gebiete vor dem 20. August 1811 gültigen Gesetze.
- Nr. 63, S. 85; Verordnung, betreffend das Gerichtswesen vom 4. Mai 1814.
- Nr. 67, S. 121: Bekanntmachung, die Verordnung über das Gerichtswesen betreffend.

3. Band, 1818-1821, Lübeck 1823
- Nr. 37, S. 144: Bekanntmachung, betreffend die provisorische Gerichtsordnung für das gemeinschaftliche Oberappellationsgericht der vier freien Städte Deutschlands, Lübeck, Frankfurt, Bremen und Hamburg, vom 5. Juli 1820.
- Nr. 38, S. 185: Bekanntmachung, betreffend den Nachtrag zu der Verordnung über das Gerichtswesen vom 4. Mai 1814; in besonderer Beziehung auf die provisorische Ordnung des gemeinschaftlichen Oberappellationsgerichts der vier freien Städte Deutschlands vom 5. März 1820.
- Nr. 41, S. 239: Bekanntmachung des Tages der Eröffnung des gemeinschaftlichen Oberappellationsgerichts der vier freien Städte Deutschland, vom 1. November 1820.
- Nr. 43, S. 246: Bekanntmachung, betreffend die Prokuratoren bei dem gemeinschaftlichen Oberappellationsgericht der freien Städte Deutschlands, vom 6. Dezember 1820.
- Anhang I, No. 2, S. 287: Verordnung in Beziehung auf die Gerichtsverfassung des Amtes Bergedorf und zwar in besonderer Berücksichtigung der letzten Instanz, nämlich des gemeinschaftlichen Oberappellationsgerichts der

vier freien Städte Deutschlands, sich ergebende Veränderungen, vom Juli 1820.

4. Band, 1822-1825, Lübeck 1826
- Nr. 10, S. 48: Bekanntmachung, die Entstehung der gesetzlichen Kraft der provisorischen Oberappellationsgerichtsordnung bis zum Ende des Jahres 1824 betreffend, vom 29. Oktober 1823.
- Nr. 20, S. 76: Bekanntmachung, die einstweilige Fortdauer der gesetzlichen Kraft der provisorischen Oberappellationsgerichtsordnung betreffend, vom 29. Dezember 1824.

6. Band, 1830-1832, Lübeck 1833
- Nr. 17, S. 55: Bekanntmachung, betreffend die Gerichtsordnung für das gemeinschaftliche Oberappellationsgericht der vier freien Städte Deutschlands (...) vom 13. August 1831.

15. Band, 1848, Lübeck 1849
- Nr. 50, S. 118 ff.: Bekanntmachung, betreffend einstweiliges Eintreten der Aktenversendung in das Oberappellationsgericht der vier freien Städte Deutschlands erwachsenen Zivil- und Kriminalsachen vom 29. November 1848.
- Nr. 51, S. 123 ff.: Bekanntmachung, betreffend Abänderung verschiedener Paragraphen der Gerichtsordnung für das gemeinschaftliche Oberappellationsgericht der vier freien Städte Deutschlands vom 29. November 1848.

17. Band, 1850, Lübeck 1851
- Nr. 21, S. 60: Bekanntmachung, die Verlängerung der vorübergehend angeordneten Maßregel der Aktenversendung in den an das Oberappellationsgericht der vier freien Städten Deutschlands erwachsenen Zivil- und Kriminalsachen betreffend vom 3. Juli 1850.
- Nr. 25, S. 62: Fernere Bekanntmachung, betreffend die Dauer des durch Bekanntmachung vom 29. November 1848 verfügten einstweiligen Eintretens der Aktenversendung in den an das Oberappellationsgerichts der vier freien Städte Deutschlands erwachsenen Zivil- und Kriminalsachen, vom 17. August 1850.

27. Band, Lübeck 1860
- Nr. 31, S. 88 ff.: Bekanntmachung, das Gesetz über die Gerichtsverfassung der freien und
  Hansestadt Lübeck betreffend.

28. Band, Lübeck 1861
- Nr. 7, S. 13 ff.: Bekanntmachung, das Regulativ für die Strafbefugnisse der Polizeibehörde und das Verfahren in Polizeistrafsachen betreffend, vom 20. März 1861.

29. Band, Lübeck 1862
- Nr. 5, S. 14 ff.: Bekanntmachung, die Zivilprozessordnung für die freie und Hansestadt
Lübeck betreffend, vom 28. April 1862.
- Nr. 6, S. 48: Nachtrag zu der Bekanntmachung vom 17. Dezember 1860, das Gesetz über die Gerichtsverfassung der freien und Hansestadt Lübeck betreffend, vom 30. April 1862.
- Nr. 21, S. 100 ff.: Bekanntmachung, das allgemeine Deutsche Handelsgesetzbuch betreffend, vom 17. September 1862.
- Nr. 27, S. 253 ff.: Bekanntmachung, die Strafprozessordnung für die freie und Hansestadt Lübeck betreffend, vom 26. November 1862.

30. Band, Lübeck 1863
- Nr. 26, S. 143 ff.: Bekanntmachung, das Strafgesetzbuch für die freie und Hansestadt Lübeck betreffend, vom 20. Juli 1863.
- Nr. 39, S. 239 ff.: Gesetz, die Einführung der neuen Gerichtsverfassung betreffend, vom 11. November 1863.

31. Band, Lübeck 1864
- Nr. 1, S. 1: Bekanntmachung, eine Änderung des § 8 und einen Zusatz zu § 56 der Oberappellationsgerichtsordnung betreffend vom 2. Januar 1864.

32. Band, Lübeck 1865
- Nr. 27, S. 74 ff.: Bekanntmachung, betreffend die Kompetenz des Oberappellations-Gerichts und den Prozessgang in Strafsachen nach Einführung des auf öffentlicher Anklage beruhenden mündlichen Verfahrens, vom 9. September 1865.

34. Band, 1867, Lübeck 1868
- Nr. 9, S. 21 ff.: Bekanntmachung, betreffend den zwischen den freien Hansestädten Lübeck, Bremen und Hamburg abgeschlossenen Vertrag wegen des gemeinschaftlichen Oberappellationsgerichts, vom 13. März 1867.
- Nr. 12, S. 97: Verordnung, Bestellung des Oberappellationsgerichts der freien Hansestädte als Kassationshof in lübeckischen Strafsachen betreffend, vom 18. März 1867.
- Nr. 15, S. 107 ff.: Bekanntmachung, betreffend den mit der Königlich Preußischen Regierung abgeschlossenen Vertrag über das Ausscheiden von Frankfurt a.M. aus dem Verbande des Oberappellationsgerichts zu Lübeck, vom 27. März 1867.
- Nr. 24, S. 219 ff.: Bekanntmachung, die Verfassung des Norddeutschen Bundes betreffend, vom 26. Juni 1867.

- Nr. 46, S. 352 ff.: Bekanntmachung, betreffend den zwischen den Senaten der freien und Hansestädte Lübeck und Hamburg wegen des Amtes und Städtchens Bergedorf abgeschlossenen Vertrag vom 16. Oktober 1867.

37. Band, 1870, Lübeck 1871

- Nr. 28, S. 215 ff.: Bekanntmachung, betreffend die nachträgliche Übereinkunft zwischen den freien Hansestädten Lübeck, Hamburg und Bremen, wegen des gemeinschaftlichen Oberappellationsgerichts vom 13. Juli 1870.
- Nr. 29, S. 217 ff.: Bekanntmachung, betreffend Abänderung der §§ 2, 56 und 58 der Ober-appellationsgerichtsordnung sowie des § 26 der Bestimmungen über die Kompetenz des Oberappellationsgerichts und den Prozessgang in Strafsachen vom 13. Juli 1870.

42. Band, 1875, Lübeck 1876

- Nr. 42, S. 264: Sechster Nachtrag zu der Bekanntmachung vom 17. Dezember 1860, das Gesetz über die Gerichtsverfassung der freien und Hansestadt Lübeck betreffend, vom 20. Dezember 1875.

46. Band, 1879, Lübeck 1880

- Nr. 21, S. 55 ff.: Bekanntmachung, betreffend die Übereinkunft der drei freien Hansestädte wegen Aufhebung des Oberappellationsgerichts.

Aus den Neuen Lübeckischen Blättern

7. Jahrgang, 1841.
8. Jahrgang, 1842.

Aus den Lübeckischen Blättern

3. Jahrgang, 1861.
4. Jahrgang, 1838.
11. Jahrgang, 1869.
12. Jahrgang, 1870.
21. Jahrgang, 1879.
26. Jahrgang, 1884.

Gesetzblatt der Freien Hansestadt Bremen

1866, S. 56 ff.: Verordnung, die Bestellung des Oberappellationsgerichts als Kassationshof in Strafsachen betreffend, vom 2. November 1866.

1867, S. 9 ff: Bekanntmachung des am 30. November 1866 unter den freien Hansestädten wegen Beibehaltung des Oberappellationsge-

	richts zu Lübeck als gemeinschaftlichen obersten Gerichtshofs abgeschlossenen Vertrag, vom 18. März 1867.
1879, S. 91 ff.:	Bekanntmachung der von den drei freien Hansestädten über die Aufhebung des Oberappellationsgerichts geschlossenen Übereinkunft, vom 16. April 1879.

Protokolle der Deutschen Bundesversammlung

- 1816:	2. Sitzung vom 11. November.
	5. Sitzung vom 21. November.
- 1817:	26. Sitzung vom 1. Mai.
	35. Sitzung vom 16. Juni.
	38. Sitzung vom 26. Juni.
	39. Sitzung vom 30. Juni.
- 1818:	51. Sitzung vom 12. Oktober.
- 1820:	19. Sitzung vom 7. Dezember.
	35. Sitzung vom 3. August .
	37. Sitzung vom 21. Dezember.
- 1822:	S. 97 ff.
- 1823:	6. Sitzung vom 13. März.
	9. Sitzung vom 17. April.
	17. Sitzung vom 19. Juni.
	Beilage zu § 115 des Protokolls der 18. Sitzung vom 26. Juni.
- 1827:	18. Sitzung vom 21. Juli, Separat Protokoll.
- 1829:	2. Sitzung vom 5. Februar.
- 1830:	14. Sitzung vom 17. Juli.
- 1831:	16. Sitzung vom 30. April.
- 1832:	28. Sitzung vom 31. Juli.
- 1837:	3. Sitzung 16. Februar.
	14. Sitzung vom 1. Juni.
- 1842:	26. Sitzung vom 15. September.
- 1843:	15. Sitzung vom 18. Mai.
- 1844:	29. Sitzung vom 29. August.
- 1845:	10. Sitzung vom 13. März.
- 1846:	1. Sitzung vom 8. Januar.
	12. Sitzung vom 23. April.
- 1847:	16. Sitzung vom 10. Juni.
- 1848:	5. Sitzung vom 3. Februar.
- 1852:	8. Sitzung vom 22. März.
- 1853:	8. Sitzung vom 3. März.

Statistisches Jahrbuch der freien und Hansestadt Lübeck

Herausgegeben vom Verein für Lübeckische Statistik,
- für das Jahr 1863, S. 38: Übersicht der vom Oberappellationsgericht zu Lübeck abgegebenen Erkenntnisse vom Dezember 1820 bis 1863.

II. Einzelschriften, Biographien und Enzyklopädien:

Abendroth, *Amandus Augustus*, Wünsche bei Hamburgs Wiedergeburt im Jahre 1814, Seinen patriotischen Bürgern, 2. Auflage, Hamburg 11. Juni 1814.

Ahrens, *Gerhard*, Georg Arnold Heise, in: Biographisches Lexikon für Schleswig-Holstein und Lübeck, herausgegeben im Auftrag der Gesellschaft für Schleswig-Holsteinische Geschichte und des Vereins für Lübeckische Geschichte und Altertumskunde, Band 7, Neumünster 1985, S. 97-99.

Allgemeine Deutsche Biographie (ADB), herausgegeben durch die historische Kommission der königlichen Akademie der Wissenschaften, Neudruck der 1. Auflage von 1892, Berlin 1971, *zitiert als*: ADB/Bearbeiter, Band.

Altmann, *Wilhelm*, Ausgewählte Urkunden zur deutschen Verfassungsgeschichte seit 1806, 1. Teil: 1806-1866, 2. Teil: seit 1867, Berlin 1898.

Annalen des Deutschen Reichs für Gesetzgebung, Verwaltung und Statistik, Staatswissenschaftliche Zeitschrift und Materialiensammlung, herausgegeben von Georg Hirth, Jahrgang 1877.

Behn, *Heinz Theodor*, Christian Gerhard Overbeck, (= Neue Lübeckische Blätter, 12. Jahrgang), 22. Februar 1846, S. 57-61, *zitiert als*: Behn, Overbeck.

Bekker, *Ernst Immanuel*, Vier Pandektisten, II. Georg Arnold Heise, in: Heidelberger Professoren aus dem 19. Jh., Festschrift der Universität zur Zentenarfeier ihrer Erneuerung durch Karl Friedrich, 1. Band, Heidelberg 1903, S. 153-164, *zitiert als*: Bekker, Vier Pandektisten.
- Puchta und Wächter, in: Deutsche Juristenzeitung, 1909, Spalte 943-947, *zitiert als*: Bekker, Deutsche Juristenzeitung.

Bender, *Johann Heinrich*, Handbuch des Frankfurter Civilprozesses, Frankfurt 1854.

Bertram, *Alfred*, Hamburgs Zivilrechtspflege im 19. Jahrhundert, in: Festschrift anlässlich des 50jährigen Bestehens der deutschen Justizgesetze, herausgegeben von der Hamburger Landesjustizverwaltung, Hamburg 1929.

Beutin, *Ludwig*, Fichte und Johann Smidt, (= Bremisches Jahrbuch, herausgegeben von der historischen Gesellschaft des Künstlervereins, 32. Band), 1929, S. 233-242.

Binder, *Julius,* Bemerkungen zum Methodenstreit in der Privatrechtswissenschaft, in: Zeitschrift für das gesamte Handelsrecht und Konkursrecht, Bd. 100, Jahrgang 1934, S. 4-83.

von Bippen, *Wilhelm,* Die Gründung des Lübeckischen Oberappellationsgerichts, Vortrag, gehalten in der Versammlung des hansischen Geschichtsvereins zu Lübeck am 20. Mai 1891, (= Hansische Geschichtsblätter, herausgegeben vom Verein für hansische Geschichte, Band VII), Leipzig 1894, S. 25-47, *zitiert als*: von Bippen.

- Aus Smidts Jugendzeit, Vortrag, gehalten in einer gemeinsamen Versammlung der historischen und literarischen Gesellschaft des Künstlervereins am 7. Mai 1907, (= Bremisches Jahrbuch, herausgegeben von der historischen Gesellschaft des Künstlervereins, 22. Band), Bremen 1909, S. 121-147, *zitiert als*: von Bippen, Smidts Jugendzeit.
- Smidt in der französischen Zeit, Vortrag, gehalten in der historischen Gesellschaft am 7. Dezember 1907, (= Bremisches Jahrbuch, herausgegeben von der historischen Gesellschaft des Künstlervereins, 22. Band), Bremen 1909, S. 148-166, *zitiert als*: von Bippen, Smidts französische Zeit.
- Johann Smidt, ein hanseatischer Staatsmann, Stuttgart und Berlin 1921, *zitiert als*: von Bippen, Johann Smidt.
- Geschichte der Stadt Bremen, 3. Band, Halle und Bremen 1904, *zitiert als*: von Bippen, Geschichte der Stadt Bremen.
- Johann Smidt, (= Bremische Biographie des 19. Jahrhunderts, herausgegeben von der historischen Gesellschaft des Künstlervereins), Bremen 1812, S. 460-474, *zitiert als*: von Bippen, Bremische Biographie.
- Georg Arnold Heise, Mittheilungen aus dessen Leben, Halle 1852, *zitiert als*: von Bippen, Mitteilungen.

Björner, *Ulf,* Die Verfassungsgerichtsbarkeit im Norddeutschen Bund und Deutschen Reich (1867-1918), (= Rechtshistorische Reihe, herausgegeben von H.-J.Becker, W. Brauneder, P.Caroni, J. Eckert, u.a. Band 214), Berlin, Frankfurt a.M. 2000.

Bollmann, *Johannes,* Das Staatsrecht der Freien Hansestädte Bremen und Lübeck, (= Das öffentliche Recht der Gegenwart, Band XXVII, herausgegeben von Max Huber, Georg Jellinek, Paul Laband, Robert Piloty), Tübingen 1914.

Bovensiepen, *Rudolf,* Wilhelm Pfeiffer, (= Lebensbilder aus Kurhessen und Waldeck 1830-1930, herausgegeben von Ingeborg Schnack, 2. Band) Marburg 1940, S. 308-321.

Brandis, *Otto,* Johann Friedrich Kierulff, (= Lübeckische Blätter, 36. Jahrgang, No. 68), 26. August 1894, S. 467-469.

Braunewell, *Markus,* Georg Arnold Heise, Biographie und Briefwechsel mit Savigny und anderen, Frankfurt 1999.

Brückner, *Wilhelm,* Staats und Verwaltungsrecht der freien und Hansestadt Lübeck, in: Bibliothek des Öffentlichen Rechts, herausgegeben von F. Richter und Storck, Band 6, Hannover 1906.

Bruns, *Friedrich,* Verfassungsgeschichte des Lübeckischen Freistaates, 1848-1898, Lübeck 1898.

Conrad, *Hermann,* Deutsche Rechtsgeschichte, Band II, Neuzeit bis 1806, Karlsruhe 1966.

von **Dalwigk**, *Carl Friedrich,* Die Austrägalinstanz zur Erläuterung des Art. XI der Deutschen Bundesakte, Mainz 1817.

Demler, Die lübeckischen Gerichte vor 1879, insbesondere seit 1814, (= Lübekkische Blätter 73. Jahrgang 1931), S. 593-595.

Dernburg, *Heinrich,* Carl Georg von Wächter, Vortrag gehalten in der juristischen Gesellschaft Berlins, Halle a. S. 1880.

Deutsches Biographisches Archiv (DBA),Neue Folge, herausgegeben von Willi Gorzny, *zitiert als*: DBA I.

Deutsche Biographische Enzyklopädie (DBE), herausgegeben von Walther Killy und Rudolf Vierhaus, *zitiert als*: DBE.

Döhring, *Erich,* Die Geschichte der deutschen Rechtspflege seit 1500, Berlin 1953.

von **Dresch**, *Leonard,* Öffentliches Recht des Deutschen Bundes und der Bundesstaaten, 1. Teil, Tübingen 1820, *zitiert als*: von Dresch,

- Abhandlungen aus verschiedenen Teilen des Rechts, Teil 1: Abhandlungen über Gegenstände des öffentlichen Rechts, sowohl des deutschen Bundes überhaupt als auch einzelner Bundesstaaten, München 1830, *zitiert als*: von Dresch, Abhandlungen.

Eckert, *Jörn,* Johann Friedrich Martin Kierulff- Vom Universitätsprofessor zum Präsidenten des Oberappellationsgerichts zu Lübeck, bisher unveröffentlicht.

Eichhorn, *Karl Friedrich,* Betrachtungen über die Verfassung des deutschen Bundes in Beziehung auf Streitigkeiten der Mitglieder desselben unter einander oder mit ihren Unterthanen, Berlin 1833.

Eisenhardt, *Ulrich,* Deutsche Rechtsgeschichte, 4. Auflage, München 2004.

Elsener, *Ferdinand,* Der Jurist Carl Georg von Wächter (1797-1880), (= Beiträge zur Geschichte der Universität Tübingen 1477-1977, herausgegeben von Hansmartin Decker-Hauff, Gerhard Fichtner, Klaus Schreiner), Tübingen 1977, S. 471-496.

Eschenburg, Drei Gerichtshäuser in Lübcck, (= Lübeckische Blätter, 73. Jahrgang 1931), S. 597-600.

Fehling, *Emil Ferdinand,* Marksteine Lübischer Geschichte, Berlin 1919.

Fleischer, *Max,* Die Zuständigkeit des deutschen Bundesrates für Erledigung von öffentlichrechtlichen Streitigkeiten, (= Abhandlungen aus dem Staats- und Verwaltungsrecht, herausgegeben von Siegfried Brie, 9. Heft), Breslau 1904.

Förster, *Karl August,* Gedichte, Band 1, Leipzig 1843.

Frühauf, *Gerd,* Die Austrägalgerichtsbarkeit im Deutschen Reich und im Deutschen Bund, Hamburg 1976.

Funk, *M.*, Die Lübischen Gerichte, Ein Beitrag zur Verfassungsgeschichte der Freien und Hansestadt Lübeck, in: Zeitschrift der Savigny-Stiftung für Rechtsgeschichte, Germanistische Abteilung, 26. Band, 1905, S. 61-91.

von Gohren, *Otto,* Ursprung und weitere Ausbildung der Austrägalinstanz in Deutschland, in: Zeitschrift für deutsches Recht und deutsche Rechtswissenschaft, herausgegeben von Beseler, Renscher und Stobbe, 18. Band, 1858, S. 1-28.

Goldschmidt, *Levin,* Handbuch des Handelsrechts, 1. Band, 3. Auflage, Stuttgart 1891.

Görtz, *Heinrich,* Das Oberappellationsgericht der vier freien Städte Deutschlands, (= Lübeckische Blätter, 73. Jahrgang 1931), S. 586-592.

Graßmann, *Antjekatrin,* Lübeckische Geschichte, Lübeck 1988.

Greb, *Horst,* Die Verfassung des Oberappellationsgerichts der vier freien Städte Deutschlands zu Lübeck, Göttingen 1967.

Griesebach, *Erich,* Zur Erinnerung an das Oberappellationsgericht in Lübeck, Sonderdruck aus der Hanseatischen Rechtszeitschrift, Heft 12, 1920.

Grimm, *Jacob,* Deutsche Rechtsaltertümer, 3. Ausgabe, Göttingen 1881.

Gühring, *Albrecht,* Der Jurist Karl Georg von Wächter in seiner Geburtsstadt Marbach am Neckar, Marbach am Neckar 1999.

Hach, *Hermann Wilhelm,* Mittheilungen aus dem Leben des Oberappellationsraths Johann Friedrich Hach, vorgelesen in der Gesellschaft zur Beförderung gemeinnütziger Tätigkeit an mehreren Abenden des Winters 1851/52, Lübeck 1852.

Hagedorn, *Anton*, Gedenkblatt zur Erinnerung an die Einsetzung des Oberappellationsgericht der vier freien Städte Deutschlands in Lübeck am 13. November 1820, Hamburg 1820.

Hamberger, *Georg Christoph,* Das gelehrte Teutschland oder Lexikon der jetzt lebenden teutschen Schriftsteller, fortgeführt von Johann Georg Meusel, Band 3, 5. Auflage, Lemgo 1811.

Handwörterbuch zur Deutschen Rechtsgeschichte (HRG), I. Band, Berlin 1971, IV. Band, Berlin 1990, herausgegeben von Adalbert Erler und Ekkehard Kaufmann, *zitiert als*: HRG/Bearbeiter, Band, Spalte.

Hattenhauer, *Hans,* Burchard Wilhelm Pfeiffer und die Bauernbefreiung in Kurhessen, in: Festschrift für Hermann Krause, herausgegeben von Sten Gagnér und Hans Schlosser, Köln 1975, S. 188-209.

Hauff, *Ludwig,* Die Gerichtsverfassung der sämtlichen deutschen Staaten mit Einschluss der nichtdeutschen Länder des österreichischen Kaiserstaates und unter namentlicher Aufführung aller Ober- und Untergerichte, Fürth 1856.

Heffter, *August Wilhelm,* Codex Austregalis Confoederationis Germanical, (= Beiträge zum deutschen Staats- und Fürstenrecht, erste Lieferung), Berlin 1829, S. 168 - 344.

Hiemsch, *Jan,* Die bremische Gerichtsverfassung von der ersten Gerichtsordnung bis zur Reichsjustizgesetzgebung 1751-1879, Veröffentlichungen aus dem Staatsarchiv der Freien Hansestadt Bremen, herausgegeben von Karl H. Schwebel, Band 32, Bremen 1964.

Hoelder, *Eduard,* Worte der Erinnerung an Carl Georg von Wächter, gesprochen am 19. Dezember 1897 in der Aula der Universität Leipzig, Leipzig 1897.

Hoffmann, *Max,* Geschichte der freien und Hansestadt Lübeck, Band II, Lübeck 1892.

Hohnsbein, *Gerhard,* Das Strafverfahren Lübecks im 19. Jahrhundert, Inaugural-Dissertation zur Erlangung des Grades eines Doktors der Rechte, Rechtswissenschaftliche Fakultät der CAU zu Kiel, Bamberg 1971.

Huber, *Ernst Rudolf,* Deutsche Verfassungsgeschichte seit 1789, Band 1: Reform und Restauration 1789 bis 1830, Stuttgart 1957, *zitiert als*: Huber, Deutsche Verfassungsgeschichte.

- Dokumente zur deutschen Verfassungsgeschichte, Band 1: Deutsche Verfassungsdokumente 1803-1850, 2. erweiterte Auflage, Rastatt 1961, Band 2: Deutsche Verfassungsdokumente 1851-1900, 3. neubearbeitete Auflage, Stuttgart 1986, *zitiert als*: Huber, Dokumente.

Hufnagel, *C.F.*, **Scheurlen**, *C.F.*, **Raindl**, *Emanuel,* Die Gerichtsverfassungen der teutschen Bundesstaaten, dargestellt von den Geschäftsmännern der einzelnen Staaten, herausgegeben von C.F. Hufnagel und C.F. Scheurlen, 1. Band, Tübingen 1829.

Hundt, *Michael,* Lübeck auf dem Wiener Kongress, (= Veröffentlichungen zur Geschichte der Hansestadt Lübeck, herausgegeben vom Archiv der Hansestadt, Reihe B, Band 19, Lübeck 1991).

Hünersdorf, Zur Erinnerung an Dr. Burkhard Wilhelm Pfeiffer, in: Zeitschrift für deutsches Recht und deutsche Rechtswissenschaft, herausgegeben von Beseler, Renscher und Wilda, 15. Band, 1855, S. 432-447.

Jens, *Walter,* Eine deutsche Universität, 500 Jahre Tübinger Gelehrtenrepublik, München 1977.

Jhering, *Rudolf,* Agathon Wunderlich, ein Nachruf, in: Jahrbücher für die Dogmatik des heutigen römischen und deutschen Privatrechts (herausgegeben von Rudolf von Ihering), 17. Band 1879, S. 145-157.

Jordan, *S.*, Lehrbuch des allgemeinen und deutschen Staatsrechts, Kassel 1831.

Jugler, *Ferdinand,* Entstehungsgeschichte, Bereich und Organisation der richterlichen Gewalt des früheren Deutschen Bundes, Marburg 1904.

Jungemann, *Lars,* Carl Georg von Wächter (1797-1880) und das Strafrecht des 19. Jahrhunderts (= Schriftenreihe zur Rechtsgeschichte, 79), Berlin 1999.

Kern, *Bernd-Rüdiger,* Zwischen Romanistik und Germanistik: Carl Georg von Wächter (1797-1880), (= Schriften zur Rechtsgeschichte, Heft 81), Berlin 2000.

Kern, *Eduard,* Karl Georg von Wächter, in: Schwäbische Lebensbilder, Band I, herausgegeben von Hermann Haering, Otto Hohenstatt, Stuttgart 1940, S. 545-552, *zitiert als*: Kern, Schwäbische Lebensbilder.

- Geschichte des Gerichtsverfassungsrechts, München und Berlin 1954, *zitiert als*: Kern, Geschichte.

Klüber, *Johann Ludwig,* Öffentliches Recht des teutschen Bundes und der Bundesstaaten, Erste Abteilung, 3. Auflage, Frankfurt a.M. 1831, *zitiert als:* Klüber, Öffentliches Recht. Akten des Wiener Kongresses in den Jahre 1814 und 1815, 2. Band, Osnabrück, 1966, *zitiert als*: Klüber, Akten Wiener Kongress.

Klug, *Karl,* Geschichte Lübecks während der Vereinigung mit dem französischen Kaiserreiche, 1811-1813, 1. und 2. Abteilung, Lübeck 1856/1857.

Köbler, *Gerhard,* Lexikon der europäischen Rechtsgeschichte, München 1997.

Krabbenhöft, *Günther,* Verfassungsgeschichte der Hansestadt Lübeck, eine Übersicht, Lübeck 1969.

Krause, *Ulf Peter,* Die Geschichte der Lübecker Gerichtsverfassung- Stadtrechtsverfassung und Justizwesen der Hansestadt Lübeck von den Anfängen im Mittelalter bis zur Reichsjustizgesetzgebung 1879, Hamburg 1968.

Kretzschmar, *Johannes,* Geschichte Lübecks in der Neuzeit, (= Geschichte der freien und Hansestadt Lübeck, herausgegeben von Fritz Endres), Frankfurt 1981, S. 57-112, *zitiert als*: Kretzschmar, Geschichte Lübecks.

- Johann Friedrich Hach, Senator und Oberappellationsrat in Lübeck, (= Pfingstblätter des hansischen Geschichtsvereins, Blatt XVII), Lübeck 1926, *zitiert als*: Kretzschmar, Hach.

Krick, *Alfred,* Der Bundesrat als Schiedsrichter zwischen deutschen Bundesstaaten, (= Rostocker Rechtswissenschaftliche Studien, herausgegeben von B. Matthias und H. Geffcken, I. Band, 2. Heft), Leipzig 1903.

Kusserow, *Boto,* Das gemeinschaftliche Oberappellationsgericht der vier freien Städte Deutschlands zu Lübeck und seine Rechtsprechung in Handelssachen, Düsseldorf 1964.

Larenz, *Karl,* Johann Friedrich Kierulff, Bemerkungen zu seiner „Theorie des gemeinen Civilrechts“, in: Festschrift zum 275jährigen Bestehen der Christan-Albrechts-Universität Kiel, von Paul Ritterbusch, Hanns Löhr, Otto Scheel und Gottfried Ernst Hoffmann, Leipzig 1940, S. 116-128.

von **Leonhardi**, *Ph. Friedr. Wilh. Freiherr,* Das Austrägalverfahren des Deutschen Bundes, Frankfurt a.M. 1838.

Liepmann, *Moritz,* Von Kieler Professoren, Briefe aus drei Jahrhunderten zur Geschichte der Universität Kiel, Stuttgart und Berlin 1916.

Lorenzen-Schmidt, *Klaus-J.,* Gesamtinventar der Akten des Oberappellationsgerichts der vier Freien Städte Deutschlands, Band 1-3, Hamburg 1996.

Lübker, *Detlev Lorenz,* **Schröder**, *Hans,* Lexikon der Schleswig-Holstein-Lauenburgischen und Eutinischen Schriftsteller, von 1796-1828, 2. Abteilung, Altona 1830.

Lührs, *Wilhelm,* Johann Smidt, in: Persönlichkeiten der Verwaltung, Biographien zur deutschen Verwaltungsgeschichte 1648-1945, herausgegeben im Auftrag der Freiherr-vom-Stein-Gesellschaft e.V. von Kurt G.A. Jeserich und Helmut Neuhaus, Stuttgart, Berlin, Köln 1991.

Mandry, *Gustav,* Carl Georg von Wächter, Stuttgart 1880.

Meyer, *Hugo,* Karl Georg von Waechter, Rede bei der Gedächtnisfeier desselben am 20. Januar 1898 in der Aula der Universität Tübingen gehalten, Leipzig 1898.

Mohl, *Robert,* Die öffentliche Rechtspflege des deutschen Bundes, Ein publizistischer Versuch, Stuttgart und Tübingen 1822.

Neue Deutsche Biographie (NDB),herausgegeben von der historischen Kommission bei der Bayrischen Akademie der Wissenschaften, Berlin 1969, *zitiert als*: NDB/Bearbeiter, Band.

Neuer Nekrolog der Deutschen, 9. Jahrgang, 1831, 2. Teil, Ilmenau 1833, herausgegeben von August Schmidt, *zitiert als*: Neuer Nekrolog.

Nolte, *Jürgen,* Burchard Wilhelm Pfeiffer, Gedanken zur Reform des Zivilrechts, Ein Beitrag zur Geschichte der deutschen Zivilgesetzgebung (= Göttinger Studien zur Rechtsgeschichte, Band 1), Frankfurt 1969.

Perels, *Kurt,* Streitigkeiten Deutscher Bundesstaaten auf Grund des Artikels 76 der Reichsverfassung, Berlin 1900.

Pfeiffer, *Burchard Wilhelm,* Practische Ausführungen aus allen Theilen der Rechtswissenschaft, mit Erkenntnissen des Oberappellationsgerichts zu Cassel, Hannover, 1825-1850.

Poel, *G[ustav],* Carl Wilhelm Pauli, ein Lebensbild, in: Zeitschrift des Vereins für Lübeckische Geschichte und Altertumskunde, Band 4, Heft 2, 1884, S. 1-101.

Polley, *Rainer,* Johann Friedrich Kierulff, in: Biographisches Lexikon für Schleswig-Holstein und Lübeck, herausgegeben im Auftrag der Gesellschaft für Schleswig-Holsteinische Geschichte und des Vereins für Lübeckische Geschichte und Altertumskunde, Band 7, Neumünster 1985, S. 110-112.

von **Poschinger**, *Heinrich,* Fürst Bismarck und der Bundesrat, 3. Band, Der Bundesrat des Deutschen Reiches, Stuttgart und Leipzig 1898.

Robbers, *Gerhard,* Die historische Entwicklung der Verfassungsgerichtsbarkeit, Juristische Schulung 1990, S. 257-263.

Rudhart, *Ignaz von,* Das Recht des deutschen Bundes, Ein Lehrbuch zu dem Gebrauche bei Vorlesungen an deutschen Universitäten, Stuttgart und Tübingen 1822.

Scheuner, *Ulrich,* Die Überlieferung der deutschen Staatsgerichtsbarkeit im 19. und 20. Jahrhundert, in: Bundesverfassungsgericht und Grundgesetz, Festgabe aus Anlass des 25jährigen Bestehens des Bundesverfassungsgerichts, erster Band, herausgegeben von Christian Starck, Tübingen 1976, S. 1-62.

Schlosser, *Hans,* Grundzüge der Neueren Privatrechtsgeschichte, 10. Auflage, Heidelberg 2005.

Schoof, *Wilhelm,* Briefe der Brüder Grimm an Savigny, Berlin 1953.

Schröder, *Hans,* Lexikon der hamburgischen Schriftsteller bis zur Gegenwart, 1. Band, Hamburg 1851, 2. Band, fortgesetzt von C.R.W. Klose, Hamburg 1870, 3. Band, Hamburg 1871.

Schröder, *Richard,* **Künßberg**, *Eberhard,* Lehrbuch der Deutschen Rechtsgeschichte, 7. Auflage, Leipzig 1932.

Schubert, *Werner*, Französisches Recht in Deutschland zu Beginn des 19. Jahrhunderts, in: Forschungen zur Neueren Privatrechtsgeschichte, Bd. 24, 1977.

Schulze-Smidt, *Bernardine,* Bürgermeister Johann Smidt, das Lebensbild eines Hanseaten, Bremen 1913.

Schwartz, *Johann Christoph*, Vierhundert Jahre Deutscher Zivilprozess-Gesetzgebung, Darstellungen und Studien zur Deutschen Rechtsgeschichte, Aalen 1986.

von **Seydel**, *Max,* Commentar zur Verfassungs-Urkunde für das Deutsche Reich, 2.,umgearbeitete Auflage, Freiburg und Leipzig 1897.

Sievert, *Heinrich,* Die Zuständigkeit des deutschen Bundesrates für Erledigung von Verfassungs- und Thronfolgestreitigkeiten, Berlin 1905.

von **Stintzing**, *Roderich,* **Landsberg**, *Ernst,* Geschichte der deutschen Rechtswissenschaft, Aalen 1978, (= Geschichte der Wissenschaften in Deutschland, 18. Band).

Strauch, *Dieter,* Deutsche Juristen im Vormärz, Briefe von Savigny, Hugo, Thibaut und anderen an Egid von Löhr, Köln 1999, (= Rechtsgeschichtliche Schriften, Band 13).

von Struve, *Gustav,* Das öffentliche Recht des deutschen Bundes, 1. und 2. Teil, Mannheim 1846.

Thöl, *Heinrich,* Ausgewählte Entscheidungsgründe des Oberappellationsgerichts der vier freien Städte Deutschlands, Göttingen 1857, *zitiert als*: Thöl, ausgewählte Entscheidungsgründe.

- Das Handelsrecht, 1. Band, 5. Auflage, Leipzig 1875, *zitiert als*: Thöl, Handelsrecht.

Volbehr, *Friedrich,* **Weyl**, *Richard,* Professoren und Dozenten der Christian-Albrechts-Universität zu Kiel 1665-1954, 4. Auflage, bearbeitet von Rudolf Bülck, abgeschlossen von Hans-Joachim Newiger, Kiel 1956.

von Wächter, *Oskar,* Carl Georg von Wächter, Leben eines deutschen Juristen, Leipzig 1881.

Wenig, *Otto,* 150 Jahre Rheinische Friedrich-Wilhelms-Universität zu Bonn: 1818-1968, Verzeichnis der Professoren und Dozenten, Bonn 1968.

Westphalen, *Nicolaus Adolf,* Hamburgs Verfassung und Verwaltung in ihrer allmählichen Entwicklung bis auf die neueste Zeit, 1. Band, Hamburg 1841.

Windscheid, *Bernhard,* Carl Georg von Waechter, Leipzig 1880.

Wippermann, *Carl Wilhelm,* Kurhessen seit dem Freiheitskriege, Kassel 1850.

Wogatzky, *Hans,* Das Hanseatische Oberlandesgericht, Gedenkschrift zu seinem 60jährigen Bestehen, Hamburg 1939.

Wohlhaupter, *Eugen,* Neue Beiträge zur Geschichte der Kieler Juristenfakultät, (= Kieler Blätter, 3. Heft, 1942), S. 168-183, *zitiert als*: Wohlhaupter, Kieler Blätter.

- Geschichte der juristischen Fakultät, in: Festschrift zum 275jährigen Bestehen der Christian-Albrechts-Universität Kiel, von Paul Ritterbusch, Hanns Löhr, Otto Scheel und Gottfried Ernst Hoffmann, Leipzig 1940, S. 48-108, *zitiert als*: Wohlhaupter, Geschichte.

Wohlwill, *Adolf,* Napoleon und die Hansestädte im Herbst 1809, in: Zeitschrift des Vereins für Hamburgische Geschichte, 7. Band oder Neue Folge 4. Band, Hamburg 1883, Nr. 4, S. 65-88, *zitiert als*: Wohlwill, Napoleon und die Hansestädte.

- Neuere Geschichte der freien und Hansestadt Hamburg, insbesondere 1789-1815, Gotha 1914, (= K. Lamprecht, Allgemeine Stadtgeschichte, Dritte Abteilung: Deutsche Landesgeschichten, herausgegeben von Armin Tille, zehntes Werk), *zitiert als*: Wohlwill, Neuere Geschichte.
- Zur Geschichte des Justizwesens in Hamburg während der Franzosenzeit, mit besonderer Berücksichtigung des Präsidenten de Serre, in: Zeitschrift des

Vereins für Hamburgische Geschichte, Band 14, Hamburg 1909, S. 333-354, *zitiert als*: Wohlwill, Justizwesen in Hamburg.

Zachariä, *Heinrich Albert,* Deutsches Staats- und Bundesrecht, zweiter Teil: Das Regierungsrecht der Bundesstaaten und das Bundesrecht, 2. Auflage, Göttingen 1854, *zitiert als*: Zachariä, Staats- und Bundesrecht.

- Handbuch des deutschen Strafprozesses, 2. Band, Göttingen 1863, *zitiert als*: Zachariä, Strafprozess.

Zoepfl, *Heinrich,* Grundsätze des allgemeinen und deutschen Staatsrechts: mit besonderer Rücksicht auf das allgemeine Staatsrecht und auf die neuesten Zeitverhältnisse, 1. Teil, 4. Auflage, Heidelberg 1855.

Zychta, *Adolf,* Deutsche Rechtsgeschichte der Neuzeit, 2. Auflage, Marburg 1949.

RECHTSHISTORISCHE REIHE

Band 1 Studien zu den germanischen Volksrechten. Gedächtnisschrift für Wilhelm Ebel. Vorträge gehalten auf dem Fest-Symposion anläßlich des 70. Geburtstages von Wilhelm Ebel am 16. Juni 1978 in Göttingen. Götz Landwehr (Hrsg.) 1982.

Band 2 Hans Poeschel: Die Statuten der Banken, Sparkassen und Kreditgenossenschaften in Hamburg und Altona von 1710 bis 1889. 1978.

Band 3 Thomas Kolbeck: Juristenschwemmen, Untersuchungen über den juristischen Arbeitsmarkt im 19. und 20. Jahrhundert. 1978.

Band 4 Norbert Hempel: Richterleitbilder in der Weimarer Republik. 1978.

Band 5 Rolf Stratmann: Die Scheinbußen im mittelalterlichen Recht. 1978.

Band 6 Martin C. Lockert: Die niedersächsischen Stadtrechte zwischen Aller und Weser. Vorkommen und Verflechtungen. Eine Bestandsaufnahme. 1979.

Band 7 Joachim Rückert/Wolfgang Friedrich: Betriebliche Arbeiterausschüsse in Deutschland, Großbritannien und Frankreich im späten 19. und frühen 20. Jahrhundert. Eine vergleichende Studie zur Entwicklung des kollektiven Arbeitsrechts. 1979.

Band 8 Peter Bender: Die Rezeption des römischen Rechts im Urteil der deutschen Rechtswissenschaft. 1979.

Band 9 Friedrich Karl Alsdorf: Untersuchungen zur Rechtsgestalt und Teilung deutscher Ganerbenburgen. 1980.

Band 10 Dietmar Willoweit/Winfried Schich (Hrsg.): Studien zur Geschichte des sächsisch-magdeburgischen Rechts in Deutschland und Polen (Sammelband). 1980.

Band 11 Brigitte Hempel: Der Entwurf einer Polizeiordnung für das Herzogtum Sachsen-Lauenburg aus dem Jahre 1591. 1980.

Band 12 Klaus-Detlev Godau-Schüttke: Rechtsverwalter des Reiches. Staatssekretär Dr. Curt Joël. 1981.

Band 13 Rainer Polley: Anton Friedrich Justus Thibaut (AD 1772-1840) in seinen Selbstzeugnissen und Briefen. Teil 1: Abhandlung. Teil 2: Briefwechsel. Teil 3: Register zum Briefwechsel. 1982.

Band 14 Michael Wettengel: Der Streit um die Vogtei Kelkheim 1275-1276. Ein kanonischer Prozeß.1981.

Band 15 Otto Wilhelm Krause: Naturrechtler des sechzehnten Jahrhunderts. Ihre Bedeutung für die Entwicklung eines natürlichen Privatrechts. 1982.

Band 16 Helga Spindler: Von der Genossenschaft zur Betriebsgemeinschaft. Kritische Darstellung der Sozialrechtslehre Otto von Gierkes. 1982.

Band 17 Holger Otte: Gustav Radbruchs Kieler Jahre 1919 - 1926. 1982.

Band 18 Rüdiger Teuner: Die fuldische Ritterschaft 1510 - 1656. 1982.

Band 19 Gerhard Dilcher/Rudolf Hoke/Gian Savino Pene Vidari/Hans Winterberg (Hrsg.): Grundrechte im 19. Jahrhundert. 1982.

Band 20 Karl-Hans Schloßstein: Die westfälischen Fabrikengerichtsdeputationen - Vorbilder, Werdegang und Scheitern. 1982.

Band 21 Birger Schulz: Der Republikanische Richterbund (1921-1933). 1982.

Band 22 Engelbert Krause: Die gegenseitigen Unterhaltsansprüche zwischen Eltern und Kindern in der deutschen Privatrechtsgeschichte. 1982.

Band 23 Meent W. Francksen: Staatsrat und Gesetzgebung im Großherzogtum Berg (1806-1813). 1982.

Band 24 Gerd von Sonnleithner: Bearbeitung des Handelsrechts durch Ignaz von Sonnleithner in seinem "Leitfaden über das österreichische Handels- und Wechselrecht". 1982.

Band 25 Rudolf Palme: Rechts-, Wirtschafts- und Sozialgeschichte der inneralpinen Salzwerke bis zu deren Monopolisierung. 1983.

Band 26 Helen Bosshard: Pestalozzis Staats- und Rechtsverständnis und seine Stellung in der Aufklärung. 1983.

Band 27 Jens Jessen: Die Selbstzeugnisse der deutschen Juristen. Erinnerungen, Tagebücher und Briefe. Eine Bibliographie. 1983.

Band 28 Günter Martin Jensen: Das Domanium Waldeck. Die rechtliche Zuordnung eines Fürstenvermögens. 1984.

Band 29 Johann Heinrich Kumpf: Petitionsrecht und öffentliche Meinung im Entstehungsprozeß der Paulskirchenverfassung 1848/49. 1983.

Band 30 Sabine Frey: Rechtsschutz der Juden gegen Ausweisungen im 16. Jahrhundert. 1983.

Band 31 Dietrich Joswig: Die germanische Grundstücksübertragung. 1984.

Band 32 Andreas Baryli: Konzessionssystem contra Gewerbefreiheit. Zur Diskussion der österreichischen Gewerberechtsreform 1835 bis 1860. 1984.

Band 33 Gerhard Oberkofler: Studien zur Geschichte der österreichischen Rechtswissenschaft. 1984.

Band 34 Rudolf Lauda: Kaufmännische Gewohnheit und Burgrecht bei Notker dem Deutschen. Zum Verhältnis von literarischer Tradition und zeitgenössischer Realität in der frühmittelalterlichen Rhetorik. 1984.

Band 35 Jens Jensen: Die Ehescheidung des Bischofs Hans von Lübeck von Prinzessin Julia Felicitas von Württemberg-Weiltingen AD 1648-1653. Ein Beitrag zum protestantischen Ehescheidungsrecht im Zeitalter des beginnenden Absolutismus. 1984.

Band 36 Horst Schröder: Friedrich Karl von Savigny. Geschichte und Rechtsdenken beim Übergang vom Feudalismus zum Kapitalismus in Deutschland. 1984.

Band 37 Andreas Hatzung: Dogmengeschichtliche Grundlagen und Entstehung des zivilrechtlichen Notstands. 1984.

Band 38 Matthias Klasen: Das Billwerder Landrecht. Landrecht und Landgericht in den Hamburger Elbmarschen. 1985.

Band 39 Rainer Jamin: Aufbau, Tätigkeit und Verfahren der Auseinandersetzungsbehörden bei der Durchführung der preußischen Agrarreformen. 1985.

Band 40 Henry Winter: Teilschuld, Gesamtschuld und unechte Gesamtschuld. Zur Konzeption der §§ 420 ff. BGB - Ein Beitrag zur Entstehungsgeschichte des BGB. 1985.

Band 41 Hermann Eichler: Verfassungsbewegung in Amerika und Europa. 1985.

Band 42 Dagmar Bandemer: Heinrich Albert Zachariae. Rechtsdenken zwischen Restauration und Reformation. 1985.

Band 43 Eva-Christine Frentz: Das Hamburgische Admiralitätsgericht (1623-1811). Prozeß und Rechtsprechung. 1985.

Band 44 Karl Lillig: Rechtsetzung im Herzogtum Pfalz-Zweibrücken während des 18. Jahrhunderts. Ein Beitrag zur Geschichte der territorialen Rechtsbildung. 1985.

Band 45 Walter Weber: Die Entwicklung der Sparkassen zu selbständigen Anstalten des öffentlichen Rechts. Ein Beitrag zur Entwicklung des Anstaltsbegriffs im 19. Jahrhundert. 1985.

Band 46 Bärbel Baum: Der Stabreim im Recht. Vorkommen und Bedeutung des Stabreims in Antike und Mittelalter. 1986.

Band 47 Hans Popp: Die nationalsozialistische Sicht einiger Institute des Zivilprozeß- und Gerichtsverfassungsrechts. 1986.

Band 48 John Karl-Heinz Montag: Die Lehrdarstellung des Handelsrechts von Georg Friedrich von Martens bis Meno Pöhls. Die Wissenschaft des Handelsrechts im ersten Drittel des 19. Jahrhunderts. 1986.

Band 49 Volker D. Anhäusser: Das internationale Obligationenrecht in der höchstrichterlichen Rechtsprechung des 19. Jahrhunderts. 1986.

Band 50 Udo Beer: Die Juden, das Recht und die Republik. Verbandswesen und Rechtsschutz 1919-1933. 1986.

Band 51 Herbert Grziwotz: Der moderne Verfassungsbegriff und die "Römische Verfassung" in der deutschen Forschung des 19. und 20. Jahrhunderts. 1986.

Band 52 Ralf Conradi: Karl Friedrich Eichhorn als Staatsrechtslehrer. Seine Göttinger Vorlesung über "Das Staatsrecht der deutschen Bundesstaaten" nach einer Kollegmitschrift aus dem Wintersemester 1821/22. 1987.

Band 53 Dieter Dannreuther: Der Zivilprozeß als Gegenstand der Rechtspolitik im Deutschen Reich 1871 - 1945. Ein Beitrag zur Geschichte des Zivilprozeßrechts in Deutschland. 1987.

Band 54 Stephan Felix Pauly: Organisation, Geschichte und Praxis der Gesetzesauslegung des (Königlich) Preußischen Oberverwaltungsgerichtes 1875 - 1933. 1987.

Band 55 Rüdiger Schulz: Die Entstehung des Seerechts des Allgemeinen Deutschen Handelsgesetzbuches unter besonderer Berücksichtigung der Bestimmungen über die Reederei, den Schiffer und die Schiffsmannschaft. 1987.

Band 56 Reinhold Reis: Deutsches Privatrecht in den Weistümern der Zenten Schriesheim und Kirchheim. 1987.

Band 57 Jürgen Christoph: Die politischen Reichsamnestien 1918 - 1933. 1987.

Band 58 Gerhard Oberkofler/Eduard Rabofsky: Hans Kelsen im Kriegseinsatz der k.u.k.-Wehrmacht. Eine kritische Würdigung seiner militärtheoretischen Angebote. 1988.

Band 59 Arne Wulff: Staatssekretär Prof. Dr. Dr. h.c. Franz Schlegelberger. 1876-1970. 1991.

Band 60 Gerhard Köbler (Hrsg.): Wege europäischer Rechtsgeschichte. Karl Kroeschell zum 60. Geburtstag. 1987.

Band 61 Rüdiger Hütte: Der Gemeinschaftsgedanke in den Erbrechtsreformen des Dritten Reichs. 1988.

Band 62 Markus Göldner: Politische Symbole der europäischen Integration. Fahne, Hymne, Hauptstadt, Paß, Briefmarke, Auszeichnungen. 1988.

Band 63 Wolfgang Kröner: Freiheitsstrafe und Strafvollzug in den Herzogtümern Schleswig, Holstein und Lauenburg von 1700 bis 1864. 1988.

Band 64 Werner Gaile: Die Norder Theelacht. 1988.

Band 65 Karl v. Kempis: Andreas Gaill (1526 - 1587). Zum Leben und Werk eines Juristen der frühen Neuzeit. 1988.

Band 66 Wolf-Rüdiger Osburg: Die Verwaltung Hamburgs in der Franzosenzeit. 1811-1814. 1988.

Band 67 Christian Schudnagies: Hans Frank. Aufstieg und Fall des NS-Juristen und Generalgouverneurs. 1988.

Band 68 Otmar Jung: Senatspräsident Freymuth. Richter, Sozialdemokrat und Pazifist in der Weimarer Republik. Eine politische Biographie. 1989.

Band 69 Joachim Lohner: Das landeshauptmannschaftliche Gericht in Oberösterreich zu Beginn der Neuzeit. Eine Darstellung des oberösterreichischen Prozeßrechts am obersten Territorialgericht des Landes anhand der oberösterreichischen Landtafel.1989.

Band 70 Bernd Klemann: Rudolf von Jhering und die Historische Rechtsschule. 1989.

Band 71 Adalbert Langer: Männer um die österreichische Zivilprozeßordnung 1895. Zusammenspiel / Soziales Ziel. 1990.

Band 72 Robert-Dieter Klee: Die Landessuperintendentur Lauenburg. Ursprung und Entwicklung sowie Ende der Sonderstellung des Kirchenkreises Herzogtum Lauenburg durch die nordelbische Kirchenvereinigung. 1989.

Band 73 Heinrich Herrmann: Die Gehöferschaften im Bezirk Trier. 1989.

Band 74 Wilhelm Brauneder, Franz Baltzarek (Hrsg.): Modell einer neuen Wirtschaftsordnung. Wirtschaftsverwaltung in Österreich 1914 - 1918. 1991.

Band 75 Thomas Dreyer: Die "Assecuranz- und Haverey-Ordnung" der Freien und Hansestadt Hamburg von 1731. 1990.

Band 76 Bernhard Sendler: Die Rechtssprache in den süddeutschen Stadtrechtsreformationen. 1990.

Band 77 Brigitte Lehmann: Ehevereinbarungen im 19. und 20. Jahrhundert. 1990.

Band 78 Michael Sunnus: Der NS-Rechtswahrerbund (1928-1945). Zur Geschichte der nationalsozialistischen Juristenorganisation. 1990.

Band 79 Stefan Schulz: Die historische Entwicklung des Rechts an Bienen. (§§ 961 - 964 BGB). 1990.

Band 80 Gerhard Lingelbach, Heiner Lück (Hrsg.): Deutsches Recht zwischen Sachsenspiegel und Aufklärung. Rolf Lieberwirth zum 70. Geburtstag dargebracht von Schülern, Freunden und Kollegen, herausgegeben von Gerhard Lingelbach und Heiner Lück. 1991.

Band 81 Manfred Krohn: Die deutsche Justiz im Urteil der Nationalsozialisten 1920 - 1933. 1991.

Band 82 Angelika Kühn: Privilegierung nationaler Minderheiten im Wahlrecht der Bundesrepublik Deutschland und Schleswig-Holsteins. 1991.

Band 83 Georg Brun: Leben und Werk des Rechtshistorikers Heinrich Mitteis unter besonderer Berücksichtigung seines Verhältnisses zum Nationalsozialismus. 1991.

Band 84 Wolfgang Simon: Claudius Freiherr von Schwerin. Rechtshistoriker während dreier Epochen deutscher Geschichte. 1991.

Band 85 Friedrich-Carl Wachs: Das Verordnungswerk des Reichsdemobilmachungsamtes. Stabilisierender Faktor zu Beginn der Weimarer Republik. 1991.

Band 86 Jens-Uwe Petersen: Die Vorgeschichte und die Entstehung des Mieterschutzgesetzes von 1923 nebst der Anordnung für das Verfahren vor dem Mieteinigungsamt und der Beschwerdestelle. 1991.

Band 87 Ulrike Halbach: Familienrecht in der Rechtssprache. Die historische Entwicklung zentraler Ausdrücke des geltenden Familienrechts. 1991.

Band 88 Joern Christian Nissen: Die Beratungen des Seeversicherungsausschusses der Akademie für Deutsches Recht zu einem neuen Seeversicherungsgesetz (1934-1939). Ein Beitrag zur Entwicklung der allgemeinen Lehren des Seeversicherungsrechts unter besonderer Berücksichtigung des Handelsgesetzbuchs und der Allgemeinen Deutschen Seeversicherungs-Bedingungen 1919. 1991.

Band 89 Diethard Bühler: Die Entstehung der allgemeinen Vertragsschluß-Vorschriften im Allgemeinen Deutschen Handelsgesetzbuch (ADHGB) von 1861. Ein Beitrag zur Kodifikationsgeschichte des Privatrechts im 19. Jahrhundert. 1991.

Band 90 Gerhard Oberkofler: Die Vertreter des Römischen Rechts mit deutscher Unterrichtssprache an der Karls-Universität in Prag. Vom Vormärz bis 1945. 1991.

Band 91 Ulrich Andermann: Ritterliche Gewalt und bürgerliche Selbstbehauptung. Untersuchungen zur Kriminalisierung und Bekämpfung des spätmittelalterlichen Raubrittertums am Beispiel norddeutscher Hansestädte. 1991.

Band 92 Heinz Marcus Hanke: Luftkrieg und Zivilbevölkerung. Der kriegsvölkerrechtliche Schutz der Zivilbevölkerung gegen Luftbombardements von den Anfängen bis zum Ausbruch des Zweiten Weltkrieges. 1991.

Band 93 Kirsten Kraglund: Familien- und Erbrecht. Materielles Recht und Methoden der Rechtsanwendung in der Rechtsprechung des Oberappellationsgerichts der vier Freien Städte Deutschlands zu Lübeck. 1991.

Band 94 Reinhard Lorenz: Die politische und rechtliche Stellung des Proletariats in Preußen in der Zeit zwischen den Reformen und der Revolution 1848/49. 1991.

Band 95 Eric Hilgendorf: Die Entwicklungsgeschichte der parlamentarischen Redefreiheit in Deutschland. 1991.

Band 96 Hans J. Reiter: Die Handelsgesellschaft Villeroy & Boch von der Gründung 1836 bis zum Jahr 1878. 1992.

Band 97 Martin Johannes Heller: Reform der deutschen Rechtssprache im 18. Jahrhundert. 1992.

Band 98 Michael Kotulla: Die Tragweite der Grundrechte der revidierten preußischen Verfassung vom 31.01.1850. 1992.

Band 99 Michael Siefener: Hexerei im Spiegel der Rechtstheorie. Das crimen magiae in der Literatur von 1574 bis 1608. 1992.

Band 100 Andreas Ebert-Weidenfeller: Hamburgisches Kaufmannsrecht im 17. und 18. Jahrhundert. Die Rechtsprechung des Rates und des Reichskammergerichtes. 1992.

Band 101 Enno Bommel: Die Entstehung der Verwirkungslehre in der Krise des Positivismus. 1992.

Band 102 Ralph Steppacher: Die Berücksichtigung der bäuerlichen Postulate bei der Entstehung des ZGB und der Revision des OR. Ein Beitrag zur schweizerischen Kodifikationsgeschichte (1893 - 1912). 1992.

Band 103 Martin Fleckenstein: Die Todesstrafe im Werk Carl Joseph Anton Mittermaiers (1787 - 1867). Zur Entwicklungsgeschichte eines Werkbereichs und seiner Bedeutung für Theorie- und Methodenbildung. 1992.

Band 104 Jörn Eckert: Der Kampf um die Familienfideikommisse in Deutschland. Studien zum Absterben eines Rechtsinstitutes. 1992.

Band 105 Jörg Grotkopp: Beamtentum und Staatsformwechsel. Die Auswirkungen der Staatsformwechsel von 1918, 1933 und 1945 auf das Beamtenrecht und die personelle Zusammensetzung der deutschen Beamtenschaft. 1992.

Band 106 Andreas Rohde: Die Garantiehaftung des Vermieters und ihr Verhältnis zum Unmöglichkeitsrecht in dogmengeschichtlicher und modernrechtlicher Sicht. 1992.

Band 107 Tjark Siefke Kunstreich: Gesamtvertretung. Eine historisch-systematische Darstellung. 1992.

Band 108 Jürgen Krüger: Blindheit und Königtum. Die Blindheit des Königs Georg V. von Hannover als verfassungsrechtliches Problem. 1992.

Band 109 Wolfgang Putschek: Ständische Verfassung und autoritäre Verfassungspraxis in Österreich 1933-1938 mit Dokumentenanhang. Verfassung und Verfassungswirklichkeit. Mit einem Anhang: Denkschriften von Rechtsanwalt Dr. Erich Führer 1936/37. 1993.

Band 110 Klaus Hofmann: Die Verdrängung der Juden aus öffentlichem Dienst und selbständigen Berufen in Regensburg 1933-1939. 1993.

Band 111 Franz Kilger: Die Entwicklung des Telegraphenrechts im 19. Jahrhundert mit besonderer Berücksichtigung der technischen Entwicklung. Telegraphenrecht im 19. Jahrhundert. 1993.

Band 112 Wilhelm Brauneder (Hrsg.): Heiliges Römisches Reich und moderne Staatlichkeit. 1993.

Band 113 Thomas Heinrich: Das preußische Nichtehelichenrecht: Von der Aufklärung zur Reaktion. 1993.

Band 114 Gerald Kohl: Jagd und Revolution. Das Jagdrecht in den Jahren 1848 und 1849. 1993.

Band 115 Christian Schudnagies: Der Kriegs- oder Belagerungszustand im Deutschen Reich während des Ersten Weltkrieges. Eine Studie zur Entwicklung und Handhabung des deutschen Ausnahmezustandsrechts bis 1918. 1994.

Band 116 Elisabeth Bellmann: Die Internationale Kriminalistische Vereinigung (1889-1933). 1994.

Band 117 Julia Pfannkuch: Volksrichterausbildung in Sachsen 1945-1950. 1993.

Band 118 Jörg Offen: Von der Verwaltungsgemeinschaft des BGB von 1896 zur Zugewinngemeinschaft des Gleichberechtigungsgesetzes von 1957. 1994.

Band 119 Dorothee Kohlhas-Müller: Untersuchungen zur Rechtsstellung Theoderichs des Großen. 1995.

Band 120 Monika Rose: Das Gerichtswesen des Herzogtums Pfalz-Zweibrücken im 18. Jahrhundert. Ein Beitrag zur territorialen Gerichtsbarkeit im Alten Reich. 1994.

Band 121 Jörn Eckert / Hans Hattenhauer (Hrsg.): Bibel und Recht. Rechtshistorisches Kolloquium 9. - 13. Juni 1992 an der Christian-Albrechts-Universität zu Kiel. 1994.

Band 122 Robert Martin Mizia: Der Rechtsbegriff der Autonomie und die Begründung des Privatfürstenrechts in der deutschen Rechtswissenschaft des 19. Jahrhunderts. 1995.

Band 123 Walther Graf von Plettenberg: Das Fortleben des Liber Iudiciorum in Asturien/León (8. - 13. Jh.). 1994.

Band 124 Wolfgang Schulz: Das deutsche Börsengesetz. Die Entstehungsgeschichte und wirtschaftlichen Auswirkungen des Börsengesetzes von 1896. 1994.

Band 125 Frank Hagemann: Der Untersuchungsausschuß Freiheitlicher Juristen. 1949 – 1969. 1994.

Band 126 Andreas Rethmeier: "Nürnberger Rassegesetze" und Entrechtung der Juden im Zivilrecht. 1995.

Band 127 Edith Grether: Die Poesie der Throne. Die Juristen in der Fruchtbringenden Gesellschaft. 1995.

Band 128 Anna Bartels-Ishikawa: Der Lippische Thronfolgestreit. Eine Studie zu verfassungsrechtlichen Problemen des Deutschen Kaiserreiches im Spiegel der zeitgenössischen Staats. 1995.

Band 129 Jörg Schmidt: Otto Koellreutter 1883-1972. Sein Leben, sein Werk, seine Zeit. 1995.

Band 130 Christian Hattenhauer: Wahl und Krönung Franz II. AD 1792. Das Heilige Reich krönt seinen letzten Kaiser - Das Tagebuch des Reichsquartiermeisters Hieronymus Gottfried von Müller und Anlagen. 1995.

Band 131 Jutta v. der Decken: Das Seearbeitsrecht im Hamburger Stadtrecht von 1301 bis 1603. 1995.

Band 132 Detlev Schmidt: Die Reform des Rechts der Handelsvertreter von 1953. 1995.

Band 133 Gabi Roßdeutscher: Privatautonomie im Scheidungsrecht. Scheidungsbezogene Vereinbarungen in den letzten 200 Jahren. 1995.

Band 134 Harald Kahlenberg: Leben und Werk des Rechtshistorikers Walther Merk. Ein Beispiel für das Verhältnis von Rechtsgeschichte und Nationalsozialismus. 1995.

Band 135 Michael Steitz: Adelbert Düringer am Reichsgericht (1902-1915). Seine aktienrechtlichen Entscheidungen und sein Einfluß auf das Aktienrecht in Deutschland. 1995.

Band 136 Christian Becker: Beata Justorum Translatio. Juristen in schleswig-holsteinischen Leichenpredigten. 1996.

Band 137 Christoph Seiler: Vom Allgemeinen Landrecht zum Bürgerlichen Gesetzbuch. Dargestellt am Beispiel der höchstrichterlichen Judikatur zum kaufrechtlichen Sachmängelgewährleistungsrecht. 1996.

Band 138 Bernd Mayer: Die Vertrauensmännerausschüsse auf den preußischen Steinkohlegruben an der Saar. Entstehung und Wirken. Eine rechtshistorische Untersuchung. 1996.

Band 139 Rochus Scholl: Juden und Judenrecht im Herzogtum Pfalz-Zweibrücken. Ein Beitrag zur Rechtsgeschichte eines deutschen Kleinstaates am Ende des alten Reiches. 1996.

Band 140 Meike Bursch: Judentaufe und frühneuzeitliches Strafrecht. Die Verfahren gegen Christian Treu aus Weener/Ostfriesland 1720-1728. 1996.

Band 141 Markus Hillenbrand: Fürstliche Eheverträge. Gottorfer Hausrecht 1544 - 1773. 1996.

Band 142 Ulf Häder: Das gemeinschaftliche Oberappellationsgericht thüringischer Staaten in Jena. Ein Beitrag zur Geschichte des Gerichtswesens im 19. Jahrhundert. 1996.

Band 143 Andreas Bauer: Das Gnadenbitten in der Strafrechtspflege des 15. und 16. Jahrhunderts. Dargestellt unter besonderer Berücksichtigung von Quellen der Vorarlberger Gerichtsbezirke Feldkirch und des Hinteren Bregenzerwaldes. 1996.

Band 144 Christian Wirth: Der Jurist Johann Andreas Georg Friedrich Rebmann zwischen Revolution und Restauration. 1996.

Band 145 Stefanie Müller: Die Rechtsprechung des Hanseatischen Oberlandesgerichts zum persönlichen Eherecht in Hamburgischen Gerichtsfällen von 1879 -1900. 1996.

Band 146 Jean-Nicolas Morisset: Der Frachtvertrag in der *Ordonnance de la marine* von 1681. 1996.

Band 147 Dirk Lentfer: Die Glogauer Landesprivilegien des Andreas Gryphius von 1653. 1996.

Band 148 Wencke Mull: Die Haftung für Einsturzschäden nach den §§ 836-838 BGB in der Rechtsprechung des Reichsgerichts. 1996.

Band 149 Renate Zeiger: Teufelsverträge. Märchen, Sage, Schwank, Legende im Spiegel der Rechtsgeschichte. 1996.

Band 150 Guido Kraß: Das Arrestverfahren in Frankfurt am Main im Spätmittelalter. 1996.

Band 151 F. Benedict Heyn: Die Entwicklung des Eisenbahnfrachtrechts von den Anfängen bis zur Einführung des Allgemeinen Deutschen Handelsgesetzbuches (ADHGB). 1996.

Band 152 Thomas Lang: Die Staats- und Verfassungslehre Carl Salomo Zachariaes. 1996.

Band 153 Michael Hebeis: Karl Anton von Martini (1726-1800). Leben und Werk. 1996.

Band 154 Gerald Hubert: Die Diskussion um die rechtliche Natur der Bizone in den Jahren 1947-1949. 1996.

Band 155 Christof Horn: Die Rechtsprechung des Reichsgerichts in Ehescheidungssachen der Jahre 1900 bis 1905. 1996.

Band 156 Hermann Nehlsen / Georg Brun (Hrsg.): Münchener rechtshistorische Studien zum Nationalsozialismus. 1996.

Band 157 Jan Otto Clemens Kehrberg: Die Entwicklung des Elektrizitätsrechts in Deutschland. Der Weg zum Energiewirtschaftsgesetz von 1935. 1997.

Band 158 Johannes Tradt: Der Religionsprozeß gegen den Zopfschulzen (1791-1799). Ein Beitrag zur protestantischen Lehrpflicht und Lehrzucht in Brandenburg-Preußen gegen Ende des 18. Jahrhunderts. 1997.

Band 159 Dietmar Olsen: Das kaufrechtliche Sachmängelgewährleistungsrecht des Code civil in der Rechtsprechung deutscher Gerichte im 19. Jahrhundert. Ein Beitrag zur Ablösung der Partikularrechte durch das BGB. 1997.

Band 160 Ulrich Bernhardt: Die Deutsche Akademie für Staats- und Rechtswissenschaft »Walter Ulbricht" 1948-1971. 1997.

Band 161 Claudia Susan Hoppe: Die Bürgschaft im Rechtsleben Hamburgs von 1600 bis 1900. 1997.

Band 162 Franz-Rudolf Ecker: Die Entwicklung des Bergrechts im Saarbrücker Steinkohlenrevier bis zum Ende des 18. Jahrhunderts. Ein Vergleich mit dem älteren deutschen Bergrecht. 1997.

Band 163 Anne Katrin Rückert: Politik und Privatrecht in der »konservativen Revolution". 1997.

Band 164 Gisbert Laube: Der Reichskunstwart. Geschichte einer Kulturbehörde 1919-1933. 1997.

Band 165 Nicolas Lührig: Die Diskussion über die Reform der Juristenausbildung von 1945 bis 1995. 1997.

Band 166 Regula Gerber Jenni: Die Emanzipation der mehrjährigen Frauenzimmer. Frauen im bernischen Privatrecht des 19. Jahrhunderts. 1997.

Band 167 Mischa A. Färber: Das gemeinschaftliche Testament in der höchstrichterlichen Rechtsprechung zum Allgemeinen Preußischen Landrecht und zum BGB. Ein Beitrag zur Ablösung der Partikularrechte durch das BGB. 1997.

Band 168 Catherine Antoinette Gasser: Philipp Lotmar 1850-1922. Professor der Universität Bern. Sein Engagement für das Schweizerische Arbeitsrecht. 1997.

Band 169 Lars Immisch: Der sozialistische Richter in der DDR und seine Unabhängigkeit. Der Versuch eines Rechtsvergleiches zum Unabhängigkeitsbegriff in der bundesdeutschen Rechtsordnung. 1997.

Band 170 Jessica Jacobi: Besitzschutz vor dem Reichskammergericht. Die friedenssichernde Funktion der Besitzschutzklagen am Reichskammergericht im 16. Jahrhundert, dargestellt anhand von Kameralisten. 1998.

Band 171 Ewald Hügemann: Die Geschichte des öffentlichen und privaten Mietpreisrechts vom Ersten Weltkrieg bis zum Gesetz zur Regelung der Miethöhe von 1974. 1998.

Band 172 Lutz Rentzow: Die Entstehungs- und Wirkungsgeschichte der Vernewerten Landesordnung für das Königreich Böhmen von 1627. 1998.

Band 173 Sabine Stürmer: Mühlenrecht im Herzogtum Pfalz-Zweibrücken während des 18. Jahrhunderts. Ein Beitrag zum Wirtschaftsrecht eines deutschen Kleinstaates im Alten Reich. 1998.

Band 174 Mario Bogisch: *Nemo testis in re sua.* Das Problem der Zeugnisfähigkeit bei der Anwendung der deutschen Zivilprozeßordnung von 1877. 1998.

Band 175 Rainer Oßwald: Pactane sunt servanda? Freiwilligkeit, Zwang und Unverbindlichkeitserklärungen im islamischen Vertragsrecht malikitischer Schule. 1998.

Band 176 Bettina Kern: Der preußische BGB-Entwurf von 1842. 1998.

Band 177 Inken Fuhrmann: Die Diskussion über die Einführung der fakultativen Zivilehe in Deutschland und Österreich seit Mitte des 19. Jahrhunderts. 1998.

Band 178 Annette Rieck: Der Heilige Ivo von Hélory (1247-1303). Advocatus pauperum und Patron der Juristen. 1998.

Band 179 Frank Bottenberg: Die Hamburgische Strafprozeßordnung von 1869. 1998.

Band 180 Matthias Krauß: Das kursächsische Postrecht von seinen Anfängen bis zum Ende des Alten Reichs. 1998.

Band 181 Torsten Schmidt: Die Entmündigung von den Anfängen des BGB bis zu ihrer Ablösung durch das Institut der Betreuung. 1998.

Band 182 Christian Nunn: Rudolf Müller-Erzbach. 1874-1959. Von der realen Methode über die Interessenjurisprudenz zum kausalen Rechtsdenken (Leben und Werk). 1998.

Band 183 Christian Ortloff: Das staatskirchenrechtliche System Wilhelm Traugott Krugs. Glaubens- und Gewissensfreiheit – eine Forderung der Vernunft. 1998.

Band 184 Christian Hattenhauer: Schuldenregulierung nach dem Westfälischen Frieden. Der sog. § *de indaganda* und seine Umsetzung im Jüngsten Reichsabschied (AD 1648 und 1654). 1998.

Band 185 Werner Schubert: Preußen im Vormärz. Die Verhandlungen der Provinziallandtage von Brandenburg, Pommern, Posen, Sachsen und Schlesien sowie – im Anhang – von Ostpreußen, Westfalen und der Rheinprovinz (1841-1845). 1998.

Band 186 Silvia Schumacher: Das Rechtsverhältnis zwischen Eltern und Kindern in der Privatrechtsgeschichte. 1999.

Band 187 Kai Sommer: Die Strafbarkeit der Homosexualität von der Kaiserzeit bis zum Nationalsozialismus. Eine Analyse der Straftatbestände im Strafgesetzbuch und in den Reformentwürfen (1871-1945). 1998.

Band 188 Jan Erik Backhaus: Volksrichterkarrieren in der DDR. 1999.

Band 189 Ralf Ruhnau: Die Fürstlich Thurn und Taxissche Privatgerichtsbarkeit in Regensburg. Ein Kuriosum der deutschen Rechtsgeschichte. 1999.

Band 190 Antonio Grilli: Die französische Justizorganisation am linken Rheinufer 1797-1803. 1999.

Band 191 Stephanie Kammerloher-Lis: Die Entstehung des Gesetzes über die religiöse Kindererziehung vom 15. Juli 1921. 1999.

Band 192 Jan Telp: Ausmerzung und Verrat. Zur Diskussion um Strafzwecke und Verbrechensbegriffe im Dritten Reich. 1999.

Band 193 Kurt von Pannwitz: Die Entstehung der Allgemeinen Deutschen Wechselordnung. Ein Beitrag zur Geschichte der Vereinheitlichung des deutschen Zivilrechts im 19. Jahrhundert. 1999.

Band 194 Sylvia Busch: Die Entstehung der Allgemeinen Gerichtsordnung für die Preussischen Staaten von 1793/95. Ein Beitrag zur Geschichte der Kodifikationsbewegung und der Reform des Zivilprozesses in Preußen im 18. Jahrhundert. 1999.

Band 195 Dirk Bieresborn: Klage und Klageerwiderung im deutschen und englischen Zivilprozeß. Eine rechtshistorische und rechtsvergleichende Untersuchung unter besonderer Berücksichtigung der Beeinflussung durch das römisch-kanonische Verfahren. 1999.

Band 196 Andreas Thier / Guido Pfeifer / Philipp Grzimek (Hrsg.): Kontinuitäten und Zäsuren in der Europäischen Rechtsgeschichte. Europäisches Forum Junger Rechtshistorikerinnen und Rechtshistoriker München 22.-24. Juli 1998. 1999.

Band 197 Franz Smola: Die Fürstlich Liechtenstein'sche Kunstsammlung. Rechtsfragen zur Verbringung der Sammlung von Wien nach Vaduz in den Jahren 1944/45. 1999.

Band 198 Frank Martin Krauss: Das geteilte Eigentum im 19. und 20. Jahrhundert. Eine Untersuchung zum Fortbestand des Teilungsgedankens. 1999.

Band 199 Matthias Frey: Die spanische Aktiengesellschaft im 18. Jahrhundert und unter dem Código de Comercio von 1829. 1999.

Band 200 Alexandra Gilde: Die Stellung der Frau im Reichsstrafgesetzbuch von 1870/71 und in den Reformentwürfen bis 1919 im Urteil der bürgerlichen Frauenbewegung. Eine Analyse ausgewählter Straftatbestände. 1999.

Band 201 Malte Dießelhorst / Arne Duncker: Hans Kohlhase. Die Geschichte einer Fehde in Sachsen und Brandenburg zur Zeit der Reformation. 1999.

Band 202 Jörg Hillmann: Territorialrechtliche Auseinandersetzungen der Herzöge von Sachsen-Lauenburg vor dem Reichskammergericht im 16. Jahrhundert. 1999.

Band 203 Carsten Engler: Die Kommanditgesellschaft (KG) und die stille Gesellschaft im Allgemeinen Deutschen Handelsgesetzbuch (ADHGB) von 1861. 1999.

Band 204 Vesta Hoffmann-Steudner: Die Rechtsprechung des Reichsgerichts zu dem Scheidungsgrund des § 49 EheG (EheG 1938) in den Jahren 1938-1945. 1999.

Band 205 Michaela Thiele: Die Auflösung von Arbeitsverhältnissen aufgrund Anfechtung und außerordentlicher Kündigung nach der Rechtsprechung des Reichsarbeitsgerichts (1927-1945). 2000.

Band 206 Peter Landau / Hermann Nehlsen / Mathias Schmoeckel (Hrsg.): Karl von Amira zum Gedächtnis. 1999.

Band 207 Marcus Flinder: Die Entstehungsgeschichte des Zivilgesetzbuches der DDR. 1999.

Band 208 Boris Franz Leo Bromm: Die Entstehungsgeschichte des Berufs des Handelsvertreters. Unter besonderer Berücksichtigung der Sozialgesetzgebung in den Jahren von 1871-1933. 2000.

Band 209 Winfried C. J. Eberstein: Das Tierschutzrecht in Deutschland bis zum Erlaß des Reichs-Tierschutzgesetzes vom 24. November 1933. Unter Berücksichtigung der Entwicklung in England. 1999.

Band 210 Patrick Deller: Der „nach dem Vertrage" vorausgesetzte Gebrauch (§ 459 Absatz 1 Satz 1 BGB). Eine kaufrechtliche Untersuchung unter Berücksichtigung rechtshistorischer wie rechtsvergleichender Grundlagen. 2000.

Band 211 Eckard Freiherr von Bodenhausen: Haftung des Geschäftsherrn für Verrichtungsgehilfen im Straßen- und Schienenverkehr. Eine Analyse der Entscheidungen des Reichsgerichts zu § 831 BGB (1900-1945). 2000.

Band 212 Birte Gast: Der Allgemeine Teil und das Schuldrecht des Bürgerlichen Gesetzbuchs im Urteil von Raymond Saleilles (1855-1912). 2000.

Band 213 Hansjörg Michael Huber: Koloniale Selbstverwaltung in Deutsch-Südwestafrika. Entstehung, Kodifizierung und Umsetzung. 2000.

Band 214 Ulf Björner: Die Verfassungsgerichtsbarkeit im Norddeutschen Bund und Deutschen Reich (1867-1918). Eine rechtshistorische Untersuchung über Gerichtsbarkeit im Spannungsfeld von Politik und Recht innerhalb der von Bismarck geschaffenen deutschen Bundesstaaten. 2000.

Band 215 Mathias Freiherr von Rosenberg: Friedrich Carl von Savigny (1779-1861) im Urteil seiner Zeit. 2000.

Band 216 Reinhard Binder-Kriegistein: Österreichisches Adelsrecht 1868-1918/19. Von der Ausgestaltung des Adelsrechts der cisleithanischen Reichshälfte bis zum Adelsaufhebungsgesetz der Republik unter besonderer Berücksichtigung des adeligen Namensrechts. 2000.

Band 217 Claudia-Regine Nerius: Johannes Lehmann-Hohenberg (1851-1925). Eine Studie zur völkischen Rechts- und Justizkritik im Deutschen Kaiserreich. 2000.

Band 218 Ludger Meuten: Die Erbfolgeordnung des Sachsenspiegels und des Magdeburger Rechts. Ein Beitrag zur Geschichte des sächsisch-magdeburgischen Rechts. 2000.

Band 219 Christoph Alexander von Wilcken: Die Reformbestrebungen zum Genossenschaftsgesetz in der Frühzeit der Bundesrepublik. Die Beratungen der Sachverständigenkommission zur Überprüfung des Genossenschaftsrechts 1954 bis 1958 und der Referentenentwurf von 1962. 2000.

Band 220 Verein Junger RechtshistorikerInnen Zürich (Hrsg.): ¿Rechtsgeschichte(n)? ¿Histoire(s) du droit? ¿Storia/storie del diritto? ¿Legal Histori(es)? Europäisches Forum Junger Rechtshistorikerinnen und Rechtshistoriker Zürich 28.-30. Mai 1999. 2000.

Band 221 Hans Christian Schüler: Die Entstehungsgeschichte der Bundesnotarordnung vom 24. Februar 1961. 2000.

Band 222 Nils-Eberhard Schramm: Die Vereinigung demokratischer Juristen (1949-1999). 2000.

Band 223 Silke Anke Torp: Das Rechtsverhältnis zwischen den Eltern und ihren Kindern. Dienstleistungspflicht, Aussteuer und Ausstattung. Eine Analyse der Rechtsprechung des Reichsgerichts und des Reichsarbeitsgerichts zu den Vorschriften der §§ 1616 bis 1625 des Bürgerlichen Gesetzbuches in der Zeit von 1900 bis 1945. 2000.

Band 224 Martin Jürgen Maaß: Die Geschichte des Eigentumsvorbehalts, insbesondere im 18. und 19. Jahrhundert. 2000.

Band 225 Stefanie Langer: Rechtswissenschaftliche Itinerarien. Lebenswege namhafter europäischer Juristen vom 11. bis zum 18. Jahrhundert. 2000.

Band 226 Ulrich Schmitz: Der Unterhaltsanspruch des nichtehelichen Kindes gegen seinen Erzeuger. Die rechtsgeschichtliche und dogmatische Entwicklung im deutschen Recht. 2000.

Band 227 Sebastian Günther: Friedrich Carl von Savigny als Grundherr. 2000.

Band 228 Henning Ibs: Hermann J. Held (1890-1963). Ein Kieler Gelehrtenleben in den Fängen der Zeitläufe. 2000.

Band 229 Matthias Rücker: Wirtschaftswerbung unter dem Nationalsozialismus. Rechtliche Ausgestaltung der Werbung und Tätigkeit des Werberats der deutschen Wirtschaft. 2000.

Band 230 Hendrik Sandmann: Die Entwicklung von Begriff und Inhalt des Wirtschaftchsrechts durch die Rechtswissenschaft in der Weimarer Republik. 2000.

Band 231 Sibylle Müller: Gibt es Menschenrechte bei Samuel Pufendorf? 2000.

Band 232 Karin Olechowski-Hrdlicka: Die gemeinsamen Angelegenheiten der Österreichisch-Ungarischen Monarchie. Vorgeschichte – Ausgleich 1867 – Staatsrechtliche Kontroversen. 2001.

Band 233 Johannes Mierau: Die juristischen Abschluß- und Diplomprüfungen in der SBZ/DDR. Ein Einblick in die Juristenausbildung im Sozialismus. 2001.

Band 234 Jörg Wolff (Hrsg.): Stillstand, Erneuerung und Kontinuität. Einsprüche zur Preußenforschung. 2001.

Band 235 Friedo Schröder: Die anwaltliche Tätigkeit während der nationalsozialistischen Herrschaft. Eine Analyse der anwaltlichen Argumentation in Zivilprozessen anhand der vorhandenen Prozeßakten der Landgerichte Frankenthal, Wiesbaden, Limburg und Frankfurt und der Handakten der *jüdischen Konsulenten* des OLG-Bezirks Frankfurt. 2001.

Band 236 Der Code pénal des Königreichs Westphalen von 1813 mit dem Code pénal von 1810 im Original und in deutscher Übersetzung. Herausgegeben und mit einer Einleitung versehen von Werner Schubert. 2001.

Band 237 Klaus Richter: Deutsches Kolonialrecht in Ostafrika 1885-1891. 2001.

Band 238 Kai von Lewinski: Deutschrechtliche Systembildung im 19. Jahrhundert. 2001.

Band 239 Alexander Herzog: Sittenwidrige Rechtsgeschäfte in der höchstrichterlichen Rechtsprechung aus den Jahren 1948-1965. 2001.

Band 240 Claudia Rönnau: Die Beratungen des Wasserrechtsausschusses der Akademie für Deutsches Recht zu einem Reichswassergesetz (1934-1941). Ein Beitrag zur Dogmatik der Begriffe *Gemeingebrauch* und *Sondergebrauch* in der Zeit des Nationalsozialismus. 2001.

Band 241 Momme Rohlack: Kriegsgesellschaften (1914-1918). Arten, Rechtsformen und Funktionen in der Kriegswirtschaft des Ersten Weltkrieges. 2001.

Band 242 Rolf Geyer: Der Gedanke des Verbraucherschutzes im Reichsrecht des Kaiserreichs und der Weimarer Republik (1871-1933). Eine Studie zur Geschichte des Verbraucherrechts in Deutschland. 2001.

Band 243 Felix Lorenz Benjamin Lehmann: Der Rote Adlerorden. Entstehung und rechtliche Grundlagen (1705-1918). 2002.

Band 244 Marc Ludwig: Der Pfändungsschutz für Lohneinkommen. Die Entstehungs- und Entwicklungsgeschichte der Vorschriften zum Schutz vor Lohnpfändung in Deutschland. 2001.

Band 245 Alexander Wachter: Dorfschule zwischen Pastor und Schulmeister. Zur Säkularisierung des niederhessischen Schulwesens im 19. Jahrhundert. 2001.

Band 246 Richard Scholz: Analyse der Entstehungsbedingungen der reichsgerichtlichen Aufwertungsrechtsprechung. Untersuchung unter besonderer Berücksichtigung der konservativen Geldpolitik der Reichsbank und der Inflationspolitik der Reichsregierung. 2001.

Band 247 Judith Laeverenz: Märchen und Recht. Eine Darstellung verschiedener Ansätze zur Erfassung des rechtlichen Gehalts der Märchen. 2001.

Band 248 Christina Schenk: Bestrebungen zur einheitlichen Regelung des Strafvollzugs in Deutschland von 1870 bis 1923. 2001.

Band 249 Nils Werner: Die Prozesse gegen die Landvolkbewegung in Schleswig-Holstein 1929/32. Ein Beitrag zur Justizkritik in der späten Weimarer Republik. 2001.

Band 250 Wolfgang Walter: Das Duell in Bayern. Ein Beitrag zur bayerischen Strafrechtsgeschichte. 2002.

Band 251 Jörn Eckert / Kjell Å. Modéer (Hrsg.): Geschichte und Perspektiven des Rechts im Ostseeraum. Erster Rechtshistorikertag im Ostseeraum 8.–12. März 2000. 2001.

Band 252 Jan Könighaus: Die Inauguration der Christian-Albrechts-Universität zu Kiel 1665. Symbolgehalt und rechtliche Bedeutung des Universitätszeremoniells. 2002.

Band 253 Andreas Görgen: Rechtssprache in der Frühen Neuzeit. Eine vergleichende Untersuchung der Fremdwortverwendung in Gesetzen des 16. und 17. Jahrhunderts. 2002.

Band 254 Ralf Schäfer: Die Rechtsstellung der Haigerlocher Juden im Fürstentum Hohenzollern-Sigmaringen von 1634-1850. Eine rechtsgeschichtliche Untersuchung. 2002.

Band 255 Regine Schmalhorst: Die Tierhalterhaftung im BGB von 1896. Die Entstehung und Änderung des § 833 BGB sowie eine Analyse der Rechtsprechung des Reichsgerichts bis 1908. 2002.

Band 256 Thomas Hense: Konrad Beyerle. Sein Wirken für Wissenschaft und Politik in Kaiserreich und Weimarer Republik. 2002.

Band 257 Christian Mahlmann: Die Strafrechtswissenschaft der DDR. Klassenkampftheorie und Verbrechenslehre. 2002.

Band 258 Henning Kahmann: Die Bankiers von Jacquier & Securius 1933–1945. Eine rechtshistorische Fallstudie zur "Arisierung" eines Berliner Bankhauses. Mit einem Geleitwort von John Kornblum. 2002.

Band 259 Volker Friedrich Drecktrah: Die Gerichtsbarkeit in den Herzogtümern Bremen und Verden und in der preußischen Landdrostei Stade von 1715 bis 1879. 2002.

Band 260 Andreas Klass: Standes- oder Leistungselite? Eine Untersuchung der Karrieren der Wetzlarer Anwälte des Reichskammergerichts (1693-1806). 2002.

Band 261 Wolfgang Eder: Das italienische Tribunale Speciale per la Difesa dello Stato und der deutsche Volksgerichtshof. Ein Vergleich zwischen zwei politischen Gerichtshöfen. 2002.

Band 262 Albrecht Cordes / Bernd Kannowski (Hrsg.): Rechtsbegriffe im Mittelalter. 2002.

Band 263 Thomas Hildebrandt: Die Brandenburgischen Provinziallandtage von 1841, 1843, und 1845 anhand ausgewählter Verhandlungsgegenstände. 2002.

Band 264 Jan Finzel: Georg Adam Struve (1619–1692) als Zivilrechtler. 2003.

Band 265 Björn Carsten Frenzel: Das Selbstverständis der Justiz nach 1945. Analyse der Rolle der Justiz unter Berücksichtigung der Reden zur *Wiedereröffnung* der Bundes- und Oberlandesgerichte. 2003.

Band 266 Nils Reichhelm: Die marxistisch-leninistische Staats- und Rechtstheorie Karl Polaks. 2003.

Band 267 Raik Schneider: Altrechtliche Personenzusammenschlüsse. Ihre Entwicklung unter besonderer Berücksichtigung des Rechts des Großherzogtums Sachsen-Weimar-Eisenach sowie der Herzogtümer Sachsen-Meiningen und Sachsen-Gotha. 2003.

Band 268 Anke Meier: Die Geschichte des deutschen Konkursrechts, insbesondere die Entstehung der Reichskonkursordnung von 1877. 2003.

Band 269 Stefan Jens Jordan: Leben und Werk des Tübinger Rechtsprofessors Wilhelm Gottlieb Tafinger 1760–1813. 2003.

Band 270 Stefanie Hubig: Die historische Entwicklung des § 23 ZPO. Zum Ursprung und Fortleben des Vermögensgerichtsstandes im deutschen Prozeßrecht des 19. Jahrhunderts. 2003.

Band 271 Michael G. Perband: Der Grundsatz der freien Beweiswürdigung im Zivilprozeß (§ 286 ZPO) in der Rechtsprechung des Reichsgerichts. 2003.

Band 272 Mathias Bouveret: Die Stellung des Staatsoberhauptes in der parlamentarischen Diskussion und Staatsrechtslehre von 1848 bis 1918. 2003.

Band 273 Barbara Széchényi: Rechtliche Grundlagen bayerischer Zensur im 19. Jahrhundert. 2003.

Band 274 Sylvia Scharfenberg: Die Entstehungsgeschichte des Beurkundungsgesetzes vom 28. August 1969. 2003.

Band 275 Urte Nesemann: Die schwedische Familiengesetzgebung von 1734 bis zu den Reformgesetzen von 1915 bis 1920 und deren Einfluss auf die Gesetzgebungsprojekte der Weimarer Republik. Unter besonderer Berücksichtigung der Rechtsstellung der Frau und des unehelichen Kindes. 2003.

Band 276 Alexandra Brück: Die Polizeiordnung Herzog Christians von Braunschweig-Lüneburg vom 6. Oktober 1618. 2003.

Band 277 Torsten Landwehr: Das Kommissionsgeschäft in Rechtswissenschaft, Gesetzgebung und Rechtspraxis vom 16. bis zum Ende des 18. Jahrhunderts. 2003.

Band 278 Tassilo Wilhelm Maria Englert: Deutsche und italienische Zivilrechtsgesetzgebung von 1933–1945. Parallelen in der Rechtsetzung und gegenseitige Beeinflussung unter besonderer Berücksichtigung des Familien- und Erbrechts. 2003.

Band 279 Tobias Prang: Der Schutz der Versicherungsnehmer bei der Auslegung von Versicherungsbedingungen durch das Reichsgericht. 2003.

Band 280 Thorsten Lieb: Privileg und Verwaltungsakt. Handlungsformen der öffentlichen Gewalt im 18. und 19. Jahrhundert. 2004.

Band 281 Michael Rühling: Das Ladenschlussgesetz vom 28. November 1956. Vorgeschichte, Entstehung des Gesetzes und weitere Entwicklung. 2004.

Band 282 Kathrin Nawotki: Die schleswigsche Deichstavengerechtigkeit. Vom 17. Jahrundert bis in die Gegenwart. Eine gewohnheitsrechtliche Superfizies an nordfriesischen Deichgrundstücken und ihre Entwicklung. 2004.

Band 283 Erik Nils Voigt: Die Gesetzgebungsgeschichte der militärischen Ehrenstrafen und der Offizierehrengerichtsbarkeit im preußischen und deutschen Heer von 1806 bis 1918. 2004.

Band 284 Dorothea Riedi Hunold: Die Einführung der allgemeinen Wechselfähigkeit in der Schweiz in der zweiten Hälfte des 19. Jahrhunderts. Unter besonderer Berücksichtigung der politischen, wirtschaftlichen und sozialen Verhältnisse. 2004.

Band 285 Thomas Gergen: Pratique juridique de la paix et trêve de Dieu à partir du concile de Charroux (989–1250). Juristische Praxis der Pax und Treuga Dei ausgehend vom Konzil von Charroux (989–1250). 2004.

Band 286 Kathrin Bethkenhagen: Die Entwicklung des Luftrechts bis zum Luftverkehrsgesetz von 1922. 2004.

Band 287 Heiko Lüpkes: Die Verbrechen der Diener des Staats im Allgemeinen Landrecht für die Preußischen Staaten von 1794 und ihre Entwicklung zu den Vergehen und Verbrechen im Amte im Strafgesetzbuch für die Preußischen Staaten von 1851. 2004.

Band 288 Mirco Peter Hirsch: Von der Erbbescheinigung des Preußischen Rechts zum Erbschein des Bürgerlichen Gesetzbuchs. 2004.

Band 289 Bettina Günther: Die Behandlung der Sittlichkeitsdelikte in den Policeyordnungen und der Spruchpraxis der Reichsstädte Frankfurt am Main und Nürnberg im 15. bis 17. Jahrhundert. 2004.

Band 290 Seunghyeon Seong: Der Begriff der *nicht gehörigen Erfüllung* aus dogmengeschichtlicher und rechtsvergleichender Sicht. 2004.

Band 291 Steffen-Werner Meyer: Bemühungen um ein Reichsgesetz gegen den Büchernachdruck. Anläßlich der Wahlkapitulation Leopolds II. aus dem Jahre 1790. 2004.

Band 292 Ulrich Löffler: Instrumentalisierte Vergangenheit? Die nationalsozialistische Vergangenheit als Argumentationsfigur in der Rechtsprechung des Bundesverfassungsgerichts. 2004.

Band 293 Norbert Koch: Die Entwicklung des deutschen privaten Immissionsschutzrechts seit Beginn der Industrialisierung. Unter besonderer Berücksichtigung des Einflusses der höchstrichterlichen Rechtsprechung. 2004.

Band 294 Julius Ludwig Pfeiffer: Das Tierschutzgesetz vom 24. Juli 1972. Die Geschichte des deutschen Tierschutzrechts von 1950 bis 1972. 2004.

Band 295 Bert-Hagen Strodthoff: Die richterliche Frage- und Erörterungspflicht im deutschen Zivilprozeß in historischer Perspektive. 2004.

Band 296 Tim Kannewurf: Die Höfeordnung vom 24. April 1947. Entstehungsgeschichte und Einordnung in die Entwicklung des Anerbenrechts. 2004.

Band 297 Steffi Heine: Die Methodendiskussion nach Inkrafttreten des Bürgerlichen Gesetzbuches und die Gründung des Vereins *Recht und Wirtschaft*. 2004.

Band 298 Anne Marlene Simon-Holtorf: Geschichte des Familienwahlrechts in Frankreich (1871 bis 1945). 2004.

Band 299 Jürgen Busch: Das Germanenbild der deutschen Rechtsgeschichte. Zwischen Wissenschaft und Ideologie. Mit einem Vorwort von Herwig Wolfram. 2004.

Band 300 Jan Kohlmann: Der Marsch zu den Gräbern von Karl und Rosa. Geschichte eines Gedenktages. 2004.

Band 301 Christian Rainer Schlicht: Die kumulative Schuldübernahme in der Rechtsprechung des Reichsgerichts und in der zeitgenössischen Literatur. 2004.

Band 302 Hans Peter Glöckner: Positive Vertragsverletzung. Die Geburt eines Rechtsinstituts. 2006.

Band 303 João Manuel Azevedo Alexandrino Fernandes: Die Theorie der Interpretation des Gesetzes bei Francisco Suárez. 2005.

Band 304 René Funk: Die Wahlprüfung der volksgewählten Abgeordneten der Volksvertretungen im Frühkonstitutionalismus. Eine Untersuchung der Wahlprüfung in den Kammern der Abgeordneten des Großherzogtums Baden, des Königreichs Württemberg und des Großherzogtums Hessen. 2005.

Band 305 Carolin O'Sullivan. Die Ahndung von Rechtsbrüchen der Seeleute im mittelalterlichen hamburgischen und hansischen Seerecht (1301–1482). 2005.

Band 306 Martin Jürgens: Staat und Reich bei Ernst Rudolf Huber. Sein Leben und Werk bis 1945 aus rechtsgeschichtlicher Sicht. 2005.

Band 307 Florian G. Dürselen: Franz Beyerle (1885–1977). Leben, Ära und Werk eines Rechtshistorikers. 2005.

Band 308 Kai Bandilla: Urheberrecht im Kaiserreich. Der Weg zum Gesetz betreffend das Urheberrecht an Werken der Literatur und Tonkunst vom 19. Juni 1901. 2005.

Band 309 Stefan Mieth: Die Entwicklung des Denkmalrechts in Preußen 1701–1947. 2005.

Band 310 Catharina Lodemann: Die Geschichte des französischen *acte de gouvernement*. 2005.

Band 311 Christina Wicke: Kodifikationsbestrebungen und Wissenschaft in Hessen-Darmstadt im vorkonstitutionellen Zeitalter. Zu der Beteiligung der Gießener Rechtsprofessoren an den Gesetzgebungsarbeiten in Hessen-Darmstadt in der Zeit zwischen 1769 und 1820. 2005.

Band 312 Christiane Chlosta: Nur dem Gesetz unterworfen? Eine rechtsgeschichtliche Untersuchung zu Idee und Wirklichkeit richterlicher Gesetzestreue unter besonderer Berücksichtigung der Aufwertungsrechtsprechung und des richterlichen Prüfungsrechts. 2005.

Band 313 Kathrin Dirr: Hoheitsrechtliche Streitigkeiten zwischen den Kölner Erzbischöfen und der Stadt Köln auf Grundlage reichskammergerichtlicher Verfahren des 16. und 17. Jahrhunderts. 2005.

Band 314 Michael Racky: Die Diskussion über Gewaltenteilung und Gewaltentrennung im Vormärz. 2005.

Band 315 Petra Thiemrodt: Die Entstehung des Staatshaftungsgesetzes der DDR. Eine Untersuchung auf der Grundlage von Materialien der DDR-Gesetzgebungsorgane mit zeitgeschichtlichen Bezügen. 2005.

Band 316 Julius F. Reiter: Entstehung und staatsrechtliche Theorie der italienischen *Carta del Lavoro*. 2005.

Band 317 André Book: Die Justizreform in der Frühzeit der Bundesrepublik. Die Beratungen der Kommission zur Vorbereitung einer Reform der Zivilgerichtsbarkeit in den Jahren 1955 bis 1961. 2005.

Band 318 Frank Zentz: Das amerikanische Strafverfahren als Element der Besatzungspolitik in Deutschland. Erziehung zur Demokratie durch den *Court of Appeals* 1948–1955. 2005.

Band 319 Friederike Quaisser: Mietrecht im 19. Jahrhundert. Ein Vergleich der mietrechtlichen Konzeptionen im Allgemeinen Landrecht für die Preußischen Staaten von 1794 und dem gemeinen Recht. 2005.

Band 320 Stefan Burghard: Professor Dr. Wilhelm Kahl – Leben zwischen Wissenschaft und Politik. 2005.

Band 321 Günter Baranowski: Die *Russkaja Pravda* – ein mittelalterliches Rechtsdenkmal. 2005.

Band 322 Christina Schneider: Die SS und „das Recht". Eine Untersuchung anhand ausgewählter Beispiele. 2005.

Band 323 Werner Schubert (Hrsg.): Zivilprozessreform in der Weimarer Zeit. Quellen zur Emminger-Zivilprozessverordnung vom 13.2.1924 und zu den Arbeiten der Zivilprozesskommission des Reichsjustizministeriums (1922–1930). Eingeleitet und herausgegeben von Werner Schubert. 2005.

Band 324 Felix Gaul: Der Jurist Rudolf Isay (1886–1956). Ein verantwortungsbewusster Vermittler im Spannungsfeld zwischen dynamischer Rechtsschöpfung, ökonomischem Wandel und technischem Fortschritt. 2005.

Band 325 Konstanze Braun: Dr. Otto Georg Thierack (1889–1946). 2005.

Band 326 Eckart Klein / Stefan Chr. Saar / Carola Schulze (Hrsg.): Zwischen Rechtsstaat und Diktatur. Deutsche Juristen im 20. Jahrhundert. 2006.

Band 327 Stefan Botor: Das *Berliner Sühneverfahren* – Die letzte Phase der Entnazifizierung. 2006.

Band 328 Andreas Köhler: Die Sorgerechtsregelungen bei Ehescheidung seit 1945. Scheidungsstrafe und verordnete Gemeinsamkeit. 2006.

Band 329 Lars Düwel: Die Nichtigkeit und Anfechtbarkeit der Ehe in der Rechtsprechung des Reichsgerichts zwischen 1900 und 1945. 2006.

Band 330 Katalin Polgar: Das Oberappellationsgericht der vier freien Städte Deutschlands (1820–1879) und seine Richterpersönlichkeiten. 2007.

Kolibri 360 GmbH
Ferdinand-Jühlke-Straße 7
99095 Erfurt, Deutschland
produktsicherheit@kolibri360.de

Druck:
CPI Druckdienstleistungen GmbH
im Auftrag der
Kolibri 360 GmbH
Ferdinand-Jühlke-Str. 7
99095 Erfurt